外之既不后于世界之思潮,
内之仍弗失固有之血脉,取今复古,别立新宗
—— 鲁 迅 ——

大人之疾

近代中国的医疗和身体

皮国立 著

复旦大学出版社

大人之疾：从中医论述到病患感觉的研究转向

很高兴这本《大人之疾：近代中国的医疗和身体》要在上海复旦大学出版社出版了。出版前夕，编辑嘱托我写些文字，我一口答应，因为序言是一本书中作者能不那么被要求学术规范，另一方面又能和读者敞开交心的一块自由小区。自投入历史研究以来，亲历两岸医疗史发展的兴盛期。我自2000年进入台湾师范大学历史学系就读硕士班，那时生命医疗史的研究风潮在"中研院"史语所的带领下，研究风气鼎盛，又加上"中研院"人文社会科学研究中心"华人卫生史研究计划"的协力，可谓两相加乘，引领一代学术风气。我有幸得到许多"中研院"相关领域学者的指导，约莫有十几年的时间，研讨会和工作坊极盛，身为后学，处在这种风气之下，学问智识自然得以日益精进，一代学风造就一代学问，我就是一位身处在风潮中的小学徒，可谓优游自在。2006年，代替李建民师之邀，是个人第一次前往中国大陆参加研讨会，那时前往天津南开大学参加"社会文化视野下的中国疾病医疗史国际学术研讨会"，第一次见到亦师亦友的余新忠老师，也开启了和大陆学界的相关学术交流活动，而当时，也正是大陆医疗社会史研究风起云涌之际，成果日益增多；一直到三年大疫前，研究风气一度有衰微之势，但疫情又推展了相关疾病史的研究，整体研究风气遂能维持一定热度而不坠。[1]

以上只是交代我在这样的潮流中成长，和我接下来要谈的摸索、转变和这本书的诞生，彼此有着密切的关系。2008 年，承蒙桑兵老师的推荐，我的第一本书能够在大陆问世，《近代中医的身体与思想转型——唐宗海与中西医汇通时代》是许多朋友知晓我研究的第一印象，后来在 2017 年出版的专书《近代中西医的博弈：中医抗菌史》，则是我延续前一本著作，接续探讨从晚清一直到民国，中国医学学术和知识体系所面临的各方面转型和挑战，作为学术书，在大陆已经二刷，显见市场反应不坏，是个人感到非常欣慰的事。

事实上，我大约有十余本编纂或著述的书尚未于大陆出版，但正如上述所阐述的，早年个人的研究更多的是关注中西医学理论的变迁和中医界的响应，这条研究主线到现在依旧是我核心的学术关注课题，并且将它放在一个更大的中国传统科技发展和政治军事下来讨论[2]，并关注中医作为中国文化的一脉知识系统，它的近代转型和实际去应对社会变迁和新疾病等等的各种面向[3]。另外一方面，笔者在 2020 的前几年，已转向关注病患的身体感受。我们说，医疗史兴起之初，就是在关切过去历史研究中被忽略的生命意义，过往从档案、公文书出发来写历史，偏于制度和体制之历史论述和沿革，往往看不到"人影"；医疗史研究承新文化史与社会史之风，更关切人们的生、老、病、死，就是为了矫正这样的研究偏失。不过，一代学者虽努力产出傲人的学术成果，但比较多关注疾病和医疗行为的本身，虽有医者和病患的身影在论述中，但仍是为了说明知识、思想与制度，研究路数其实算新旧杂糅，依然不是从病患本身感觉或意识出发来撰写历史。

　　随着个人的日记、回忆录等私人史料的被重视与大量出版，更多病患切身的感受得以被呈现和书写，而且这样的研究路数也影响到传统的政治史，例如汉学家亚历山大．潘佐夫（Alexander V. Pantsov），曾多次在其书中提到蒋介石个性上的神经失调和歇斯底里，这些个性或病人身体或情绪感受，往往对历史产生重大影响。例如他分析到西安事变之爆发，这样指出：对于蒋介石这样骄傲自负的人来说，西安事变对蒋的心理影响非常大，他在事变中摔伤了脊椎，疼痛感加上蒋的个性极度的不平衡，抑郁与愤怒往往交替爆发，加深了这种作者称为"后西安症候群"的身体感，终于使得蒋在七七事变时决定采取强硬措施，全面抗战遂势不可免。[4]不论感觉或病痛是否真的能对一个人的决策产生如此重大之影响，我们都不能否认如此论述的新颖性。本书对蒋的疾病史，还有更多细致的描绘。

　　如果再加上西方感官史（sensory history 或 history of the senses）的兴起[5]，中文历史学界得以从更多私人史料中搜寻蛛丝马迹，探讨个人的疾病感受与医疗选择，这是一条医疗史研究可以持续开发的新路。本书虽不盲从西方理论，但稍加借用、增添新意，我觉得还是学术上可以取法创新之路。从医疗史的进路来出发，历史风景一定和西方论述不同，更何况，本书仍有现代中国制度和思想的层面在里面，不囿于一隅，方能由小见大。笔者在 2024 年出版的另一本着作中，还提出近代中国的虚弱、衰老、阳痿、忧郁等病态，不单是感觉，也是一种"样态史"（manifestations of complexus asthenia），它包含了正常生理和病理两大样态的书写，分析时要记得呈现病患身体之外的症状表现和内在感觉,才能写得深入。[6]而这本呈现在读者面前的书,是更为早期的尝试,试图将医疗或疾病史中的"人味"找回来,书写历史人物的日常苦痛与在大时代中的医疗抉择,如何连结到政治上的现代性?而有关其他的意义和各章节的大略介绍,后面几篇序言还会交代,此处就不再重复论述。

最终,本书的出版,要感谢复旦大学张仲民教授的引介,那时我作为《弄假成真:近代上海医药广告造假现象透视》一书的推荐人,一同顺道拜访了复旦大学出版社的顾雷学兄,他读过我几本书后,选择了"大人之疾"这个精准的命题,来策划这本书的诞生。书内所陈,虽然大多是历史中大人物的罹病经验和择医观,但其实他们所经历的,不也正是我们这些芸芸众生所要面对的中西医学资源、疾病苦痛和医药选择的道路吗?择医、看病、吃药,都是人生的一部分,仅此寥寥数语,献给大陆的读者,希望大家会喜欢这本书。

皮国立
于　复旦大学
2024 年 11 月 28 日

注　释

1　余新忠:《清代卫生防疫机制及其近代演变》,北京师范大学出版社 2016 年版,第 1—35 页。

皮国立:《新史学之再维新——中国医疗史研究的回顾与展望 (2011—2018)》,蒋竹山主编:《当代历史学新趋势》,联经出版 2019 年版,第 439—462 页。以及刘士永:《台湾地区医疗卫生史研究的回顾与展望》,耿立群编,《深耕茁壮——台湾汉学四十回顾与展望:庆祝汉学研究中心成立 40 周年》,台北图书馆 2021 年版,第 395—426 页。

2 皮国立:《中国近代医疗史新论:中医救护队与西医知识的传输 (1931—1937)》,《中国社会历史评论》第 24 卷,2020 年,第 158—173 页。

3 例如皮国立:《全球大流感在近代中国的真相:一段抗疫历史与中西医学的奋斗》,时报出版社 2022 年版。

4 [俄] 亚历山大·潘佐夫:《蒋介石:失败的胜利者》,联经出版 2023 年版,第 93、270—271 页。

5 涂丰恩:《感觉的历史:理论与实践》,《当代历史学新趋势》,联经出版 2019 年版,第 29—55 页。在大陆,这样的研究进路可能被归类在感官史或情感史里面,参考周小兰:《从社会史到情感史——法国历史学家阿兰·科尔班的学术之路》,《史学理论研究》2021 年第 3 期,第 123—133 页。董子云:《中世纪感觉史的理论、实践与展望》,《史学理论研究》2023 年第 3 期,第 133—144 页。其他不再一一罗列,可参考王晴佳,《什么是情感史?》,光启书局 2024 年版。

6 皮国立:《华人壮阳史:从情欲诠释到药品文化,近代中西医学的滋补之道》,台湾商务印书馆 2024 年版,第 12—25 页。

再版序

约莫有一年多的时间,学生常常问我,他们已买不到这本书了,该怎么办?我因为诸事繁忙,也一直在写新的东西,所以就不太在意。直到经历了一些故事,方知生产过的文字,日积月累而成书,就像是自己的孩子,不可不花心力看顾的。我打电话给编辑,他很热心地帮我查了库存,确实只剩最后一本,而各图书网上已完全买不到了。

这本书在初版时,有位老师见到我,除了恭喜之外,也举出书内的一些错误,很感谢她,因为那说明她真的很仔细地读完了这本书。借着这次再版的机缘,我又好好读了自己的书,除了校对与增补外,也试图寻找该书和现实世界联结之意义。刻下新冠疫情虽逐渐趋缓,但和两年前比较起来,依旧炽盛。相信每天更新病例数字是绝对正确的民众,已逐渐减少。我们从 2020 年的防疫模范生,一天感染不到一个,到两年后几万几万人的感染;从一天没有一个病例,到一天死几十个到几百个人,似乎大家也慢慢习惯了。有个极为合理的新诠释,叫作"与病毒共存",疫苗该打的也都打了吧,可怜的是因慢性病、老化而染疫死亡的人,他们的棺材上,有着

"合理死亡"四个字。可惜了,活着的人庆幸活着,死去的人倒也无法抗议,就这样慢慢被忘记。这些人就是"病人",他们没有历史,终将被经济发展和正常生活的呼声掩盖过去。我今年也同样染疫,还好采用了中西医结合的方式治愈了,这本书内有很多对中西医结合治病的讨论,是一项值得思考的前瞻议题。如果那几天,我因染疫而离开这个世界,应该会被认为体重过重且有慢性病,不意外地又是一例"合理死亡"吧。不是要发牢骚怪罪任何人,面对疾病,我们都只能软弱下来,纵使人类采取了许多举措,还是有人不敌病魔。那么,谁又能去撰写和理解那些生病和苦痛的大众呢?

身为一名人文学者,我不敢奢求帮历史中的底层病患发声,要依据史料,才能说一个完整的故事,而多数的历史人物没有记录自己的病痛,就已离世,书写这个面向的历史,本身就是有难度的。所幸,经过选取,这本书中的每一位主角,都有着无数的光辉岁月,正如孙中山先生,昂然而立,从医人到医国,但最终仍免不了成为病人,必须接受西医与中医的各种治疗。后来的史家会用文字书写他们各方面的历史,但却很少有学者关切他们的疾病和医疗观念,而这本书正是要书写这样的历史。当然,若只做到这样,很多著作也喜欢用现代医学去推测古人的疾病,我认为完全是可行的,因为若不用现代医学的眼光,根本无法对疾病史进行解析。此外,有没有可能从这些人的经历、言论、遭遇等过往,去思考更大的一种医学技术或国族发展的历史呢?我们可以看到当时的人对各种医疗技术、身体观之批判;不过,现今的人们或知识分子却很少对医疗或健康事务进行反思,甚至已无论述能力,来对健康的促进提出一己之见解。我们只能默默接受各种可能不合理的医疗,人民(病人)的声音呢?历史使人聪明,这本书将使读者见识到当时的人如何对医药、卫生事务进行论述,表达自己的看法。

很多书内的意涵,已经在原序文内交代,此处不用再说一次,我只想在此刻谈一些历史与现实意义的结合,让读者更能理解这本书的写作意义。这本书所叙述的时代背景,是晚清到民国时期,这段时间所不能回避的问题,就是西力东渐与中国民族主义之勃兴,也是中国近代史的基调。由于中国在当时积弱不振,由专制王朝一转而为民主共和,诸多政制、经济有待在新时代中转换,但偏偏中国体质不良兼西洋外力打击,其发展的历史可谓跌跌撞撞。多数知识分子又急于学习西方、全盘西化,遂对传统文化进行破坏打击之能事。当然,我们不能苛求当时的知识分子,有时他们痛骂中医,其实背后是希望国家因此能够变得更强大。在这段时期的中医药,还有本书没谈到的戏曲、武术等,这些作为传统老玩意儿、旧文化的表征,与中国之衰弱是相伴同行的,其命途多舛,可以预知。不过,正如本书所指出的,当大部分传统的科技事物、思想都被批判,甚至现在都已经消失了,中医药依旧存在。尽管他长得和过去传统面容不太一样,但,又有什么事物在经过历史洗礼后,还是一模一样的呢?历史有趣之处就在此处。这段洗涤蜕变的历程,令人感到好奇,中医是怎么挺过来的?我也持续编纂论文集,试图厘清这段历史的全貌。[1]

更令人惊讶的是,正当新冠肺炎疫情于全球肆虐时,百年前被认为是拖累国族健康发展的中医药,竟然一跃而成为众所瞩目的新星。像是中国台湾的"清冠一号",大陆的"连花清瘟胶囊"与"清肺排毒汤"等,都成了对抗新冠病毒的法宝。这些新闻,后面还有一个更大的历史背景,就是百年来中医药的发展,从几乎要被废除,到现今反倒成了国族兴盛、自信心的"利器",其历程与背后意义之转变,值得思考。可以从几个地方进行观察,首先,此次抗疫成绩,在美国死亡超过百万人以后,中国人开始拥有了无比的信心,从舆论的变化中可以清楚看出;虽仍有严格管理、动态清零之政策争议,但不少民众认为国家权力的积极介入管控,发挥了无比的效力,染疫而死的人数在中国被有效地降低;而且因为有中医参与而达成的中西医结合,成了全世界抗疫历史中最有成效的一种组合。中医与国族的联结,已不再是过时的国族印记。

而中医在台湾呢?也同样具有峰回路转的发展脉络。从历次抗疫史中的沉默不语,到这次民众抢买"清冠一号",当局还用公费来支持中药之发放,这都是百年前所无法想象的发展。有意思的是,大家都抢买"清冠一号",我自己也吃了不少,其实它的全名是"台湾清冠一号"(NRICM101)。无论是概念还是药材来源,该药方都与中医文化有着千丝万缕的关系。百年中医药的发展还未停歇,它仍处在变动当中,历史学者有幸从旁观、客观的角度,来看待这样的发展。

这些历程,值得持续关注与探究,但本书并非要厘清争议,而是要提醒读者,必须将本书所谈及的历史过程,放在时代脉络中来思考。历史学的工作毕竟还是要回到过去,我们不是政治人物,更非医者,历史学者要沟通的现在与过去的联结,让读者有更深层的人文思考，诉说一个读者想象不到的时代，那个中医药几乎要被打趴的年代；所有国家未来之发展，都尽量与中医药或传统文化脱钩，而中医界则是努力要将国家兴盛、民族发展等意义，灌入传统医药的新发展中，以避免被"科学"和"西化"灭顶。希望读者能在这本书中明了这样的发展，书中主角们的言论与作为，恐怕不仅是医疗疾病史，更是不同视角的思想史和政治史。

在学术书的市场中，能够再版的机会不算多，既然已出版一次，再版的话题性与新颖性更是少了许多，若无特别经费支持，很难再次问世。但学术就是如此，不能只追求新颖，要不断能与当代意义对话，才是具有新颖性的展现，我期许这本书有如此之意义，更感谢出版社愿意让这本书重新问世。此次增补，除校正、补充文字外，也加了一些新的二手研究，原想再大规模增加篇幅，但由于字数已近二十五万字，似不宜再增加新的章节，编辑建议或可再写一本，也比较不会破坏原书架构。很感谢苏美娇主编，促成了这一切，还应允设计一个焕然一新的封面。而第一版的封面图（见下页）还是很有意义，病人躺的那张床上，写着"中华民国"四字，象征国家与民族已成病入膏肓之病患；而开药方的医者，正是本书主角之一的蒋介石。这张 1934 年的漫画，充分显示了当时的政治环境与国族危机，很切中当时风雨飘摇、内忧外患的情势[2]，也在此给老读者留个纪念，书中再现分晓。本次校对，还要特别感谢本校历史所硕专班毕业的周明秀小姐不计酬劳的细心校对，她说不是为校对而校对，而是真的想好好读这本书。但愿那些发不出声音的病人，都借由这本书而精神于纸上重生,诉说过去不被重视的个人疾病史。

序于中大人文社会科学大楼 210 室

2022 年 7 月 10 日

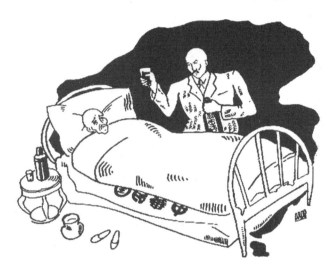

注　释

1　皮国立主编:《走过"废除中医"的时代:近代传统医学知识的变与常》,民国历史文化学社 2022 年版。
2　引自良友画报社编辑:《良友画报》(1934 年第 87 期),上海书店 1989 年版,第 32 页。

序：十年磨一剑

每到写序言时，我的心中都不由自主地紧张起来，有如万语千言之未尽。

序言通常是一本书完成后才写成的，从中可以看到作者写作之动机、经历与感谢。我很认真地对待一本书的序言，原因无他，对自己出版书籍负责的同时，也要对读者负责，尤其是学术专书，必须交代一下写作背景与经过，略陈整本书的思路，我认为才有资格让读者翻阅这本书。

本书写作之想法，起源于2006年，它介于我的硕士学位论文出版和博士学位论文主题逐渐形成的中间时刻。当时我的硕论刚经由李建民老师的推荐而出版，硕论的指导教授张哲嘉建议，唐宗海这个题目虽不错[1]，但我的写作太过偏重技术理论的"内史"，能和我对话的历史学者并不多。我当时很紧张，因为博论一开始就锁定书写近代中医的外感热病（发烧、感染）学史，岂不也是"内史"？张老师的提醒，让我思考是不是应该融合内、外史的特点来写博论，这形成了我日后"重层医史"的部分思路，乃《"气"与"细菌"的近代中国医疗史——外感热病的知识转型与日常生活》（2012年出版）一书的主要架构。[2]张老师至今仍常常鼓励我，真为一亦师亦友的学者。在2006年我已开始思考：要怎么写一些可以引起较多人共鸣与欣赏的医史，又能兼顾我研究中医史的志趣呢？于是我写了一篇《孙中山之死与中西医论战》，并于当年9月参加在厦门大学举办的第七届海峡两岸暨香港历史学系研究生论文发表会，后来也顺利发表。[3]当时适逢台湾书房邀稿，我向编辑说明未来想写一本有关近代病人的书，编辑很高兴地答应了，只是没想到这本书拖了十年才真正写好，但总算是完成任务。岁月无声，十年磨一剑，人磨剑，剑也磨人。

最初本来是希望写一本较为通识、大众史学的学术作品，但是我并不想写成一本流于鸡零狗碎之病人八卦史书，所以还是努力做好历史研究者应该做的工作，要将历史人物对疾病与医疗的看法扩大，寻求更有意义的古今对话。何况自己终归是学院出身，笔调生硬、赘语连篇，总是尽量做到有凭有据、言之成理，也要感谢苏副总编辑的包容。谈医、病与病人之间的关系，不能不提雷祥麟老师，他的成名文章之一《负责任的医生与有信仰的病人：中西医论争与医病关系在民国时期的转变》刊出时，我还是硕士生，当时就已对医病关系的问题感到好奇，后来他的几篇文章，也多次提到病人对自己疾病的看法与自我诊断，对我有很大的启发。他的新书：*Neither Donkey nor Horse: Medicine in the Struggle over China's Modernity*，在出版后也立刻赠我一本，非常感谢他对我研究之"启蒙"。后来我陆续写了《医疗与近代社会：试析鲁迅的反中医情结》，发表于《中国社会历史评论》（第13卷，2012年，第353—376，476—477页）上，这要感谢余新忠老师的邀稿。在这中间，我研究之思路一直是延续的，仍旧关心中医在近代的发展史。2008年时，我的硕论经过增补，已达36

万字,透过桑兵老师的发觉与介绍,在北京生活·读书·新知三联书店出版《近代中医的身体观与思想转型:唐宗海与中西医汇通时代》。他在和我通信时,告诉我应该继续深究中医变成"国医"的历史,于是我写就了《所谓"国医"的内涵:略论中国医学之近代转型与再造》一文,发表在《中山大学学报》(第49卷第1期,2009年,第64—77页)上,后来续被《国学文摘》转载[4],最后还收在桑兵先生编辑之《近代中国的知识与制度转型》书内的一章,原文只有两万多字,此次呈现在读者面前的章节,已增补至四万多字,补充不少资料,虽失之冗长,但大概可让读者略窥近代中医所面临的危机与转机何在,而这也和民初知识分子择医的主观意志、客观环境有所牵连,读者可慢慢阅读本书,此处就不多言。

至于本书梁启超一章,则曾发表于《台湾中医临床医学杂志》(第19卷第1期,2013年,第23—37页)上,我希望不止史学家注意医史问题,医疗从业人员也应该省思自身的历史发展,所以就挑一篇发在医学临床期刊上,感谢陈建霖医师的发想,他希望我能担任该杂志的医史编辑,并认为医史、中医各家学说与文献,乃中医培养教育中非常重要的一环;实际临床疗效,须从古人历史、学说经验中汲取可用资源,显示其对医学人文与历史素养有深刻的体认。后来我和游智胜教授还持续参加他发起的"中医各家学说读书会",就是希望能在中医发展中,多介绍、研读一些历史的因素与资料,看能否帮助中医发展得更多元、视野更宽广。更有张恒鸿、苏奕彰、张永贤、许中华、黄怡超、陈潮宗、黄伯瑜、韩丰隆、李健祥、林伯欣、江佩蓉、林政宪、周佩琪、李岳峰等中医师或曾教授医史课程的师友同道,皆对中医史与中医文化怀有高度兴趣,有他们的持续关注，使我的医疗史写作不感寂寞。

最后一章有关蒋介石的日常医疗经验与卫生观，要感谢吕芳上老师的鼓励，他虽为我博士学位论文的指导教授，但我的研究进路其实和他专长的政治军事史距离比较远，但是他常提醒我看历史不要只看小不看大，这对我影响很深。他当时邀请我写一篇会议论文，我想到很多传统的医史著作都写蒋介石与其政府是反中医的，所以我想看看，到底在蒋的日常生活中，他如何看待医疗、疾病与卫生？由于蒋是南京国民政府的实际领导者，而中西医论争最激烈之时代，也在此时，所以他的经历与患病经验，洞见观瞻，兼可揭示近代中国追求卫生现代性的身体论述，这对读者理解近代中国国族与国医的地位及其处境之历史，颇有正面助益，也算我对老师"看大"历史变迁的一种回应。该章呈现的也是既有刊文之增补版[5]，不单只注意病人蒋介石之病而已，还注意到了国族之疾病论述；总之，希望读者看到书中主人翁的"小病"，也能看到中国社会之"大病"。这本书的首章其实是最后写就的，我希望借由一个人的思想、经历与见解，来统括整本书，我选了胡适，该章内有他对自身疾病的处理，也有他对中国科学与医学发展的见解，原文在复旦大学"中外现代化进程研究中心"主办之"医家、病家与史家——以医患关系为中心"学术研讨会上宣读，要感谢张仲民教授的邀请，他对近代广告与药品的研究，用功很深，启发了我不少对研究资料上的看法。

其他要感谢的人还有很多，在2012年以前的缘分，我的感谢文字都见诸《"气"与"细菌"的近代中国医疗史：外感热病的知识转型与日常生活》一书之序，那篇序文字数近万，在网络上被转载多次，读者可自行参看，在此就不再重复感谢。我只是要对这些帮助、提携我的学者、老师、朋友们表达："在我的写作历程中，大家都已被我写进历史，成为我生命中的一部分。"我心存感激。2012年8月，我来到中原大学任教，受学校、中心同人与单位行政人员不少帮助，特别是李宜涯、王成勉、吴昶兴、东海大学历史系的王政文等诸师友，启迪了我对基督教医疗、疾病与身体历史的观照，在此先感谢他们不嫌弃我这个门外汉。通识中心同人支持我成立"中原大学医疗史与人文社会研究中心"，单位虽小，但总算可以做一些学术上的推广和满足个人的研究兴趣，自2013年至今已办了四次研讨会，感谢刘士永教授与"中研院"人文社会科学研究中心"卫生与东亚社会研究计划"的支持，刘老师对我鼓励与帮助甚多，我有许多不成熟的想法，都会去请教他的建议，曾经一度希望从发展专书与专刊着手，继续推广医疗与疾病史，也一并感谢王汎森老师对医史研究的支持。史语所"生命医疗史研究室"的诸前辈，是我学术上的启蒙者[6]，2015年正逢《中国史新论：医疗史分册》出版，心中感慨与激动，诚无法以笔墨形容之。拙文也被收入该书，其撰写之历史，大概与这本书一样沧桑，磨得不好、磨得又太慢了。

感谢游鉴明老师邀请我参加口述史读书会，和几位朋友们一起讨论历史人物丰富的人生经历，对我的帮助极大，因为每个口述史主角的人生经历，往往包含许多疾病与医药的个人体验。最近一次读王鼎钧的回忆文字，里面就有大量的疾病与医疗论述，对当时为一时代小人物的王来说，周遭人的医疗观念，本来就没有什么中、西之别，有药可用即是万幸，也不介意偏不偏方的问题了。[7]但对本书的几个大人物而言，处理疾病是自己的事，也攸关国族之发展、个人信念之执行，故中西医的抉择就成了一个大问题。本书不讳言，书中主角是上层知识分子、政治人物，但我想探讨国族与国医问题，大概不能先从底层看，而要从上层看起。王鼎钧在书中充分展现他对国家的期待与关心，但可以这么说：上、下层人物感受与触摸国家与民族的方式不同，上层与下层两造，各显示不同之风景，不可偏废。

感谢曾对各篇章提供意见、评论的同人和相关的审查人，以及书成后对全书进行审查的二位委员，他们提出了许多宝贵的修改意见，在此一并致谢。其他如林富士（1960—2021）、黄克武、黄金麟（1961—2017）、陈登武、祝平一、李尚仁、林文源、王文基、蒋竹山、陈秀芬、郭文华、张淑卿、罗婉娴、曹南屏、乐敏、李玉尚、胡颖翀、瞿骏、张勇安、周奇、赵婧、范雅竹等诸师友先进，在这几年或多或少给我鼓励与启发，或提供研究灵感，或给予资料帮助、研究事务上的方便等，实无法一一交代，或许来日也可写个回忆录，略述一二吧。更多的学者，无法在序言中具名，或见之上一本专书之序言，甚至记忆不及，挂一漏万，还请各方师友见谅。本书在校对、排版的过程中，编辑细心帮助校对、时时敦促书稿之进度，庄蕙绮、杨筑洁与廖于评先后担任研究助理，也对书稿的校对与编排帮助甚多，在此一并向她们致谢。

家人的包容是我最坚强的力量，谢谢老爸、老妈的栽培和老婆、孩子的体谅，当一个学者的家人真不容易，其中的酸甜苦辣，大概只有整日伏案的学者和他们的亲人方知，孩子口中整天陪电脑比陪家人多的爸爸，听起来总感觉有点尴尬与辛酸，不是对做学问有点兴趣，根本难以持续。让我最开心的是：写上一本书的时候，孩子仍需事事看顾，但这本书完成时，孩子已会帮我捶背、找书了，这正是一种平凡的幸福。十年磨一剑，以剑喻书，它不一定是把好剑，但我希望它是一把可观赏兼有用处的剑。期望本书能带给历史学者一些启发、给一般读者一些趣味，给中医一些发展上的省思，如是我已满足，是为总序。

皮国立 2015 年夏初序于罗东陋舍、2022 年 7 月修订

注　释

1　指皮国立：《医通中西：唐宗海与近代中医危机》，三民书局 2006 年版。
2　增订版为皮国立：《近代中西医的博弈：中医抗菌史》，中华书局 2019 年版。
3　收入胡春惠、唐启华主编：《海峡两岸暨香港历史学研究生研讨会论文选集》，政治大学历史系 2007 年版，第 215—242 页。
4　刘东：《国学文摘》，高等教育出版社 2011 年版，第 237—240 页。
5　皮国立：《抗战前蒋介石的日常医疗经验与卫生观》，收入吕芳上主编：《蒋介石的日常生活》，政大人文中心 2013 年版，第 381—752 页。
6　杜正胜：《另类医疗史研究 20 年：史家与医家对话的台湾经验》，《古今论衡》第 25 期（2013 年 10 月），第 3—38 页。
7　王鼎钧：《怒目少年：王鼎钧回忆录四部曲之二》，尔雅出版社 2005 年版，第 89—94、301 页。

目　录

绪论　民国时期中西医论争下的国族与病人再思考　/ 001
　　一、前言　/ 001
　　二、近代中国的身体与国族　/ 002
　　三、从病人出发的医疗史　/ 005
　　四、从病人的言论与视角出发　/ 007

壹　略论胡适的医学观　/ 017
　　一、前言　/ 017
　　二、在挣扎中的传统中医　/ 020
　　三、胡适的身体与医疗　/ 023
　　四、国故中医、科学西医：再探知识分子择医观　/ 039
　　五、医疗、身体与国族：医疗化下的国民性再造　/ 048
　　六、小结　/ 053

贰　民初医疗、医生与病人之一隅：孙中山之死与中西医论争　/ 064
　　一、前言　/ 064
　　二、病人的经历　/ 066
　　三、早年为学与发现罹患肝癌始末　/ 071
　　四、中西医对肝癌的认识　/ 075

五、更换中医治疗始末 / 079
　　六、中医治疗的转机与困境 / 086
　　七、孙的最后时日 / 091
　　八、小结 / 093

叁　"国医"的诞生：中国医学之近代转型与再造 / 107
　　一、前言 / 107
　　二、重省中西医汇通史：正视中西差异 / 110
　　三、国医建构之初：国学与国粹之形象 / 113
　　四、国医转型的关键年代 / 117
　　五、形塑科学国医之困境 / 122
　　六、面对国家与民族：国医责任之再造 / 138
　　七、小结：一次失败的"成功"转型 / 149

肆　医疗与近代社会：试析鲁迅的反中医情结 / 166
　　一、前言 / 166
　　二、缘起：反中医幼苗诞生 / 170
　　三、至死不渝的迷信：偏方与秘方 / 176
　　四、骗人的把戏？中医辨病与诊断 / 179
　　五、科学与国粹 / 185
　　六、略论当时中国西医的问题 / 192
　　七、小结 / 197

伍　医疗疏失与"中西医汇通"择医观：梁启超之死与"肾病"公案新考 / 211
　　一、前言 / 211

二、"失肾记"前因后果 / 213
三、此案所反映之中西医技术与医疗环境 / 215
四、余波荡漾：中西医论战与最后的真相 / 224
五、小结 / 234

陆 国家与身体的公与私：抗战前蒋介石的日常医疗与国族卫生观 / 240
  一、前言 / 240
  二、个人生活经验：1924年前的蒋介石 / 242
  三、军校校长与北伐时期 / 247
  四、南京国民政府时期：蒋的"私"领域日常卫生与医疗 / 261
  五、西安事变后：蒋的疾病医疗史 / 269
  六、国家卫生和"公领域"身体之现代性实践 / 275
  七、小结 / 298

柒 结论 / 311

征引书目 / 320

绪 论
民国时期中西医论争下的国族与病人再思考

一、前 言

要写一本近代中国"病人"的历史，要关照的面向有很多；而"病人"的意义何其广泛，必须要加以界说，才能聚焦。本书各章节之开始，都已有初步的研究回顾可供读者阅看。然而，本书写作的时间甚长，在新研究日益推陈出新的情况下，在书前花一点篇幅做一些研究方法的梳理与回顾，笔者认为是必要的，也可在此一并交代写作的思路与一些材料、想法。[1]

笔者长期以来研究的主题，围绕在民国时期的中西医发展史。最早系统地书写中西医论争史的学者应是赵洪钧，他的知名代表作《近代中西医论争史》于2012年再次出版，书前增加了不少近代著名知识分子对中医的批判。[2] 赵清楚地定调：所谓的中西医论争的历史，是从著名历史人物对中医的批评开始的。后来相关的中西医论争史著作，都或多或少会梳理这类人的言论；这也预示了赵口中这类所谓的"名人"（多是知识分子），将成为论述该历史的重心，他们共同的特色是对国族发展的担忧与对自身疾病处理之无助。

对中国医疗史的研究者来说，中西方的学者都关切近代以来中医所面临的挑战与自身的改革，而他们的著作皆已或多或少去探讨民初中医在面对中西药物、疾病定义、国家发展等观念之改变，这使得本书的阐述得以在这些既有的研究基础上展开。[3]另一类早期中西医汇通和论战的历史，甚少谈到病人的角色，大方向仍是以医者或医疗技术为主[4]；其实这样的路数，在以医者为主的医疗"内史"研究领域中，似无太大改变，近年来仍是以学科史、医者的历史和政策为主[5]，或是只强调中医科学化、中西汇通的正确性或片面缺失[6]，少有来自病人的声音和知识分子对其他因素，例如国族、国民性、身体和医学发展的相关对话，而它们正是构筑近代中国史的重大问题，医学史要能和整个大的历史更为贴合、对话，此为本书最希望努力的部分。以下先就这些与本书主旨相关的研究成果，于回顾、分析之后，再带出整个研究思路。

二、近代中国的身体与国族

"身体"作为一种人文科学的研究范畴，从20世纪80年代于西方学界开始兴盛，"身体感"则在90年代进入医疗史学界[7]，至今已从单纯的中西身体观转至身体感知（如香、臭、卫生）等议题，并且，仍在史学界发酵、引领潮流。[8]从身体的角度来分析历史，我们可以看到更多历史的复杂性和过去历史陈述所不容易见到的视野，甚至打破我们对既定历史之成见。[9]

提到身体的研究，没有人能否定福柯（Michel Foucault）的开创性,他将身体提到一种被权力、规范所控制、凝视的世界,久而身体习行其规范,例如在监狱中的监控就自然成为一种身体主动遵循之规范。[10]他让学者发现,在历史中也可以寻求"身体研究"的各种可能性。而在中国近代史的研究中,黄金麟很早就将"身体"在历史发展中的重要性点出,虽然早期的研究比较宽泛,但他是中文学界较早将近代身体的历史研究揭示出来的学者之一。[11]后来他从中国近代以来武化的身体来阐述历史之发展,这提醒了我们:身体治理和政治有密切之关系。本书也注意到蒋介石的健康观跟这种武化的身体有极度密切之关系[12],蒋个人的健康与改革国家、人民之方法,有时是互相连结的,"保卫生命"的个人史与大历史的发展竟有极其密切的关系。黄克武的新作,则探讨近代身体与情欲、性别和医疗的种种关系与想像,可说囊括了身体史内数个饶富趣味的主题,也有和医疗史相关的章节可参考。[13]

许多研究者已经指出了近代中国国族与身体的复杂性,它展现在许多地方。余新忠透过对晚清卫生机制建立之讨论,说明身体与卫生的关系是需要被管理或再教育的。[14]"身体"涉入近代中国日常生活之各个层面,已被多方面的探讨,时人也注意到"身体重生""身体复活"后,中国的自然科学、经济等才会得到发展,而非如过去一样只重视精神。[15]而民国以来,国民身体或身体素质(体质)的强弱与国族发展之关系,被牢牢地系于各个领域。衰弱的中国人被塑造成"东亚病夫"[16],而在中国人长期使用这个名词之下,"病夫"之相关的论述又成为医学人士提倡健康卫生概念的前提,在各个阶层,例如妇女[17];与各个现象,例如体育、运动等历史领域的研究课题[18],纷纷出炉。显示近代中国人之"病",不单是有疾病的意思,也和国民性、种族改造、卫生、健康等论述息息相关。[19]另一现象是,改造身体与国民性,或言改造国民的论述,和知识分子与当权者的作为都有密切关系。前者例如邹容、鲁迅、钱玄同、胡适等人,都曾有改造国民性的相关论述;后者则如南京国民政府时期蒋介石的"新生活运动",这些都可以视为是从晚清以来改造国民(性)运动的延续。[20]而这些思想与言论,可以说涉入了各个面向,包括卫生与中西医论战,例如最常见的,就是科学化、身体纪律与国民素质的关系;而科学化又常成为中西医论争的谈资,本书也将借由几个人物的患病经历和言论的交叉对比,进一步分析这些现象。

又,身体之疾病作为一种隐喻,在文史学界的研究成果丰硕,从医人到医国的转变,从中医到西医的选择,皆已有初步研究。[21]在台湾史的视角中,也有不少学者注意到身体的转型,例如在日据时期的小说文本中,"死亡"或"疯狂"的出现率非常高,而旧有台湾人的衰弱与颓废,被建构成需要殖民者来加以治理,所以出现了由"台湾身体"转向"皇民身体"的质变。[22]这些例子都展现"身体"在公领域上被政治化、现代化的各种可能,与国民之改造问题遥相呼应。近代中国新的身体或身份认同,须要经过重新定义,例如民国时期的运动员,无论男女都必须守时、守纪律、讲究卫生、遵守道德并具备爱国观念。[23]但是,既有研究对于病人患病之经历和中医自身涉入这些身体与国族论述之研究,还有所不足,笔者想将"中医"和"病人"这两个元素加入这样的讨论中。在病人的世界应该也是如此:雷祥麟的研究已明确揭示民国新病人需要有的特质[24],本书希望以国民性、中西医论争等这些大的发展背景为基调,将小我的、私领域的个人患病经历置放其中,交叉分析,观其影响。以下再针对"病人"

的历史研究加以梳理。

三、从病人出发的医疗史

西方身体史的兴起，促使人文学界去思考与身体有关的疾病和文化。克莱曼（Arthur Kleinman）以台湾的多元医疗体系为调查对象，说明病人、家属、中西医甚至与民俗医疗之间，对疾病解释的话语是互相渗透、影响的[25]，非常具有代表性。而在医史学界较早的转向，则是在1985年，罗伊·波特（Roy Porter）呼吁医史学界应该从病患的角度出发来书写医学史[26]，而不是从科技或学科进步史的角度来书写；并且，新文化史也开始大规模的以身体为主轴开始研究历史，这促使整个史学界在关注比较下层、相对弱势的病人史研究，有了较新颖的开展。[27]例如杜登（Babara Duden）透过梳理18世纪德国城镇妇女的医疗史来提醒研究者注意，创造现代身体背后的社会因素为何？因为病人诉说的话语，远多过现代科学所能告诉我们的，这些历史上曾经发生的改变，科学本身不足以完整回答。[28]近年来对于特定病人的医疗历史，西方史学界也有论述，例如对近代早期妇女的医疗史，温迪·丘吉尔（Wendy Churchill）就利用大量的日记、诊疗纪录来建构这些历史。[29]"病人"作为一种历史研究，它常常是客观的存在，作为一种证明医疗制度、科学研究、社会关系和法律制定改变的证据[30]，这种历史研究虽是自病人出发，但病人主体的声音，似乎还不够被彰显。而西方史学界，对精神病人与医疗、社会的关系，似乎兴趣浓厚[31]；在中国史学界，应该也受到一些影响，从精神病人的身体和感受出发的研究，屡有佳作[32]。

而探索病人的医疗史,也不单是中国近代医疗史的专利,如果把研究视角放大一点来看,例如李贞德曾研究中古时期女性患者如产痛、经痛等被照顾者的"主体性"参与,但是这种主体性不是患者对医疗本身的看法,而是症状之身体展现,例如疼痛感。[33]范家伟则曾探讨中古时期病者的社会活动,包括寻医问药的社会网络和病人寻找治疗疾病的方法等等。[34]而陈秀芬则注意到晚明文人的养生书写,他们写作背后的原因相当复杂,但防病与健身总是重点。[35]张嘉凤则透过《折肱漫录》来探讨黄承昊(1576—1650)的养生与疾病,是一从病人视角出发的重要研究,黄氏"求人不如求己的习医心态",更反映了当时医疗场域的一些实际问题。[36]邱仲麟则探讨明代看诊文化和"诊金"的问题[37],其研究主体是以儒医问题扩展出去。由总体的研究成果来看,中文史学界确实已关注到病人在医疗史中的角色。古代医学史中的医病关系,研究成果相当多,从医案、医者包括宫廷的医疗、宗教医疗等形形色色的主题,皆有学者加以关注。[38]上述学者的研究,确实都促使笔者去思考:如何汇整近代史上病人的微弱声音,并赋予意义。

以本书中西医争论为主的研究,其实最重要的成果是展现在中西医在诊病上的纠纷、冲突与转化上面。张哲嘉曾根据《妇女杂志》来分析民初医者与病人的纸上互动,病人有时会自我诊断;而中西医解释之不同,显示病患在听取诊疗判断时会遭遇的困扰。[39]雷祥麟和杨念群则均对从中医转向西医的医学伦理和医病关系进行梳理。[40]马金生与龙伟则专从医事纠纷来探讨民国的医讼法律案件[41],这些研究都为本书的写作提供了不少思路,因为法律之诉讼必定会牵涉中西疾病定义之转型对医者和病患的冲击。只是,医事纠纷涉及法制史内的制度转型内容,与国民性、身体和病人经历虽有关系,但研究路数还是不同。尚有一种病人的历史,是属于"社会化"病人的历史,例如梁其姿的研究就充分展现了麻风病人代表一种腐败、残缺的身体,它显示在中国现代化进程中必须"被净化"的一种身体败坏与国家衰弱之间的紧密关系[42];而特殊疾病病人的社会角色,在近代中国还是以结核病的历史最受关注[43]。此外,陈乐元则揭示了19世纪法国公共卫生论述的建构中,将犯罪与疾病的关系加以强化,强化这类对社会具有潜在威胁的"病人",要加以研究与控制[44],也可视为是病人的社会史,但这类病人却少有资格对医疗的方式做出评论[45]。

历史中病人的声音在哪里?[46]在西方,17至18世纪末之前,病人是非常具有主体性的,傅科在其著作中有非常详尽的论述[47],至于之后有关西方学者争论"病人声音"消失与否,李尚仁也有很详尽的论介,他提醒了我们:历史学家必须更细腻地探讨医病之间或病人主体性、诊疗技术等因素之间互动的不连续性与连续性,去提出更完整丰富的分析。[48]我们也可以思索中国史中病人的声音将展现在哪些方面,他们与医者的互动或对更多政治、社会现象之涉入为何?笔者以为,把人的身体放回到医疗史中,以病人之言论、思想为主,才能扭转病人只不过是历史研究中的客体、陪衬之现象;要将病人自己的思想、患病经历和其与国族发展的连动关系,做一个比较紧密的结合。

四、从病人的言论与视角出发

中国历史上的病人,他们第一次对国家及其相关的身体论述、医学之发展和自身疾病观点不断做出解读的时代,就是近代。[49]我们必须注意病人在中西医论争中的角色,因为它是这个时代的特点之一,病人无可避免地被卷入这种抉择之中。中西医的论争,将病人的诊治拉到不只是医疗行为之本身而已,还牵涉科学观、国族发展等问题,还必须注意他者(不单是医者视角,也有可能是知识分子或近代产生之公共舆论内的病人),乃至病人对自身疾病的书写,包括透过日记、文集、回忆录等方式来呈现。这些蓬勃纷呈的面向,构筑了近代医患关系的多层次视角,并无意间透露出中西医抉择之脉络,与一般探讨病人历史的意义,已有所不同。换言之,探索近代以来病人的主体性,要看他们择医的态度、理念与想法,要探索他们择医的主观性,也注意其中可能之分歧与看法(例如家人、朋友之干涉)之间的多元面貌,其实这些因素都建构了众生喧哗下"病人"史的主体性。

例如关于鲁迅之疾病与医疗,讨论很多,关于他死因之论战,更是历史悠久。笔者比较注意的还是鲁迅关于中西医药的谈话。鲁迅自己身体虚弱,年轻时即为牙疾所困扰,前者导致他思考医疗问题时常与衰弱的国族问题做结合,而后者乃中医较无法处理的问题,在本书中可看到鲁迅对中医牙科技术之抱怨。当然,鲁迅还曾抱怨中国同样的中药,各地品质都不统一;但鲁迅认为中药仍可研究,只是要认清中药的产地,才能精准分析。[50]但对中医的理论,从本书中即可看到鲁迅批评的力道甚重。当然,一个人的思想,有时不见得能始终一致,例如余英时在分析《顾颉刚日记》后说道:

一百多年来中国学人笔下所津津乐道的"新"与"旧"、

"进步"与"落伍"、"传统"与"现代"、"西方"与"中国"、"革命"与"反动"等等二分法都是经不起分析的。在实际生活中的"人"本来就是"一堆矛盾"(a bundle of contradictions),愈在变动剧烈的时代,愈是如此。[51]

余氏所言甚是,学者研究常常二分划定"中医"或"西医"之抉择,又何尝没有盲点?鲁迅在本书中的角色,可以是代表极端反中医的,不过根据鲁迅的儿子周海婴陈述,学过医的鲁迅常在家中备着一些家庭常备药物与医疗用品,例如有防止发炎的"黄碘"药粉、虎标万精油(中药)、如意膏、黄金膏(中药)、兜安氏软膏等,其中有中药也有西药。[52]由此又可看出近代学人对国族卫生发展的选择是西医,但私底下倒不一定是如此没有弹性的。周氏还陈述,鲁迅对自己患病不太在意,但亲朋好友患病则显焦急,鲁迅还曾买中药"乌鸡白凤丸"给萧红(1911—1942)服用。[53]不同于医者所书写的医案所建构的病人史[54],我们可以从病人本身的言论、日记,乃至周遭人等对历史人物患病经历的回忆、口述来建构病人的历史;各期刊中的医病案例,拜资料库近年来的发达,探讨也已不是问题。但若没有对身体与国民性发表论述的案例,本书则不会刻意梳理,因为那样书写会使讨论范围无法聚焦。许多民国的病人在生病时,会自由地选择中西医,例如受日本教育的朱希祖(1879—1944),在1932年罹患疟疾时,就以看西医、吃西药为主;但同时,他也请中医诊脉,中医建议他吃一些"鸭胃粥"来养胃调养,他也是照做。[55]换句话说,不少人选择中西医看诊,是依据自己的想法和周遭人际关系的建议与交往而定,他们对国族、中西医的论争,并没有太多评论,这类人物的患病经历，我们就不多谈，因为作为历史研究，这样的经历太过普通与一般。

本书想谈的是病人放在中西医疗的实际场域中，他们的经历与思想，对医疗、国民性的看法为何？又，他们思想是否具有一致性，还是有其他的呈现方式？这就不可避免地必须从中上层人物，或至少政治领导人物的言论与思想来看，因为底层人物对于国族、身体与中西医的看法，往往不够深刻，甚至没有意识到这些内在关联性与国家、国族发展之间的关系。一般人带家人去看中医或西医，有时不是什么国族、信仰的问题，单纯就是吃了西药没效就换中药，反之亦然。[56] 所以要把笔者所谈的这些大问题放在书中看，就必须找一些特定的历史人物，把他们放入分析的脉络中，意义才会呈现；并且，也只有聚焦在牵涉中西医论争的代表性人物或事件上，这样的讨论才有意义。梅汝璈1937年就曾指出中西医问题的复杂性：中国未来不应该有中医或西医，而应该是只有医师和医学，如果中医已"科学化"，为什么还会有中西医之争？他指出，西医应该要和中医一起研究中药，生产出许多国产药物。[57] 但是要让西医学习中医的理论，恐怕要到1950年代后才有可能，因为争议的点实在太多。探索民国时期的中西医论争，不单只有医学问题，还有病人的选择、信任问题，更有国族发展、知识分子抉择问题，可能需要多方观照，补充既有论述。

任何一位处于中西医论争时代的历史人物，多少都可能对当时医学发展提出看法与见解，例如国民政府中层文官陈克文（1898—1986）曾在日记中写下：

饭后谈中西医问题,还谈国际问题。我说就个人的疾病来说,请中医和西医都无不可,中医有几千年历史,不少可贵的经验,是不可抹杀的事实。但就民族健康来说,非提倡西医不可。医分诊断、治疗、药物几方面。药物但求有效,无分东西;诊断和治疗的方法,中医万万追不上西医;关于病源的研究、公共卫生的预防工作,中医毫无办法,故非西医不可。中医如要保存以往的可贵经验及特效用药,亦非加上西医的科学训练不可。乃光说,我这种说法有打倒中医的气味,因此发生辩论。[58]

其实从历史上的日记中,还可看出很多民初人物对自身疾病的描写及其对中西医的看法,这些言论又多少与国族之发展有关;若没有牵涉中西医或国族的问题,就不细论。本书选取的人物,是希望有实际患病经历,而又能对国民性、身体观和中西医发展等三方陈述有所交集的历史人物,才能凸显这种动态。例如本书有谈到蒋介石,蒋对医药健康的看法为何呢?书中已有交代,此处仅就日记史料略为补充他对中医的看法。1937年5月29日,蒋在日记中记载:"上午清理积案,甚费心力,服中药三日,今晚安眠如常,不胜自慰。"[59] 1939年2月16日的日记记载:"本日手拟稿件多份,近日事多工忙。下午服中国药后呕声饱闷,几不能支,……睡眠亦不甚良,因之心身疲乏,精神顿感不舒矣。"[60] 1940年2月18日,蒋介石在日记中记下:"本日伤风未痊,仍服中药,在家静养。"[61] 1941年1月30日,蒋又记下:"昨夜安眠酣睡至六小时半以上,颇难得也,中药殊为有效。"[62] 1942年10月31日,蒋在日记中写下:"下午重修辞稿,五时到参政会致闭幕词,甚恐喉疾加重,然晚间则反较减轻,是中药之效也。"[63] 1943年

2月3日,蒋介石更中西药并进来治疗感冒,在日记中写下:"日下午忽感伤风,至晚更剧,睡前入浴,饮姜汤与阿司帕罗二粒,太多,令晨痰中带血,是服药太过之故。"[64]可见他对中西医药的态度,虽有轻重(因为可能还受了宋美龄的影响),但基本上不排斥中药。这和国族与身体有甚么关系?读者在书中将可以看到,中西与新旧并用,本来就是蒋维护个人健康和发展国家的共通性,这和择医的态度大有关系,在公与私之间,有部分的一致性。蒋不排斥中医,他更认为传统文化是改革中国的要素之一,不可任意抛弃;这就和某些反中医的官员认为,过于"复古"将会使国家现代化改革倒退的言论相反。[65]提倡中医当然也是复古,在新与旧之间,把中医之争论放在现代国家的建构蓝图中,可以重探中医之处境,对其处境就能有全新的认识。而书中其他人物选择中西医的看法,不尽相同,但充分显示了个人择医与其对国民性改造、国家发展等看法有所连结,当然也可看到其中的中西医论争面向和中医自身的改革与努力。

注 释

1 近年研究,可参考皮国立:《新史学之再维新——中国医疗史研究的回顾与展望(2011—2018)》,蒋竹山主编:《当代历史学新趋势》,联经出版 2019 年版,第 439—462 页。以及刘士永:《台湾地区医疗卫生史研究的回顾与展望》,耿立群主编:《深耕茁壮——台湾汉学四十回顾与展望:庆祝汉学研究中心成立 40 周年》,台北图书馆 2021 年版,第 395—426 页。
2 赵洪钧:《近代中西医论争史》,学苑出版社 2012 年版,第 1—41 页。

3 最新出版的两本英文著作,比较详细的说明了中国医学在民国时期的演变,可参考 Sean Hsiang-lin Lei, *Neither Donkey Nor Horse: Medicine in the Struggle over China's Modernity* (Chicago and London: University of Chicago Press, 2014), and Bridie Andrews, *The Making of Modern Chinese Medicine, 1850–1960* (Vancouver: UBC Press, 2014). 中文可参考皮国立:《"气"与"细菌"的近代中国医疗史:外感热病的知识转型与日常生活》,中国医药研究所 2012 年版。相关的研究著作,可参考各书的介绍,不一一重论。
4 见皮国立:《近代中医的身体观与思想转型:唐宗海与中西医汇通时代》,生活·读书·新知三联书店 2008 年版,第 13—20 页的回顾。
5 肖林榕:《中西医结合发展史研究》,北京科学技术出版社 2011 年版。
6 中国科学技术协会:《中国中西医结合学科史》,中国科学技术出版社 2010 年版,第 33—35 页。
7 例如费侠莉著、蒋竹山译:《再现与感知:身体史研究的两种取向》,《新史学》第 10 卷,1999 年第 4 期,第 129—144 页。栗山茂久、陈信宏译:《身体的语言:从中西文化看身体之谜》,究竟出版社 2001 年版。
8 有关西方人文学界之研究,参考余舜德:《身体感:一个理论取向的探索》,收入余舜德主编:《身体感的转向》,台大出版中心 2015 年版,第 1—36 页。
9 这样的视角还可参考黄金麟:《身体与政体:苏维埃身体,1928—1937》,联经出版 2009 年版,第 7—11 页。
10 Michel Foucault; translated by Alan Sheridan, *Discipline and Punish: the Birth of the Prison* (New York: Vintage Books, 1979, c1977), pp. 159-230.
11 黄金麟:《历史、身体、国家:近代中国的身体形成,1895—1937》,联经出版 2001 年版,第 1—20 页。
12 黄金麟:《战争、身体、现代性:近代台湾的军事治理与身体,1895—2005》,联经出版 2009 年版,第 35—58 页。
13 研究回顾和介绍可看黄克武:《言不亵不笑:近代中国男性世界中的谐谑、情欲与身体》,联经出版 2016 年版,第 6—24 页。笔者较新的研究有:皮国立:《虚弱史——近代华人中西医学的情欲诠释与药品文化(1912—1949)》,商务印书馆 2019 年版。
14 参考余新忠:《清代卫生防疫机制及其近代演变》,北京师范大学出版社 2016 年版,第 225—233、282—321 页。
15 刘丰祥:《身体的现代转型:以近代中国城市休闲为中心(1840—1937)》,光明日报出版社 2009 年版,第 5—13 页。
16 相关研究,杨瑞松的著作已经非常清楚的揭示了这个现象,参考杨瑞松:《身体、国家与侠:浅论近代中国民族主义的身体观和英雄崇拜》,《中国文哲研究通讯》10 卷 3 期(2000),第 87—106 页。总体的研究则可参考杨瑞松:《病夫、黄祸与睡狮:"西方"视野的中国形象与近代中国国族论述想像》,政大出版社 2010 年版。
17 周春燕:《女体与国族:强国强种与近代中国的妇女卫生(1895—1949)》,政治大学历史系 2012 年版,第 37—66 页。
18 游鉴明:《运动场内外:近代华东地区的女子体育(1895—1937)》,"中研院"近代史研究所 2009 年版,第一章的介绍。
19 Ruth Rogaski, *Hygienic modernity: meanings of health and disease in treaty-port China*

(Berkeley: London: University of California Press, 2004), pp. 73-76. 以及张仲民:《出版与文化政治:晚清的"卫生"书籍研究》,上海书店出版社2009年版,第88—96页,都有谈到这种身体作为一种民族卫生、发展之隐喻。

20 周春燕:《女体与国族:强国强种与近代中国的妇女卫生(1895—1949)》,第49—55页。

21 谭光辉:《症状的症状:疾病隐喻与中国现代小说》,中国社会科学出版社2007年版,第154—169页。

22 梅家玲:《从少年中国到少年台湾:二十世纪中文小说的青春想像与国族论述》,麦田出版社2012年版,第163—199页。

23 游鉴明、罗梅君、史明等主编:《共和时代的中国妇女》,左岸文化2007年版,第351页。

24 雷祥麟:《负责任的医生与有信仰的病人:中西医论争与医病关系在民国时期的转变》,《新史学》第14卷,2003年第1期,第45—96页。

25 Arthur Kleinman, *Patients and Healers in the Context of Culture: An Exploration of the Borderland between Anthropology, Medicine, and Psychiatry* (Berkeley and Los Angeles: University of California Press, 1980).

26 Roy Porter, "The patient's view: doing medical history from below," *Theory and Society* 14. 2(1985), pp. 175-198.

27 彼得·伯克著,蔡玉辉译:《什么是文化史》,北京大学出版社2009年版,第83—85页。

28 Barbara Duden; translated by Thomas Dunlap, *The woman beneath the skin: a doctor's patients in eighteenth-century Germany* (Cambridge, Mass.: Harvard University Press, 1991), pp. 72-103.

29 Wendy D. Churchill, *Female patients in early modern Britain: gender, diagnosis, and treatment* (Farnham, Surrey, England; Burlington, VT: Ashgate, c2012).

30 L. Stephen Jacyna and Stephen T. Casper (ed.), *The neurological patient in history* (Rochester, NY: University of Rochester Press, 2012).

31 Petteri Pietikäinen, *Madness: a history* (Milton Park, Abingdon, Oxon; New York, NY: Routledge, 2015).

32 例如陈秀芬:《当病人见到鬼:试论明清医者对于"邪祟"的态度》,《政大历史学报》30期(2008),第43—86页。王文基:《心理的"下层工作":〈西风〉与1930—1940年代大众心理卫生论述》,《科技,医疗与社会》第13期,2011年,第15—88页。以及王文基:《知行未必合一:顾颉刚与神经衰弱的自我管理》,收入祝平一编:《第四届国际汉学会议论文集:卫生与医疗》,"中研院"2013年版,第65—99页。若将研究放大至东亚来看,则近年来巫毓荃和吴易叡的著作是值得关注的,此处不再赘列,读者可自行参看。

33 李贞德:《性别、医疗与中国中古史》,收入"中研院"历史语言研究所生命医疗史研究室主编:《中国史新论·医疗史分册》,"中研院"、联经出版2015年版,第195—244页。

34 范家伟:《中古时期的医者与病者》,复旦大学出版社2010年版,第223—258页。

35 陈秀芬:《养生与修身》,稻乡出版社2009年版,第19—47页。

36 张嘉凤:《爱身念重:〈折肱漫录〉中文人之疾与养》,《台大历史学报》51期(2013.6),第1—80页。

37 邱仲麟:《医资与药钱:明代的看诊文化与民众的治病负担》,收入"中研院"史语所生命医疗史研究室主编:《中国史新论·医疗史分册》,第337—385页。

38 例如祝平一:《药医不死病,佛度有缘人:明、清的医疗市场、医学知识与医病关系》,《中央研究院近代史研究所集刊》第 68 期,2010 年 6 月,第 1—50 页。邱仲麟:《医生与病人:明代的医病关系与医疗风习》,收入李建民主编:《从医疗看中国史》,联经出版 2008 年版,第 253—296 页。张哲嘉:《为龙体把脉:名医长钧与光绪帝》,收入黄东兰主编:《身体·心性·权力:新社会史(第 2 集)》,浙江人民出版社 2005 年版,第 211—235 页。蒋竹山:《晚明江南祁彪佳家族的日常生活史:以医病关系为例的探讨》,收入林富士:《疾病的历史》,联经出版 2011 年版,第 413—432 页。
39 张哲嘉:《〈妇女杂志〉的"医事卫生顾问"》,《近代中国妇女史研究》第 12 期,2004 年,第 145—168 页。
40 雷祥麟:《负责任的医生与有信仰的病人:中西医论争与医病关系在民国时期的转变,与杨念群:《再造"病人":中西医冲突下的空间政治(1832—1985)》,中国人民大学出版社 2006 年版,第 61—72 页。
41 张大庆:《中国近代疾病社会史》,山东教育出版社 2006 年版,第 188—121 页。马金生:《从医讼案看民国时期西医在华传播的一个侧面》,《中国社会历史评论》第 13 卷,2012 年,第 377—385 页。以及马金生:《自保、革新与维权:中医界对医患纠纷的认识和因应(1927—1949 年)》,《浙江学刊》2015 年第 3 期,第 57—65 页。近年专著则有龙伟:《民国医事纠纷研究(1927—1949)》,人民出版社 2011 年版。
42 Angela Ki Che Leung, *Leprosy in China: a history* (New York: Columbia University Press, c2009), pp.132-133.
43 可参考洪均燊:《"肺病指南":民国时期肺结核疗养与病患角色》,阳明大学科技与社会研究所 2012 年硕士学位论文,第 2—17 页的"研究回顾"。
44 陈乐元:《医生与社会防治:论十九世纪法国公共卫生学与犯罪学之关系》,稻乡出版社 2015 年版,第 1—10 页的研究回顾与界说。
45 对病人声音的描述与搜索,反而在社会学的领域屡有开展,例如林文源就探讨台湾肾病病人的主体性,参考林文源:《转变病患行动能力部署:以台湾透析病患团体为例》,《台湾社会学刊》第 20 期,2010 年,第 40—99 页。以及林文源:《病患实作经验与患病轨迹类型》,《台湾社会学刊》第 17 期,2009 年,第 1—59 页。
46 "病人"角色在医疗史和社会学的研究开展,可参考 John C. Burnham, "The Death of the Sick Role," *Social History of Medicine 25. 4* (2012), pp. 761-776.
47 Michel Foucault; translated by A. M. Sheridan Smith, *The birth of the clinic: an archaeology of medical perception* (London: Tavistock Publications, 1976, c1973), Ch. 4.
48 李尚仁:《从病人的故事到个案病历:西洋医学在十八世纪中到十九世纪末的转折》,《古今论衡》第 5 期,2000 年,第 139—146 页。
49 古代人君的身体与其成为国家、天下之具体而微的认识,乃"论病以及国"的基础,虽也是从病人的身体来反映政治,但并非借由病人自己的思想和话语来对政治发展进行论述。关于前者之讨论,可参考金仕起:《中国古代的医学、医史与政治:以医史文本为中心的一个分析》,政大出版社 2010 年版,第 353—390 页。
50 靳丛林、刘中树主编:《鲁迅死因之谜》,人间出版社 2014 年版,第 357—359 页。
51 余英时:《未尽的才情:从顾颉刚日记看顾颉刚的内心世界》,联经出版 2007 年版,第 93 页。
52 周海婴:《鲁迅与我七十年》,联经出版 2002 年版,第 21 页。

53 周海婴:《鲁迅与我七十年》,第 23 页。
54 熊秉真:《案据确凿:医案之传奇与传承》,收入熊秉真主编:《让证据说话》,麦田出版 2001 年版,第 201—254 页。
55 朱希祖:《朱希祖日记》(上册),中华书局 2012 年版,第 182—189 页。
56 例如徐留云女士的历史,她带孩子去看西医,吃了金鸡纳霜无效,倒是给中医治好,从此她不甚相信公家医务室的医师,小孩生病都去找中医。参考罗久蓉等访问:《烽火岁月下的中国妇女访问纪录》,"中研院"近代史研究所 2004 年版,第 301—302 页。
57 梅汝璈:《西医与中药:关于中西医药之争的一点感想》,《经世》第 1 卷,1937 年 1 期,第 73—75 页。中医与中药科学化的讨论,不如表面那样单纯,本书仅从病人的角度出发,实际可能出现的争议,例如中药或细菌学的争议,就可参考 Sean Hsiang-lin Lei, *Neither Donkey Nor Horse: Medicine in the Struggle over China's Modernity*, pp.141-192.
58 引文中"乃光"是指甘乃光(1897—1956)。引自陈克文著,陈方正编校:《陈克文日记 1937—1952》(上册)"1939 年 9 月 27 日","中研院"近代史研究所 2012 年版,1939 年 9 月 27 日,第 486 页。
59 抗战历史文献研究会:《蒋中正日记》,抗战历史文献研究会 2015 年版,第 61 页。
60 抗战历史文献研究会:《蒋中正日记》,第 26 页。
61 抗战历史文献研究会:《蒋中正日记》,第 28 页。
62 抗战历史文献研究会:《蒋中正日记》,第 18 页。
63 抗战历史文献研究会:《蒋中正日记》,第 150 页。
64 抗战历史文献研究会:《蒋中正日记》,第 22 页。
65 王世杰著、林美莉校订:《王世杰日记》,"中研院"近代史研究所 2012 年版,上册,1937 年 2 月 22 日,第 10 页。

壹
略论胡适的医学观

一、前　　言

我自己是一个老病人，中西医都看过不少，一直想写一本有关近代病人的书，一本属于病人的近代史。但是，近代病人何其多，要如何开始着手，让我伤透脑筋。我不想用什么理论框架来解释我的书，因为这是一本"病人之书"。病人在面临大病时，在择医的过程中，对医学技术的期待当然是有的，特别是处于近代中西医汇通时代的人，更是如此；可是往往又因为旁人或自身之痛苦，无法被有医学极限的治疗所治愈，所以改变了原来的选择。人的选择，不宜有框架。谈医者、病人与国家社会之间的关系，并非单纯只有"医"与"病"之间的联结而已，还有医者与病人在社会文化中的处境、历史位置为何，这是本书将这几个元素放在一起所呈现的最大意义。

对医患历史的相关研究非常多，雷祥麟的文章梳理了近代中西医看诊行为的改变，牵涉医者的医业和病人的信仰问题，深刻而具有启发性。[1]杨念群把整个疾病与医疗纳入近代中国空间、政治的领域之中，扩张了近代中国疾病与医疗的各种可能性，给予本书不少启发。[2]

祖述宪[3]、江汉声[4]等医者,则是从患者之病的角度出发,剖析历史上病人所罹患疾病之痛苦与对医学发展之见解,很有启发性。其他关于各章人物的医疗史相关研究回顾,则于每章之初带出,此处就不再赘叙,避免阻碍可读性。到目前,还没有一本从史学角度大量分析"病人"对自己疾病、医学和国族关系的专书。本书重点选取了几个人物:孙中山、鲁迅、胡适、梁启超、蒋介石,分别涵盖政治人物和知识分子,针对他们的医疗观或卫生观之描述,过去也有不少著作会零星引用,但却缺乏深入分析前因后果与意义的讨论,本书之作即为此。分析历史人物的病与他们对病的看法,不能抱着看八卦、窥隐私的心态,仅用推理的方式来"回溯诊断"病人的疾病为何,过往的著作虽具有历史的趣味性[5],但却失去了病人之病与整个医学发展、国族历史等大问题的解读;作为通俗读物可以,严肃的史学意义则比较缺乏。

近代病人不可避免地会面临选择中西医的问题,医学也被引入所谓国族与身体的论述中,故本书也选择"国医"这个名词的形成与意义,置于其中,使读者能理解这些病人在抉择中西医时的主要考量与顾虑为何。当然,本书也有局限,因为本书选取的都是一般意义属于上层阶级的历史人物,当然就无法顾及底层社会的声音;但底层社会的声音,有时无法反映择医行为中的国族与身体间的论述,对广大庶民来说,疾病能得医治即可,还谈什么"国族与文化"问题呢?而这些上层知识分子、政治人物,也不可能代表全部中国人;所以,在绪论与各章节中,本书还是会尽量穿插一些代表人物,例如傅斯年(1896—1950)等人,在有限的主题与篇幅内,将整体论述层面扩张,是为本书重要的写作策略。历史研究的主体为人,笔者还是从"病人"作为出发点,进行更深入的探讨。[6]从这个意义上来说,历史上每个人都是广义的病人,谁能不生病呢?"病是变态,由活人变成死人的一条必经之路。因为病是变态,所以病是丑的。"[7]但近代以来,疾病的隐喻扩大深化成一种对国族衰弱的想象,这就让疾病不只是个人之事,还常被扩大解释为是国族的事了。[8]故近代之"解救病夫"已非个人的问题,更是国家、社会发展之症结,知识分子都想方设法来寻求在各方面改造中国人身体的"疗法"。[9]此时,疾病反映的不只是"病"的本身,也是国民性、种族、身体控制的抉择与再造之过程。[10]

知识分子也是人,也会生病,还是要靠医生来加以治疗,这时他们成了病人。不过,知识分子对国家社会的发展,又往往怀抱着一股期待与改造之心,提出很多想法与见解,为中国"开药方";这时,他们又像是医者,诊断近代中国的发展问题,医国之大病。这两者往往有奇妙的联结,因为个人的中西医疗卫生观点,往往会影响自己的择医喜好,这个"择医"的意义,有时会扩张成"中西医哪一种医疗方式更适合中国人"的问题;但病人有时又因各种原因,而改变了择医的初衷。这些看似矛盾其实又具有现实生活合理性的病人史,大量出现在本书人物的患病经历中。本书首章,为了使读者能更清楚知识分子择医的看法,首先带出胡适的经历与思想,胡当然是一个重要的人物,不过祖述宪曾为文探索其对中医的态度[11],所以本章不需重复谈许多病名界定的问题;但是,祖氏乃学医出身,文章偏重论述胡的疾病,而且对西医比较偏重,我认为胡适对中医还是非常有好感的,而且胡的择医观必须放在大时代来看,倒不一定是他本人不信中医的。绪论只把与本书主题相关的论述,扩张解释、梳理意义。在略抒己见之余,顺便带出全书的相关内容。

二、在挣扎中的传统中医

本书所选的病人，大多被认为不喜欢中医。为何不喜欢中医？过去所论甚多，但缺少中医自身与外界的交叉比较。这些问题，可从大方向来看，而诊断学、文献典籍、科学观是三个最重要的因素。首先，无论面对任何疾病，第一步就是正确诊断。诊断需要靠医者对病理与生理学的了解和对先进仪器的掌握，这些都是中医在民国时较为弱势之处。诊断需要靠的是器械与精准的数字，傅斯年曾抨击中医没有"诊断学"，也没有"病理学"，他说："所谓诊断者，除脉搏、呼吸、温度、血压、大小便、血液、内脏声音，各种普通考察外，每一症各有其详细诊断方法，而微菌之检查，尤为全部传染性病之最要紧的诊断。"可惜这些检查，中医都没有，只靠"手腕上的一条动脉，在不满二寸的距离中"，用三根手指头就可诊断五脏六腑之病，"这真是违背小学常识的说话"。[12] 1920 年，胡适指出，这些理化检验就是医者开药前所参考的"材料"，没有这些东西，是不能正确开药治疗的。[13] 从晚清时介绍手术器具之神奇，例如英人德贞（John Dudgeon, 1837—1901）指出："还能于病人颈外用银管开窍，以通呼吸，不更奇乎"，"至患肺痈，非（以手术）破乳下不能出脓"[14]。一直到民国学人接受整套西方医学的价值观和器械之能，是经历了很久的时间。至民国时期，包括人身体的温度、血压，外界的湿度、风力等，都已透过科学的数字化呈现，判断标准也更统一。[15] 更重要的是，从欣赏器械之能到信仰整个西医的知识体系，恐怕才是最重要的转变，让中医难有立锥之地。傅斯年认为，近代西医学之四大柱石：一解剖，二生理，三病菌学，四实验药物学，其中"手术之能，用具之精"，中医根本谈不上；剩下的病理学、生理学，中医更是一塌糊涂。[16]他认为："试问他们（中医）的病理学在哪里？如《巢氏病源》等书之支离破碎，算得上科学知识吗？若说那些五行、六气便算病理学，则凡有近代科学常识者，必当信政府不该容许社会上把人命托在这一辈人手中。"[17]虽然当时中医常常就西医偏重物质文化来作论辩，如中医恽铁樵（1878—1935）批评说："西医建基础于科学之上，偏重物质方面，愈详细乃愈繁复，转因详细之故，失其重心，致有歧路亡羊之憾。"[18]但总的来说，西方有了物质科学与机器，才会有精益求精的"精神"，所以一般知识分子也了解到："今日中国，必有物质文明，然后才能讲到精神文明。"[19]

其次，认为中国传统医药学知识的破产，乃新知识分子对传统文化没有信心的一种表现。中国传统的科技知识不是在实验室中建构出来的，而是靠着典籍之传衍而生生不息，所以近代反中医论述中攻击典籍之正统性的文字也相对较多。胡适就说：当伽利略和吕文霍克的时代结束后，西方人已经借由显微镜看到了各种微生物，在鼻涕痰唾里、在阴沟臭水里，微菌学揭开了序幕。这个时候正是"顾炎武的《音学五书》成书的时候，阎若璩的《古文尚书疏证》还在著作之中"。这样的对照是一项鲜明的讽刺，在1608至1687年这不到八十年的时间，西方科技完全超越了中国。胡适说：这期间除了宋应星（1587—1666）的《天工开物》外，中国只有"纸上的功夫"和"纸上的学问"而已，至今，"我们已知道许多病菌，并且已知道预防的方法了。……然而我们的学术界还在烂纸堆里翻我们的筋斗！"[20]这样的批评不可谓不深刻。笔者有专文研究指出：近代中医仍强调古典医学,强调古代医书知识之重要[21],这就恰恰坐实了当时知识分子的攻击。像是傅斯年就说:"近代医学是不欺人的,他不自谢天下的病他都能治。不若《伤寒论证》《外台秘要》等诞妄书,说得像是无病无药者然。此虽可适应愚夫、愚妇之心理,却不成其为实在的知识。"[22] 即便有这样的攻击,多数中医还是认为典籍不可废;中医认为,对传统医学典籍的攻击,是因为当时人已看不懂书中的文字,所以像恽铁樵就指出:"古书惟医家最难读,一者因合意甚深,如《素问》全书皆涉及天文,通于《易》理,绝非寻常业医者所能理解,二者自古业医之人,不肯公开,所传医书,为妄人倒乱章节,如《伤寒序》所云,江南诸师,秘仲景书不传,因此多数不易明了,私意以为欲纠正古书之错误,须根据躯体之生理病理,是则非富有经验之医生而又能读古书,则无以解决此困难,医学校中教员都是书生,不是医生,此事最为中医改进之障碍。"[23] 在恽看来,中医古书中的知识绝非无用,而是大家不知道它们的价值为何,这就和知识分子认为"古书无用"的想法有所冲突了。

傅斯年就认为,用古典医书作为依据来谈病理,根本就是"乞灵于中世纪的权威",那些汗牛充栋的历代研究病理、诊断、药物的书,不过如此,西方也有很多古典医书,但是它们"都在近代医学的光天化日之下,退位让贤,只保持'历史的兴趣'耳"[24]。对新式知识分子而言,这是普遍的认知,像是陈寅恪(1890—1969),就对中国的医疗、卫生很没有信心,他自言看中国医书,如《本草纲目》者,不过就是当成历史考证的兴趣而已。故言:"见有旧刻医药诸书,皆略加披阅,但一知半解,不以此等书中所言为人处方治病,惟借作考证古史之资料。"这些古代医书已经不具备现代医学技术的脉络与价值了。[25]所以才说古典医籍价值之崩坏,代表中医在病理、生理学说的破产。知识分子如是思考,这些国故搞来搞去,还是旧东西,根本不用花费心力在上面。[26]

最后就是科学证据的问题。此端为近代学人在外显部分之最显著之择医标准与依据。胡适言:西洋近代文明精神方面的第一特色是科学,其根本精神在于求真理,"人生世间,受环境的逼迫,受习惯的支配,受迷信与成见的拘束。只有真理可以使你自由,使你强有力,使你聪明圣智;只有真理可以使你打破你的环境里的一切束缚,使你勘天,使你缩地,使你天不怕,地不怕,堂堂地做一个人"[27]。虽说科学的范围非常广泛,但民初学人的科学,具有打破一切既定权威的意义。胡适还说:"科学并不菲薄感情上的安慰;科学只要求一切信仰需要禁得起理智的评判,需要有充分的证据。凡没有充分证据的,只可存疑,不足信仰。"这种"拿证据来"的态度,是一种近世宗教的"理智化"。怀着对科学的信心,从医学到人生态度,故他"信任天不如信任人,靠上帝不如靠自己","不轻易信仰上帝的万能了,我们却信仰科学的方法是万能的"。[28]胡适反对依旧以"东方的旧脑筋"来思考西方进步文明[29],研究胡适的学者周明之指出:科学的普及之所以能达到前所未有的高度,不仅因为它被认为是医治中国文化疾病和实际问题的良药,还因为它提供了某种无与伦比的东西——它似乎给五四精英一种既能改变社会,同时又超越这令人窒息的社会和政治之网的非凡力量。[30]

三、胡适的身体与医疗

原来应把胡适放在本书中正文的一章来谈的,但祖述宪已约略写过,所以我认为不必专写胡适。不过,因为胡先生在近代中国是一个非常重要的人物,所以本书也需要在首章介绍一下他的思想与本书主题之间的关系,希望给读者更清楚的交代。胡适(1891—1962)字适之,安徽绩溪人,是民国以来著名的学者,不用本书再多做介绍了。[31]倒是对他于医疗、卫生和国族所持观点的论述,还比较欠缺。胡适自小就不是一个健康的人,自言小时候在台湾时,大病了半年,故身体很弱。回家乡时,虽大概已5岁了,还不能跨过一个七八寸高的门槛。[32]因为身体弱的关系,不能跟其他孩子们一起玩,胡适的母亲也不许他乱跑乱跳,故胡适说:"小时不曾养成活泼游戏的习惯,无论在什么地方,我总是文绉绉地。所以家乡老辈都说我'像个先生样子',遂叫我做'穈先生'。"[33]胡小时候还害过眼翳病,"医来医去,总医不好",最后可能是他母亲"听说"可以用舌头舔去霉菌感染的眼翳,他的母亲确实也这么做了。[34]胡适不嫌他母亲没有卫生观念,反而说她是慈母。

1905年胡适进了上海的澄衷学堂学习[35],他非常用功,"睡眠不够,就影响到身体的健康。有一个时期,我的两只耳朵几乎全聋了。但后来身体渐渐复原,耳朵也不聋了。我小时身体多病,出门之后,逐渐强健。重要的原因我想是因为我在梅溪和澄衷两年半之中,从来不曾缺席一点钟体操的功课。我从来没有加入竞赛的运动,但我上体操,总很用气力做种种动作"[36]。可见胡身体真的不太好,体操课没缺课,但其实也多是"旁观"大家运动,自己不太参加竞赛的。[37]1907年,胡适在中国公学不到半年,便因脚气病告假,在上海养病,他做诗的兴趣就是在养病期间养成的,他曾说:"我在病脚气的几个月之中,发现了一个新世界,同时也决定了我一生的命运。我从此走上了文学史的路。后来几次想走到自然科学路上去，但兴趣已深，习惯已成，终无法挽回去了。"[38] 后来，"丁未五月，我的脚气病又发了，遂回家乡养病（我们徽州人在上海得了脚气病，必须赶紧回家乡，行到钱塘江的上游，脚肿便渐渐退了）"[39]。可见胡有脚气病的毛病，其实他父亲也有，并可能死于该病[40]，所以胡适早年也知道传统中医这类地域和风土之说。1915年2月18日，胡适《自课》一条写道："曾子曰：'士不可以不弘毅，任重而道远。仁以为己任，不亦重乎？死而后已，不亦远乎？'此何等气象，何等魄力！任重道远，不可不早为之计：第一、须有健全的身体……。"当然，胡适的卫生指的是"规律生活"一类的自我警惕，与现在之"卫生"概念不尽然相同。[41] 1910年一天夜里，胡适在一个"堂子"饮酒过量后，在街上跟一个巡捕发生了冲突，被关了一夜巡捕房。[42] 他回到家中，解开身上穿的皮袍，里面的棉袄已经湿透了，"一解开来，里面热气蒸腾；湿衣裹在身上睡了一夜，全蒸熟了！"当时胡适请与他同住的一位医道很好的四川徐姓医师，"用猛药给我解除湿气。他下了很重的泻药，泻了几天；可是后来我手指上和手腕上还发出了四处的肿毒"。胡适自己也说，那一夜的湿气相当可怕。[43] 此一医者应该是中医，湿气乃中国医学"六淫"病之一[44]，与脚气病也有所关系。胡适两代受脚气病之苦，他不会不知道脚气病的可怕。可见他早年应不排斥中医，更熟知某些中医之理论。

自己的疾病当然是身体的耻辱，但国族的疾病又未尝不是国耻？胡适在1930年4月发表《我们走哪条路》一文时，指出中国社会当时要打倒的"五个大仇敌"的其中一个就是"疾病"[45]，也被指称为是"五鬼"之一（贫穷、疾病、愚昧、贪污、纷乱）[46]，故胡适说："疾病是我们种弱的大原因。"[47]胡认为这些都不是"暴力的革命所能打倒的"，而是必须"集合全国的人才智力，充分采用世界的科学知识与方法，一步一步作自觉的改革"[48]。中医长期以来生存于传统中国的文化土壤中，负责担负着照顾世代中国人的健康，而如今，疾病仍是"五个大仇敌"与"五鬼"之一，则显然中医已经不敷时代之需求。而对胡适影响颇深的一位学人，还有本书主角之一的梁启超（1873—1929）。胡适在1905年进入澄衷学堂以后，听到新事物、新知识更多。他说："我在澄衷一年半，看了一些课外的书籍；严复（1854—1921）译的《群已权界论》，像是这个时候读的。严先生的文字太古雅，所以少年人受他的影响没有梁启超的影响大。"[49]梁氏当日激烈的言论，对胡的影响相当大。梁在《新民说·叙论》提道："国之有民，犹身之有四肢五脏筋脉血轮也。未有四肢已断，五脏已瘵，筋脉已伤，血轮已涸，而身犹能存者。则亦未有其民愚陋、怯弱、涣散、混浊，而国犹能立者。故欲其身之长生久视，则摄生之术不可不明；欲其国之安富尊荣，则新民之道不可不讲。"[50]胡适自言，在那个时代读到这样的文字，没有人不受到震荡感动的。梁本具有激烈的言论"破坏亦破坏，不破坏亦破坏！"的态度，虽然后来变得"调合""折衷"多了[51]，但"许多少年人冲上前去，可不肯缩回来了"[52]。这就让胡适对传统文化开始有了一些负面的想法，这个"新民"是要"把这老大的病夫民族改造成一个新鲜活泼的民族"[53]。胡说："新民说给我开辟了一个新世界，使我相信中国之外还有很高等的民族，很高等的文化；中国学术思想变迁之大势也给我开辟一个新世界,使我知道四书五经之外中国还有学术思想。"[54]但又矛盾地说:"(梁)用历史的眼光来整理中国旧学术思想,第一次给我们一个'学术史'的见解。"梁的《中国学术思想变迁之大势》是后来胡适作《中国哲学史》的动力。[55]在新学问与旧知识之间,胡已显示他在学术上的摇摆性,不过不只胡适摇摆,本书也将揭露,梁偷偷看中医又被西医双重误诊而死的旧事,是另一种知识分子的矛盾。傅斯年曾说:"各种病症之外之病之有无病菌,不是辩论的题目,也不是想像的语言,而是显微镜下,肉眼亲切看见的东西。到了今天,眼见的东西还成辩论,不正合我前一篇文为中华民族羞愧的感慨吗?"[56]虽然打破旧的中医理论,去建立新的病理学被说是新时代的精神,但本书即将揭示,其实梁正是因此(病菌)而死,做了新科学的亡魂。

当然,胡适择医观的矛盾也是不遑多让的。中医陆仲安帮胡适治愈肾脏病的公案,大家都知晓一二。陆氏外号"陆黄芪",曾重用黄芪四两、党参三两为主制方,把胡适的病治好。之后,胡更介绍陆给本书主角之一的孙中山(1866—1925),用中医之法来治疗肝癌,本书后有详述,此处不多谈。陆为胡治病是在1920年,正是学界掀起"科玄论战"的风潮正热之时,胡是科学派的主将,科学派崇尚西医,但胡的病竟被中医治好了,在当时引起很大的震动。陆为徽州人,一度落魄,住在绩溪会馆时才认识了胡。据说陆诊病,无模棱两可语,而且处方下药分量之重,令人惊异。药必到同仁堂抓,否则陆会不悦。每次服药都是一大包,小一点的药锅便放不进去,贵重药更要大量使用。陆认为:看准病了,便要以重剂猛攻。[57]

在 1930 年夏秋，胡适在上海生了几次病，都先由一位熟识的西医诊断过了，然后打电话请陆来用中药医治。一些西医对于中医药的治疗效果颇感惊异，当时一位有名的西医俞凤宾博士曾抄录陆为胡诊治的方药，撰写为《记黄芪治愈糖尿病方药》一文[58]，刊登在丁福保（1874—1952）主编的《中西医药杂志》上：

> （胡适）患肾脏病，尿中含蛋白质，腿部肿痛，在京中延西医诊治无效，某西医告以同样之症，曾服中药而愈，乃延中医陆君处方，数月痊愈。处方如下：生芪四两，西党三两，炒于术六钱，杭芍三钱，山萸肉六钱，川牛膝三钱，法半夏三钱，酒炒苓三钱，云茯苓三钱，福泽泻三钱，宣木瓜三钱，生姜二片，炙甘草二钱。此系民国九年 11 月 18 日初诊，治至十年 2 月 21 日止之药方[59]。

图一　近代翻译新医学著作不遗余力的丁福保

又，陆仲安屡次为文学家林琴南（1852—1924）及其家属诊治，为感谢其济世之劳，林亲自画一幅展示儒医正在研读经典的《秋室研经图》送给陆，并在图上题写颂扬陆氏医术的文字。陆一直将此图高悬斋头，治愈胡适后，陆将此图取下，也请胡题字。胡适曾说："我看了林先生这幅《秋室研经图》，心里想像将来的无数《试验室研经图》，绘着许多医学者在化学试验室里，穿着漆布的围裙，拿着玻璃的管子，在那里作化学的分析，锅子里煮的中国药，桌子上翻开着《本草》《千金方》《外台秘要》一类的古医学，我盼望陆先生和我都能看见这一日。"[60]可见胡适对中国医学典籍还是有所期待的，不是要完全打倒的。另外，1922年8月，日本学者关寿磨曾对胡适说，日本目前以史学和中医"本草"研究两项成绩最好，胡适还特别记下来了。[61]也许神秘玄妙的中医理论，若不可用科学试验来证明，至少胡曾认为可以用"实验主义（Pragmatism）的方法，看这种学说的实际效果如何"[62]。玄妙的中医或许在胡的心中也非一无可取吧。虽然科学是最高标准，如果科学无法证实，退而求其次，仍可以实验主义的方法来加以检视某一个学说，故胡并不急于废除中医。又据罗尔纲描述：陆仲安名声很大，但胡每次叫他，他立刻就来，还提早很多。陆治好胡适的病，医名如日中天，陆非常感谢胡。罗有一次得疟疾，胡适也请陆来替罗诊治；厨子、女佣感暑[63]，甚至是朋友、胡适的亲人，如侄儿胡思永[64]，胡适同样都请陆诊治，甚至征询病况[65]。可见胡不但看中医，还请中医诊治身边亲近的人。

但胡适后来否认这段治疗经历，说是根本没这回事。当初胡适说："我自去年（笔者按：1920）秋间得病，我的朋友学西医的，或说是心脏病，或说是肾脏炎，他们用的药，虽也有点功效，总不能完全治好。后来幸得马幼渔先生介绍我给陆仲安先生诊看。陆先生有时也曾用过黄芪十两，党参六两，许多人看了，摇头吐舌，但我的病现在竟好了。"胡还举北京大学的教授马隅卿罹患"水臌"的例子："肿至肚腹以上，西医已束手无法，后来头面都肿，两眼几不能睁开，他家里才去请陆先生去看。陆先生用参、芪为主，逐渐增到参芪各十两,别的各味分量也不轻,不多日,肿渐消灭,便溺里的蛋白质也没有了。不上百天,隅卿的病也好了,人也胖了。"[66]可见胡对陆的医术是非常推崇的。不过,胡到了晚年否认了部分情节,有两封信谈到陆医治他的事。一封是1954年4月12日《复余序洋》说:

> 你看见一本医书上说,我曾患糖尿病,经陆仲安医好,其药方为黄耆(芪)四两……。我也曾见此说,也收到朋友此信,问我同样的问题。其实我一生没有得过糖尿病,当然,没有陆仲安治愈我的糖尿病的事。陆仲安是一位颇读古医方的中医,我同他颇相熟。曾见他治愈朋友的急性肾脏炎,药方中用黄耆(芪)四两,党参三两,白术八钱(慢性肾脏炎是无法治的,急性肾脏炎,则西医也能疗)。但我从没有听见陆君说他有治糖尿病的方子。造此谣言的中医,从不问我一声,也不问陆仲安,竟笔之于书,此事真使我愤怒!

另一封信是1961年八月初三《复沈某》内所说:

> 急性肾脏炎,我的朋友中有人患过,或用西法,或用中药,均得治愈。慢性肾脏炎,友人中患者,如牛惠生,如俞凤宾,皆是有名的西医,皆无法治疗,虽有人传说中医有方治此病,又有人传说我曾患慢性肾脏炎,为中医治好,其实都不足信。大概慢性肾脏炎至今似尚未有特效药。在三十多年前,我曾有小病,有一位学西医的朋友,疑是慢性肾脏炎,后来始知此友的诊断不确。如果我患的真是此病,我不会有三四十年的活动能力了。我

并未患过此病。[67]

回到最初的诊疗，其实胡适自己确实没有说过自己得的是糖尿病，而是记录这则医案的俞凤宾说的。协和医院后来也说，经过三十回的尿便化验，七日严格饮食限制，最后诊断不是糖尿病。胡也在《努力周报》第36期上刊登一则启事说：自己没有罹患糖尿病。但1923年1月6日，胡适确曾检查出有"糖尿"，但西医说这叫作"生理的糖"，两个协和的外国医师也说不清楚，还否定对方的诊断。[68]

从胡适日记中搜寻线索，可发现在1921年5月24日，胡适即送了四件衣料去感谢陆，并写下"此君即治愈我的病的医生"[69]。同年10月11日，胡适自述："昨夜不能睡，今早左脚踝略肿，触之甚痛，大似去年起病时的样子。我很担心，故下午去寻谢恩增大夫诊视；他详详细细地给我诊察一次；小便无蛋白质，体量未减，只有心脏略现变态。他劝我节劳静养，并给我开了一张健心的药方。"[70]蛋白尿是没有的，但是心脏又出了一些小状况，脚肿则可能是胡小时候即有的脚气病。隔年3月，胡又去找陆仲安看病了。[71]1922年7月14日，胡适在济南突然害病，自言肛门左边有一硬块，时常发作，痛到甚至不能坐了，晚上实在痛得受不了，此时"江润生姊劝用生南星、生大黄、冰片三项捣碎，用醋涂上"。没想到胡隔天肿消去许多，他认为是中药的功效，所以原本想约一位协和医院的谢元医师割除的，因太忙而未行动。[72]15日时，陆仲安帮胡看诊，说是痔疮；隔天，肿痛又严重发作，胡又去协和医院找谢元来看，谢却说不是痔疮，是 Ischio Rectal Abscess（坐骨直肠脓疡），谢医师后替胡适上了点麻药，割出脓半匙，接下几日，胡都去医院复诊，也就渐渐好了。[73]8月之后，胡又用"肿毒"来形容肛门之病又复发,这次胡采用"泻药",说服用后泻了几回,肛门感觉比较松了,这感觉又像是中医用泻法来泻热毒,推测可能是中医开的药方。[74]

1923年在上海,胡写《南行日记》,自称"无一日不病",又犯脚肿、脚痛,肛门长脓也复发。胡找了牛惠林和黄钟两位西医来看,说是肛门的脓和肺脏有关;而胡之心、肺都有问题,但尿中无蛋白质和糖,所以开了强心和治肺两种药给胡吃。[75]这里就产生两个疑问:其一,就是胡不认为西医有针对其肛门来治疗;其二就是为何还要做蛋白尿和糖的检验?胡适这里检验正常,是他之前吃中药的效果,不知牛、黄二医知晓或胡适已告知已服中药否?但后来肛门长出第三个肿块,胡受不了,想吃江冬秀寄来的中药方,但竟被胡的同乡、反中医的汪孟邹抢走了;其实,胡此时还有排泄艰难的问题。后来胡实在受不了,就叫江冬秀把中药方拿来一试,结果胡记下都是泻药,如黄连、黄芩之类,可见胡是识得一些中药方的。[76]隔天排放了一次,胡自言肚内痛快,隔几天排泄又不通了,胡把中药方又吃了一遍,排放出的秽物似淤积、臭秽难挡,第三个疮口终于退肿了。[77]过几天,原来第二个疮口也脱落,流出不少脓,胡自言"几日来无此好过"[78]。胡甚至还用好友章洛声寄给他的药方,用茶油调药敷在肛门旁,后"出脓血甚多,颇觉轻松"[79]。据江勇振指出,胡适的肛门问题一直困扰着他,后来是被一个上海中医潘念祖在1925年治好的,这位中医有家传的"痔漏秘方",完全把胡医好了,都未复发。只有后来肛门又长了瘘管,才让西医切除。江认为胡是肛门偏执狂,这种人具有有条不紊、节俭、固执之性格,喜欢收集自己的档案、资料,而且一有写作焦虑,旧疾就会爆发。[80]胡确实有搜集日常生活资料的习惯,甚至有些道教治病验方的小传单,他都会黏在日记上的。[81]但不管如何,胡的肛门问题都得力于中医甚多,胡甚至坚定不移要服中药,可谓颠覆一般对新式知识分子的想法;所以有一次吃坏肚子,胡适用喝姜汤、吃鸦片来治疗肚痛之办法,也就不会让读者感到大惊小怪了。[82]胡适甚至在出国时还会带些中成药在身上,以备万一,例如1926年胡去欧洲时,喉咙痛、发热即服"六神丸";天气冷导致肚子痛,就吃一些"痧药"[83],诸如此类,完全把中药当成常备物品了[84]。甚至1923年10月,胡在上海,陆仲安此时不在,胡的脖子上长了像瘰疬的东西无法解决,于是找上中医王仲奇(1881—1945),王认为还是与胡的肾病有关,王言可以帮胡医好,这倒是胡比较少提起的故事。[85]西医在1924年则诊断胡适脖子上的是淋巴腺结核,恐患有肺病,检查半天只说"可疑",多休养即可。[86]

胡适还有脚肿的老问题,1922年11月15日,胡适老毛病又犯了。他写下:"夜觉左脚酸痛,理书时竟不能久站;细看痛处在左脚踝骨里面,面上有点肿。睡时又觉两腿筋肉内酸痛。脚肿大像我前年起病时状况,故颇有点怕。"隔两天又写下:"昨夜醒时口干,小便加多,也很像前年病中情状。"胡适出城找陆仲安开方,胡适服后病又渐渐好了。[87]但此病一直困扰着胡适。1924年4月,胡在上海又发作,脚肿痛不能游山。[88]1928年时,胡的脚再度肿起来了,他用"肿毒"来形容,后来黄钟给他注射了德国出品的握姆纳丁(omnadin),胡适好多了,据说内中有蛋白质和两种油类,但并无杀菌药物,可以增强"血分抵抗力"[89]。至于心脏病的问题,是指在1920年9月9日,西医谢恩增即诊断胡的心脏有"风气",乃积劳致病,这当然是一个中医学的字眼,不知为何当时西医也这样使用。可能为了说明方便而为。后来 11 日时，谢认为胡得的是"僧帽瓣闭锁不全"（日本名）、"三扁门漏隙"（中译名），并言此病不能治，但非急性病，可二三十年无事，须静养、不能太劳累、不要太用功等[90]，而陆仲安处理的应是肾脏、脚肿的问题，大家也这么认为，但有没有一起治心脏？还是个问题。胡一直很注意自己的心跳速度、血压等方面之数值。1946 年 5 月时，胡在一次整理书箱时突发心痛，就当时的医案看起来，应该是心律不整（一分钟跳 110 下），有一美国医师在旁，给了他硝酸甘油（Nitro-glycerine）三颗，无效，又注射阿片金碱（pantopon）半针，心痛持续 13 分钟左右，胡认为这是自 1938 年以来最长的疼痛。[91]

　　胡适当初究竟罹患的是什么病？不是本书追寻的重点，重点是中医确实缓解了西医诊断出来的，可能是肾脏炎或心脏病的某某疾病[92]，其实应该说中西医都没能治好胡的心脏问题。不过，胡对心脏病问题，比较不会找中医治，这是他一个很特殊的择医习惯。照理说诊断学乃西医之长，病名都是西医说的，却让中医给治了，而且"病现在竟好了"乃出自胡适之口，这一点胡没有做出解释，回避了中医、西医的疗效问题。傅斯年有一段话，没有明确证据，但几乎是在影射这个事件，傅言：所谓"国医"者，每每自诩治愈某某要人、某某名士，然后"交游攘臂而议于世"，很像在讽刺陆的事迹。至于攻击中医"治愈"之事，傅的炮火更是猛烈，他认为："人体是一个极复杂的机器，而且他的机能又时时刻刻在变化中，故虽一件万分可靠的对症药，其能治愈某一人的对症否，也并无百分之百的把握。""治愈"两个字不是简单容易说的，它需要精密的统计学才能确定，故言"治愈"两个字，在科学之下，说来甚难；在妄人（指中医）

说来却极容易。⁹³这段话怎么看都像是在对胡适的故事做评论。胡适本人也讨厌滥用姓名来替"滑头医生"增加名声,⁹⁴但罗尔纲则认为不管病名为何,"治好了总是事实",胡适为什么说假话了?罗这样解释:胡自述被中医治好的这件事情,也是在胡逝世后,他的秘书胡颂平编《年谱》时,才在艺翁《古春风楼琐记》里发现的。可见胡在开始时对陆仲安医好他肾脏炎的事,就已有所隐瞒。罗又指出:"胡适最恨人说假话。他为什么自己反说假话呢?这是因为他主张'充分世界化',主张科学。他认为中医不科学,他患肾脏炎,西医束手无法,而中医陆仲安居然医好他,社会盛传,发生了不信西医的倾向。胡适怕对科学的发展有害,所以才不得不这样说的。"⁹⁵罗评述其老师胡适的言行,真是持平之论。当时与新闻界很要好的中医陈存仁(1908—1990),认为胡没有任何一篇文字好好公开讲中医治病的过程,不然以该事件的震撼度和说服力,以及胡将中医导入政界的无形力量,例如介绍陆仲安给孙中山、党国要人看病的影响力等,那对风雨飘摇的中医界而言,绝对应该是一大帮助。⁹⁶

图二　民国时期反中医大将余岩

又,胡没有完全和古典文献一刀两断,1927年,胡自己说:"平心说来,我们这一辈人都是从古文里滚出来的,一二十年的死工夫或二三十年的死工夫究竟还留下一点子鬼影,不容易完全脱胎换骨。"⁹⁷其实胡前面还谈到要研究中国古典医籍的事,胡自己无法摆脱古典文化的熏陶,其矛盾情感还表现在他认为要算清国故里面几千年的烂账,他认为:"我十分相信'烂纸堆'里有无数无数的老鬼,能吃人,能迷人,害人的厉害胜过伯斯德(Pasteur)发现的种种病菌。只为了我自己自信,虽然不能杀菌,却颇能'捉妖'、'打鬼'。"[98]胡适希望透过科学的方法,将所谓的"国故"好好检视一番,这是"重新估定一切价值"的一环。他要将过往神圣的国故解放,自称整理国故的工作为"化神奇为臭腐,化玄妙为平常"[99]。这也是治病,治的不是细菌病,而是更厉害的文化病。从胡对中医的发言可以看出,他对中医的看法还是偏向整理,而非废除,整理是要探索古典文献,跟他的整理国故是可以相通的,胡言:"若要知道什么是国粹,什么是国渣,先须要用评判的态度,科学的精神,去做一番整理国故的工夫。"[100]胡适在1921年说:"国故"(National Past)是一个中立的名词,是一国之文化,不是"国粹"或"国渣",是应该研究的。[101]余岩(1879—1954)也曾有相同之论,要将中医古书中的方子拿来实验,但余曾说宋朝以下方书可以"付之一炬"[102],在胡身上就不会出现如此激烈的言论。胡认为,纸上材料是被动的,而科学方法是主动的,可以借新材料来逼出新结果。当然,有一次胡和余岩一起用餐,大谈中医,都认为研究中医的验方要由科学家来做,而非旧医所能胜任。[103]胡举哈维(William Harvey,1578—1657)研究血液循环的例子来证明,哈维曾说:"我学解剖学同教授学解剖,都不是从书本子来的,是从实际解剖来的;不是从哲学家的学说上来的,是从自然界的条理上来的。"[104]用科学方法来实验中医是可行的。当然,胡适这番主张有其特殊性,因为他也曾说过:"现在一班少年人跟着我们向故纸堆去乱钻,这是最可悲叹的现状。我们希望他们及早回头,多学一点自然科学的知识与技术,那条路是活路,这条故纸的路是死路。三百年的第一流的聪明才智消磨在这故纸堆里,还没有什么好成绩,我们应该换条路走走了。"[105]胡这种欲整理国故,又认为国故没有价值的言论,其实是一种折衷的论述,亦即他希望能够整理国故,但又认为科学观非常重要,他不希望年轻人变成老派学者,但也不希望走得太过新潮激进,而去走一个废除国故、废除中医的极端;胡还关心中医发展,贴了一张"蒋主席维护本国医药"的剪报在他日记上,至少胡是关心中医发展的。[106]罗志田认为,胡适传播西化、科学观的举措就像是传教士一样,可惜西方传教士传教完后可以回到本国,胡适却还是在自己的中国,于是激烈的批评在胡适身上渐渐看不到了,看到的多是折衷、调合[107],真是持平之论[108]。至于1935年,胡适说:"妄谈折衷也是适足为顽固势力添一种时髦的烟幕弹。"[109]这好像是在骂自己,但其实是他对当时非此即彼、非西即中的一种观察,他不希望中国又走回头的老路,其实他自己是不极端的;不像傅斯年所说:"凡是改良,必须可将良者改得上。蒿子可以接菊花,粗桃可以接美桃,因为在植物种别上,它本是同科同目的。我们并不能砍一个人头来接在木头的头上啊!西医之进步,到了现在,是系统的知识,不是零碎不相干的东西。他的病理论断与治疗是一贯的。若接受,只得全接受。若随便剽窃几件事,事情更糟。"[110]若像傅斯年那样地极端,中西医当然不可能融合。

对于胡的这种两面讨好态度,不以为然的人也相当多。对胡适作品有些批评的陈源(笔名西滢,1896—1970)就说:

《文存》里大部分是提倡革命,扫除旧思想,建设新文学的文字。在那里适之先生引我们上了一条新路。可是在"革命尚未成功,同志还须努力"的当儿,胡先生忽然立停了脚,回过头去编他的《哲学史》了。……一般近视眼先生,不知道胡先生是回去扫除邪孽,清算烂账的,只道连胡先生都回去了,他们更不可不回去了。于是一个个都钻到烂纸堆里去,"化腐朽为神奇,化平常为玄妙,化凡庸为神圣",弄得乌烟瘴气,迷蒙天地。[111]

胡在学术界总是起了一个标杆的作用,讨厌"国故"的人,非常害怕胡"整理国故"的举动。虽然胡说要"捉妖""打鬼",但谈整理毕竟也还是要触碰"国故",这是反对国故者的最大顾忌。故陈源说:"我以为别人可以'整理国故',适之先生却不应当'整理国故'。这怪他自己不好,谁叫他给自己创造出来一个特殊的地位呢?"[112]胡不敢往国故"杀进去最后一刀"[113],但相对地,尊崇国故者,也不给胡适好脸色看。广东军阀陈济棠(1890—1954)在1935年就曾用"做人"必须有"本","本"必须要到本国古文化里去寻求的话,来教训胡适。[114]胡适只淡淡地回答他:"生产要用科学知识,做人也要用科学知识。"[115]

故像傅斯年、丁文江(1887—1936)等至死不请教中医的知识分子,我们都已熟知。另一位不信中医的知识分子,和胡适一样把中医当作历史研究的,还有陈寅恪。陈曾写就《吾家先世中医之学》,曾言其先曾祖"以医术知名于乡村间,先祖先君遂亦通医学,为人疗病。寅恪少时亦尝浏览吾国医学古籍,知中医之理论方药,颇有由外域传入者。然不信中医,以为中医有见效之药,无可通之理。若格于时代及地区,不得已而用之,则可"。陈认为,历代中医药也有许多"域外"的药和知识传入,不必全然用"国粹"思之。他甚至举孟子所言:"君子之泽,五世而斩。"来说明他的长女学西医而不学中医的理由,可见传统、国粹之力量对陈而言是没有太多吸引力的,对玄虚之学、抽象之哲学,他更是兴趣缺缺。[116]他说:"吾家渐不用中医,盖时势使然也。"[117]跟陈比起来,胡后来还会看中医,可见胡对中医的敌意是比较轻微的了。

四、国故中医、科学西医:再探知识分子择医观

影响胡适对医药的态度,和他信仰的科学观有关。胡在1926年曾作诗,感性地提出:

> 朋友们,来罢!去寻一个更新的世界是不会太晚的。……用掉的精力固然不回来了,剩下的还不少呢。现在虽然不是从前那样掀天动地的身手了,然而我们毕竟还是我们,光阴与命运颓唐了几分壮志!终止不住那不老的雄心,去努力,去探寻,去发现,永不退让,不屈伏。[118]

科学,是一种不断向前、不断创新,为谋求更美好生活、赋予人类无限信心与希望的一门学问。胡认为巴斯德(Louis Pasteur, 1822—1895)发现细菌是发挥了"科学救国"的奇迹,这当然与他崇尚西方医学的理念有关。[119]胡适还以生理学为基准来看待宗教观,认为无论哪一方对神、灵魂、形体的争论都是无谓的,必须以科学来立论,他说:"近世唯物派的学者也说人的灵魂并不是什么无形体,

独立存在的物事,不过是神经作用的总名;灵魂的种种作用都即是脑部各部分的机能作用。"胡适并不是一个唯物论者,但是他认为西方医学对人体身体的细部解剖而确立的知识,的确澄清了不少哲学思考上的空想。[120]

胡适早年主张全盘西化,和科学观念绝对有密切关联。1920年代以前,可以说全盘西化的风潮席卷了整个中国思想界,但之后因欧战的影响,东西文化二元对立转趋调合,这让一些主张西化的知识分子,更加紧张起来。[121]胡适在《中国今日的文化冲突》指出新文化运动以后,学术文化界有三派主张,一是抵抗西洋文化,二是选择折衷,三是充分西化。他坚定地说:"我主张全盘的西化,一心一意的走上世界化的路。"[122]胡适瓦解了儒学、经典的权威之后,便是要建立充分世界化(一般称全盘西化)的新价值体系,为中国注入新的活力。胡还怕人误解他"全盘"的意思,为免琐碎的争论,还解释"全盘"的意义,是"尽量""用全力"的意思,不是百分之百要变成一个西方人。[123]胡认为中国文化有保守性和惰性,这是正常的[124],但是也只有面向西方才有希望,他说:"西洋人跳出了经院时代之后,努力做征服自然的事业,征服了海洋,征服了大地,征服了空气电气,征服了不少的原质,征服了不少的微生物,都不是什么'保存国粹'、'发扬固有文化'的口号所能包括的工作。"[125]科学与创新的价值是一体的,胡适曾比喻说,如何能够七老八十,白发苍苍之时,继续保持创造的精神,做个时代的"白头的新人物"呢?他认为必须服用一些"精神不老丹",而其中一个便是"养成一种欢迎新思想的习惯,使新知识新思潮可以源源进来"[126]。若和西医比较起来,中医的确是一把老骨头了。

陈源也认为，当时"以科学来整理国故"根本是不可行的做法。他认为所谓"科学方法"，如离开科学的本身，就没有"方法"可言；所谓西方的科学，完全不是"国故"学者可以有能力假科学之名来做研究的，根本不该浪费任何时间在"国故"上面，再去研究"国"字辈的东西。[127]虽然胡并没有完全反对国故，但他心目中的中国新文化往往具有强烈的排除"中国本位"的特质。他认为过去清末实行之"中学为体"还一直冤魂不散，阻碍中国文化的更新，到头来，反而只能"西学为用"了；最后，新思想终究不能全面在中国人心中扎根。[128]他批判萨孟武（1897—1984）与何炳松（1890—1946）等人提出"中国本位的文化建设"，当中有一段是这样谈的："思想与内容的形式，从读经祀孔、国术国医，到满街的性史、满墙的春药、满纸的洋八股，何处不是'中国的特征'？我的愚见是这样的：中国的旧文化的惰性实在大得可怕，我们正可以不必替'中国本位'担忧。"[129]故尽可以强力打倒旧文化，包括中医在内，不用有所顾忌。此处之"打倒"，跟余的"废除"还是不太一样，实质的废除中医论述，胡从未提出。1934年，胡还批评国人对"科学观"没有胃口，浅尝辄止，"大家都承认中国需要科学，然而科学还没有进口，早就听见一班妄人高唱科学破产了；不久又听见一班妄人高唱打倒科学了"[130]。或许是胡希望中国用最快的速度走向富强，故有此比较激烈之主张，"国术国医"显然是不用担忧的中国本位旧文化。胡想要的是一种与欧美文化接触后那种科学工业造成的新文化，并指"东方文明的罪孽"终会逐渐崩溃。[131]必借科学工艺与世界文化和其背后的精神文明，以其"朝气锐气来打掉一点我们的老文化的惰性与暮气"[132]。

像胡这样的知识分子,其反中医的"择医"观,也展现在中西医控管疾病的能力上。过去许多迷信、偏方都与中医有关,中医与传统文化深刻联结,当然也必须承担传统文化的缺失。傅斯年曾论:"以南京论,原来到了夏季、秋季伤寒、霍乱、疟疾之多,是大可使人吃惊的。几年以来,以卫生署及其附属机关之努力,特别是防疫注射之努力,这些病减少得多了。这样工作,比在南京多设几个医院的效力还重要。在中国的目下经济情形论,若干公共卫生的事业是难做的,然也不是一无可做的,其中也有若干不费钱只费力的。这里头的缓急与程序,要靠研究公共卫生的人的聪明,绝不是在中国乡村中无可为者。这件事要办好了,中国要少死许多人,即是省略了很大的国民经济之虚费。"[133]胡适也曾表达过他对中国卫生的担忧,他说:

> 瘟疫的杀人,肺结核、花柳病的杀人灭族,这都是看得见的,还有许多不明白杀人而势力可以毁灭全村,可以衰弱全种的疾病,如疟疾就是最危险又最普遍的一种。近年有科学家说希腊之亡是由于疟疾,罗马的衰亡也由于疟疾。这话我们听了也许不相信。但我们在中国内地眼见整个村庄渐渐被疟疾毁为荆棘地,眼见害疟疾的人家一两代之后人丁灭绝,眼见有些地方竟认为疟疾为与生俱来不可避免的病痛(我们徽州人叫它做"胎疟",说人人都得害一次的),我们不得不承认疟疾的可怕甚于肺结核,甚于花柳,甚于鸦片。在别的国家,疟疾是可以致死的,故人人知道它的可怕。中国人受疟疾的侵害太久了,养成了一点抵抗力,可以苟延生命,不至于立死,故人都不觉其可怕。其实正因

为它杀人不见血,灭族不留痕,故格外可怕。[134]

中西医的抉择绝非五四学人最为关切的议题,然而可以客观地肯定,他们不会选择中医来担当主要照顾中国病人的艰巨任务,因为历史给过中医机会去处理疫病,但中医显然做得不好。

还有就是本书将谈的一位主角鲁迅,曾深刻地指出中医、迷信与传统中国文化之间的关系。这点胡适也陈述过,胡曾说广大的中国一般社会中:"小孩若爱啼啼哭哭,睡不安宁,便写一张字帖,贴在行人小便的处所,上写着:'天皇皇,地皇皇,我家有个夜哭郎。过路君子念一遍,一夜睡到大天光。'文字的神力真不少。小孩跌了一跤,受了惊骇,那是骇掉了'魂'了,须得'叫魂'。魂怎么叫呢? 到那跌跤的地方,撒把米,高叫小孩子的名字,一路叫回家,叫名便是叫魂了。……他家里人口不平安,有病的,有死的。这也有好法子。请个道士来,画几道符,大门上贴一张,房门上贴一张,茅厕上也贴一张,病鬼便都跑掉了,再不敢进门了。"[135] 胡适还抨击传统的产婆与产科文化,他说:

> 从生产说起。我们到今天还把生小孩看作最污秽的事,把产妇的血污看作最不净的秽物。血污一冲,神仙也会跌下云头! 这大概是野蛮时代遗传下来的迷信。但这种迷信至今还使绝大多数的人民避忌产小孩的事,所以"接生"的事至今还在绝无知识的产婆的手里,手术不精,工具不备,消毒的方法全不讲究,救急的医药全不知道。顺利的生产有时还不免危险,稍有危难的症候便是有百死而无一生。生下来了,小孩子的卫生又从来不讲

究。小孩总是跟着母亲睡，哭时便用乳头塞住嘴，再哭时便摇他，再哭时便打他。饮食从没有分量，疾病从不知隔离。有病时只会拜神许愿、求仙方、叫魂、压邪。中国小孩的长大全是靠天，只是侥幸长大，全不是人事之功。小孩出痘出花，都没有科学的防卫。[136]

人难免生病，所以"育"的文化中本身就包含了"医疗"的要素，但当后者不能满足前者，关乎一国一族之兴亡存续问题时，对"择医"的问题就显得很尖锐；只是鲁迅作品偏向黑暗、讽刺，而胡适比较积极、乐观，还是有细部差异，但对国民性缺点之针砭却是相似的。[137]比如说胡适虽用中药，但类似祝由科的药方与治法，或乞灵于宗教医疗的手段，他则完全不信。[138]胡表示：张振之在《中国社会的病态》中引用当时各地的人口统计，"无一处不是死亡率超过出生率"。而且不但城市如此，内地人口减少的速度也很可怕。胡适甚至忧心地表示，在三十年之中就亲眼见到家乡许多人家绝嗣衰灭、疾病瘟疫横行无忌，医药不讲究，公共卫生不讲究，如此死亡率当然超过出生率。[139]胡又说："向来所谓'东方病夫国'，往往单指我们身体上的多病与软弱，其实我们身体上的病痛固然不轻，精神上的病痛更多，又更难治。"[140]究其所言，"东方病夫国"最初正是指中国人身体病痛甚多，后来才逐渐与"亡国灭种"的危机感联结在一起，而有新的文化危机意涵。故"择医"不单是自己的抉择，那太狭隘了，要为国家民族来择良医，这才是知识分子最高的择医标准。又，胡适曾举在中国医书中，有一本书叫《汤头歌诀》，乡下人把它背熟了就可以当医生，但这类中医只知道汤头的寒热温凉，对病理学是一窍不通的。这些歌诀医生，当然不会比看脉、检温、验便、查血的西医来得仔细，要求相同的效验，更是不可能的事，[141]故西医显然比中医更科学、更精准、更能掌握民族未来之生命。

从人口的问题切入，胡适又谈到妇幼之卫生，举的也是欧美的例子。1929年，他指出中国要提倡产科医院和巡行产科护士（visiting nurses）。产科医院应该作为每个县市的建设基础，至于一般畏惧医院者，则采"巡行护士"的方式，每一区域内有若干护士到家去访问视察，可以得到孕妇的好感，解释她们的怀疑，帮助她们解除困难，指点她们讲究卫生。至于儿童卫生则更是基础中的基础，胡言："儿童卫生固然重要，但儿童卫生只是公共卫生的一个部分。提倡公共卫生即是增进儿童卫生。公共卫生不完备，在蚊子苍蝇成群的空气里，在臭水沟和垃圾堆的环境里，在浓痰满地病菌飞扬的空气里，而空谈慈幼运动，岂不是一个大笑话？"[142]最后，胡适谈到爱护下一代的卫生与健康，必须训练女子们基本的卫生知识，他说："受过中等教育的女子往往不知道怎样养育孩子。上月西湖博览会的卫生馆有一间房子墙上陈列许多产科卫生的图画，和传染病的图画。我看见一些女学生进来参观，她们见了这种图画往往掩面飞跑而过。这是很可惜的。女子教育的目的固然是要养成能独立的'人'，同时也不能不养成做妻做母的知识。从前昏谬的圣贤说：'未有学养子而后嫁者也'。现在我们正要个个女子先学养子，学教子，学怎样保卫儿童的卫生，然后谈恋爱，择伴侣。"[143]结果，胡适还是用了"昏谬的圣贤"这样的词语来描述传统之教育，这跟他向西方一面倒的心理是一样的。胡心中的新蓝图是必须建立一个"治安的普遍繁荣的文明的现代的统一国家"。而其中正包含了"最低限度的卫生行政"[144]。

从胡适的坚持,可以看出这个时代择医的趋势,即选择西方医学的治疗方式是文明、进步的。我们在书中还会看到这样的趋势。这边依着胡适的想法来说,就必须提一下丁文江这个人。[145]无疑地,丁是非常反对中医的,他幼年时代也曾读过宋明理学书,但他早年出洋以后,最得力的是达尔文(Charles Robert Darwin, 1809—1882)、赫胥黎(Sir Julian Sorell Huxley, 1887—1975)等一流科学家的实事求是精神之训练。他曾说:"只有拿望远镜仰察过天空的虚漠,用显微镜俯视过生物的幽微的人,方能参领得透彻。"科学就是天天求真理,时时想破除成见,有爱真理的诚心。[146]胡曾评论说:"我以为在君(丁文江)确是新时代最良善最有用的中国人之代表;他是欧化中国过程中产生的最高的菁华;他是用科学知识燃料的大马力机器。"[147]又说:"这样的一个人,不是东方的内心修养的理学所能产生的。"[148]传统文化的土壤无法孕育出这么西化的人,这可能跟丁的求学背景有关,胡评丁文江时还说他是最"欧化"且"科学化"的中国人,胡适言:

> 这也许是因为他15岁就出洋,很早就受了英国人生活习惯的影响的缘故。他的生活最有规则:睡眠必须八小时,起居饮食最讲究卫生,在外面饭馆里吃饭必须用开水洗杯筷;他不喝酒,常用酒来洗筷子;夏天家中吃无皮的水果,必须在滚水里浸二十秒钟。他最恨奢侈,但他最注重生活的舒适和休息的重要:差不多每年总要寻一个歇夏的地方,很费事的布置他全家去避暑;这是大半为他的多病的夫人安排的,但自己也必须去住一个月以上;他的弟弟、侄儿、内侄女,都往往同去,有时还邀朋友去同

住。他绝对服从医生的劝告:他早年有脚癣病,医生说赤脚最有效,他就终身穿有多孔的皮鞋,在家常赤脚,在熟朋友家中也常脱袜子,光着脚谈天,所以他自称"赤脚大仙"。他吸雪茄烟有二十年了,前年他脚趾有点发麻,医生劝他戒烟,他立刻就戒绝了。[149]

胡适称丁这种规律且讲求卫生、百分百听从西医指导的生活态度叫作"科学化的习惯";一旦觉得是对的事,就像宗教一样地去信仰它。胡更是对丁不信中医的态度大加赞扬了一番,他说:"他有一次在贵州内地旅行,到了一处地方,他和他的跟人都病倒了。本地没有西医,在君是绝对不信中医的,所以他无论如何不肯请中医诊治,他打电报到贵阳去请西医,必须等贵阳的医生赶到了他才肯吃药。医生还没得赶到,跟他的人已病死了,人都劝在君先服中药,他终不肯破戒。我知道他终身不曾请教过中医,正如他终身不肯拿政府干薪,终身不肯因私事旅行借用免票坐火车一样的坚决。"[150]可惜,丁最后也死于西方医学的"误治",煤气中毒,明明还有呼吸,硬是被人做了六个小时的人工呼吸,结果左胸肋骨折断,生了胸脓,又为了防止病人牙关紧闭,要放置"口腔扩张器",为此敲掉了丁的两颗门牙。傅斯年当时说:"只是忽略。"病人就这样死了。胡当时抨击西医的鲁莽,是"信仰新医学的人应该牢牢记住的教训"。胡认为西医不要只注意设备之完善,也要注意教育和训练,并指"仅仅信仰西医是不够的"[151]。胡也说过,西医和中医有些缺点是一样的,就是相信"验方",所以没有经验的西医,如果又不肯好好研究学术的话,一样不是好事。[152]

五、医疗、身体与国族：医疗化下的国民性再造

近代知识分子和政治人物的择医，当然还有一层重要的意义是医疗化下的国民性再造问题。蒋介石在本书中扮演了一个极其重要的角色，他自己当然有许多疾病是在书中会介绍的。他身为一位国家领导人物，看到的大多是中国人"国民性"的缺点，1937年5月26日，蒋介石记下了："国人大病在自私、怕死、怕苦、散漫、放肆、苟且、污秽、奢侈、自是、骄傲，为民族衰败之因。欲矫正风气，应以服务、牺牲、劳动、团结、纪律、认真、整洁、简朴、虚心、谦敬之道治之。"[153]其他的不拟于此处多谈，但整齐、清洁、卫生等要求，是蒋在新生活运动中的重要诉求，众所周知，但其实蒋的新生活与胡呼吁的"新生活就是有意思的生活"，几乎是一样的。[154]虽然蒋也有和西方看齐之野心，但其思考却不以"西化"的程度来作为一种国家迈向"现代化"的绝对标准，也不仅是单纯地重视卫生硬体设施的建构，反而是透过国家机器，去强化了私人卫生的觉醒和灌输传统文化的影响力道。这些都有助我们反思中国近代史的整体性、延续性，构筑另一种理解卫生的现代性在中国政治内发展的可能。另外，"公共"卫生的基础仍在"个人"卫生，两者并不悖反，只是近代知识分子不希望只单单强调"私人"，因为强调群性，中国人才能摆脱自私、没有公德之国民性；但蒋反而将"个人"视为"公共"的基础[155]，除强调卫生、身体健康外，也强调个人的精神与立志的重要性，还有他对传统国医、国术的提倡，走的也是"富强"的思维，

却不是"全盘西化"的方法,这点细微之差距,读者可于书中慢慢体会。

相对于胡适的观点,"卫生"与国民性改造有很密切的关系,因为不知传染病传染之可怕或不注重卫生而导致身体虚弱,都与负面的国民性有关。1918年,胡适指出:"卫生"与传染是一种"群想"的概念联结,他联系一个打不破、辩不倒的活生生现实世界,这就是"社会";个人的生活,无论如何不同,都脱不了社会的影响,而每一个人又都会影响到他人。[156]当人们开始重视现代卫生时,其实就是在帮他人想、在替一个群体生命着想,所以能够不自私、好公义、守法律,这些都是传统中国人比较欠缺的性格,因此国民性要用西方文化来矫正。当然,跟蒋相比,蒋很多现代化的想法倒是来自日本,而非欧美,所以笔者认为蒋的卫生现代性有更多的德、日式国家主义的特色,而较少英、美自由派的想法。[157]

胡适和蒋,乃至鲁迅都一样,认为中国人有懒惰、随便,做事不求精确、不重视卫生等负面之国民性,这当然是国家还没有迈向现代化的重要象征。胡适曾创造"差不多先生"一鲜活之人物,这位病人"一时寻不着东街的汪大夫,却把西街的牛医王大夫请来了",反正差不多,就治治看,结果一命归西。胡此言乃暗讽中国是"懒人国"[158],不求精确,这当然也包括了择医的隐喻;中国人不能再模模糊糊、不思不虑,而应该事事求精准、求科学之解释[159]。同样地,中国人当时喜欢将西方文明和东方文明做一对比,来说明西方文明的"不道德"或"退步",例如一次世界大战造成尸横遍野、血流成河,因而借此来说明西方人只有机器文明,却不及中国的"精神文明"来得充实与进步。[160]林语堂(1895—1976)于1929年时说:辜鸿铭

(1857—1928)有一句名言,说中国人之随处吐痰,不讲卫生,不常洗浴,就是中国人精神文明之证。换句话说,抨击西方文化只有机器文明、物质文化的发达,也未必就可以证明中国就有什么了不起的精神文明,故言:"痰吐得多,也未必精神就会文明起来。"[161]林认为,近代中国震慑于西方的船坚炮利,但自民国以来,人们已渐渐发现东方人在政治体制、科学方法与学术思想上,都不如西方人了。所以,不能只以"爱国同胞认为东方文明唯此一家真正老牌国货"而自满;况且中国有极力倡言保存国粹的人,但中国的国粹也没见人们保存、珍惜到哪里去,社会上缺少图书馆、博物馆,也就不用谈什么"精神文明"了。[162]并言:还要一味保存东方精神文明,去利用西方的物质,遵守"中学为体,西学为用"狗屁不通的怪话(体用本来不能分开,譬如以胃为体,以肝为用,这成什么话),恐怕连拾人牙慧都做不到。[163]反中医的大将余岩也认为中国人"行事治学无不以模糊了之",与其抨击传统中医的空想与玄学是一致的。[164]此外,卫生的国民性和现代化绝对有关系,罗家伦(1897—1969)也说:中国多少年来的教训就是"明哲保身",结果就是人人怕管闲事,怕惹祸上身。他说:"你看见邻居人家生了瘟疫,你如果袖手旁观,就不免被传染。尤其在现代的大社会里,人与人息息相关,谁能过孤独的生活?"[165]罗认为,社会病态的改变要在思想和生活上同时改进,自私、个人主义的病态才可能改变。这些知识分子的思想趋势,有很高的一致性。

同样的,不顾别人死活散播病菌,也是一种自私之行为,胡适说:"一个生肺病的人在路上偶然吐了一口痰。那口痰被太阳晒干了,化为微尘,被风吹起空中,东西飘散,渐吹渐远,至于无穷时间,至于无穷空间。偶然一部分的病菌被体弱的人呼吸进去,便发生肺病，由他一身传染一家，更由一家传染无数人家。如此辗转传染，至于无穷空间，至于无穷时间。然而那先前吐痰的人的骨头早已腐烂了，他又如何知道他所种的恶果呢？"[166] 要知道社会上还有其他的人群，这就是群性、不自私的表现，如同罗家伦指出的："国难发生以后，有些人或是从'国粹'的观点上，或是从'经济'的观点上，反对近代式的运动，尽力提倡'国术'。……我不敢赞同。何则？因为中国的拳术，根本与近代运动的精神相违反，与国家要走上的近代化道路相背驰。我承认中国拳术可以锻炼身体，很有用处。年龄较大或身体稍弱的人不能作剧烈运动，打一套太极拳，活动活动筋骨和血脉，很可增进健康，自然无所用其反对。若是要把拳术提倡得成为国民普遍体育训练，就有问题，因为他是缺少群性的，他是个人的运动。"[167] 要提升民族体魄，着重的也是"全体"而非健康强壮的"个人"。这些国医、国术的近代"国"字号事物，显然都没有群性，而大家所熟知的卫生，是"公共"的，而不是私人的。

至于中国人近代以来为何会有种种不卫生的举止呢？[168] 胡适于1918年认为，就是没钱也没时间讲卫生，他说："我在北京上海看那些小店铺里和穷人家里的种种不卫生，真是一种黑暗世界。至于道路的不洁净，瘟疫的流行，更不消说了。更可怪的是无论阿猫阿狗都可挂牌医病，医死人了，也没有人怨恨，也没有人干涉。人命的不值钱，真可算得到了极端了。"这正是因为中国是穷国，挣钱都来不及了，怎么有空讲卫生、讲医药呢？[169] 胡适认为，世界的"先知先觉者"总是把乐天、安命、知足、安贫等迷幻药给大家吃，养成"知足常乐"的文化遗毒，这不就是传统中国文化吗？西洋近代文明的特色便是充分承认这个物质享受的重要[170]，而且总是不满足于现状，故努力开发"注意真理的发现与技艺器械的发明",国家才会进步[171]。他认为西洋近代文明是建筑在三个基本观念之上:第一,人生的目的是求幸福。第二,贫穷是一桩罪恶。第三,"衰病"是一桩罪恶,西方文明才是一种"利用厚生"的文明。正因"衰病"是一桩罪恶,所以要研究医药,提倡卫生,讲求体育,防止传染的疾病,改善人种的遗传。人生的目的是求幸福,所以要经营安适的起居、便利的交通、洁净的城市、优美的艺术、安全的社会、清明的政治;[172]在教育上,"卫生常识"是当时胡适认为最重要的教育内涵之一,而不是传统教科书上教人"做圣贤"一类的陈腔滥调。[173]这些一切的一切,就是西方现代文明,也是中国今后要走的道路。当然,如同上面所谈"全盘"的西化问题,胡适认为:"文化只是人民生活的方式,处处都不能不受人民的经济状况和历史习惯的限制,这就是我从前说过的文化惰性。你尽管相信'西菜较合卫生',但事实上绝不能期望人人都吃西菜,都改用刀叉。况且西洋文化确有不少历史的因袭的成分,我们不但理智上不愿采取,事实上也决不会全盘采取。"[174]所以不是要全盘采照西方,而是在饮食起居上,应该"充分注意"卫生与滋养,对中国人来说已经足够了。[175]

走笔至此,首章已不宜再谈下去了,过长的叙事将模糊了本书有趣且丰富的病人经历和历史上他们所陈述之意见。胡适等一干知识分子虽然都是反国粹、国医的,但最后"国医"一词还是确立了其地位,其前因后果为何?有很多人认为1931年成立的"中央国医馆",不过徒拥虚名,操诸西医之手,恽铁樵痛骂每天喊"保存国粹"的人,都偷偷叫自己子弟跑去学西医,为了将来之饭碗云云。[176]就算有如是批评,国医之于国家的合法地位性还是被确立了,时任馆长的焦易堂（1880—1950）指出：国医馆之设立，在政府方面是极端的维护，极端的协助。……在政府对于医药界这样重大的责任，是一贯的协助进行，不但是经费补助，而且决定尽力协助，凡是政府能够做得到的，没有不赞助的。[177]它的成立，甚至与过去被研究者认为是反对中医的蒋介石都有一定的关系，读者尽可于国医和蒋介石两章找寻答案。

六、小　　结

我们即将揭开国族、国医与私人的近代史，用近代医疗与病人身体的几个实例，来看知识分子和政治人物如何择医的问题。本书所选的人，都可作为一个特定阶层的代表人物，他们患病时的择医，大方向有许多是为了国族发展的考量，但当面对自己的疾病时，有时又回去找寻那个他们论述中落伍的国医。而在争夺促进国族健康发展的知识话语权时，中西医的论争是一个显而易见的态势，而中医也抓住国族发展和科学化的这两个时代趋势，努力打造中医蜕变成"国医"，力拼救亡图存。

本书之首章，只在彰显一个时代之精神与择医之问题，但论述若过于虚无缥缈、没有主轴，怕也难呼应本书之主题，故选择当时学术界领袖胡适来作为讨论中心。当然，这个论述还是很不全面，胡适的资料还有很多，本章仅就与本书有关之面向，略陈背景与潮流之所趋。书中各章，各有千秋，因为大的择医态度或许一致，但面对不同情况的疾病与环境（医院、家庭、亲人），还是有个别之差异的，这也是历史有趣之处：人的选择，不能只以一种标准来看，在择医态度中的常与变，读者可细细玩味。

根据张灏（1937—2022）的研究，在中国近代存在一个转型时代（从1895年到1920年初），当时出现新的思想论域，其中存在一个历史理想主义的三段架构：一方面是对当前现实状况的悲观；另一方面是对未来理想社会的乐观期待，两者之间是由悲观的现实走向理想的未来的途径，一种历史的理想主义心态。在这种心态笼罩之下，当时知识分子的关怀，自然集中在如何由悲观的现实走向理想的未来。[178]知识分子都在忙着替中国"开药方"，诊断中国的国民性，以胡适为主的近代知识分子择医观，应该分大的国族问题和小的私人问题来看。胡要充分的世界化，他当然认为用近代西方医疗卫生的概念来改造中国是最好的方向，要倡导西医，则先否定中医，这应是理所当然的，先否定旧的东西，才会有新的东西诞生。[179]只是，胡适看得更广，至少笔者认为他看到了传统文化的生机，还是不能"一刀两断"的；有人批评他矛盾、摇摆，但现在看来，或许胡适的折衷是对的，那也是近代中医生存的唯一希望。当时中医也非常清楚未来的方向："中医须说出旧医之价值，值得保存，使西医无可反驳，然后可以关西医之口，若囫囫囵囵只有保存国粹四个字，是未能证明国医确是国粹，亦何能禁人之蹂躏？"[180]大概就是这个意思，只有改良与进步，是中医唯一的希望。事实上，当时所谓的"中医"，实际上不只是指陈所谓的"正典医学"[181]，近代被五四学人所攻击的"中医"，有许多是属于迷信、不切实际的偏方、宗教医疗与各式各样奇特的民俗疗法，加上地域资源分布不均，故所谓的正典医学不见得能够深入中国内陆地区各处。可以说中医文化的多元性与知识水准不均之状态，此时成了攻击中国人"不卫生"的标靶，实为近代中医难以摆脱之文化包袱。

　　胡适虽喊尽量西化,但他又认为他国的道路不一定完全适合中国的国情,他以开药方作为比喻,认为社会国家是处在时刻变迁中的,所以不能指定哪一种方法一定就是救世的良药,"十年前用补药,十年后或者需用热药了。况且各地的社会国家都不相同,适用于日本的药,未必完全适用于中国;适用于德国的药,未必适用于美国"。故世上没有"包医百病"的仙方,也没有"施诸四海而皆准,推之百世而不悖"的真理,胡真正的要求,只是希望中国人都有一种怀抱进步、不满现状的改革思想,持续不断地奋斗,国家未来才有希望。[182]正如罗志田指出:胡适身上有"中国的我"和"西洋二十世纪的我"两个新旧中西的我,常给人一种具有反差的印象。其实是胡的个性,"一向注意随时调整自己与所处时代社会的位置,不愿给人已落伍的印象"[183]。罗尔纲则指出:"胡先生毕生服膺科学,但是他对于中医问题的看法并不赶于极端,和傅斯年先生一遇到孔庚先生便脸红脖子粗的情形不大相同〔傅斯年先生反对中医,有一次和提倡中医的孔庚(1873—1950)在国民参政会席上相对大骂,几乎要挥老拳〕。胡先生笃信西医,但也接受中医治疗。"[184]胡适这样的心态,在本书中还会见到。本书的每一位主角,大多"偷偷"请教过中医,但有时又因各种原因,离开了中医的治疗,但心态大概都不脱这类模式。并且,民国知识分子常会对自己的身体或疾病做出巨细靡遗的描述,这是一个"对自我,或躯体的暴露不甚禁忌的时代"[185],探索学者的疾病与身体因而变得可能;加上近代身体已非私领域之事,更扩大为公领域的讨论范畴,这也使得国族、医疗与私人身体,产生了很强的连结性。

就近代知识分子而言，他们的择医观念乃至对中西医的看法不尽相同。大概可分成三类：第一类是不看中医也不看中医书者，称为"西医派"，例如傅斯年或丁文江之流；第二类为"典籍派"，就是尽量不看中医[186]，但研究中医书籍的，例如陈寅恪、余岩等人，鲁迅也算一个，但他是自学过中医，看中医书多为骂中医，本书中可见分晓；最后一种为道地的"折衷派"，也就是会看中医、吃中药，对传统文化持一种较温和的态度，或对中医持部分正面研究之看法者，本章中的胡适、本书中的梁启超，或可视为这样的人。当然碍于新知识分子的身份，看中医的行为还是属于隐性的，不敢昭告天下。其实，受到西方影响，民国时期也没有什么是纯国粹、纯国故了，打倒传统之口号，有时是迈向中西融合的一种折衷说辞，也是一种孕育新文化发展蜕变之前的"阵痛"。余英时早就指出，清末的"国粹学派"或民国之后的"学衡派"，其实也都处在西潮的影响之下。当时"国粹"的意义，其实是以中国文化史内与西方现代文化价值较为符合的部分，所组成的概念。[187] "国医"发展如是，近代国族的走向，亦复如是。只是病者私人的经历，还需要史家将其挖掘出来，增添这种文化模式论述中的"人味"吧。

注　释

1　雷祥麟:《负责任的医生与有信仰的病人：中西医论争与医病关系在民国时期的转变》,《新史学》第 14 卷第 1 期(2003),第 45—96 页。
2 杨念群:《再造"病人":中西医冲突下的空间政治(1832—1985)》,中国人民大学出版社 2006 年版。
3 祖述宪:《哲人评中医:中国近现代学者论中医》,三民书局 2012 年版。
4 江汉声:《名人名病:66 个医学上的生命课题》,天下文化 2006 年版。
5 谭健锹:《病榻上的龙:现代医学破解千年历史疑案》,时报出版 2013 年版。以及酒井静:《战国武将死亡诊断书》,远流出版 2013 年版。
6 以知识分子人物来贯串近代史的著作,主体人物为"经"、旁支人物为"纬",穿插成书的成功例子即史景迁的著作,参考氏著:《天安门:中国的知识分子与革命》,时报出版 2007 年版,第 8—13 页,余英时序。
7 梁实秋:《病》,《雅舍小品》,正中书局 1981 年版,第 43 页。
8 可参考杨瑞松极具开创性之研究:《病夫、黄祸与睡狮:"西方"视野中的中国形象与近代中国国族论述想像》,政大出版社 2010 年版,第 30—35 页。相关书评的评述指出,其实"病夫"一词早见于明清以来士大夫使用"病夫",不仅可解为自嘲之意,亦可指邦国之不起。综合来说,恐怕个人的疾病扩大转化解释成国家或民族之病,是一合理且既存于中国文化之解读。参考吴政纬的书评,出自《新史学》第 25 卷,2014 年第 1 期,第 212 页。
9 游鉴明:《运动场内外:近代华东地区的女子体育(1895—1937)》,"中研院" 近代史研究所 2009 年版。以及周春燕:《女体与国族:强国强种与近代中国的妇女卫生(1895—1949)》,政大历史系 2010 年版。柯小菁:《塑造新母亲:近代中国育儿知识的建构及实践(1900—1937)》,山西教育出版社 2011 年版。
10 张仲民、潘光哲:《卫生、种族与晚清的消费文化:以报刊广告为中心的讨论》,《学术月刊》2008 年第 4 期,第 140—147 页。张仲民另有一系列关于广告、卫生、药品之相关研究,可径自参看。
11 祖述宪:《胡适对中医究竟持什么态度》,《中国科技史料》第 22 卷 2001 年第 1 期,第 11—25 页。
12 傅斯年:《再论所谓国医》,《傅斯年全集》第 6 册,联经出版 1980 年版,第 309—310 页。
13 胡适:《研究社会问题的方法》,《胡适的声音:1919—1960 胡适演讲集》,广西师范大学出版社 2005 年版,第 52 页。
14 德子固(德贞) 著:《全体通考》[清光绪十二年(1886) 刊本] 序言,第 2 页。
15 傅斯年:《再论所谓国医》,《傅斯年全集》第 6 册,第 317 页。
16 皮国立:《"气"与"细菌"的近代中国医疗史:外感热病的知识转型与日常生活》,中国医药研究所 2012 年版,第 138—193 页。
17 傅斯年:《再论所谓国医》,《傅斯年全集》第 6 册,第 310—311 页。
18 恽铁樵:《论医集》,华鼎出版社 1988 年版,第 34 页。
19 林语堂:《机器与精神》,收入《治学的方法与材料》,远流出版 1988 年版,第 26 页。
20 胡适:《治学的方法与材料》,《治学的方法与材料》,第 146—150 页。
21 皮国立:《中医文献与学术转型:以热病医籍为中心的考察(1912—1949)》,收入韩健平、张澔、关晓武主编:《技术遗产与科学传统》,中国科学技术出版社 2013 年版,第 223—318 页。
22 傅斯年:《再论所谓国医》,《傅斯年全集》第 6 册,第 322 页。
23 恽铁樵:《论医集》,第 13 页。

24 傅斯年：《再论所谓国医》，《傅斯年全集》第 6 册，第 318—319 页。
25 陈寅恪：《陈寅恪集·寒柳堂集》，生活·读书·新知三联书店 2001 年版，第 189—190 页。
26 陈源：《(附录一) 西滢跋语》，《治学的方法与材料》，第 163—164 页。
27 胡适：《我们对于西洋近代文明的态度》，《四十自述》，海南出版社 1997 年版，第 111—112 页。
28 以上几段引文，出自胡适：《我们对于西洋近代文明的态度》，《治学的方法与材料》，第 10—11 页。
29 胡适：《我们对于西洋近代文明的态度》，《四十自述》，第 118 页。
30 周明之：《胡适与中国现代知识分子的选择》，广西师范大学出版社 2005 年版，第 243 页。
31 有关胡适的传记，真可谓汗牛充栋，此处不一一介绍，大概最受推崇的还是：余英时：《重寻胡适历程：胡适生平与思想再认识》，联经出版 2004 年版。
32 胡适：《九年的家乡教育》，《胡适作品精选》，广西师范大学出版社 2000 年版，第 62 页。
33 胡适：《九年的家乡教育》，《胡适作品精选》，第 70 页。
34 胡适：《四十自述》，《四十自述》，第 438—439 页。
35 胡适在留学前接触新学的经验，参考罗志田：《再造文明的尝试：胡适传 (1891—1929)》，中华书局 2006 年版，第 41—61 页。
36 胡适：《四十自述》，《四十自述》，第 456 页。
37 胡适原著，曹伯言整理：《胡适日记全集》，联经出版 2005 年版，第 1 册，第 35 页。
38 胡适：《四十自述》，《四十自述》，第 474—476 页。
39 胡适：《四十自述》，《四十自述》，第 474—476 页。
40 胡适：《四十自述》，《四十自述》，第 474—476 页。
41 胡适：《自课》，《胡适作品精选》，第 157 页。
42 胡适原著，曹伯言整理：《胡适日记全集》第 1 册，第 82—83 页。
43 以上出自胡适：《四十自述》，《四十自述》，第 492 页。
44 皮国立：《湿之为患：明清江南的医疗、环境与日常生活史》，《学术月刊》2017 年第 9 期，第 131—144 页。
45 胡适：《我们走哪条路》，《四十自述》，第 209 页。
46 胡适：《惨痛的回忆与反省》，《四十自述》，第 271 页。
47 胡适：《我们走哪条路》，《四十自述》，第 210 页。
48 胡适：《我们走哪条路》，《四十自述》，第 219 页。
49 胡适：《四十自述》，《四十自述》，第 457 页。
50 胡适：《四十自述》，《四十自述》，第 458 页。
51 黄克武：《一个被放弃的选择：梁启超调适思想之研究》，"中研院"近代史研究所 1994 年版，第 179 页。
52 胡适：《四十自述》，《四十自述》，第 459 页。
53 胡适：《四十自述》，《四十自述》，第 458 页。
54 胡适：《四十自述》，《四十自述》，第 460 页。
55 胡适：《四十自述》，《四十自述》，第 460—461 页。
56 傅斯年：《再论所谓国医》，《傅斯年全集》第 6 册，第 318 页。
57 罗尔纲：《师门五年记·胡适琐记 (增补本)》，生活·读书·新知三联书店 2006 年版，第

272—273 页。

58 也载于郭若定编著《汉药新觉》内,《中医季刊》第 5 卷,1921 年第 3 期,第 92 页。可参考注 56,第 76 页。

59 孟庆云:《〈研经图〉题文颂国医:陆仲安治愈胡适"糖尿病"公案》,《中医百话》,人民卫生出版社 2008 年版,第 70 页。根据罗尔纲(1901—1997)指出:这个处方大约是取金代名医李东垣的"补中益气汤"。此方以黄芪、党参为主药,主治脾胃虚弱以及虚下陷引起的胃下垂、肾下垂、子宫脱垂等症,历代医师多用其方。清朝乾隆嘉庆人汪辉祖在《病榻梦痕录》记载中风病,医生重用黄芪、党参治愈说:"得良医张上舍树堂(应桩)专主补气,每剂黄芪四两、上党参三两、附子八钱,他称是,重逾一斤五六两,见者惊其胆。然服之两月余,食饮日加,右手渐能执笔。"又,乾嘉学派著名学者钱大昕患痿脾症,亦用东垣"补中益气汤"治好。他在《敬亭弟墓志铭》记其事说:"岁甲辰,予忽患痿脾,腰以下麻木不仁。亟延敬亭诊之,曰:此脾阳下陷,当用东垣补中益气汤。如其言服之数剂渐瘥。半月后已能行矣。"(见《潜研堂文集》卷四十八)罗认为,陆仲安医胡适重用黄芪四两、党参至三两,与 124 年前张应桩医治汪辉祖相同,可知陆仲安不但钻研古医术,并博览古代年谱、文集。引自罗尔纲:《师门五年记·胡适琐记(增补本)》,第 77—78 页。

60 孟庆云:《〈研经图〉题文颂国医:陆仲安治愈胡适"糖尿病"公案》,《中医百话》,第 71 页。
61 胡适原著,曹伯言整理:《胡适日记全集》,第 3 册,第 731 页。
62 胡适:《不朽:我的宗教》,《四十自述》,第 42 页。
63 罗尔纲:《师门五年记·胡适琐记(增补本)》,第 75 页。
64 胡适原著,曹伯言整理:《胡适日记全集》,第 4 册,第 38 页。
65 胡适原著,曹伯言整理:《胡适日记全集》,第 3 册,第 122 页。
66 孟庆云:《〈研经图〉题文颂国医:陆仲安治愈胡适"糖尿病"公案》,《中医百话》,第 71—72 页。
67 胡适又有一次答他的秘书胡颂平问。胡颂平编著《胡适之先生年谱长编初稿》第 10 册,1961 年 4 月 5 日记事写道:这两天《民族晚报》上连载《国父北上逝世》一文,记载先生在民国九年曾患糖尿病,服了陆仲安的中药才好的。胡颂平问:"先生有没有吃过陆仲安的中药?"先生说:"陆仲安是我的朋友,我曾吃过他的药;但我没有害过糖尿病,也没有吃过糖尿病的药。他开的药方,被人收在一本好像是什么《药物大辞典》里。最近《作品》杂志上有一篇《郁达夫和胡适先生》,完全是瞎说。"引自罗尔纲:《师门五年记·胡适琐记(增补本)》,第 78—79 页。
68 胡适原著,曹伯言整理:《我的年谱》,《胡适日记全集》,第 4 册,第 260 页。
69 胡适原著,曹伯言整理:《胡适日记全集》,第 3 册,第 59 页。
70 胡适原著,曹伯言整理:《胡适日记全集》,第 3 册,第 380—381 页。
71 胡适原著,曹伯言整理:《胡适日记全集》,第 3 册,第 457 页。
72 胡适原著,曹伯言整理:《胡适日记全集》,第 3 册,第 668—669 页。
73 胡适原著,曹伯言整理:《胡适日记全集》,第 3 册,第 672—676 页。
74 胡适原著,曹伯言整理:《胡适日记全集》,第 3 册,第 702 页。
75 胡适原著,曹伯言整理:《胡适日记全集》,第 4 册,第 41、48 页。
76 胡适原著,曹伯言整理:《胡适日记全集》,第 4 册,第 52—53 页。
77 胡适原著,曹伯言整理:《胡适日记全集》,第 4 册,第 55 页。

78　胡适原著，曹伯言整理：《胡适日记全集》，第 4 册，第 57—58 页。
79　胡适原著，曹伯言整理：《胡适日记全集》，第 4 册，第 92—93 页。
80　江勇振：《日正当中 1917—1927（舍我其谁：胡适第二部）》，联经出版 2013 年版，第 577—586 页。
81　胡适原著，曹伯言整理：《胡适日记全集》，第 4 册，第 117 页。
82　胡适原著，曹伯言整理：《胡适日记全集》，第 4 册，第 139 页。
83　可参考纪征瀚：《古代"痧"及治法考》，中国中医科学院中医医史文献研究所博士论文 2008 年。以及祝平一：《清代的痧：一个疾病范畴的诞生》，《汉学研究》第 31 卷，2013 年第 3 期，第 193—238 页。皮国立：《中西医学话语与近代商业论述：以〈申报〉上的"痧药水"为例》，《学术月刊》2013 年第 1 期，第 149—164 页。
84　胡适原著，曹伯言整理：《胡适日记全集》，第 4 册，第 330、339 页。
85　胡适原著，曹伯言整理：《胡适日记全集》，第 4 册，第 112 页。
86　胡适原著，曹伯言整理：《胡适日记全集》，第 4 册，第 291—292 页。
87　胡适原著，曹伯言整理：《胡适日记全集》，第 3 册，第 922—923 页。
88　胡适原著，曹伯言整理：《胡适日记全集》，第 4 册，第 279 页。
89　胡适原著，曹伯言整理：《胡适日记全集》，第 5 册，第 3 页。
90　胡适原著，曹伯言整理：《胡适日记全集》，第 2 册，第 744、754 页。
91　胡适原著，曹伯言整理：《胡适日记全集》，第 8 册，第 229 页。
92　孟庆云：《〈研经图〉题文颂国医：陆仲安治愈胡适"糖尿病"公案》，《中医百话》，第 71—72 页。
93　傅斯年：《再论所谓国医》，《傅斯年全集》，第 6 册，第 320—321 页。
94　胡适原著，曹伯言整理：《胡适日记全集》，第 3 册，第 48 页。
95　罗尔纲：《师门五年记·胡适琐记（增补本）》，第 80 页。
96　何时希：《近代医林轶事》，上海中医药大学出版社 1997 年版，第 151 页。
97　胡适：《整理国故与"打鬼"：给浩徐先生信》，《四十自述》，第 135 页。
98　胡适：《整理国故与"打鬼"》，《治学的方法与材料》，第 160 页。
99　胡适：《整理国故与"打鬼"》，《治学的方法与材料》，第 161 页。
100　胡适：《新思潮的意义》，《胡适文存》1 集，黄山书社 1996 年版，第 533 页。
101　胡适：《研究国故的方法》，《胡适的声音：1919—1960 胡适演讲集》，第 56—59 页。
102　陆渊雷：《国医药学术整理大纲草案（代"中央国医馆"学术整理委员会）》，《医学革命论二集》，社会医报馆 1933 年版，第 405 页。
103　祖述宪：《哲人评中医：中国近现代学者论中医》，第 98—99 页。
104　胡适：《治学的方法与材料》，《治学的方法与材料》，第 150—152 页。
105　胡适：《治学的方法与材料》，《治学的方法与材料》，第 155—156 页。
106　胡适原著，曹伯言整理：《胡适日记全集》第 5 册，第 944—945 页。
107　罗志田：《再造文明的尝试：胡适传（1891—1929）》，第 322 页。
108　同样的推论，见余英时：《知识人与中国文化的价值》，时报出版 2007 年版，第 138—139 页。
109　胡适：《试评所谓"中国文化的本位建设"》，《四十自述》，第 381 页。
110　傅斯年：《再论所谓国医》，《傅斯年全集》第 6 册，第 323 页。
111　陈源：《（附录一）西滢跋语》，《治学的方法与材料》，第 161—162 页。

112 陈源:《(附录一) 西滢跋语》,《治学的方法与材料》, 第 162 页。
113 陈源:《(附录一) 西滢跋语》,《治学的方法与材料》, 第 162—163 页。
114 胡适:《南游杂忆》,《胡适作品精选》, 第 290 页。
115 胡适:《南游杂忆》,《胡适作品精选》, 第 290—291 页。
116 俞大维等:《谈陈寅恪》, 传记文学出版社 1970 年版, 第 4 页。
117 陈寅恪:《陈寅恪集·寒柳堂集》, 第 188—189 页。
118 胡适:《我们对于西洋近代文明的态度》,《四十自述》, 第 120—121 页。
119 胡适:《赠与今年的大学毕业生》,《四十自述》, 第 261—262 页。
120 胡适:《不朽:我的宗教》,《四十自述》, 第 40—42 页。
121 吕芳上:《民国史论》, 台湾商务印书馆 2013 年版, 中册, 第 926—927 页。
122 胡适:《胡适文存》第 4 集, 亚东图书馆 1928 年版, 第 541 页。
123 胡适:《充分世界化与全盘西化》,《四十自述》, 第 389 页。
124 以上两段参考胡适:《试评所谓"中国文化的本位建设"》,《四十自述》, 第 379 页。
125 胡适:《再论信心与反省》,《四十自述》, 第 316 页。
126 胡适:《不老:跋梁漱溟先生致陈独秀书》,《四十自述》, 第 64 页。
127 陈源:《(附录一) 西滢跋语》,《治学的方法与材料》, 远流出版 1988 年版, 第 164 页。
128 胡适:《试评所谓"中国文化的本位建设"》,《四十自述》, 第 377—381 页。
129 胡适:《试评所谓"中国文化的本位建设"》,《四十自述》, 第 381 页。
130 胡适:《教育破产的救济方法还是教育》,《四十自述》, 第 326 页。
131 胡适:《再论信心与反省》,《四十自述》, 第 317 页。
132 胡适:《试评所谓"中国文化的本位建设"》,《四十自述》, 第 381 页。
133 傅斯年:《所谓国医》,《傅斯年全集》, 第 6 册, 第 305—306 页。
134 胡适:《我们走哪条路》,《四十自述》, 第 210—211 页。
135 胡适:《名教》,《四十自述》, 第 166—167 页。
136 胡适:《慈幼的问题》,《四十自述》, 第 184—185 页。
137 王瑞:《鲁迅胡适文化心理比较:传统与现代的徘徊》, 社会科学文献出版社 2006 年版, 第 178—194 页。
138 胡适原著, 曹伯言整理:《胡适日记全集》, 第 5 册, 第 14 页。
139 胡适:《我们走哪条路》,《四十自述》, 第 211 页。
140 胡适:《惨痛的回忆与反省》,《四十自述》, 第 271 页。
141 胡适:《研究社会问题的方法》,《胡适的声音:1919—1960 胡适演讲集》, 第 46 页。
142 胡适:《慈幼的问题》,《四十自述》, 第 186 页。
143 胡适:《慈幼的问题》,《四十自述》, 第 187 页。
144 胡适:《我们走哪条路》,《四十自述》, 第 213 页。
145 费侠莉(Charlotte Furth):《丁文江:科学与中国新文化》, 新星出版社 2006 年版, 第 57—119 页。
146 胡适:《丁在君这个人》,《四十自述》, 第 398—399 页。
147 胡适:《丁在君这个人》,《四十自述》, 第 395 页。
148 胡适:《丁在君这个人》,《四十自述》, 第 400 页。
149 胡适:《丁在君这个人》,《四十自述》, 第 396—397 页。

150　胡适:《丁在君这个人》,《四十自述》,第396页。
151　胡适:《丁文江的传记》,远流出版1986年版,第184—187页。
152　胡适原著,曹伯言整理:《胡适日记全集》,第4册,第36页。
153　秦孝仪主编:《总统蒋公大事长编初稿》,中正文教基金会1978年版,卷四(上),第1088页。
154　胡适:《新生活:为〈新生活〉杂志第一期做的》,《四十自述》,第46页。
155　参考毕汝刚:《公共卫生学》,台湾商务印书馆1946年初版,第1页。更何况新生活运动还有许多"公共"卫生的举措与建设,并论其成败与检讨,参考黄仁霖:《我做蒋介石特勤总管四十年:黄仁霖回忆录》,第67—77页。
156　胡适:《不朽——我的宗教》,《四十自述》,第44页。
157　吴淑凤编:《蒋中正总统档案:事略稿本》第5册,"国史馆"2011年版,第25—26页。
158　胡适:《差不多先生传》,《胡适作品精选》,第318—319页。
159　胡适:《我们对于西洋近代文明的态度》,《四十自述》,第112页。
160　林语堂:《机器与精神》,收入《治学的方法与材料》,第19页。
161　林语堂:《机器与精神》,收入《治学的方法与材料》,第22页。
162　林语堂:《机器与精神》,收入《治学的方法与材料》,第23、26页。
163　林语堂:《机器与精神》,收入《治学的方法与材料》,第25页。
164　余忾:《近代杰出的医学家余云岫医师(1879—1954)》,收入吕嘉戈:《挽救中医:中医遭遇的制度陷阱和资本阴谋》,广西师范大学出版社2006年版,第7页。
165　罗家伦:《侠出于伟大的同情》,《新人生观》,曾文出版社1981年版,第42页。
166　胡适:《不朽:我的宗教》,《四十自述》,第46页。
167　罗家伦:《侠出于伟大的同情》,《新人生观》,第53—54页。
168　例如李尚仁:《健康的道德经济:德贞论中国人的生活习惯和卫生》,《"中央研究院"历史语言研究所集刊》76本3分(2005),第467—509页。胡成:《"不卫生"的华人印象:中外之间的不同讲述:以上海公共卫生事业为中心》,《"中央研究院"近代史研究所集刊》第56期,2007年第6期,第1—44页。
169　胡适:《归国杂感》,《四十自述》,海南出版社1997年版,第8页。
170　胡适:《我们对于西洋近代文明的态度》,《四十自述》,第110页。
171　胡适:《我们对于西洋近代文明的态度》,《四十自述》,第119页。
172　胡适:《我们对于西洋近代文明的态度》,《四十自述》,第111页。
173　胡适:《归国杂感》,《四十自述》,第8—9页。
174　胡适:《充分世界化与全盘西化》,《四十自述》,第380—391页。
175　胡适:《充分世界化与全盘西化》,《四十自述》,第389—390页。
176　恽铁樵:《论医集》,第25—26页。
177　中央国医馆秘书处:《中央国医馆筹备大会行开会式速记录》,《国医公报》(南京)第2期,1932年第11期,第10页。
178　张灏:《张灏自选集》,上海教育出版社2002年版,第296页。
179　李威熊:《胡适的经学观》,《逢甲人文社会学报》2002年第4期,第1—14页。
180　恽铁樵:《论医集》,第25页。
181　李建民:《追寻中国医学的激情》,《思想4:台湾的七十年代》,联经出版2007年版,第

254—255 页。
182 胡适:《易卜生主义》,《四十自述》,第 27—28 页。
183 罗志田:《再造文明的尝试:胡适传(1891—1929)》,第 320—321 页。
184 罗尔纲:《师门五年记·胡适琐记(增补本)》,第 272 页。
185 江勇振:《日正当中 1917—1927(舍我其谁:胡适第二部)》,第 579 页。
186 因为余岩、鲁迅还是有看中医,只是都在晚年了,而这两人都懂中医,也对中医责骂最深,批判最严厉。详见本书论述与皮国立:《民国时期的医学革命与医史研究:余岩(1879—1954)"现代医学史"的概念及其实践》,《中医药杂志》第 24 期,2013 年增刊第 1 期,第 159—185 页。
187 余英时:《中国知识分子的边缘化》,《二十一世纪》1991 年第 6 期,第 23 页。

贰
民初医疗、医生与病人之一隅：
孙中山之死与中西医论争

一、前　　言

"尽信医不如无医"，也可以算是一句不移的定论。可是一般人对于医生都有绝对的信仰：在他们发现了他们的谬误的先前。等到他们发现了谬误，也许已经太晚了。有了一次经验，我们总以为他们应当有些觉悟了，谁知道不然。他们单单把对于甲医生的信仰，移在乙医生的身上。近年来，不信中医的人渐渐地多了，可是他们又把对于中医的信仰，移在西医的身上。他们好像觉得外国医生都是活神仙，他们的话断不会错的。去年孙中山先生病危，西医说不能有救了，中医说也许有万一的希望，左右的人就决计改请了中医，当时就有些人很不赞成；他们说这种态度太不科学了，这种迷信实在应当打破的。我们听了都不免觉得他们自己倒有些不科学，因为他们不愿意得到那万一的希望的试验；他们自己脱不了迷信，因为他们以为西洋医学已经是发达没有错误的可能。我疑心就是西洋医学也还在幼稚的时期，同中医相比，也许只有百步和五十步的差异。[1]

2003年开始，在我硕士班毕业之前后，台湾社会爆发一连串中药马兜铃酸事件，重创中药过往给人较无副作用的形象，一时间中西医论争的态势仿佛又要风云再起。[2]其实这只是冰山的一角，因为中药含有各种毒素、重金属的新闻，近年来不时被拿出来报道，对中医药事业造成严重的打击。西医批评中医药不科学，中医则认为西医长期掌控医疗、卫生体系之霸权，将中药打成毒物的代名词。[3]在互相争夺医疗市场的同时，却也有令人意想不到的另一面和谐场景出现：2005年11月21日，《中国时报》刊载二度中风的新竹清华大学前校长沈君山（1932—2018）接受中西医合并治疗的消息。在这个故事中，台大医院副院长杨泮池表示：要以病人福祉为优先，愿意主动提供病人的病历给中医；当时中国医药大学副校长张永贤乐观地表示："中西医合璧治疗已是世界趋势。"[4]如今，去医院看病已可自由选择中医或西医的治疗方式，许多大医院也提供中西医结合的治疗，不少医生更兼具中西医资格，可以给予病患全方位的服务；虽然我们仍必须说，"结合"的实质还不理想，一个西医主控的病程，何时中医应该介入？怎么协助？就如本篇主角的遭遇和他所说的，一切都仍是"革命尚未成功"。而且在民国初年，这种中西医合作更难达成，中西医冲突之程度超乎读者想象。史家可以做的，是回过头来思考反省，处在现今中西医融合这个大框架内，回眸过往历史里的中西医或各自拥有的病人们，他们曾经碰到什么问题？在民初这个学术思想骤变、"传统"与"西化"不断对话的时代，旧式与新式医疗行为的转换之间，有什么值得探讨的医史课题？透过本章，试着以不同角度来重省民初中西医论战的可能。

孙中山是中国近代史上一位家喻户晓的历史人物，并不需要笔者来撰写太多介绍文字。然而，他于生命最后病危时的遭遇，正好可以帮助我们了解当时中西医之间的隔阂，而病人在这种历史情境中所遭遇的困境，也将透过史家之笔而重现。在故事中，掺杂了病人本身对医疗模式的选择、在信任与不信任间的游移，那种心理交战的苦衷，以及围绕在旁人的观点下，将如何影响医生治疗与病人之抉择。医病关系的历史论述，是医界与医史学界共同关心的课题[5]，有关孙中山与中西医论战的历史，赵洪钧在《近代中西医论争史》一书中有简单的描述。[6]本章试图以更详细的史料，结合时代背景，来建构这段精彩的过程，并凸显一些医生、病人（包括病人的亲友）与医疗模式三方面可能出现的对话及其背后冲突之意义。

二、病人的经历

让我们的思绪先来到1924年，当时孙中山虽未满60岁，却已是一个步履蹒跚的老者，岁月的磨难，在他憔悴的神情中刻下了一道道的皱纹。此时他努力想要废除中外不平等条约，并希望中国能达到真正的统一，摆脱军阀混战的大局势。孙于11月12日发表"北上宣言"后，当日即乘坐永丰舰（后改名"中山舰"）赴香港，然后再转乘"春阳丸"继续他离粤北上的行程。此次北上虽抱有救国的理想，然路途奔波，加以海相变化多端而导致船身不稳，例如在"春阳丸"上，"舟行既慢又不平稳，且时有风浪，故同行者多晕船"。孙自14日以后"均未到餐厅进膳，终日在卧室中阅书"[7]。据随行者所言,孙虽未晕船,然其面色已显"黑暗苍老之象"[8]。17 日早晨,抵达上海吴淞口,孙忙于接待各国记者与欢迎群众,却已经在"精神上似现疲劳,形容亦极现苍老之象"[9]。因为孙心系于尽速召开国民会议,遂不事休息,马不停蹄地于 21 日再乘"上海丸"往日本出发,再转往天津。当时因上海往天津的火车受军事影响而不通达,而且两星期内也无轮船直航天津,故孙选择继续搭上摇晃的轮船,绕道至日本,顺便于日本进行一些政治活动,随后再折往天津,因此这趟旅程可说是山高水远。30 日,孙再次转乘"北岭丸"离开日本神户往天津出发。然孙在船内的专属卧室过于狭小,不方便休息,所以他每日均在餐厅阅读,或遇"终日颠簸于狂风巨浪之中"[10],他就在卧室中休息,并未出来走动,但随行者仍言孙"精神似不见疲劳"。[11]

12 月 4 日黎明,轮船终抵天津大沽口外。只是,此时孙已感分外疲惫,加以"北地严寒",待孙回行辕后,突然"寒热遽作,而肝胃病相继暴发,盖本系宿恙,至是复剧也"[12]。由此可见,孙以往就有肝胃方面的毛病,只是一直没有被重视与精确诊断。这一段旅程下来,至少有两件事对孙身体有极大的影响。第一,从日本出来以后,孙都没有带特定的厨师,所以每天只吃日式食物,随行者坦言:"味道既不适口,滋养成分又不多。"第二,也就是前述的"北地严寒",孙是南方人,广州与天津之纬度不同、气候也不同,加以又碰上冬天,会使水土差异性增大;资料显示,孙在这些年里都非常怕冷,即使在广东过冬天,房内也要生火取暖。[13]故北方的冬天,对孙的身体而言是另一个雪上加霜的隐忧,现在只是一起发作而已。

既有病况,随行一干人等当下急延德国医生施密特进行诊治,一开始就诊断错误,认为只是临时感冒,略事休养即可。直到 6 日中午，孙突然肝痛强烈到"几不能发言"，德医眼见无计可施，再邀日本医生共同诊治，结果又诊断错误，这次说孙是患了胆囊炎。在19日以前，医生们推测孙之病情是乐观的，在这段时间孙除了会客与阅报外，还喝了一些能使胃肠通达的"德国瓦雪矿泉"和吃点水果；除此之外，医生们复诊了一个半小时，也并未对病情有任何新的发现。总之，到目前看来，孙的宿疾似乎并无大碍，[14]只有一次吃了白饭鱼粥后呕吐大作，"遍体大汗，（李）荣以毛巾代拭，竟透湿两巾"[15]。然而，孙此时仍发电于各界："刻以胃病，医劝休养数日"，希望大家能放心。[16]当时他认为应是自己的胃病在作祟，还说："余极望入京，病中无奈，但据医生确息，更一星期，可望痊愈矣。"可见医生与孙本人对此时的病况都还抱持乐观的态度。

18日当天，孙接见段祺瑞（1865—1936）所派来的代表（许世英，1873—1964），商讨北京政局。北京当局表明要继续尊重外国不平等条约的立场，这个坚持立刻使孙勃然大怒，随后孙即感到肝脏痛肿交至，脉搏跳至每分钟120下以上，几经施密特诊治皆无效果[17]，这多少可能也应验了中医"怒气伤肝"的道理。从19日到12月底，是孙病情开始逐渐加重的时期，体温与脉搏的递增，显示他的生理状况相当不稳定。孙开始遵照医生指示，不阅览报刊且多事休养。25日，日本医生小菅博士加入诊视行列，他断定孙患的疾病是肝脏疾病，此论推翻了前面医生的诊断，但小菅也只知道是肝疾，至于是何种肝疾，他一时也无法断定，也可见当时诊断技术之限制。[18]

基于病情的混沌不明，积极的治疗无法展开，孙的身体一天比一天衰弱，据其夫人（宋庆龄，1893—1981）言：孙当时正在修养中，还无法坐起来，相当虚弱。[19]在1924年的最后一天，孙选择了以北京饭店作为他养病的地方，当时的北京饭店，是西人所开设的新式旅社，各房间都有新式的暖气设备以取代传统煤炉，可以调节温度，这对身为南方人又不习惯北方寒冷天气的孙，无疑是个养病的好场所。[20]而孙的随扈则暂居行馆，即铁狮子胡同顾维钧（1888—1985）宅，一方面孙希望由他自己负担医疗费用；另一方面，他的随行人员也可以帮助他代见络绎不绝的重要宾客。[21]根据旁人的回忆，孙当时躺在床上，枕边堆着书籍，病中仍手不释卷，只是憔悴的面容，反映了病情的每下愈况。[22]

孙一入北京饭店，就延请德医施密特与协和医院的狄博尔、克礼医生共同会诊，断定孙患的是"最烈肝病"。施密特虽一改前诊断孙得了临时感冒与胆囊炎，但此"三个臭皮匠"却仍无法诊断出孙的肝脏出了什么问题，遂决定用外科手术来确定病灶究竟为何，结果当下被孙拒绝，医生们只好用内科的方式，改用服药来调养这个莫名怪病。

1925年，孙中山将莅花甲之年。1月4日这天，孙除了睡眠不安外，精神与体力各方面都在逐渐好转当中；克礼与众医生会诊的结果，再次断定孙的疾病为"肝脏痈疡"[23]，即肝脏溃疡[24]，并有肝部慢性发炎与肿胀之情形。群医曾试图加以注射，使孙的睡眠品质转佳，但克礼医生试过各种治疗肝病之药方，仍无法对孙的疾病做出正面贡献。[25]直到孙接受施以外科手术诊断之前，众西医仍推论"此病并非绝症"云云，虽然已有某医生指出孙的病状可能是肝癌[26]，但医疗团队以及孙本人都不愿作如是悲观的推论。3日，美国医生首先提出用"爱克司光"（X光）来检视肝脏[27]，若真有脓疡，则须开割。孙之左右皆不敢妄下决定，商量后决定请孙夫人（宋庆龄）代为询问，孙回答："余曾习医，深知此症难治，然余料余病不深，尚无须开割也。"孙夫人亦觉孙年事已高，恐不能承受开割手术，遂作罢。[28] 5日，医疗团队决定共推克礼为主治大夫，当时此团队共有四个德国医生与三个美国医生，大家开会讨论的结果，还是决定开刀治疗，但大家皆面有难色，原因是孙此时并不想用外科手术来治疗；但仅用X光检查肝脏后，并没有什么新发现，无如预期般的肝脏生脓，故只能继续维持药物注射，减少孙的痛苦，并嘱咐孙少见宾客、不要吃硬性的食物。[29] 在超音波、CT（电脑断层扫描）、MRI（核磁共振）等影像医学技术问世前，探知身体内部之病症，可谓困难重重。

到了21至23日间，克礼观察到孙的眼球已经出现黄晕、无法进食。体温高至摄氏41度，又时降至27度，相差甚大。[30] 据此断言，孙的肝脏开始出脓，而且已扩散至身体其他部位，已到了非施行手术不可的地步了。当时由中、美、德、英、俄、日各国医生共同开会讨论开刀之事[31]，但都没有定论；在此危急之时，可以看到任何一个国家的医生都不敢妄下决定，因为责任实在太重，病情又捉摸不定。后来经由协和医院之法国医生施以皮下注射先后达十一次，孙才脱离险境，但却产生一食即吐的后遗症，只好先暂时停止进食；连续的注射，竟引起孙的前臂部静脉栓塞性硬化病变。[32] 现下单靠注射治疗，也显得势单力薄，难以回天。

文献记载，1月24日是孙第一次没有听从随侍人员的建议，而将自己的病情告诉了一位中医，寻求帮助。这位中医叫葛廉夫，在与他对话的一开始，孙就表明出自己选择医疗的立场。孙言："余平生有癖,不服中药,常喜聆中医妙论。"孙接着说:"余请君以中(医)理测我病机。夜不成寐,每晚则面热耳鸣,心悸头眩,嘈杂躁急或胸中作痛,干呕,甚则上气面浮,有时而消。此何故?"当下葛即对孙开出了"三甲复脉汤"加减方[33],并判断孙的病情是"肝郁日久,气火风化,上干肺胃",气血与真水皆耗散不少,然而仍可补救,并非无计可施。平日必须注意"戒之在怒,不再耗精,不过劳,破除烦恼"等养生法,才能恢复健康。孙之前既已表明他选择医疗方式的立场是不服中药的,那么他当然也对葛医的药方抱持"姑且听之"的态度,回了一句:"我平生未服过中药,恐不能受。欲以君之药方,转示西医,使师君之法,改用西药,以为何如?"[34] 葛医一听到此言,也不知该如何作答,只好说:"鄙人不知西医,西药能代与否,不敢妄答。"[35] 所以,这次孙与中医的晤谈,对孙的病情并没有帮助。而现代西医几乎不了解中医理论,也使得一般以西医为主的疗程中,中医的力量难以介入,这个情况一直到现在都存在。

三、早年为学与发现 罹患肝癌始末

孙中山早年对中西医学都有一些了解,但是他学习西医的经历,使他对西方医学更有着一份割舍不下的感情。1886 年孙入广州博济医局(Canton Hospital)的附设学校就读西医,受教于嘉约翰(Dr. John L. Kerr, 1824—1901)等著名的医疗传教者,1887 年,孙入香港西医书院学习,其第二任教务长康德黎(James Cantlie, 1851—1926)是孙的良师,康于 1892 年在伦敦的一次演讲中公开指称:"在中国尚流行吾人中世纪时代之蒙昧：星卜甚行，人民信之为医生，而外科手术绝不采用。"而中药之采集与服用也"未被科学分类，其性质只为流俗所信仰，其效亦多涉怪诞"。虽然，孙只是"借医术为入世之媒"[36]，然而西医的技术与恩师的医学进步观，却深刻烙印在孙的心中。孙是一位对"内外妇婴诸科，俱皆通晓"的道地西医[37]，又认为"真知识必自科学研究而来"[38]，故其对中医的印象显然不会太好[39]。孙曾于澳门的镜湖医院行医，此医院原以中医中药为主，孙来院任职后，才开启西医的诊疗，孙还称赞当地官绅提倡西医之功。[40]后来因为受到当地葡萄牙法令之限制，孙只好离开，并于1894年在广州开设"东西药局"，除了一般诊病外，也进行"赠诊""急诊"等慈善医疗。[41]当时广东《中西日报》上还刊出一则牙病病人的道谢启事："幸遇先生略施小技，刀圭调和，着手成春；数月病源，一夕顿失。"[42]可见孙的医术应有一定的水准。[43]只可惜当时西医并不完全为国人所信任，医疗市场仍以中医为主，西医只能在外科一展长才而已，此状况即使在西化的都市上海或香港亦然。[44]而且碍于当时体制，孙的行医执照并不能保障他行医的权利，他只能享有和不需任何文凭的中、草药医生一样的保障而已；[45]再加上英国的医生地位与药师相差过大，故医校师长皆反对孙只以药师为业。[46]综合而论，在行医生涯中的孙并不顺遂，中国的法律和中医根深蒂固的文化，多少让他感到挫折，难以尽其专才；加上孙自己还曾说："曾服高丽参精，竟至心脏停止。是以坚持不允。"过去中医药曾予其挫折与不信任之治疗经验，造成孙鲜明且主观的择医观，是此刻中医无法介入肝病治疗的主因。[47]

图一　协和医院原址标示　　　　图二　协和医院今貌之一

1925年1月26日，协和医院众外科医生皆知孙的病况已相当险恶，一定要动手术。但孙夫人与左右皆无法代作决定，再三询问与劝导之下，孙才"慨然允之"，于当日下午由饭店迁入协和医院E楼，接受治疗；对孙而言，他不愿意一试中医的药方，现下反而愿意屈身于西医的刀下了。当时北京的协和医院是由美国人所主办，是亚洲设备最完全的新式西医院之一，医院中的医生多为协和医学院的教授来兼任。[48]当时去参观的人称赞："规模宏丽，建筑犹胜，各科设备皆极完整。"[49]孙之友人张人杰（静江，1877—1950）来探视孙时，孙还称赞协和医院设备先进，劝张不妨趁机检查身体。[50]而孙做出接受手术的决定是仓促的，孙入医院后，只休息不到一小时，就由当时担任协和医科大学外科主任的邰乐尔操刀，孙之友人：协和医院院长刘瑞恒（1890—1961）也随侍在侧，另有助理、看护妇一干人等，汪精卫（1883—1944）、宋庆龄等人则在远处及隔壁房作陪。[51]

西医手术过程相当顺利，只经过了二十五分钟左右，医生们一致认为手术成功，而且使用了当时最新的技术，包括局部麻醉加上禁止

图三　孙中山死前一个月和夫人宋庆龄在北京的最后合影

血管流血等技术,所以孙并没有出什么血,也不觉得痛,伤口愈合得很快。可惜,过程虽是顺利的,结果却是令人失望的:邰医将孙之腹壁切开后,只见到整个肝脏的表面长满大大小小硬邦邦的黄色结节,其形就好比拳头上的关节一般[52],将腹部器官全粘连在一块儿,脓血遍布甚多。[53]医生们用唧筒吸出肝部的脓后,以脱脂棉沾上一部分,立刻送出室外交由专家化验;随后,将孙肝部的脓吸光,再施行洗涤后,发现整块肝脏已经坚硬得像块石头,旁人形容"肝硬如石,敲之有声"[54]。众医也着实见到恶瘤,随后取肝脏外皮以显微镜化验后,证实了孙已经走到肝癌的末期了。[55]

四、中西医对肝癌的认识

肝癌又称作"癌中之王"[56],大多数的肝癌被发现时已属末期,所以定期做检查是较为积极的防护措施。本病若发病时,大多产生肝区间歇或持续性疼痛、上腹肿块、胀满、食欲减退、消瘦、腹泻、发热、黄疸、消化道出血、肝昏迷、肝脏结节破裂出血、感染,等等。[57]国人在民初时就已经知道,"癌为天下最难治之症,惟胃癌用割治方法,尚可苟活一两年,肝癌则割无从割,癌之外膜,何时全体变成硬性,即何时致命,与妇人之乳癌,同属不治之症"[58]。这是当时大家对肝癌的了解,关于其致命性的描述,实与今日无异。

在中医方面,关于肝癌的命名,在文献中并没有相同的名称。根据其临床表现和症状,中医们多将之归类于"肝积""症积""痞气""臌胀""黄疸"的范畴内讨论。[59]而古代"瘤"与"癌"是不同的,殷墟甲骨文上即有"瘤"字之记载,《灵枢》中也有记载"筋瘤""肠瘤"等病名;[60]不过,"瘤"字大多代表良性的积聚。现代中医认为它的生成与一个人精神紧张、情绪忧郁、内脏功能混乱等导致体内"气血"郁结淤滞有关。故东汉刘熙《释名》解释说:"瘤者,流也,血流聚所生肿瘤也。"说明瘤的生成与血液流动很有关系。至于《诸病源候论》则描述瘤具有"逐渐长大""不痛不痒""不能自行消失""不会致人于死"四项特征,也包括了"良性"的病理发展。[61]相对地,"癌"即属于恶性,就其代表一个疾病的详细描述,要到宋代才出现。如南宋医家杨士瀛(号仁斋)著成的《仁斋直指方论》中就有确切之描述:"癌者,上高下深,岩穴之状,颗颗垒垂。"而其特性就是"毒根深藏,穿孔透里。男则多发于腹,女则多发于乳,或颈或肩或背,外症令人昏迷"[62]。南宋医家严用和(1199—1267)认为:"夫积有五积,聚有六聚。积者生于五脏之阴气也;聚者生于六腑之阳气也。此由阴阳不合,脏腑虚弱,风邪搏之,所以为积为聚也。"明代医家李中梓(1588—1655)则云:"积之成也,正气不足,而后邪气踞之,如小人在朝,由君子之衰也。正气与邪气,势不两立,若低昂然,一胜则一负,邪气日昌,正气日削,不攻去之,丧亡从及矣。"[63]综合而论,中医多将本病的发生归为自体脏腑虚弱,受外在邪气所攻而成。

莫说现在的医术,在民初,肝癌肯定是不治之症。当时参与治疗的俄国医生认为,孙的病早在十年以前即埋下病因,应该是"至微之寄生,由肠胃而传播肺部以及于肝,遂成为癌",其病因乃"久居热带,于饮食呼吸之际而生,殆无疑也"[64]。当时国民党人士皆回忆,孙在1916年时就患有胃病,报载:"中山先生夙称强健,七八年前曾患痢疾,十余年来早有胃病,每一食肉,胃中辄觉疼痛。"[65]医生当时推断孙的胃痛症状即是肝癌肇始;也有医学研究人员根据德国医生的发现指出,据孙的状况来看,也有可能是胃癌细胞转移至肝而导致肝癌,虽然克礼在检查时未发现,但若胃癌极小,一时也无法察觉。[66]这当然只是一种说法,但孙的病灶根结最终仍出现在肝脏上面。

推论孙最早的病灶是显现在胃部之说法并不是没有资料可循的。他在1923年时曾于《民国日报》上刊载文章,大意是推崇一位日本医生,叫作高野太吉。孙认为高野自创之"抵抗疗法",可治好中外名医皆为之束手的胃肠病。孙自言:

余当时亦患胃病，延翁（高野）诊治，犹疑信参半；盖以翁主张，胃病之人忌食滋养品，宜食坚物，所说全与西医相反也。不期受疗未几，著效非常。据翁所说，力避肉类油脂，而取坚甲蔬菜及能排流动物之硬质食物。余依其法而行，躯身渐次康健；一旦复食原物，宿病又再丛生，至此知翁所说，全非臆造。其后七八年以迄今日，废止肉油等物，得保逾恒之健康，皆翁所赐也。[67]

孙曾言："生理卫生之学，自谓颇有心得。乃反于一己之饮食养生，则忽于微渐，遂生胃病，几于不治。"[68] 可能当时孙之肝已有异状，只是反应在胃部而已，而且症状还不轻；孙也认为那完全是胃病作祟，而非肝病[69]，所以孙于病榻中自述：以往医者诊断都认为那是胃病，加之操劳、不注意饮食，所以病情终至每况愈下。[70]

当时的西医界认为，"原发性肝脏癌"（一开始就直接生长在肝脏的）极少，大多属于续发性，或由胆囊癌转位于肝脏；或者是胃和腹腔之癌转移至肝脏的情形较多。[71]而肝癌的成因在于一种寄生型的微生物，生长在肠中，传于肺，再传于肝。此微生物来源有二：其一为花柳病而生，不过经过血液检验，孙是绝对没有患此病的。那么，就是第二种可能，即居住在热带地方，受饮食、呼吸等影响而生，这是众医生认为孙患肝癌的原因，与今天我们所知的肝癌发生原因有极大的出入。而当时也有医学教授认为癌与遗传、体质和细胞恶性病变有关，这个理论就比较类似我们今天的认知；并认为孙的肝癌细胞已经经由血管与淋巴道转移了，所以身体其他地方也可能会有癌产生[72]，故没有治疗的方法，即便是最新的外国科学和治疗技术也无力回天。所以众医生的检验报告一出，孙的左右、朋友与同志，无不悲戚哀伤。[73]

在孙迁出医院之前，日本医生对孙的病情发表看法，指出："如果在肝脏生主癌，是很难治的病，所以肝脏癌不能割治的缘故，因为一施手术便有血出不止的危险。但是对于肝脏癌如果用镭锭施治，或能就愈，亦不可知。"[74]当时西医既已宣告束手，中医界遂纷纷站出来发表意见，一时形成百家争鸣之势。中医此时虽没有参与治疗，但仍不断发表对病情之看法，一般民众可透过报纸了解。如上海《民国日报》报道，孙在早上脉搏均如常人，但晚上却跳得很快，这个症状"在中国医生论，为极恶之征"[75]。中医的想法，开始成为讨论的话题。又如"存粹中医社"开始着手研究孙的病况，陆晋笙、吴霞赤、陆成一则言孙不是"肝痈"即是"肝疽"，只要"辨明施治，有药可救，并非百无一生之病"。张耕龙、江隽侯、杨涵庄则以"肝燥""肝胀"来论病，说明"一宜敛、一宜滋，又宜分别"之理。刘农伯、叶荫棠则论孙之疾病"揆诸中国医书，皆有治疗之方剂"，而且"皆有治疗之成效"。[76]有趣的是，中医当时多不以"肝癌""肝瘤"来定义孙的疾病，也没有中医在当时特意去梳理关于中医看待、治疗癌症的历史，即使西医此时已经宣告孙患了绝症，中医们仍对孙的病情抱持着乐观的态度，颇有较劲之意味。此间有两点是值得观察的：首先，近代西方商业资本发达，业医成了一种激烈的市场竞争，并引起国家和社会的注意，试着去寻找新的道德标准。[77]西医学社群发展出所谓的"医疗极限"[78]，若病人因艾滋病或癌症死亡，则不会受到医疗失当的谴责；而传统中医论述中的死证，通常是以脉象来决定的[79]，一般医生认为，只要能将脉象调整至有生气，则可避免死亡。

虽说传统中国之医疗主体是病人，医生是被动地提供医学服务[80]，但在民初中西两种医疗模式的激烈竞争下，中医不得不改变自身的诊疗策略，逐步开始透过广告或报纸来宣传医术[81]，可以解读为中医希望在西医的医疗极限内找寻生存之地的举措。再者，民初医生负责的对象由病人转向了疾病本身[82]，中医们也必须逐渐认可并追寻单一致病原因的新趋势[83]。中医们百家争鸣的结果，呈现的肝癌论述却仍是固有的病名与治疗方法，这是值得注意的动向，中医们仍希望借着旧名与旧方，在有方可据、话说有凭的前提下，找寻病人的生机。

五、更换中医治疗始末

一直到2月前，孙的状况都还算良好，每日吃些营养品如燕窝汤、热的蜜柑汁、鸡汤、麦麸粥等，唯睡眠品质不佳，体温、脉搏皆不甚稳定。此时报纸上的谣言已经传得满天飞，孙病倒的消息，很快地就传遍全国。《晨报》刊载："孙文病状究竟如何，新闻记载每多歧异。而孙之病室除特定人外，绝对不许探视，故欲得真相，舍询诸主治之医生外，别无方法。"[84]当时一些医生的发言是大众了解孙疾病的一个重要渠道。在开刀之前，竟有东方社"乌龙"报道孙已经病重过世的假消息；[85]在孙开刀后，《大公报》刊出某位匿名外国医生的言论，大意是说孙没有用手术积极治疗的原因，是因为此病症案例极少，不过美国有人得了此病，不用手术，只靠吃大蒜和大葱就治愈了，故孙的医疗小组没有施行手术将瘤割去，而是用大蒜和大葱来治疗。[86]事实证明，不用手术并不是因为另有妙法足以愈病，而是手术已无法治疗孙之肝癌。后来的资料显示，孙也没有服用任何大蒜及大葱来治疗肝癌。证实这些消息都是舆论界关心孙的病情而放的话。

孙在病榻中仍安慰夫人说,他认为医生亦弄不清楚此病的真实概况,以前自己生病时就不完全依靠医生治疗,现在也一样,他会靠自己的意志力来与病魔周旋。[87]后来西医决议用镭锭治疗,以减少孙之痛苦,当时肝癌的治疗是以镭锭照射为主,但效果却不被医界人士肯定。当时对镭锭的认识是:"镭锭为一种矿物,能发极强度之光与热,应用于疗治癌疾,为时尚不甚久。当癌初发之时,用镭锭照之,可以使其不至发展,若癌已蔓延,则并无效力可言。""镭锭价格极昂,为天下罕有之物,唯用之治疗,并不消耗,故所费尚不至甚巨。北京各医院中,惟协和备有此物。"[88]而镭锭也不能治胃癌,因为胃中有"酸质"等[89],其认识大致如此。

当治疗开始时,舆论界仍一度对镭锭的疗效充满期望,言孙经照射20分钟后,呈现"入院后未有之好现象"[90]。又不知根据何医者所言,报道孙疾仍有救治之方法,只要经过若干时日,必能痊愈。[91]这显然全是揣测之词,因为经镭锭治疗后几天,孙的双脚就开始肿胀了。中医在报上发表评论说,依据诊治经验,所谓"男怕穿靴,女怕戴帽,戴帽为头痛,穿靴为足肿,皆病人临危之特征。今孙之足肿既不见消减,前途如何,稍具常识者自能判之"[92]。此时中医仍不断对病情表示看法。后来刘瑞恒曾致一信给孙之家人与同党人士,谓镭锭照射已逾40小时,却无任何效果,病势已趋向绝望云云;[93]并言孙"精神目前虽好,但内部实剧损甚重",何况孙除了肝病,亦有脑炎病状,身上之寄生虫"已由血管传布遍体,日内当有变象,恐病者无再起之望"。故有孙氏感染寄生虫病之一说。[94]所以即使在2月9日时,孙的情况是"精神佳,眼色清,面红,黄气除"[95]的一副康健面容,但在医者眼中,孙却已经危在旦夕了。

2月12日,侍疾诸人中以对于"中西医药均曾细心研究识别"[96]的张静江为首,开始主张积极服用中药来治疗肝癌。其实,早在2日时张就与李石曾(1881—1973)、吴稚晖(1865—1953)等人商议,力劝孙服用中药,但孙仍秉持他的理念:不服中药;最多喝喝"黄芪肉汤"这样的补品。不过单就此论,邵元冲(1890—1936)就回忆到:孙的脉搏平稳不少,而且肝部较舒服,呼吸也和缓了。看护孙的护士说:"先生之鼻觉渐宽,为疾有转机之兆。"[97]但孙总是担心中西药冲突的问题,所以只同意用西医的利尿强心剂来消除他下肢水肿的问题[98],而暂不考虑中药治疗。当下孙的左右侍疾诸人还想请西医瞒着孙,私下用中药来治疗,骗孙说这是西医之方法;奈何西医不懂中医的医学理论,何况当时也容不下西医用中药这样的情形,即使孙的身份特殊也不能例外,所以此法也就断难施行[99]。

李石曾与张静江在2日后力邀北京知名中医陆仲安与萧方骏来诊。萧医认为如果孙能撑过"立春",再行开方,显然是语带保留,多所推辞。萧第一次为孙诊脉,孙在睡觉不便打扰,第二次再邀其诊治,萧则坚持回避,不肯出面;[100]而陆医则言尚有三成希望[101],这可能是日后陆医成了治疗孙疾病的首位中医的原因。这时,张只先请陆仲安开出人参汤试试而已[102],此离孙态度软化并正式服用中药仍有一段时日,并且中医也认为此时介入治疗是"责任不专"之行为,故作罢[103]。有趣的是,张偷偷将参汤掺入饮食中不让孙知道,怕他有排斥感而不吃,后来还是被孙知道,孙还绕个弯说:"(参汤)勿再和入食物,待余自饮可耳。参汤我人本代茶饮,非中药治病也。"结果孙只服了三日就停止了[104],虽然那的确曾使孙的"脉象转佳"[105]。

当时陆仲安认为这种绑手绑脚的治疗方式，只可以让孙之舌苔较润，脉象却无法稳定进步，必须服用黄芪、党参等大补剂才能见效。虽说如此，孙还是不愿服中药，所以最后只好又端出"黄芪羊肉汤""黄芪冰糖汤"等"类食物"的中药，孙才勉强服用。[106] 由此可知，孙不肯服中药的意念可谓坚若磐石。当然，中医本就主张"药食同源"[107]，孙肯服用部分掺杂有中药的食品，至少证明他可能不完全排斥中药，但碍于有一股受过西方科学训练的主观意识存在[108]，所以仍不认为"服用中药"和"相信中医"两者可以轻易画上等号，故只把此中药解释为食物而已。马伯英对孙的主观有所推测，他认为孙对"传统的中医自然也是知道有其疗效的，但他毕竟是西医师，所以首先决定先试行放射治疗"[109]。即使知道放射线治疗效果可能不佳，他仍选择信仰西医。当时路透社还盛赞孙坚定选择西医治疗的精神："孙为曾受新时代医学者，当然信赖新时代之医学。孙一生数濒死境，今仍具坚毅之精神，视死如归。"[110] 新时代医学是指西医，与"旧医"一词代表的中医或"中药"治疗所代表的旧法等名词[111]，形成鲜明对比；"新时代"一词显然具有进步的意味。

此时，在邀请中医或西医为主治的不同意见上，也开始爆发冲突与论辩。2月7日，曾任当时反中医色彩鲜明的"中华民国医学会"会长的汤尔和（1878—1940）[112]，对于汪精卫[113]在孙病危时所做的决策表达质疑。汤的第一个疑问，就是中国人当时太迷信外国的西医，导致今日孙身边的主治医生全是外国人；他严厉批评："外国人到了中国，反正欺你不懂，胆大妄为。"可见当时国人迷信外国和尚比较会念经的状况相当明显。近代西方传教士几乎主导了整个西医学的发展，中国本土的西医们，在20年代之后逐渐取得主导权；但直至30

年代初,本国西医士之比例仍只占所有西医的67%[114],从孙身边清一色的外国医生就可以看出,莫说中医了,连西医界那块大饼也叫西方人给分去了,当时就有人以《领事裁判权与中国新医界》来批评:"中国新医界当前之障碍,除'非科学医'外,厥为来华开业之外籍医师。"[115]故中西医论争的问题,有时还有更深一层的牵扯,不如表面那样单纯。[116]

第二个质疑就是他认为汪精卫赞同请中医来治疗孙中山的决定是错误的。汤在报纸上公开如下的批评:"我敢放肆说一句,中医要讲医理那是完全站不住的。退十步说,现在中医的先生们实无'论病'之可能,不要说是'治病'。……中医所必须知道的事情,如同心肝脾肺肾的位置,相火是什么东西,中医有几种解释法?"这些模糊的理论与定义[117],叫人"如何可以把生命交给他制裁!"[118]并批评中医能治癌,还能扬名世界的期望"全是空想";中医的阴阳五行,全是"江湖上的谈头",没有科学实验根据。而消息闹得沸沸扬扬,说胡适的蛋白尿被中医治愈,那也只是"胡先生运气好",他讽刺汪的决定是不讲科学、不走大路(寻求科学道理)的做法,干脆去效法"求仙方"或"割股"治疗好了,因为中医的治疗就像是打"哑谜"和玩"彩票",充满投机性质。[119]

面对如此尖锐且排山倒海的抨击言论,汪精卫也不甘示弱,在北京各大报做出回复。第一个问题,汪简单带过,他说他曾询问过"中国西医",并非只迷信外国西医。汪坚持自己的立场,批评汤为"顽固派",意思是指:也许治癌症的特效药是由一般人(指中医)偶然发现,并不一定要由打着科学名号的科学家来发现,不一定治癌之特效药必定要由西医研发,也许经由中医实际治疗时无意中被挖掘、发现，其实也不无可能。汪在另一段回复中还能看出当时中西医在医院体系内水火不容的实况。他说："先生既然是医生，应该知道医院里的规矩，如今孙先生还在协和医院受治疗，试问协和医院能容我们请中医吗？人病到这样重了，汤先生至少也不必推波助澜，使协和医生怀疑我们，赶我们出医院去。"[120] 由此可见，当时中医是万万不能来到西医院治病的，若非孙身份特殊，被赶出医院也不无可能。这个情况也为孙后来的转院埋下伏笔。

促使孙转变不服中药的意志，可能是2月14日的一个事件。当时西医已经用镭锭治疗了许久都没有效果，数次宣布孙之病况没有希望，生命至多不出七日。死亡预告的发出，孙在听闻后勃然大怒，遂萌生迁出协和医院之意念。[121] 早在商量用中医法治孙时，张静江就已经考虑到：孙最终的意思就是要等到西医真的束手无策时，再找中医、吃中药。但是主张用中医的人都认为，孙若一下子知道西医束手，一定会失望而对病情不利，故大伙也没有再力劝孙服中药[122]，才发生了前段所言"掺参汤进食物"一事。不料现在竟是西医先提出了孙最不想听到的"束手无策"死亡预告，所以孙的态度才有可能丕变，转向寻求中医治疗。孙后来解释：在他罹患肝癌这段时间，西医的治疗以催眠剂与镭锭照射为主，又极力维持自身混乱的脉搏与体温，但都仅能止痛一时，无法根本祛病，孙表示可以让中医一试之时已经到了。[123]

当时美国医界已早有告知重症或末期病人，嘱咐其能在有意识之下写好遗嘱的惯例，以方便日后处理身后事务。但孙与汪精卫等人的反应却表现出中国人不欲别人（医者）告诉其死期的态度，好像有触霉头的感觉，当时汪就曾后悔将孙转入协和医院，也因此确立了汪力主中医治疗的想法,与孙态度之转变互相呼应。[124]在接收了孙(病人)本身所信赖的医疗模式宣告失败后,病患终于迅速转变思考观点,并接受另一种疗法痊愈自身疾病的可能。丁中江在写这段记载时说道:"中药有时对于很多奇怪的病状发生不可思议的效果,人们在绝望时便想寄希望于万一。"[125]也有可能是这种心态的转变,使孙开始接受中药的治疗。但必须强调,孙仍觉得改延中医治疗后,其病源能否有祛除之希望则"仍成为疑问"[126]。这是存在于孙心中复杂而又矛盾的心理;而舆论界也认为请中医治疗不过是"姑尽人事而已"[127],充满绝望无奈之意。

孙的考量与担心还显现在几个地方。首先,孙说:"在医院受西医诊视而阴服中药,是不以诚待人也。"孙的第一个顾忌是来自中西医各自医疗体系的不相容[128],故他仍坚持出院后再服中药[129]。虽然孙本身并不信赖中医[130],但当时孙的态度已转向同意服用中药[131],只是在当时,医院内是不准病人吃中药的[132];当然,就如同前论,中医来到医院、中药制食品则可过关,都显示出虽然中西医虽壁垒分明,然而病人的想法、身份或选择,却可能使这种界线趋于模糊。[133]

另一件事是早在2月4日时,孙就与医院的主治医师邰乐尔谈过话。邰医认为西医对肝癌的治疗方法太少,且没有把握,既然孙的亲属都渐渐主张改用中医,那也不妨一试。当然,西医也可能存有希望借由中医之手来分担部分治疗责任的心态[134],故虽然医院规定不能同时服中西药,但邰医表明孙是一位"特殊人物",医院是可以通融的;只是医院仍有消息对外宣称:"如请中医,即须出院。"[135]规矩讲明白了,但当时孙仍认为用镭治疗尚未试过,不必改用中医。[136]从这件事对照来看,孙除了坚持不服中药外,也不愿意破坏医院先订下的规矩：中西医不能共治这一项规定。如此一来，前段孙的说辞不只有他体谅刘瑞恒和西医立场的一面，还有为服中药将不得不迁院的考量。故孙曾言："医院规矩不可由我而破。若密不令院中人知之，则我平生从未作此暧昧不可告人之事，断乎不可。"[137] 故而要接受中医治疗，迁院是一种必要之行动；而汪精卫当时成为中医治疗的说服者，希望医院方面不要为难孙请中医治疗的决定。[138]

既然孙已决定出院服用中药，克礼医生与刘瑞恒也无异议，孙即于 18 日正午迁入铁狮子胡同行馆养病，当时移动孙尚须使用升降机，孙已经无力再单独作任何活动，除了显露出孙已经虚弱至极，也可能告诉我们：若是医院内可以直接服用中药（甚至中西医结合治疗），就不需要大费周章地去移动一个重症病患。足堪告慰的是，协和医院至少肯将病床与病房用具借给孙以作为养病之用[139]，其关系不至于转到更换医疗方式即形同水火的地步，说穿了，仍是基于孙的身份而有的"优待"吧。孙还有第二个考量与担心，表现在他仍不能完全信赖中医，所以西医的医疗团队仍跟着孙移动，并没有脱离治疗的行列，而这也成了日后中医放手治疗的一大障碍。

六、中医治疗的转机与困境

孙抵行馆后，立刻邀请由张静江与胡适共同推荐的北京名医陆仲安进行诊疗。[140] 当时孙面有难色地对胡适说："适之！你知道我是学西医的人。"胡适则说："不妨一试，服药与否由先生决定。"[141] 陆医曾治愈胡适的蛋白尿与心脏病[142]，又治好张静江的脚疾，使其能自立移步，所以当时声誉极旺。[143] 可能就是胡适"不妨一试"的劝进与孙本身态度的转变，才促使孙服用中药。可以推论的是，陆医的妙手不会是孙注意的焦点，孙此时仅能将希望放在能带给他痊愈的治疗上面；至于陆仲安怎么想呢？他因治愈了胡适的旧疾，而声名大噪，在帮孙中山治疗的短暂岁月中，又让他的名声有增无减，并在日后废除中医风潮中扮演中医界与政界沟通的主要角色之一。[144]所以此时他虽然知道肝癌治疗的困难，所担的责任可能很重，但他仍勉力治之，可能其心中多少仍有"打响名号"之一层盘算。

2月18日下午，陆医正式为孙诊疗。陆认为孙的脉象极差，就现状来看，说有一成希望，都有些勉强，语多悲观。所以他认为先不必急着开方，先以黄耆（芪）六两、党参二两服之，如有进步再行开方；反之，则告束手。旁人皆认为药实在下得太重了，陆医则坚称："非此不可，时不待人，稍纵即逝也。"[145]可见病况紧急。后来进服黄耆（芪）、党参一二剂后，被镭锭照射以来肿胀的双脚尽消，孙也自言其精神较前爽适，晚上亦可安睡至五小时。[146]

据克礼医生的报告所载，19日时，孙的食欲、睡眠、体温、脉搏等都比在医院时有所进步；[147]而孙本人也觉得颇为舒适。再据张静江所载，服中药对大小便排泄的顺畅、脚肿的消除等都有所帮助。陆医见此，立即"面有喜色"，言药已经发挥功效，可以思索开新的药方；而报纸也刊出中医方面认为孙"若能在一星期内，逐渐良好，病可痊愈"这样乐观的消息。[148]但此时德国医生认为孙的情况转佳，可能是因为注射樟脑、吗啡之效，倒不见得是中药之功。不论如何，这一天孙在中西医带有竞争意味的结合下，情况好转，睡眠也可达八小时。[149]

20日，陆仲安复诊时开立方案，煎药予孙服用，此时用黄耆

（芪）已达十两之多，而孙身上的水肿也全部消除了。[150]克礼医生报告言：病人"血液循环渐有进步"[151]，午餐进食"几与无病时等"，晚上也可安睡至八小时，其病况显然大有改善[152]。不过克礼仍然对中医疗法提出质疑："虽病状转佳，然勿以小愈遽抱乐观。中医果能消肿再治？若观此法，西医亦能。但本我料，其必不能治，且肝部肿大，终成绝望。"克礼的负面说法令对中医疗法有信心的张静江感到不悦，他事后回忆道："德医每日来诊，然每验肝脏，但似验其胀大几，何日死，非验其何日愈及何时生。"[153]而21日克礼的报告继续其悲观的陈述："现服中药亦不过令病人减少痛苦，于癌病本根治疗仍未敢望，因癌之进行并不因而停止。中药只可有益睡眠，减轻痛苦。肝肿日大，家属等勿存奢望。"[154]虽然克礼医生是这么坚定地认为中药无效，中医方面仍坚持发表言论表示："须诊治一星期方奏效，现仍服中药，参以西医治法"，而且"据医生云，并无冲突"[155]。此时看来，至少中医还保有短暂的治疗权，反观西医仍未放手，并且持续质疑中医疗效。

不过，孙自19日服用大量黄耆（芪）后，慢慢开始出现腹泻的症状。自此以后，孙所服的中药就一直减少，从一次服半剂，到半剂分六次服，仍继续腹泻。[156]陆医在23日继续为孙复诊，也开出了方子和解释病情[157]，陆医仍不认为孙无药可救，只是腹泻一症状代表着病人无法承受药力的警讯，使陆颇感棘手；西医克礼于24日报告孙的病况并无变动，体力衰弱，现正由其每日为孙进行吗啡注射，以减轻痛苦[158]。而根据报纸所载，孙并没有积极服用陆所开的正式药方，只服用一些党参、黄耆（芪）、鹿茸作为辅助治疗而已。[159]

24日，党中同志又再介绍唐尧钦、周树芬两位中医来诊视，诊断孙乃"头身发热，脉象洪大，舌乏津液，其色鲜红，决为肝血大亏之证"[160]。周、唐两医于诊后立刻施以养血补肝，佐以行气疗法，开出"三物汤"一方。没想到孙服用后不但不能止泻，反而导致小便短赤，排泄困难。所以从 26 日起，克礼开始给孙服用健胃、强心、通利大小便三种西药，才使孙的情况稍稍稳定[161]，孙身边的亲友并于此时决定停服中药，而且对外宣称各地名医所捐赠之验方均不采用[162]，连章太炎（1869—1936）闻讯都焦急万分，特亲疏医方，嘱人送至北京，希望孙能康复。[163]可惜，现在这样的声明，代表了中医失去治病的权力。不过《国父年谱》中转载，一直到 3 月 2 日前，孙可能都在断断续续服用中药；而陆的药方，应该是服至 2 月 27 日为止。[164]事实上，陆仲安自 3 月 1 日起就没有再为孙诊治了，行馆方面虽数次邀请，陆医也不受命。不过，在唐、周两医诊疗同时，陆医仍陪同诊脉，被指"其态度不失为大方"[165]。其次，2 月 27 日时，有一位另类疗法的医者，名叫葛辛慈，毕业于德国精神医学，善用精神疗法，他为孙施行了一些按摩之术，孙的状况也有好转一些，睡眠品质比较好。

事情总是不如表面那么单纯。据田桓（1893—1982，湖北蕲春人，早年加入同盟会参加辛亥革命，跟随孙中山并担任秘书）所言：当时汪主张由唐、周两位中医来会诊孙之疾病[166]，田就很不以为然。他的考量一是唐虽然对中西医都有一定之了解，但为人浮夸，不切实际；二来，陆医治孙既然已显成效，临阵换将对病人之康复并无帮助。但汪当时在党中的地位极高，他擅作决定换医生，又请西医来帮孙按摩（指葛医），田当时极力反对："癌症怎么用按摩呢？"事后田回忆这段历史，认为汪首先主导医师更换事宜，继又擅作主张停服一切中药,这显示汪只相信西医。事出无奈,田只好与之大吵起来,田大声喝叱:"你对先生(孙)的病不能自作主张。陆仲安的处方吃了以后,病情有好转,你为什么擅自停服中药?"汪一听恼羞成怒,立刻破口大骂:"你们胡闹,你们盲从,不管先生死活!"田反击说:"我们一点也不胡闹!你要先生死,我们是要先生活。"汪听后暴跳如雷,一拳击来打中田,田不但挨了一记老拳,后来连探视孙的行辕出入证也被汪取消了,到孙死之日都无缘再见一面。[167]可看出病患之择医,决定权未必全然操之在己,还有身边的亲友部属,皆会影响医疗的进行。

其实当时力邀胡适去劝孙服中药的人就是汪精卫,这显示他至少在当时并不排斥中医。[168]汪曾表明:

> 现西医对于癌病,正苦于未求得其源;而中医对于癌病并癌之性质形状,亦盲乎不知。中国之医,有经验而无学理。今之所望于中医者,亦为其经验与方剂,有万一得当而已。中山先生病势沉重如此,吾人何敢反对中医;且西医既以屡言不治,中医若效,则病可治,不效亦不过不治,故绝无反对中医之理由。[169]

话虽如此,但后来他在被记者访问时,又表现出他真实的立场。汪说:"中医学理,不如西医,人所公认。"[170]也就是说,汪不排斥中医的立场,可能是在西医治疗无效的前提下才成立的。到了1928年时,汪已经完全转变了他的态度;1929年2月,汪更公开发表宣言:"中国卫生行政最大的障碍就是中医中药,如果不能把中医中药取消,不能算是革命。"后来曾参与中医请愿运动的陈存仁说:"汪精卫想作一个维新人物",并以"废除中医来作为第一炮"[171]。不过,汪主导换医的举动是否绝对不智呢?据上海中医何时希(1915—1997)的论述,当时中医们对陆重用黄芪的治疗主轴颇有微词,甚至讥讽陆为"蒙古医生"[172],此时若不换医,汪将承受来自舆论极大的压力,故其主导换医一事也属情有可原。另外,汪曾致沪电云:"陆为治愈胡适之等病,皆西医亦束手者,最近治张静江病,亦著效。总理初服陆药,脚肿尽消,甚有希望,至第三剂,患腹泻,陆谓药重则不能受,轻则复不能济事,亦告棘手。近由沪同志延周、唐两医,另施他剂,据称事尚可为,并与陆医和衷商榷。"[173]故汪之决定并无不妥,他也没有刻意驱逐陆仲安,汪可能只是希望孙(病人)能拥有多一点治疗上的选择而已。

七、孙的最后时日

总计孙的治疗团队,曾有中、西医,也有按摩、精神疗法的医者。这么多的医疗方式,着实让病人或其左右、家属感到选择的困难。各类医疗方式的代表,竭尽所能地展现其特色疗法,彼此之间又有所冲突与融合。其实葛医在为孙诊治时,仍有唐、周和另一位王姓中医为孙开药服用,这几个人还组成了医疗小组,在饭店内开讨论会,一方面为孙行精神疗法,一方面又让孙服中药;[174]一切看起来都是合作无间,但其实底下却是暗潮汹涌。

陆仲安当时跟旁人说,孙的疾病难治还不在话下,"反对派"又加以攻讦,所以让他觉得心灰意冷。[175]就陆的话来看以及种种资料的排比对照,陆口中的"反对派",可能是指孙身边的西医医疗集团,不断带给他"中医无效"的讯息,这对医者本身就是一种压力;一方面也可能是来自以汪精卫为主飘移不定的意见,认为更换陆医以外的医疗方式或人员比较好,这为主治者带来极大的困扰,也对病人的病情没有帮助。这是一种病急乱投医的举动,而最大的问题在于:我们看不到孙(病患)的主体意见,至少根据报纸所言,孙是比较相信陆医的,但孙的左右,以汪为首的集团,在听取了唐、周两中医的意见,认为陆医在黄耆(芪)、党参的使用量上过多[176],故冷落陆医,改由其他两位中医进行施治[177]。

基于陆的立场,他曾在2月26日发表声明,说明孙文的病很难治,经过前几日的治疗,孙的睡眠、腿肿和精神方面都已好转,但肝硬如前,所以陆正式向大家宣告束手,并强调他用黄耆(芪)、党参并没有错,他也没有阻碍其他中医治疗,一切都不像外界所传言的那样。[178]可见陆所面对的谣言、质疑、攻击是来自各方面的,此时作为孙的主治医生并不是一件好差事,全国的人都眼巴巴地望着你,看你能搞出什么名堂。

3月5日,孙以睡眠尚适而命葛氏停止按摩,但此时孙已是"腹部水分渐增,四肢日呈浮肿之状"[179],事属危殆。有一山东来的医生王纶,极力推荐一种由日本医界新发明的驱癌药剂名"卡而门",是用"沃度"与"海莴苣"合成。王认为此药应属有效,遂替孙注射之。一开始孙的脉搏与呼吸均较注射前有所进步,但克礼则认为不乐观,因为孙的腹水反而渐次增加,并无消退迹象;8日时更出现四肢浮肿、排泄困难的情况,腹部更是"隆起可惊"[180]。后来王亦认为腹水为肝癌末期之兆,药液本身是有效的,但此时已是"药力不敌病势,对症亦无效"。至10日时,已经注射达七次,而水肿仍未消除,反而更加严重，脉搏也增至每分钟125下，王纶只好谢去，而克礼医生也宣告孙病危的消息。[181]

3月11日，孙中山于短暂的清醒中交代了最后的遗嘱，在家人朋友的掩面哭泣下，孙一时气逆，喘息甚急，克礼医生只能以强心剂注射，暂时维持孙的神智；并实施消极的手术治疗，将孙的腹水放出，减轻痛苦。3月12日凌晨，孙已无法将看护妇喂食他喝的麦秕汤和牛乳咽入口中，多流入牙床之外；仅仅在嘴里叨念的，是每一个国人都知悉的"和平、奋斗、救中国"，其实尚有"同志奋斗"与"国民会议"[182]两句：孙仍放不下他的伙伴与革命事业。9点20分，他最后呼唤的人是汪精卫，但已不能清楚发声，于30分时放下了他曾经历的烽火革命，离开人世，也走入历史。[183]

八、小　　结

1949年之后，协和医院已经逐步建立了中西医会诊的制度。[184]然而，1960年代后的协和医院仍保有许多老式规矩，例如中医一旦介入病人的治疗，院方未必协助，而且最后病人若身亡，"死亡证"可是要由中医负全责的。[185]马伯英等人虽然曾提道："孙中山在病危时，中西医并用的态度，是中国人普遍、典型的对待中西医的态度。中西医要在肚子里结合，倒是不用别人来提倡的，尤其是那些慢性病、疑难病、不治之症，西医为之束手，中医尚给一线生机，不作中西医并治，夫复何求？"[186]现今的问题却是，中西医融合共治的时代，真的来临了吗？为何非等到疾病无法收拾时，才去构筑一个中西医共治的美景呢？即使选择了中西医共治，治疗责任又将归谁呢？恐怕一般人心中仅能想到和这段历史相同的地方是：虽延中医诊治，但本来就没有把希望放在绝对"治愈"疾病之上，而是存着既然医院已经宣告绝望，何不抱着"不惜采取任何方法，以延长先生寿命"[187]这样的想法来选择中医，如此则中西医和睦共处的愿景，就无法深入去协商而达到良好合作的模式了。

这段历史只是在中西医融合这条崎岖道路上之一景，但它所呈现出的图像，却值得我们再三反省！医德反映了国家、社会及时代的道德观和医术活动的总和，其核心就是医病关系。[188]像是世界医学会于1981年公布之《里斯本宣言》（病人的权利）就叙述道："除了由法律特别准许，且符合医学伦理原则的特定个案外，不得违反病人的意愿进行诊断措施或治疗。"还有，病人的"文化和价值观都要被尊重"等原则。[189]每个人都会生病，每个人也都有一个病患的观点。孙的特殊身份我们尚且不谈，但是从中西医的隔阂、侍疾诸人意见不合、医生间意见不同而又不断更换医疗方式、医院体系下病人权利受损等，都让我们思考今日大型医院财团化、拼业绩，病人受到的服务在表面上好像更多元化，但医疗品质实际上却下滑了，病人的主体性好像也少有人发出关怀。

关于医疗模式的抉择，亲友的游说绝对是择医方向的一个推动要素，像是汪精卫的作为即一显著之例子。陆仲安委屈的陈说和孙身边人士的角力，都一再显示中西两大医疗集团的角力是如此的严重。雷祥麟对所谓民国时期"够资格的病人"之定义下了很好的注脚：要能"信仰""服从"医生，并要能接受医院作为医疗的主要场地。[190]然而，医生与病人亲友势力的互相交锋，恐怕是破坏此一规则的最大变数。只要病人可以有另类选择，仍存在一丝希望，这种拉锯就会一直存在下去。所以，中西医论争绝对不只是存在于知识分子对国民性的讨论中，也存在于中西医者之间对学理上的讨论，还牵涉病人与亲友间意见的交换与角力，这当是研究中西医论争史时，必须注意的多方视角。

　　历史讨论能突显中西医结合上可能发生的哪些问题？起初有人推荐陆医为孙治病，孙自言其为学医者，他知道中医靠着经验也能把病治好；西医根据科学，有时还会医不好。但西医之于科学，如船之有罗盘；中医根据经验，如船之不用罗盘。用罗盘有时会到不了岸，不用罗盘有时也会到岸，但孙言他仍是相信罗盘的。[191]孙谓中医虽有数千年之历史，加上也有许多中药是外国所未发现者，不过"西医于探明病之原委及其所出之疗治方法"，则比中医要高明许多[192]，这可能是中西医无法整合下的某部分病人之观感。也许大家要思考的是中西医应该如何融合至最佳状态，而非强迫病人一定要选边站，除非病人是自愿的。事实上，侍疾诸人对于中西医诊病的结果，也有一些见解，例如"盖西医对于此病，诊断一致"，至于"中医诊断，则言人人殊，欲求其得一决议，实为至不易之事"[193]。可见当时中西医要求一适当之融合仍属困难。至少孙所言不虚："医学当与其姊妹科学之化学，同予注重"，"盖不如此，不足使其与诊断病症及准备医疗上，臻于更大之精确性也"[194]。中西医各有自己看待疾病的一套方式，这是可以讨论的；但如果一味要求中西医结合，却不去重视诊断与辨别疾病的一致、精确性问题，那么中医说一套、西医说一套，各持己见，可能最后莫衷一是的反而是病人，更不用考虑在用药上面互相冲突，或可以结合中西药物的可行性了。

　　特别的是，除了深宫内院外，传统中医向无会诊制度。明末一位传教士对中医传统的诊疗文化作出细腻的观察。中国人以请医生至病人居处看诊的模式来进行诊疗，当一位医生所开的药方无效，则去请另一位更有名望的医生，即所谓"另请高明"，直到病程结束为止；不论哪一位医生，看过一次以后必当再请，不然那位医生就不再过问病情了。[195]但也许是孙身份特殊的缘故，加上多少有些中医不愿意落后于西医诊疗功效的竞争心态，而让此次中医们的会诊变为可能。然而，中医开药凭借的是自身的经验，而不是科学那套规范，故每个中医所开的药、所说的病因，都不见得相同。孙中山的经历，让我们看到了中医将病案大剌剌地刊载于报纸上，让关心的人品评一番的景象，但实际上后一个医生推翻前一个医生的诊断和用药，恐怕对病人也非好事，又容易招人非议。而且此时中医虽初具会诊雏形，然陆仲安曾交代周树芬，希望他拟一方即可走人；换句话说，陆仍坚持他的医疗主导权，希望"从一而终"云云[196]，这些都是当时中医共同会诊制度无法建立的一大原因。在中医负责治疗的同时，却从未独当一面，孙之病状一有退步，即刻撤换中医；然而，从孙发病到死亡，西医诊断错误何止一次，孙与左右侍疾诸人，却仍相信西医，此间微妙之处，着实发人深省！除了西医有医院、设备、科学、医护制度等现代化产物外，恐怕也和孙（病人）坚信西医科学有关，信仰（中医或西医）将主导着病人对医疗的整体看法，有效时如是，无效时亦若是。

　　孙在医院中的经历，还能给予吾人何种启示呢？古代中医之收费，并不像现代如此规范。医病关系的初结合是基于医者本身的医疗技术与名望，而病人买单主要是依据疗效或与医生的关系来酌量施予，甚至敬送匾额、结彩相送。医生兼开药局，病患拿药材才须按剂量付费，所以售药越多则收入越高，诊所、药局和医生的关系基本上是紧密结合的；故一位俄国人在 1907 年观察到：中国人看中的是大夫的医术，而不是他们的科学。[197] 然而，近代大型西医院的架构与体制相当庞大，医疗器材所费不赀，故医生必须和财团或基金会组织结合，才能维持正常营运。[198] 然而，在公医制度尚未建立的民国初年，X 光的昂贵、西医的会诊制度，普通人是没得享受的[199]，大型医院之创立完全违背了最初中国官员称赞协和医院的建立可以"让中国的穷人能看得起病"[200] 之初衷，这也是一项孙中山在患病中的经历、在那中西医论争之初的絮语所透露出的新医疗缺失吧！

注　释

1　陈西滢：《西滢闲话》，河北教育出版社 1994 年版，第 279—280 页。
2　可参考最早的中西医论争代表作：赵洪钧：《近代中西医论争史》，中西医结合研究会河北分会 1983 年版。近代中医史的核心问题之一是中西医的比较与选择，在由生存危机意识而产生一连串抗争的同时，中医界也围绕着中西医选择的问题，展开了激烈的论争，这些论争构成了近代中医史的主旋律。可参考邓铁涛主编：《中医近代史》，广东高等教育出版社 1999 年版，第 4 章 "中西医论争与维护中医药的抗争运动"；以及邓铁涛、程之范主编：《中国医学通史：近代卷》，人民卫生出版社 2000 年版。
3　《中西医就不能合作，造福病患吗？》，《中国时报》，2003 年 11 月 12 日。
4　陈洛薇：《沈君山治中风，求助中医大》，《中国时报》，2005 年 11 月 21 日。
5　关于医病关系，N. D. Jewson 的研究被认为相当经典。可参考氏著 "The Disappearance of the Sick-man from Medical Cosmology, 1770-1870," *Sociology 10*(1976)，pp.225-244。其他例如：Dorothy Porter & Roy Porter, *Patient's progress: doctors and doctoring in eighteenth-century England*. (Cambridge: Polity Press, 1989)。则以病人的经历与声音为主进行研究。

台湾学者探讨医病关系的研究也同样丰富,以历史学而论,张哲嘉的博士学位论文相当具有开创性意义,文中探讨了包括宫廷的医病关系、太医的医疗文化、中医脉诊与脉案的实用性与文化意涵等层面。可参考 Chang, Che-chia（张哲嘉）. "The Therapeutic Tug of War: The Imperial Physician-patient Relationship in the Era of Empress Dowager Cixi（1874–1908）," Ph. D. Dissertation, University of Pennsylvania, January 1998。陆续的相关著作,也对史料与医病关系之分析、病人（病史）在医疗文化中的领域有所着墨,参考氏著:《清宫医药档案的价值与限制》,《新史学》第 10 卷,1999 年第 2 期,第 173—191 页;《妇女医案的性别论述:以慈禧太后的医案(1880—1881)为例》,《中国史研究》（釜山）,第 20 辑别册,2002 年 10 月,第 169—180 页。还有:《为龙体把脉:名医力钧与光绪帝》,收入黄东兰主编:《身体·心性·权力:新社会史》第 2 辑,浙江人民出版社 2005 年版,第 211—235 页。这篇文章的主人翁之一——力钧,曾在南洋学习西医并执业一段时日,这段过往塑造了他个人独特的医学话语,在与光绪帝沟通时,力钧总是运用中西医混合的理论来解释,其实这正是医病在沟通时的一大考验,这个考验,来自病人（光绪）本身的信仰和医生诊疗话语之间的歧异,这篇文章展现了传统医疗行为中医病关系的一个重要侧面。其次,雷祥麟则对民国时期中医冲突下的医病关系与医疗文化、国家社会权力的角色有深入的研究,最具代表性的医病关系著作,可参考雷祥麟:《负责任的医生与有信仰的病人:中西医论争与医病关系在民国时期的转变》,出自《新史学》第 14 卷 2003 年第 1 期,第 45—96 页。雷的博士论文,也对上述问题有清楚的论述,可一并延伸参考:Sean Hsiang-lin Lei（雷祥麟）, "When Chinese Medicine Encountered the State: 1910–1949." Ph D. University of Chicago. 1999。Neither Donkey nor horse: Medicine in the struggle over China's Modernity（Chicago：University of Chicago Press, 2014）。其他著名的例子,还可参考李尚仁:《从病人的故事到个案病历:西洋医学在十八世纪中到十九世纪末的转折》,《古今论衡》2000 年第 5 期,第 139—146 页。另外,祝平一和邱仲麟也对明清的医病关系有初步的探讨,像是邱仲麟:《医生与病人:明代医病关系与医疗风习》,收入李建民:《从医疗看中国史》,联经 2008 年版,第 253—296 页。以及祝平一《药医不死病,伸度有缘人:明清的医疗市场、医学知识与医病关系》,《"中研院"近代史研究所集刊》第 68 期,2010 年,第 1—50 页。

6　赵洪钧:《近代中西医论争史》,第 118—120 页。
7　孙此次北行的目的即为:"开一国民会议,集全国之实业团体、商会、教育会、大学、各省学生联合会、工会、农会,反对曹、吴各军及各政党等九团体,以解决国内人民生计问题,以废除中外不平等条约,作全国根本上和平统一之图。"详见黄昌谷:《由粤往津记事》,收入孙中山先生国葬纪念委员会编:《哀思录》,文海出版社 1970 年版,第 78—79 页。
8　黄宗汉、王灿炽编:《孙中山与北京》,人民出版社 1996 年版,第 281 页。
9　孙中山先生国葬纪念委员会编:《由粤往津记事》,《哀思录》,第 80 页。
10　孙中山先生国葬纪念委员会编:《驻津养病时代》,《哀思录》,第 89 页。
11　孙中山先生国葬纪念委员会编:《由粤往津记事》,《哀思录》,第 85 页。
12　孙中山先生国葬纪念委员会编:《驻津养病时代》,《哀思录》,第 90 页。
13　黄宗汉、王灿炽编:《孙中山与北京》,第 285—286 页。
14　孙中山先生国葬纪念委员会编:《驻津养病时代》,《哀思录》,第 90—91 页。
15　李荣:《总理病逝前后》,收入王云五等著:《我怎样认识国父孙先生》,传记文学出版社 1965 年版,第 97 页。

16 陈锡祺主编：《孙中山年谱长编》，中华书局 1991 年版，第 3 卷，第 2090 页。
17 罗家伦：《国父年谱》，中国国民党党史史料编纂委员会 1969 年版，下册，第 1169 页。
18 孙中山先生国葬纪念委员会编：《驻津养病时代》，《哀思录》，第 91 页。
19 宋庆龄基金会、中国福利会编：《宋庆龄书信集》，人民出版社 1999 年版，上册，第 48 页。
20 吴相湘：《孙逸仙先生传》，远东图书公司 1982 年版，第 1744—1745 页。
21 孙中山先生国葬纪念委员会编：《北京饭店养病时代》，《哀思录》，第 92 页。
22 鹿锺麟：《孙中山先生北上与逝世前后》，收入民革中央宣传部编：《回忆与怀念：纪念孙中山先生文章选辑》，华夏出版社 1986 年版，第 300 页。
23 孙中山先生国葬纪念委员会编：《北京饭店养病时代》，《哀思录》，第 92—94 页。
24 孙中山先生国葬纪念委员会编：《协和医院之报告》，《哀思录》，第 103 页。
25 罗家伦：《国父年谱》，第 1175 页。
26 陈锡祺主编：《孙中山年谱长编》，第 2107 页。
27 即使在 1930 年代初期，X 光也是既昂贵且稀少之检查器具，据陈存仁（1908—1990）言，30 年代初全上海也只有颜福庆（1882—1970）所主持的红十字会医院有一台而已，私人医生的诊所绝不可能拥有此设备。见陈存仁：《银元时代生活史》，上海人民出版社 2000 年版，第 268 页。其他有关近代 X 光传入中国的实况，可参考杜鹏：《最早接受 X 射线诊视的中国人》，《中国科技史料》第 16 卷 1995 年第 2 期，第 81—83 页。以及王民、邓绍根：《〈万国公报〉与 X 射线知识的传播》，《中国科技史料》第 22 卷 2001 年第 3 期，第 234—237 页。
28 黄宗汉、王灿炽编：《孙中山与北京》，第 329 页。
29 孙中山先生国葬纪念委员会编：《协和医院之报告》，《哀思录》，第 103 页。
30 罗家伦：《国父年谱》，第 1177 页。
31 民革中央宣传部编：《孙中山病危的日子》，《回忆与怀念：纪念孙中山先生文章选辑》，第 314 页。
32 王逸慧之回忆，引自黄宗汉、王灿炽编：《孙中山与北京》，第 348 页。
33 秦孝仪主编：《中医诊断》，《国父全集》第 2 册，近代中国出版社 1989 年版，第 646 页。
34 以上对话，参照陈锡祺主编：《孙中山年谱长编》，第 2111—2112 页。以及秦孝仪主编：《国父全集》第 2 册。
35 黄宗汉、王灿炽编：《孙中山与北京》，第 340 页。
36 嘉约翰在中国除进行医疗传教外，也与中国人编译了不少西医书籍；而经过其外科手术治疗国人共计 48 918 人次，其影响力可见一斑。参考吴相湘：《孙逸仙先生：中华民国国父》第 1 册，文星 1965 年版，第 49、61—62、80 页。有关传教士与近代西医传入的过程，论者已多。与此论有关者，初步可参考王治心：《中国基督教史纲》，文海出版社重刊 1940 年版，第 323—338 页。李素桢、田育诚：《论明清科技文献的输入》，《中国科技史料》第 14 卷，1993 年第 3 期，第 12—20 页。陈永生、张苏萌：《晚清西学文献翻译的特点及出版机构》，《中华医史杂志》第 27 卷，1997 年第 2 期，第 76—81 页。李尚仁：《健康的道德经济：德贞论中国人的生活习惯和卫生》，"中央研究院"历史语言研究所集刊》第 76 本，2005 年第 3 分期，第 467—509 页。高晞：《德贞传：一个英国传教士与晚清医学近代化》，复旦大学出版社 2009 年版，第 27—44 页。
37 秦孝仪主编：《香港西医书院颁发之行医执照》，《国父全集》第 9 册，第 545 页。
38 张其昀：《国父的大学时代》，收入王云五等著：《我怎样认识国父孙先生》，第 203 页。

39 关于孙学医事迹,还可参考刘泽生:《晚清广州博济医院的杰出学生(1855—1900)》,《中华医史杂志》第 29 卷,1999 年第 3 期,第 162—165 页。

40 吴相湘:《孙逸仙先生:中华民国国父》,第 82 页。另外,可参考冯自由:《革命逸史》,台湾商务印书馆 1971 年版,第 15 页;以及高良佐:《总理业医生活史之一页》,《民国日报》(广州),1935 年 10 月 14 日。

41 此言慈善之"急诊",是指"若有意外与夫难产服毒等症,报明危急,无论贫富,俱可立时邀致,设法施救……"而言。见秦孝仪主编:《东西药局广告》,《国父全集》第 9 册,第 546 页。

42 吴相湘:《孙逸仙先生:中华民国国父》,第 83—84 页。有关孙行医之事迹与历程,已有很好的综合论述,可直接参考庄政:《孙中山的大学生涯:拥抱祖国、爱情和书的伟人》,中央日报社 1995 年版,第 57—78 页;以及罗香林:《国父在西医书院研读之景况与日常生活》,收入王云五等著:《我怎样认识国父孙先生》,第 417—423 页。

43 例如孙之革命伙伴陈英士及余建光等患病时,孙就曾经亲自诊疗开方。出自邵元冲:《总理学记》,收入王云五等著:《我怎样认识国父孙先生》,第 145 页。

44 史扶邻(Harold Z. Schiffrin) 原著,邱权政、符致兴译:《孙中山与中国革命的起源》,谷风出版社 1986 年版,第 27 页。

45 庄政:《孙中山的大学生涯:拥抱祖国、爱情和书的伟人》,第 61 页。

46 陈少白口述,许师慎笔记:《兴中会革命史要》,中央文物供应社 1956 年版,第 6—7 页。

47 黄宗汉、王灿炽编:《孙中山与北京》,第 363 页。

48 吴相湘:《孙逸仙先生传》,第 1744 页。有关协和医院名称的历史演变,可参考王治心:《中国基督教史纲》,第 326 页。另外可参考 I. T. 赫德兰著,吴自选、李欣译:《一个美国人眼中的晚清宫廷》,百花文艺出版社 2002 年版,第 96—97 页。

49 王仰清、许映湖标注:《邵元冲日记》,上海人民出版社 1990 年版,第 102 页。

50 李石曾:《中山先生胸襟浩瀚》,收入王云五等著:《我怎样认识国父孙先生》,第 103 页。

51 孙中山先生国葬纪念委员会编:《北京饭店养病时代》《协和医院养病时代》,《哀思录》,第 94—95 页。

52 黄宗汉、王灿炽编:《孙中山与北京》,第 349 页。

53 陈锡祺编:《孙中山年谱长编》,第 2112 页。

54 黄宗汉、王灿炽编:《孙中山与北京》,第 439 页。

55 孙中山先生国葬纪念委员会编:《协和医院养病时代》,《哀思录》,第 95 页。

56 刘嘉湘主编:《现代中医药应用与研究大系:第十四卷:肿瘤科》,上海中医药大学出版社 1996 年版,第 180 页。

57 刘嘉湘主编:《现代中医药应用与研究大系:第十四卷:肿瘤科》,第 162 页。

58 《孙文日益衰弱:体温脉搏时有增减,肝癌终属不治之症》,《晨报》1925 年 2 月 3 日第 2 版,人民出版社 1981 年版。

59 刘嘉湘主编:《现代中医药应用与研究大系:第十四卷:肿瘤科》,第 163 页。

60 单书健、陈子华:《古今名医临症金鉴·肿瘤卷》,中国中医药出版社 1999 年版,"述要",第 1 页。

61 傅维康:《医药文化随笔》,上海古籍出版社 2001 年版,第 69 页。

62 傅维康:《医药文化随笔》,第 71 页。

63 单书健、陈子华:《古今名医临症金鉴·肿瘤卷》,"述要",第 3、7 页。

64 孙中山先生国葬纪念委员会编:《协和医院养病时代》,《哀思录》,第 96 页。
65 上海民国日报馆编:《关于孙中山病状之周君常谈话》,《民国日报》(上海),人民出版社 1981 年版,1925 年 2 月 14 日,第 3 版。
66 上海民国日报馆编:《关于孙中山病状之周君常谈话》,《民国日报》,1925 年 2 月 14 日第 3 版。
67 赵志钧:《孙文介绍名医:孙中山先生刊登的一则广告》,收入民革中央宣传部编:《回忆与怀念:纪念孙中山先生文章选辑》,第 288 页。
68 任卓宣:《国父科学思想》,幼狮文化 1965 年版,第 61 页。
69 孙以调理胃病为考量,常会习惯在晚间吃一小碗燕窝汤。见吴铁城:《忆述总理言行二三事》,收入王云五等著:《我怎样认识国父孙先生》,第 94 页。
70 《中山病状已渐入佳境》,《大公报》(天津) 1925 年 2 月 10 日,人民出版社 1983 年版。
71 《孙文病况仍无变化:中日医生各发表意见,拒绝来宾入视之原因》,《晨报》,1925 年 2 月 17 日第 2 版。
72 《孙中山病势更加沉重:体气更弱,眠食亦减,胸部膨胀》,《大公报》,1925 年 3 月 4 日。
73 黄宗汉、王灿炽编:《孙中山与北京》,第 350 页。
74 《孙文病况仍无变化:中日医生各发表意见,拒绝来宾入视之原因》,《晨报》,1925 年 2 月 17 日第 2 版。
75 《孙先生脉搏降至九十六:惟脚肿未消》,《民国日报》,1925 年 2 月 13 日第 2 版。
76 《孙文病况仍无变化:中日医生各发表意见,拒绝来宾入视之原因》,《晨报》,1925 年 2 月 17 日第 2 版。
77 马堪温:《历史上的医生》,《中华医史杂志》第 16 卷,1986 年第 1 期,第 7 页。最新研究可参考:皮国立:《民国时期上海中医的开业与营生技术》,《科技、医疗与社会》2020 年第 30 期,第 113—161 页。
78 雷祥麟:《负责任的医生与有信仰的病人:中西医论争与医病关系在民国时期的转变》,第 50—52 页。
79 《内经·脉要精微论》载:"黄帝问曰:诊法何如? 岐伯对曰:诊法常以平旦,阴气未动,阳气未散,饮食未进,经脉未盛,络脉调匀,气血未乱,故乃可诊有过之脉。切脉动静而视精明,察五色,观五脏有余不足,六腑强弱,形之盛衰,以此参伍,决死生之分。"《内经·三部九候论》载:"故人有三部,部有三候,以决死生,以处百病,以调虚实,而除邪疾。"等等,都是借诊脉以探察精与气,来对人的死或生做一个判断之标准。详见傅贞亮、高光震等人主编:《黄帝内经素问析义》,宁夏人民出版社 1997 年版,第 247、318—319 页。另外可以参照吴国定(氏著:《内经诊断学》,昭人出版社 1998 年版,第 433—442 页) 的系统归纳。
80 Nathan Sivin, "Ailment and Cure Traditional China," 引自雷祥麟:《负责任的医生与有信仰的病人:中西医论争与医病关系在民国时期的转变》,第 63 页。
81 可参考黄克武:《从申报医药广告看民初上海的医疗文化与社会生活》,收入《"中研院"近代史研究所集刊》17 期下(1988),第 141—194 页。
82 即西方医学宇宙论(medical cosmology) 中由"个体"到"物"之研究转变。详参 N. D. Jewson, " The Disappearance of the Sick-man from Medical Cosmology, 1770 - 1870," *Sociology 10*(1976), pp. 225-244。以及李尚仁《从病人的故事到个案病历:西洋医学在十八世纪中到十九世纪末的转折》(第 139—146 页) 的讨论。

83　Bridie Andrews, "Tuberculosis and the Assimilation of Germ Theory in China," in *Journal of the History of Medicine and Allied Sciences 52*(1997), pp. 114-155.
84　《孙文日益衰弱：体温脉搏时有增减，肝癌终属不治之症》，《晨报》，1925年2月3日第2版。
85　《孙中山先生病体无恙》，《民国日报》，1925年1月28日第2版。
86　出自《孙中山入医院后之经过详情》，《大公报》，1925年2月5日。
87　陈锡祺编：《孙中山年谱长编》，第2114页。
88　《孙文不服中药：西医用镭锭疗法止痛，要试中药即须出院》，《晨报》，1925年2月5日第2版。
89　《孙文病况仍无变化：中日医生各发表意见，拒绝来宾入视之原因》，《晨报》，1925年2月17日第2版。
90　《孙中山已试用镭锭母治疗：映照后结果甚佳》，《大公报》，1925年2月12日。
91　《孙中山病状已有起色》，《大公报》，1925年2月7日。
92　《孙文浮肿尚未消：昨招其幼孙至病榻自慰》，《晨报》，1925年2月12日第2版。
93　孙中山先生国葬纪念委员会编：《协和医院养病时代》，《哀思录》，第97页。
94　以上见孙中山先生国葬纪念委员会编：《协和医院之报告》，《哀思录》，第107页。
95　罗家伦：《国父年谱》，第1184页。
96　《孙中山病况尚无甚变化：中药亦不过减少痛苦而已》，《大公报》，1925年2月27日。
97　王仰清、许映湖标注：《邵元冲日记》，第115页。
98　黄宗汉、王灿炽编：《孙中山与北京》，第365页。
99　《见人流泪之孙文：二夜人忽烦躁，三晨神又清晰，医生禁止见客》，《晨报》，1925年2月4日第2版。
100　《全日睡眠中之孙文：中医虑立春节不能过，西医注射吗啡针维持》，《晨报》，1925年2月2日第2版。
101　黄宗汉、王灿炽编：《孙中山与北京》，第362页。
102　陈锡祺编：《孙中山年谱长编》，第2115—2116页。
103　何时希：《陆仲安与孙中山之死》，《近代医林轶事》，上海中医药大学出版社1997年版，第154页。
104　陈锡祺编：《孙中山年谱长编》，第2117页。
105　黄宗汉、王灿炽编：《孙中山与北京》，第363页。
106　引自黄宗汉、王灿炽编：《孙中山与北京》，第363页。
107　可直接参考〔明〕姚可成汇辑，达美君、楼绍来点校：《食物本草》，人民卫生出版社1994年版。
108　不可否认的是，孙本身就是一位"熟练的外科医生"。引自陈锡祺：《关于孙中山的大学时代》，收入中山大学学报编辑部编：《孙中山研究论丛》第1集，中山大学学报编辑部1983年版，第6、7页。
109　马伯英、高晞等著：《中外医学文化交流史：中外医学跨文化传通》，文汇出版社1993年版，第546页。
110　《孙先生割治处已平复》，《民国日报》（上海），1925年1月31日第3版。
111　《中山先生病状之济闻》，《民国日报》（上海），1925年2月9日第6版。
112　汤尔和，原名蘷，字调鼎，又字尔和，浙江杭州人。曾于1907年留学日本，入金泽医科专门学校,毕业后复入德国柏林大学学医。1910年回国后担任谘议局谘议。曾任浙江病院副院长与内科医生,并兼任浙江高等学堂校医。另外曾任北京医学专门学校校长、协和医院干事会学术部主任、中华民国医药学会会长等职,著作有《组织学》《生物学精义》《精神病学》《寄生虫病学》等,西医资历丰富。详见徐有春主编:《民国人物大辞典》,河北人民出版社1991年版,第1188页。

113 汪精卫,名兆铭,字季新。原籍浙江山阴(今绍兴),生于广东番禺,曾任国民政府多项要职,也是孙中山早年的得力助手之一。详见李盛平主编:《中国近现代人名大辞典》,中国国际广播出版社1989年版,第330页。

114 王治心:《中国基督教史纲》,第332页。

115 宋国宾:《领事裁判权与中国新医界》,《医药评论》第9卷,1937年第5期(总第149期),第1页。

116 从此时的客观情况来看,不难体会研究中国近现代医学史学者们的民族主义情绪,或多或少地将展现在研究之中的状态。例如"西方帝国主义者,出于殖民主义的需要,造就服从于他们的知识干部和愚弄中国人民"等主观言论。见杨医业主编:《中国医学史》,河北科学技术出版社1996年版,第165—166页。可参考拙著:《近代中医的身体观与思想转型:唐宗海与中西医汇通时代》,生活·读书·新知三联书店2008年版,绪论部分。

117 可参看《近代中医的身体观与思想转型:唐宗海与中西医汇通时代》,特别是3、4章。

118 引自赵洪钧:《近代中西医论争史》,第3章第6节"孙中山和中西医之争",第118—120页。

119 以上看法见汤尔和:《关于孙中山病状的疑问》,刊载于《晨报》,1925年2月7日,第2版。

120 汪精卫:《汪精卫为孙先生病答汤尔和》,收入上海民国日报馆编:《民国日报》,1925年2月12日第6版。

121 陈锡祺编:《孙中山年谱长编》,第2119页。

122 黄宗汉、王灿炽编:《孙中山与北京》,第362页。

123 黄宗汉、王灿炽编:《孙中山与北京》,第382页。

124 《北京通信:中山经过镭锭治疗后将改就中医》,《申报》,上海书店出版社1982—1987年版,1925年2月12日,第2张。

125 《国父抱病北上及逝世经过》,《春秋杂志》第14卷,1971年第3期,第3页。

126 《北京通信:中山经过镭锭治疗后将改就中医》,《申报》,1925年2月15日第2版。

127 《危在旦夕之孙文:段祺瑞特赠医费两万元》,《晨报》,1925年2月27日第2版。

128 Ralph C. Croizier, *Traditional medicine in modern China: science, nationalism, and the tensions of cultural change*.(Cambridge: Harvard University Press, 1968), pp. 118–120.

129 孙中山先生国葬纪念委员会编:《协和医院养病时代》,《哀思录》,第97页。

130 吴相湘:《孙逸仙先生传》,第1746页。

131 《年谱》内记载孙"为安慰家属计"而态度有所软化。见罗家伦:《国父年谱》,第1177页。

132 田桓:《孙中山病危的日子》,收入民革中央宣传部编:《回忆与怀念:纪念孙中山先生文章选辑》,第316页。

133 当然,我们必须考虑孙的特殊身份问题,他不是一般病人。然而一般民众呢?他们可能连住院的钱都没有,单是看中医或西医倒还可以承受,有些人甚至一直处于更换医生的状态。例如近代一位女性西医说道:"毫无疑问,中国人对西医并不排斥,但有时也很有意思,他们往往要回到自己那种传统的中医治疗上去。"所以不论中西医如何分别彼此,病人仍会依据自己的需求来择医。详见 I. T. 赫德兰著，吴自选、李欣译：《一个美国人眼中的晚清宫廷》，第 158 页。
134 何时希：《陆仲安与孙中山之死》，《近代医林轶事》，第 153 页。
135 《孙文不服中药：西医用镭锭疗法止痛，要试中药即须出院》，《晨报》，1925 年 2 月 5 日第 2 版。
136 黄宗汉、王灿炽编：《孙中山与北京》，第 366 页。
137 陈锡祺编：《孙中山年谱长编》，第 2117 页。
138 《北京通信：中山经过镭锭治疗后将改就中医》，《申报》，1925 年 2 月 15 日，第 2 版。
139 《孙中山迁出协和医院之情形：孙夫人主延中医诊治》，《大公报》，1925 年 2 月 24 日。
140 陆仲安（1882—1949）是于孙最终时日为其诊治最著名的中医。有关其生平及治愈胡适宿疾的经过与历程，可参考何时希：《"陆黄芪"治愈胡适》，《近代医林轶事》，第 148—152 页。
141 黄宗汉、王灿炽编：《孙中山与北京》，第 379 页。
142 有关这段史事，祖述宪有另外完全不同的看法。可直接参看氏著：《胡适对中医究竟持什么态度》，《中国科技史料》第 22 卷，2001 年第 1 期，第 11—25 页。
143 陈锡祺编：《孙中山年谱长编》，第 2120—2121 页。
144 何时希：《近代医林轶事》，第 150—151、159—160 页。
145 黄宗汉、王灿炽编：《孙中山与北京》，第 378 页。
146 田桓：《孙中山病危的日子》，收入民革中央宣传部编：《回忆与怀念：纪念孙中山先生文章选辑》，第 316 页。
147 《孙先生改延中医诊治》，《民国日报》，1925 年 2 月 20 日，第 2 版。
148 《孙中山出院改服中药以后：胃口较前增健》，《大公报》，1925 年 2 月 25 日，第 2 版。
149 黄宗汉、王灿炽编：《孙中山与北京》，第 380 页。
150 黄宗汉、王灿炽编：《孙中山与北京》，第 381 页。
151 孙中山先生国葬纪念委员会编：《克礼医生之报告》，《哀思录》，第 109 页。
152 孙中山先生国葬纪念委员会编：《铁狮子胡同养病时代》，《哀思录》，第 98 页。
153 黄宗汉、王灿炽编：《孙中山与北京》，第 382 页。
154 孙中山先生国葬纪念委员会编：《克礼医生之报告》，《哀思录》，第 110 页。以及黄宗汉、王灿炽编：《孙中山与北京》，第 383 页。
155 《孙先生参用中西医》，《民国日报》，1925 年 2 月 22 日，第 2 版。
156 引自黄宗汉、王灿炽编：《孙中山与北京》，第 383 页。
157 陆所开之脉案与方药如下："惊惶忿怒，都伤肝经，血沸气滞，淤浊闭阻，转为肝硬，由硬而痟，日久成脓，日降之机失度，气血因之大耗，是以神倦食少，足肿消瘦，舌干苔脱，脉象洪数，按之无根。《内经》以肝为将军之官，相火内寄，得真水以涵濡，真气以制伏，庶可奏效。仅拟方于后，候酌：（药方）略。"详见包世杰记载，马长林编选：《孙中山逝世前病情史料选》，《历史档案》1986 年第 2 期，第 12 页。
158 包世杰记载，马长林编选：《孙中山逝世前病情史料选》，第 12 页。
159 《孙中山病况尚无甚变化：中药亦不过减少痛苦而已》，《大公报》，1925 年 2 月 27 日。
160 孙中山先生国葬纪念委员会编：《铁狮子胡同养病时代》，《哀思录》，第 99 页。
161 孙中山先生国葬纪念委员会编：《铁狮子胡同养病时代》，《哀思录》，第 99 页。
162 陈锡祺编：《孙中山年谱长编》，第 2125 页。

163 章念驰著:《我的祖父章太炎》,上海人民出版社2011年版,第298页。
164 罗家伦:《国父年谱》,第1193、1194页。
165 《孙文停服中药》,《晨报》,1925年3月1日,第3版。
166 据马永桢回忆,当时治疗孙中山之名中医尚有施今墨(1881—1969)一人。详见氏著:《中山先生逝世前后的片段回忆》,收入民革中央宣传部编:《回忆与怀念:纪念孙中山先生文章选辑》,第322页。
167 以上诸事见田桓:《孙中山病危的日子》,收入民革中央宣传部编:《回忆与怀念:纪念孙中山先生文章选辑》,第316—317页。
168 陈锡祺编:《孙中山年谱长编》,第2121页。有关汪精卫在此时的表现及对日后行事之影响,可参考李国祁:《民国史论集》,南天书局1990年版,第413—458页。
169 《孙中山病况尚无甚变化:中药亦不过减少痛苦而已》,《大公报》,1925年2月27日。
170 《汪精卫先生答客问:总理服中药之原因与经过》,《民国日报》,1925年3月3日,第3版。
171 陈存仁:《抗战时代生活史》,第60—61页。
172 旧称喜欢用猛药的医生为"蒙古医生"。而何时希说:"陆氏对黄芪自有其经验,补气可以帮助膀胱气化,气以化水消肿。但大量黄芪之浓度,胃能接受而消化乎?"见氏著:《"陆黄芪"治愈胡适》,《近代医林轶事》,第156、159页。
173 包世杰记载,马长林编选:《孙中山逝世前病情史料选》,第13页。
174 《中西药杂投之孙文病势:又用精神治疗法》,《晨报》,1925年2月28日第4版。
175 王仰清、许映湖标注:《邵元冲日记》,第122页。
176 《孙中山又停服中药改服西药:医院迁出后诊治之经过》,《大公报》,1925年3月6日。
177 《孙中山病势更加沉重:体气更弱,眠食亦减,胸部膨胀》,《大公报》,1925年3月4日。
178 《孙文病中医亦束手矣:唐周合方已服,胸部肿胀益甚》,《晨报》,1925年2月26日第2版。
179 孙中山先生国葬纪念委员会编:《铁狮子胡同养病时代》,《哀思录》,第99页。
180 包世杰记载,马长林编选:《孙中山逝世前病情史料选》,《历史档案》第2期,第14页。
181 孙中山先生国葬纪念委员会编:《铁狮子胡同养病时代》,《哀思录》,第99—100页。
182 事出陈锡祺编:《孙中山年谱长编》,第2133页。
183 包世杰记载,马长林编选:《孙中山逝世前病情史料选》,第14页。
184 《中西医就不能合作,造福病患吗?》,《中国时报》,2003年11月12日。
185 何时希:《陆仲安与孙中山之死》,《近代医林轶事》,第153—155页。
186 马伯英、高晞等著:《中外医学文化交流史:中外医学跨文化传通》,第546页。
187 罗家伦:《国父年谱》,第1188页。
188 马堪温:《历史上的医生》,《中华医史杂志》第16卷,1986年第1期,第7页。
189 王国裕:《医疗问题面面观:风云对话》,健康世界杂志社1998年版,第170—171页。
190 雷祥麟:《负责任的医生与有信仰的病人:中西医论争与医病关系在民国时期的转变》,第80—81页。
191 蒋梦麟:《追忆孙中山先生》,收入尚明轩、王学庄、陈崧编:《孙中山生平事业追忆录》,人民出版社1986年版,第819页。
192 《中山病状已渐入佳境》,《大公报》,1925年2月10日。
193 《孙文病中医亦束手矣:唐周合方已服,胸部肿胀益甚》,《晨报》,1925年2月26日第2版。
194 引自中山大学学报编辑部编:《关于孙中山的大学时代》,《孙中山研究论丛》,第15页。

195 曾德昭著，何高济译：《大中国志》，上海古籍出版社 1998 年版，第 68—70 页。
196 何时希：《陆仲安与孙中山之死》，《近代医林轶事》，第 157 页。
197 米·瓦·阿列克谢耶夫（Alekseev, Vasilii Mikhailovich, 1881—1951）著，阎国栋译：《1907 年中国纪行》，云南人民出版社 2001 年版，第 159 页。
198 以上见解出自王尔敏：《上海仁剂医院史略》，收入林治平主编：《基督教与中国现代化国际学术研讨会》，宇宙光出版社 1994 年版，第 419 页。
199 陈邦贤（1889—1976）说："一般的医生很难请教，因为医生大半是敲竹杠的""一般医生为利是尚"，抗战以后，情况更是显著。详见陈邦贤：《模范的医生》，《自勉斋随笔》，上海书店出版社 1997 年版，第 137 页。
200 出自 I. T. 赫德兰著，吴自选、李欣译：《一个美国人眼中的晚清宫廷》，第 97 页。

叁
"国医"的诞生：中国医学之近代转型与再造

一、前　言

　　孙中山、汪精卫或汤尔和等人所认为"不科学"的中医，其实在近代已经历不少变革和挑战，它所遭受的冲击与自身的转型，有必要在这章略作梳理。为了不使这样的分析流于泛泛之论，本章借由探讨"国医"一词的诞生史，以期更深入地思索近代中医的"变"与"常"。1876年《格致汇编》中的一篇文章，说明了医学发展的时代动向。其记载到："中西之学无不可通。前人所已通者，为算学而已。异日者傅（兰雅）、赵（元益）两君将西医诸书译成，而会通之，则中国医学必有突过前人者，余将拭目视之。"[1]这已经预言"中西医融合会通"将会是新医学的时代思潮[2]，而且经过融合后的中国医学将会精进不已。在将近六十年之后，谢观（1880—1950）在1935年出版了《中国医学源流论》，他说："中西汇通自为今后医家之大业。然其人必深通西洋医术而又真能读中国之医书。"[3]谢同样也对"中西医汇通"充满了乐观的心理，不过，如果从中国中心观来思考这样的转变,从前期的"译书"到后来必须"深通西洋医术",这中间对西医知识掌握之要求,显然是日益加深。

如果我们一路往下看,就会很自然地想起毛泽东(1893—1976)在1958年所揭示的原则:"中国医药学是一个伟大的宝库,应当努力发掘,加以提高。"[4]中医界被视为是这整个"中西医汇通史"潮流的高点,历史发展的必然结果。然而,中医学在近代的转型可谓跌跌撞撞、筚路蓝缕,绝不仅是"中西汇通"、放开心胸接纳近代科学等几语所能简略带过的。个人曾于《医通中西:唐宗海与近代中医危机》的结论中,指出中医在近代的转型过程中碰上了"中与西"与"古与今"历史文化之间的对向冲突而产生之"二重现代性难题"[5],当初思索的这个难题,今日颇觉粗疏,应该有必要就专门的领域再进一步梳理。

由于近代医史所牵涉的范围很广、资料也比较复杂,所以吾人必须订出一有效之合理的分析主轴与时代断限。和广州中山大学的桑兵先生聊到这个问题时,他谈到一个有趣的现象:

> 清季民初,变化即进化的观念逐渐流行,并影响后来研究者的思维。同时,也出现了反弹,重新思考西方冲击下本位的价值与走向,国学、国画、国语、国医、国术(技)、国乐、国服、国剧、国仪(礼)等一系列国字型大小概念的产生,以及围绕这些概念及其事物的争议,凸显了世界一体化进程中,东亚文明在那一时期的挣扎与尴尬,也预示了文化多样性存在的价值与意义。[6]

故"国医"一词实带有一种中医在当时的文化多样性与各种综合价值的集合体。若谈到"国医",已有不少学者注意到其形成的要素与变化的历史,例如早期郭适(Ralph C. Croizier)偏重于文化的解读[7],魏嘉宏则透过中医团体之抗争与国民政府确立法案的过程来梳理中医的"国医化"历程[8],雷祥麟则补充中医团体致力于获得国家所赋予的权力,最终逃过了被废的命运之观点[9]。其他还有不少著作都谈到"国医"这段历史,都给予吾人一个坚实的研究基础。[10]比较可惜的是,纯粹从传统中医界内部所发出的各种言论与思想,却常被"西化"力量所掩盖,使我们听不到来自中医内部的声音。本章即希望挖掘这些史料,以增添既有研究的多元性。基本上,"国医"一词可能生成于1920年代后期,而正式在1929年起被抗争的医药团体纳入"正名"运动的一环,渐渐成为被认同的一个名词。[11]不过,仅作这样的解读是不够的,因为"国医"一词所包含的面向很广,何况"国医"一词本身就牵涉中医学自身的改革,它促使我们去思考民国医史的发展,在科学化、西医化的历程中,中医自身进行了一些什么样的改变?遭受这么大的冲击,为何中医能够生存下来,这是一个要回答的问题。而不是在探讨中医学了西医多少,反而应该倒过来问,中医保存多少,而能生存下来。

另外,医学不但是学理上的争论,更是国家、社会与群体必须重视的大事。故焦易堂指出:"医药问题,不单是医药之本身的问题。医药的对象是民众的疾病,所以他亦是全国的社会问题,希望全国民众更给予深切的注意。"[12]故本章也将着重探究国医在新国家中所扮演的角色与他们为何必须转变的因素。当国医进行一连串的努力与改良时,是否能借由这些历程,以及针对国医改革这件事之正、反两方的言论来相互比较,检讨"国医"概念形成之过程内,中国医学转型的得失和成败呢?这些集中在1926至1936年的中国医界运动,不管是科学化、汇通中西医还是向国家权力靠拢等方针,真的是可行的改革方向吗?对这些问题有必要再进行整理与解释,并对一些既有研究成果之看法略作补充、提出新解释。本章希望能达到这个目的。

二、重省中西医汇通史:正视中西差异

如何可能较清晰地理解近代中医史呢?自唐宗海(1847—1897)率先提出"中西医汇通"后,中医界就从未表现出全然排拒西医的本位思想,像是张锡纯(1860—1933)更以中西医药并用著称[13],可见中医积极采用西医学理,甚至治疗方式的企图。但是,西医并不满足于"和平共存",而且,南京国民政府内确实有一批人反对中医,这才让中医界不得不做一些改变。[14]根据李经纬的研究,他认为1920年之后,医界思潮主要以"废止中医""中医科学化""保存中医"最为盛行,言"汇通"者已不多见。汇通主要还是见于清末至1920年这段期间。[15]由此可知,1920年代之后是关键的年代,开门见山地说,这个时期可说是中医"转向内在",思考自身学术定位与范畴之本位主义兴起的时刻。

仅凭这样概括的假设是不够的,而且中医为什么开始转型?它出现了哪些变化?必须还要加以说明。在中西医汇通史之外,今后也必须注意中医界看到了哪些中西汇通的"不利因素",或是中医的特殊性,无法和西医"汇通"的条件等。首先,中西医学属于不同的思

想、哲学体系[16]，这是许多医家或知识分子都注意到的地方。例如张锡纯在 1928 年指出："近阅医学志报，多有谓哲学可累医学之进步者，其人盖不知哲学作何用，并不知医学所由昉也。……此《内经》既为黄帝讲明医学之书，而必以哲学开其端，诚以哲学者保生之学也。人必先能自保其身，而后能代人保其身。"[17]中国医学本身就是一种保身哲学，这种学问依赖的正是古典的哲学思想。而近代著名哲学家梁漱溟（1893—1988）更指出：西方喜"新"，而东方"好古"；西方文化以"向前为根本精神"，而中国则以"意欲自为调和折衷为其根本精神"[18]。也就是说，调和外来文化在中国是可行的，但中国与西方文化发展的方向毕竟不完全相同，这是以思想文化特殊性来立论。而中国的哲学与西方的科学，恰好对比出中西两文化各自不同的特色，张锡纯就指出：

> 当时西人虽重科学，而其一二明哲之士，亦间悟欲求科学之登峰造极，亦必须辅以哲学。是以先总理有言谓："诸君都知道世界上学问最好是德国，但是德国现在研究学问的人，还要研究中国的哲学，去补救他们科学之偏。"先总理之言如此，岂犹不足凭信乎。由斯观之，吾中华哲学之文明，数世后将遍行于群国，则全球受哲学之陶融，世界已登于大同矣。[19]

此处相当特别，张强调中华民族思维的特质，并援引孙中山的言论来说明自身文化的价值，显然是在凸显中西不同之处。但孙中山不信中医，所以张氏此言所引据，不过仅得一偏，必须全盘观照，才知民初中医之困境。这只是一种想法，更明显的中西区隔还在于种族与天性的差异，例如李寿芝于《医界春秋》上发表的一篇文章，指出：

> 据我的观察，是他们（指中西医）入手的途径不同。这个途径，或是本于东西两方民族天性的。东方民族，一囊嗜好善戒杀，专讲什么因果阴德，就是悬壶行道，也说是"半积阴功半养生"。他胸中慈悲为本，道德为怀，心是细的、胆是小的，不涉怪诞，专务清高，所以得的学问，是天天在明窗净几中理想出来的。这种医学的结晶，是精神的、是自然的。西方的民族，杀伐好奇，是他的特性，无论什么，总要追个实质来，就如一个炉子蒸汽响了，瓦特要左思右想；一个苹果落在地上，牛顿要揣摩推测。总算他们是天之骄子，结果被他们宣泄了不少神奇的天秘。所以医学一道，（西医）就也不惜以宰割尸体为能事。[20]

中、西民族之天性淬炼出各个民族思考事物的方式，而生长孕育于其中的医学发展，当然也是不同的体系。除了思考外，身体的归纳也是中西有别，基于中西民族、体格所发展出来的两套医疗体系，也不能硬套在一个框架中。例如陈阶云指出："中医与西医，名既不同，自当各用各法、各用各药，以求名副其实。窃又以为不然，夫信如斯言，以中西名称有区别，而必须中是中、西是西，各清界限，不许假借，则我中国人学医，只可学中医矣；我中国人服药，只可服中药矣。何以不禁中人不得学西医服西药，而独禁中医不得参西法而用西药耶？"[21]虽然张锡纯善于并用中西药，但此处陈氏反倒提出中国人较适用中药，显然开始重视中医对国人的价值在何处。

以上所举，不过是较明显的言论，举其荦荦之大者而已。但是尽管中西文化在"文明""思维""种族",以及"身体"等方面皆有不同之处[22],在 1929 年废中医风潮以前,仍有不少学者主张汇通中西医;不过,随着"中西不同"的比较渐渐多起来,原来建构在自身传统文化上之国粹内的医学,也渐渐开始画出界线,和西医慢慢地进行切割。但,这种状态并没有维持多久。

三、国医建构之初:国学与国粹之形象

中医不仅是实用的医学科目而已,在近代中国,它更代表一种传统学术与身体文化的集体认同。当西风东渐日益加深,中医所依存的东西也从医学的本体转移到了文化上的诉求,希望能和"国粹"放在一起,以传统之基石力抗新潮之西风。

中医与国粹放在一起论述的起源相当早,李经纬早期已指出,清末民初医界就已有"国粹保存论"了,例如 1909 年朱啸云在《论太医院不宜改用西医》中谈道:"今日中医知识渐开,各处医会医报之发达,势力磅礴,凡所以奔走呼号,舌敝唇焦者,无非为发明医学,慎重生命,保存国粹而已。故采取西法以表彰中学则可,尽弃中学而唯学西学则不可,而况于用西医乎?"此段话即非常明确地表述了国粹保存论者对待西医学的态度。[23] 当时氛围是将中国传统的学术都视为国粹,而医学也归纳在内。另外,蔡小香(1862—1912)于 1910 年为《医学报》所作的《发刊词》中,表述得更为明白,他说:

天演之源,导于物竞,物竞之极,终于天演。东西之士皆守

积极的主义，事事欲今胜于古，故有古人有今人，此进化之机转也。中国之士，皆守消极的主义，事事谓今不如古，故有古人无今人，此退化之现象也。以进化与退化相竞，退化者不得为天演所淘汰？……由是以往，下逮于今，为西医全盛，汉医式微时代，一盛一衰，天渊相判。缅彼扶桑，可为殷鉴。今吾国当新旧交哄之际，诚宜淬砺精神，冒险进取，纳西方之鸿宝，保东国之粹言。[24]

当时由于"今胜于古"的普遍认知，衍生了中医可能灭亡的担忧。而此时"纳西方之鸿宝"，是拯救中医的一种好方式。另外，1914年张识孙在《中医救亡刍言》中指出："自泰西医学输入中华，其初国人昧于世界之观念，庞然自大，用夷变夏，悬为厉禁，故教会医院虽遍布各行省，而问津者寥若星辰焉。自戊戌新政，新学渐露萌芽，迄至近世，民智勃起，科学昌明，而中西医学之优劣，判若天渊，昭然若揭，于是谋改良者有人，谋会通者有人，兴医报立医会者又有人，惶惶汲汲，不可终日。要其宗旨，不外保存国粹，提倡宗风。"[25]此时"谋改良"还是"谋会通"，这些人基本的心态与动机都在保存国粹。可以看出，此时所谓的"国粹"之内涵，并不排拒学习西医（西学），此时正是民初中西汇通风潮的当下，丁福保（1874—1952）也曾用"医界国粹"这样的名词来呼吁医者必须面朝西方之长。[26]这时"国医"一词连用并没有出现，但中国医学和国粹概念的结合，显然可以视为"国医"成形的初期雏形；而这时学习西医的方向虽已被提出，但有时看来像是口号，谈论多于实际。

探索医者思想或医学之发展，不能忽略当时的文化思潮。五四运动展开后,旧文化、旧思想被贴上落后的标签,中医过往与"国粹""国故"联结的形象,在这个时候开始成为箭靶子。像是胡适就从国粹本身的价值开始质疑起,而鲁迅(1881—1936)更加犀利,因为他要根本地将国粹连根刨起,读者可参阅本书之论。"西化派"知识分子已使中医没有任何"折衷"的余地存在,这时中医界已经渐渐感到"被废"的压力了。大体经过这样的时代冲击后,原本中医与国粹的结合,开始渐渐与西学画出明确界线,中医界也对西医的防卫心更加强烈。约在20年代中后期,"国医"论述从早期单纯的、可以中西兼容并包的概念中缓缓脱出,这种结合文化的国粹论而出现的"国医"论述,显然开始区分中西医,与前述一切民族、身体、思想等要素,皆成为中西医分界的标准,新的"国医"一词,于焉出现。例如张赞臣(1904—1993)提到"国医的责任",就是要"保存国脉",不受外力欺负。[27]或是指出:"少数留日等回国西医受帝国主义之熏陶,不能体察国民医药上之需要。又不知斟酌国人之体格而有所变通。"[28]可视为此转向的显例。这时以国家与民族的界线来划分中西医的想法,可能和孙中山的死(1925)至蒋北伐统一全中国的几个事件,所造成的国内政治气氛有所关联。[29]以孙中山之民族、民生主义内之元素作为号召,来唤醒中国民众,是1925年后中国政治思想的一个特殊现象。[30]其实,在思想、文化界,这种政治神话图腾的操作,也无所不在。至于蒋以孙中山的继承人自居,使得三民主义与孙中山思想迅速成为国民党为主导的政府所奉行的中心思想;其中,"国医"即紧紧地抓住民族主义这一要目加以发挥,例如王一仁发表《三民主义与中国医药》,痛陈中国受到侵略,民族意志消沉,而今日则有中医受西医之政治、经济压迫,必须"恢复民族自信之精神",确实重视中医发展,如是齐头并进,则三民主义完成之日,也就是中医蒸蒸日上之时。³¹ 祝味菊(1884—1951)则言:"你想现在国民政府执政的人,哪个不是三民主义的信徒?"接着说:"社会信仰中医的理由,实在是中山先生说的,中国有一种极好道德是爱和平,中医治法和平,愈病的成绩又不亚于西医。"[32]这也是"国医"抓住国家思想方略的一种展现,孙中山一跃而成为中医文化的代言人。

而在这样的转变中,尤为重要的就是国医对自身学术的肯定,陈阶云谈道:"今日西药中调经之 Cumenol,即中药中之当归也;驱虫之 Macnin,即中药之鹧鸪菜也;止咳祛痰之 Aqua-Laurocer, Cxtract platycodon Grandiflorus Fluidus 即中药之杏仁、桔梗也。诸如此类,中药之被西国采用者,不胜枚举。禁此而不禁彼,岂得谓之乎乎。"[33]此语即彰显中医药主体之价值,恰可呼应上述思想变迁之动态。而中医许半龙(1898—1939)更加明确指出"国学"与"中国之学术"中"医学"的看法。缘于1927年第四中山大学《行政周报》公布所谓大学教员资格条例,助教和讲师必须符合"于国学上有研究者";副教授更必须符合"于国学上有特殊之研究者"。据此,许谈到这是"中国学术界之曙光也"。他回忆到章炳麟(1869—1936)在沪演讲时解释说:"'国学'则标'经学、文学、哲学'三者为纲。其义不相出入;谈'国学'者每引之以相告,特不知章氏之所举,实有不能尽之耳!盖所谓'国学'者,'中国之学术'也。所有'中医'、'中药'之学,亦在其范围之内,界说既广,而收纳之资料始见我国学术之博矣。然考全国之医大,及医学院,其能略知中医者,已不多见。何云研究!何云贡献!更何云特殊之贡献!"[34]这样的例子,明确将国医与国学结合在一起,这样的倾向一直延续到后来,都没有消失。

傅斯年（1896—1950）则对中医抱着"悠久传统"的心态大不以为然。这位新学大师，本着对"国故"的厌恶[35]，在30年代初期对中医的批评是相当著名的。在他心中，"整理国故"和"输入新知"是对立的。他说："中医病理，只是引些书名，乞灵于中世纪的权威，而曰'考国医历代研究病理诊断药物的书，真是汗牛充栋'。其实西洋的医书若自埃及、希腊算起，更是汗牛充栋。不过这些都在近代医学的光天化日之下，退位让贤，只保持'历史的兴趣'耳。"[36]大抵国医与历史文化的意涵结合，绝非反中医者所乐见，故谓："西医的维新派，未曾研究国粹的究竟，只知道说中医不是科学的，反对它虚无缥缈、信口胡言。"[37]可见国粹与科学是不相容的，这时"国医"还未急于要采用科学，只是保持某种程度之开放心胸而已，实际上，此时国医仅为永续经营而汇通西医，故言："法既有短长，不善者自应改革。药无分彼此，有效者皆当备用。采取新智识，保存旧国粹，参而合之，媾而通之，以期中国医学，早达上乘，而为全世界冠，上以增国家无限之荣，下以应人民无穷之疾。"[38]可见当时中医界学习西医理论之皮毛，仅是为了保存中国医学着想，仍看不出"国医"想方设法在"上以增国家无限之荣，下以应人民无穷之疾"这样单独存在于新国家的价值上，将采取科学化的积极态度与擘画。

四、国医转型的关键年代

1929年余岩（1879—1954）提出的"废止中医案"（以下称废医案），是一次中国医界的重大革命，而这一事件对中医本身转型力量之蓄积，显然具有重大意义。大抵在经历抗争运动后，中医界开始改变过去的竞争态度，转而采用联合的做法，并透过团体、学会的力量，争取在国家政策中发言的权力与法律的保障。过去已有许多人研究过，不过，本文必须指出新的看法，即过往许多人认为国民党，甚至是国民政府的立场是反中医，"有计划的消灭中医"，甚至将蒋介石与汪精卫等放在一起并论，皆非史实。[39] 目前已有研究指出，蒋介石在废医案中是扮演反对者的角色。[40] 实际上，这次废医案的来龙去脉，其实并非国民政府有计划、有目标地欲废除中医，反而应该是少数留学外国的西医，一次突发性、没有配套措施的蛮干，更非中央部会授意之政策。

起初，1929年国民政府卫生部成立，旗下设立"中央卫生委员会"，以作为卫生决策的议决机关。第一届委员会议时以"中医妨碍全国医事卫生"为由，决议采取渐进手段限制中医。第一任卫生部长薛笃弼（1892—1973）指示中央卫生委员会致力于解决重大卫生问题，但褚民谊（1884—1946）却解释成："卫生委员会等于立法机关，卫生部等于执行机关。"此语等于将卫生委员会之权力凌驾于卫生部之上，已属越权。其中，特别是褚民谊，根据魏嘉弘的研究，在开会期间，举凡影响深远的议案，皆由褚提出并通过，交付执行；他还积极串联国外学成归国之西医，捐弃歧见，共同携手废止中医。当时褚为国民党中常委，1928年任国民党中央执行委员等，权倾一时；而且，当时余岩只是提出办法与见解，但褚才是真正的执行者，影响甚巨。[41] 褚是留学法国的医学博士，汪精卫当行政院长时，褚就是行政院秘书长。而汪担任中央党部主席之时，褚则是中央党部秘书长。汪重返政坛，在上海举行改组派全国会议，褚则担任筹备主任。[42] 推测褚卖力地推销废医政策，应该与汪的授意不无关系。

1929年中医药界第一次请愿时，正值国民党召开三全大会期间，当时由叶楚伧（1887—1946）接见，当下即表示"中国医药有悠久之历史，为全国民众所托命，断无废止之可能，余当尽力援助，并望医药两界共同努力"。还包括国民党中常委张静江（1877—1950）、李石曾（1881—1973）等人，都曾允诺支持中医界之行动。[43]行政院长谭延闿（1880—1930），接见第一次请愿代表时更进一步表示："中央卫生委员会决议案，断无实行之可能。"何况中国许多地方只有大都市有西医，若此案真的通过，那么"病者将坐以待毙，且药材农工商人全体失业，影响国计民生，不堪设想"[44]。同年10月，国民政府明确宣示："奉主席（笔者按：蒋介石）交下来呈为请愿撤销禁锢中国医药之法令，摒绝消灭中国医药之策略，以维民族而保民生一案，奉谕：'据呈教育部将中医学校改为传习所，卫生部将中医院改为医室，又禁止中医参用西械西药，使中国医药事业，无由进展，殊违总理保持固有智能，发扬光大之遗训。应交行政院饬各部将前项布告与命令撤销；并交立法院参考。'"[45]等同于彻底反对所有"废医案"之建议。这些历史都已为治近代医史的学者所熟知；那么，如果在抗争之初就已受到行政院长，甚至五院院长加上蒋介石的轮流接见、支持，那么这无疑是个极大的鼓舞，更可见此案是突然提出，并无经过严密的部会协商所达成的粗率决策。

卫生部政务次长胡毓威曾表示，中央卫生委员会只能"建议"而已，如要施行，必须经过卫生部核可，再报请立法院、行政院通过之后，才具有行政上的施行效力，而卫生部长更是认为，中央卫生委员会的决议"不妥"[46]。卫生部虽由薛主导，但他本身未具医学背景，本次废医政策，一般相信不是由他主导，但因废医案所造成的风潮太大，故他向行政院长提出辞呈[47]，后由刘瑞恒（1890—1961）接任。实际情况是，废医案只对首都附近各省之医药卫生行政有所影响，其他各省仍各行其是，维持传统中医为主的局面，显见中央政府法令草率、贯彻不易，中医界遂可借由抗争行动挽回颓势。而且在两次会议期间，其实中医界所受影响并不如想象中的大，他们仍继续创办中医医校与医药团体，完全无视中央法令可能的束缚。[48]足见"废医案"是个软弱的共识，未达实际政策之面。更显见这只是一次鲁莽，没有配套措施、全盘规划的行动。

在中医药界方面，除了延续前期中西医差异的论调外，更抓紧了"国家与民族的生存与尊严"这个命题，大肆宣传中医药的价值。1929年12月19日，张梅庵至立法院、裘吉生（1873—1947）等人则至行政院再次请愿，提出："恳请维护中国医药业之地位，以保国粹事。窃为总理以保全固有文化，发展社会经济，为构成民族民生主义之要点……仰乞确定中国医药业之地位，明令提倡，以保国粹，实深感戴，谨呈。"并由"属会以整理固有学说，改良现在药物为职志，期于文化经济作壤流之助"[49]。从这份声明中已经看到，除了延续前期的国粹与文化之方针，最大的改变在于当时中医已经在思考："古典医学体系能够为国家做什么？新中医必须承担什么样的责任？"这个基调，成为中医药界争取权力的最大改革与论述方向。[50]

随着中医药抗争日渐扩大，褚民谊等人也开始渐渐感到舆论之压力，转而提倡"贯通中西"了，希望能使"中医学理进而科学化"，还要扩建中西疗养院，并留给中医诊疗之空间，可见褚的态度已有些微软化。[51]其实，就褚个人而言，陈存仁（1908—1990）指出，他会踢毽子、打太极拳，写了一手"颜体而有柳骨"的好字，还曾写过《孝经》一版刊行，平时爱好古典戏剧，特别是昆曲。待人很客气，没有官架子，胸中无城府。虽然留学法国，但还能保持中国士人的风范。[52]这样具有"传统气息"的人，很难和"废中医"这样的反国粹心态结合在一起。而且褚颇有玩世不恭之态，也不具严谨的学者风范[53]，这样的人实在看不出有任何坚定的信念来支持"废除中医"这样的决策；他提出的政策，显然不是经过深思熟虑之结果。褚曾公开谈道："因中国科学幼稚，百无进步，中医师本身，知其然而不知其所以然，由于缺乏研究所致"，"如果中西医合作，用科学方法诊断，用中西药治疗，各视其治愈之疾病而研究其学理，然后导入于科学之途径，则必有新的医学发明"[54]。由此可见，在学理方面，"不科学"是中医为西医所质疑的致命伤，讲得更明白、直接些，反过来推论，"科学"也是中医的保命符、西医的最后底线。

陈存仁回忆当褚民谊见到他时，立刻想起他就是在废医案中和他进行笔战的其中一位中医，不过褚表现得丝毫没有芥蒂，还坦承他的父亲也是中医，开设了一间中药材店，他自己非但不反对中医，而且有病时还常服中药，他更是"中西疗养院"的董事之一，还嘱咐陈努力改进中医。[55]陈回忆说，他认识褚甚久，虽然褚是医学博士，但却是个研究兔子交配与生殖器官的"兔阴博士"，况且法国的医学院太过自由，学生不太用功，褚就是个显例。陈从未在任何场合听过褚谈论有关医药方面的话，褚也从未诊疗过病人。倒是有一次向陈问起鹿茸、肉苁蓉等壮阳中药的吃法，褚听得入神，想必与他的性好鱼色的需求有关。[56]综合看来，只要能够与"科学"和"西医"沾上边，就足以杜反中医者悠悠之口；而反中医政策的规划与执行之"不得其人",早在一开始就已埋下失败的种子,又不见得是中医做了多少努力的问题。

综合来看,如果中医能继续打着国粹,并适度表现科学进步之一面,复再加上接受国家权力管辖,能为国家、民族的健康把关、负责,则中医即可立于不败之地。而后来"中央国医馆"的创立与努力,某方面来说正是这些理念的缩影。1930年5月7日,谭延闿、胡汉民(1879—1936)、陈肇英、朱培德、邵元冲、陈立夫(1900—2001)、焦易堂等人在中央政治会议中提议设立中央国医馆,经费由国府核定,一共获得十三位国民党中常委的支持,并决定以科学方法整理、研究、改良中医学术[57],至此已确立科学化的国医改革方向。1931年3月17日,中央国医馆正式成立,然西医或反中医论者并没有因为中医采用科学的方法,就予以肯定。同样地,反对者也同样以"科学"为武器,持续抨击国医不属于科学的医学,"国"医之名无存在之必要。若言国医为国粹,有研究保存之必要,则应请中央研究院或科学专家来加以研究,中医们本身并不具备可供研究的科学知识[58],可见反对"科学国医"的声浪依旧不小;更有人抨击政府卫生政策变来变去,显见中央并不重视科学医(西医)的地位,反而支持旧医,真是倒行逆施云云。

中医与西医界都在盯着这个机构的发展,看看它代表一个什么样的国医转型。

五、形塑科学国医之困境

根据国医当时所代表的意涵与未来的转型方针,显然要把握:

一、国粹；二、国家权力；三、科学化；四、能担负的责任等改革目标。其中第一、二目标，已有学者进行梳理，此处不用再议。倒是三与四，还可再讨论，将脉络说明清楚；笔者以为，那是"国医"再造中最大的改变，也最能说明中医在民初转型之成败得失。

此处先谈第三项问题。中国医学的"科学化"思潮何时提出，由谁提出，已难确考。至少在 1927 年，中医已经出现要汇通"科学"的倾向，祝味菊提出把中医固有能力，补上科学的长处来提倡整理，成为一种"新国医"[59]。至 1928 年则有"医学科学化"的口号。褚民谊则说："今各国医学已无不科学化矣，独吾国社会积习相沿，抱残守缺，社会人士，仍多崇拜旧医，菲薄新医。此则观念错误，思想陈腐，尤不可不大声疾呼，发聋振聩，俾知天演定例，优者胜劣者败，医学科学化，在二十世纪中，已成为不易之定例也。"[60] 大体科学化在 20 年代末期已成为中医发展最大的挑战，当时来自西医的压力，显然较中医界内部想要科学化的力量更为强大。直到 1931 年，"中医科学化"这一名词才普遍于国内，成一时髦名词[61]，渐渐由中医开始主导。陈邦贤（1889—1976）也说，当时中医受到余岩、胡定安、汪企张（1885—1955）等人抨击中医著作与言论的影响，开始高揭"新中医"的旗帜，其实这个名词的内涵就是"以科学的方法，整理吾国固有的旧籍，这都是受新医学潮流的影响"[62]。故一个名词的出现，往往涵盖了重层的历史意义，原本的"国医"意义，只有国粹文化和民族特色的面貌，甚至某方面强调与"西方"是不同的；但在经过抗争与国医馆成立后，中医人士显然要用"科学"来再造国医的形象，而有意无意地往西方医学靠近。过往研究者多以"中医科学化"来形容这段期间的思潮，我则认为从前面一路论述下来，倾向用"国医科学化"一词似乎更能掌握整个中国医学在民初的各种面向与动态,不至于有新名词突然出现之感。

当时推动国医科学化最有力的单位,就是中央国医馆。筹备大会主席陈郁清楚宣示:"中央国医馆最大的目的,原来各委员向政治会议提议是以科学的方式整理国医国药,所以这一次组织章程第一条的宗旨就是采用科学的方式整理中国医药,改善疗病与制药方法为宗旨。可以说中央的同仁最大的目的就是以科学方式整理国医国药,使其成为有系统的学术。"[63]而国医馆更指出了国医往科学化前进所代表的"维新态度""革命精神"之改良、整理方式:

> 采用科学的方式不过是个前提,而科学之所以可以采用的方法很多,现在兄弟可以用一种最郑重的表示,要世界及全国人民注意的就是中央与各方面设立国医馆整理中国医药,绝对不是守旧,是维新;不是复辟,是革命;不是开倒车,是开快车。换言之,就是要使国医由复杂的东西变成有系统的、能普及的科学,要使全国医家都有维新的态度、有革命的精神,能采用最新的方法成为世界上崭新的专门学者,庶几世界上人类以后对于中国医学及医家不敢稍存轻视,就是总理所说的恢复了民族的地位以后,要负起恢复全世界民族地位的责任,也可以完全达到目的了。以上所说就是中央同人及各方面最大的目的。[64]

在30年代即将开始之时,传统中医学似乎有一条光明、切实的改革道路可供挺进,而这一切,似乎是必要且已得到中央政府的支持,这个讯息象征了国医将浴火重生,足以担负更多任务。当国医馆成立之时,陆渊雷(1894—1955)在《国医公报》上刊载了《修改学术标准大纲草案意见》[65],余岩看过后还曾加以肯定,他说:"思想见解,超轶时辈,先决问题诸条,尤为扼要;寻此以进,则去伪存真,黜非求是,我国医药之科学化始有阶梯可循,所谓大匠设规矩以成方圆者也。"[66] 连反中医大将都给予肯定,想必"科学化"是条正确的道路?然而,一件事情往往有正反两面,我们不能忽略西医,或持西医论者的看法。这类人的观点,常常指向"国医科学化"是一种一厢情愿的改革。

过去谈中医科学化的文章,较偏重论述中医历史直线化之单一发展,像是郭适就过度强调国医将"粹"的部分抛弃而转向科学化。[67] 但是,这个传统文化之"粹"真的有在这个时候被抛弃吗?我们不妨先质疑,什么是国医采用的"科学"?那个时代所谓中医追求的"科学",或说有能力追求之"科学",其实与今日的科学相当不同。傅斯年所谈之"科学的医学",包括:第一,用名词不容有含混或空想,一个名词只许代表一个质体,具有一种定义,而不许在用它时随时抑扬,凭心改动,更不许它的代表者本是一种不能捉摸的物件,如"五行"或"六气"就是不及格的科学。第二,一个名词必有一种精确定义的词句,不容幻想或比喻在其中。第三,每一理论,在能实验的科学必须可以将其信否诉之于实验,而且科学的事实是集合众多科学工作之结果,层层相因,故世上无任何一种独立、不与其他科学发生关系的"科学事实",近代的医学正是集合多门严整训练科学而产生的另一种科学。所以依据这些准则,国医根本没有谈科学的本钱。[68]

据此,当时所谓"科学"的意义可以归纳出这样的方向:以精确定义之具体质体而诉诸实验得到的结果。例如张忍庵（1903—1939）认为，所谓"洋派医生"出于自己的主观来批判中国医学，称中医为"玄医""鬼医""旧医"等，这代表一种中医的危机。他分析道："洋派医生对于自己的医学，开口是'科学医'，闭口是'科学医'。似乎'科学'只是他们专利，不许别家分售得的。要知科学的对象是物质，如果物质果真没有，科学自无从谈起。"他认为中医只要能将玄虚的话语以物质的基础加以解释，则"所谓科学作用，洋派医生是垄断不住的了"[69]。故将西医理论中涉及的"物质"基础，取来解释中医之理论，是此时"国医科学化"的重要步骤，例如传统医学中以"风"系统为主的学说，张解释道：

> 风在中国医书中有三种意义：一是冷却作用：体温径受风吹，自会起感寒冷；二是传染作用：挟送病菌，飞扬播散，亦叫做"空气传染"；三为似是而非的称谓：比如口眼喎斜，明明是神经牵引所致，前人不察，当是风吹了的缘故，于是亦叫作"风"。仅仅口眼喎斜，只叫作"邪风"而已；若是险恶出血的脑出血症，神经症状剧烈，就叫作"中风"。[70]

此处可以清楚发现，除了用物质的风来解释外，许多原本有关"风"字系的疾病都加上了病菌、神经、器官、状态（出血）等名词，这就是国医科学化的第一步。又例如"寒"这个概念，他继续解释说：

> "风"是冷却作用，和"寒"正是一般。感冒症候中，有的

称作"伤风";有的称作"伤寒",不过是程度的区别。自然寒是表示更深一层的了。这里就用《伤寒论今释》陆渊雷君的说明:"人当骤遇寒气之际,必凛然而寒,肌肤粟起,皮色苍白。此乃不随意神经之反射作用,所以应付外界气温骤落之变化者也。因皮肤收缩,汗孔闭结,体温不能照常放散,逐成为发热恶寒之症"。[71]

张是举陆渊雷的例子来谈"寒"这个概念的物质基础,可以看到此时对古典医书《伤寒论》的解释,也加入了寒气(空气)、皮肤、神经反射、汗孔等身体物质(形质)的素材,这是当时国医用来解释古典医书的"科学"方式,很明显有西方生理学的影响在内。

对于几千年来的固有知识,如何用"科学"来整理呢?国医馆诸委员开会时讨论道:

中国医药学术对于此种标准从未规定,历来均系老师弟子私相授受,今遽然改办学校,公开研究,即感觉学术课程毫无依据,虽各医校或能自出心裁,创制课表,然则学术标准不定,不能成为有系统的学术,终不免杂乱无章,贻讥大雅。此中央同人所认为亟应以科学方式整理的。此外,科学方法所可采用者尚有数点:(一)是要有统计在。国医国药向来是不注重统计的,而在西医则最重统计。譬如讲到病人热度的高低,在中国只晓得是高或是低,至于高到什么程度、低到什么程度,在有名的医生或者有一种标准,而在普通的医生就不注意。西医则对于此点时时测验,填入表内,每日温度忽高忽低,都有一种统计图表来表明它。还有一种,譬如有一个方子,这个病人吃了好的有多少?那个病人吃了不好的有多少?也没有统计。那么就不晓得哪个方子是好、哪个方子是不好。[72]

这里指出未来国医之治病与诊断,必须注重统计学上的精准数字,还包括化验药品、开诚布公的实验成果,或对于疑难杂症的会诊风气,皆应学习。[73]其次,可归纳为是对西医器械与物质文明进步之采用,焦易堂指出:"西医的长处,在于物质文明进步,有优良的器械运用、诊察精确、消毒严密。"[74]而当时西医诊断所见之器具,皆成了中医希望采用之对象,例如:"在中国用器械的很少,而在西医有听肺的器械,有爱克司光镜,有体温表,中国名医全凭三指,可以洞见脏腑,可以测知温度,但是有了器械,则比较的更有准则、更有实据,即如古人'见垣一方'的故事也不难实现了。"[75]由这些例子来看,多数国医对西医的理论与技术是抱持着正面、学习之态度;甚至,国医馆还欲延揽西医人才来为国医提供改革的意见[76],显见当时国医界仍持心胸开放之态度。但是,可以发现的是,所谓"科学"的范围相当广泛,当时国医对西医科学的采用,可说是完全模仿西医的做法,是一种最原始的,"看到"什么就学什么的态度;例如解剖学的生理器官是"可以看到的",采用起来就较没有问题。黎伯概(1872—1943)指出,凡固有国医学没有谈到的部分,例如西医之"新陈交换""内分泌腺"等学说就可以采用,特别是"解剖为形质实验之学,不妨径从西说"[77]。也就是说在解剖形质的采用上,较无疑义,而且身体上可见的形质,必须是首先要改变的,不然所谓国医改革根本无从进行,黎说:"中西各异,何去何从,不可无一确定。

背古合今，背今合古，皆应有所去取，不必调停其说，模棱两可，反无所适从。既重在改进，则或当有背古之时，亦不足异。……中医之好处，尚有其他，不在争此支配之脏腑，亦惟如此，方可推行于世界，不背潮流，足以取信。否则闭户著书，虽极高妙，仍不能出国门一步，国医恐无发展之地。"[78]总结而论：西方医学的器具与解剖、生理形质，是国医可以改进、采用的部分。

然而，当改革牵涉或触碰到中医基础理论或经典理论的争议时，国医则不见得会让步。在废医案之后至抗战前，国医改革运动中最大的学理争论，可能就是"统一病名之争"了。[79]笔者以为，这次的争论关乎整个国医改革的成败，若以中西医汇通的视角来审思，这次事件，无疑代表一种中西医汇通或科学化的失败。如何能这么说呢？因为疾病的诊断与定义牵涉中医理论的核心，以当时最重要之细菌论争议为例来看，《中央国医馆整理国医药学术标准大纲》内记载："我国医学，系综合的，病理一科，向无专书可考，即以《巢氏病源论》，不过单以病症为主，仍难取法，故本科宜仿近世病理通论例，而变通之，划分为病论、病因论、病症论。……新学总论中之病变，系以病之机能形态发生变化为主，所谓实迹的，我国病症论，其最详备而可法者，以仲师《伤寒论》而言，分六经传变，所谓气化的，故酌古证今，宜合病理总论中之病变，及各论之全部，另成一病症论。"[80]此大纲的精神完全是以学科系统化与分门别类的方式来达到统一、标准化的目的[81]，并且，立基于古代张仲景的经典理论，参酌新的西医疾病分类法，来成就一种新的论述。

当然，国医馆这种期待中西并包的学说整理方式，某些人却反而认为，不要什么驳杂之理论都要予以采纳。例如："即仲景《伤寒》，亦全系病症，而草案以仲景《伤寒》为气化病理，（西医）病理通论所言为实迹病理，意在酌古证今，分别实迹气化之病理，而另成一病症论，用意良苦。然如此办法，仍不能贯串中西，打通一气。"[82]接着说："所谓气化，皆从实迹而出"，古典中医在未明实迹之前，"不得不推到气化"，若以今日"实迹既明，凡伤寒之病症，皆可援今世病理以为注脚，而畅发其理，又何必复援气化之说，而重返古人装饰，与近世病理不能合一"[83]。所以，也有放弃古典气化理论之声音在国医界存在。不过，若以当时讨论颇多的热病来看，国医首先完全以古典理论来立稳脚跟，《中央国医馆整理国医药学术标准大纲》内提道："吾国内科书，向分伤寒、杂病两大类，所谓伤寒者，即经云：'热病之类也'，非指一种病而言，实含有近世急性传染病之总名，杂病者，亦即近世各器官病之总称，此次纲虽仍旧，目则变通之，照近世例，每述一病，分原因、症状、诊断、治疗、处方、杂录等，以清眉目。（说明）查近世内科书通例，除传染病，不分类外，其余杂病，均按照各器官分类。"[84]此处不分类的传染病（在西方病理学中本来就是独立之一门），就是古典中医之伤寒与热病名称，现在国医所要改革的，只是在这样的认知下，将各项细节分别叙述清楚而已；类似的概念还有黎伯概指出："《素问》原云：'热病者揭伤寒之类也。'此言凡伤寒一类之病，皆可发热。'类'字何指？盖指六淫，至近世急性传染病，另属一门，不能混同。自当分别六淫，然后及传染病。窃谓六淫病在六气，以中国学说为明备；传染病在微菌，以西医学说为明备。"[85]黎虽认为传染病与微菌理论应该采用西医的理论，但"伤寒""六气"等基本概念，他并没有打算放弃，这是古典理论不变的基调。[86]只要这个部分有人坚持，国医内部就不可能出现完全抛弃古典理论的一致声音。甚至有多数中医认为，中医应另立"传染病"学一科，而许多知识来源，则是基于中医的热病理论，或明清以降的瘟疫学说，该说法确立了古典医学的价值。[87]

况且，用物质或科学概念来解释古典医学，同样有许多讲不通的地方，这就成了大问题，而容易招致敌手批评。例如傅斯年谈道："试看中国流传下来的医书，每谈到五行，还不是在那里高论水性就下，火性炎上，相生相克等等。何曾不是就金、木、水、火、土五字做文章？"另外，关于国医对六气的科学解释，傅则说是"移花接木"的把戏，他指出，国医的解释法是："先把六气的名称写在上边，再混合些似了解似不了解的近代医学名词注在下边，更把桂枝汤、茯苓汤等等《汤头歌诀》加在底下。这个三段组织，全是不相衔接的。"[88]如果就傅的标准来看，上述所举"风"与"寒"的例子，正是古典医学中"六气"的其中二气，也是《伤寒论》首篇"太阳病"内的重要概念；若国医在下面加上所谓"物质科学"的解释，则刚好就是傅所批评的不折不扣之"移花接木"。所以即便有类似张忍庵的改革自觉："风、寒、暑、湿、燥、火所谓'六淫之气'，一向以为渺茫。有其名而渺茫其实，难怪洋派医生，认为虚玄。"而就物质与病因的立场逐层科学解释，欲构筑一个"虚玄之处必定可以破解"的美梦，恐怕最终仍等不到西医派的认可。[89]事实是，中医理论中有许多部分无论怎么改，都脱离不了反中医者的抨击。况且，本文一再强调，傅指出所谓"中西汇通""科学化"的改良都是没有用的，我们不能忽视这种反向的声音。当时，只要有任何学习西方的举措，在西医派的眼中大多站不住脚。傅指出所谓"国医科学化"，是指拿西方各种学理名词来解释中医的传统理论，他举了一个显例可帮

助我们理解这类批评:

> 火为极热,几至于燃烧之谓。例如汤火灼伤(按此是用火的本义)或气候奇热,温度特高,触动人体内部的热,致生躁扰狂越的症候(按此处又用火字作比喻了)。寒为贫血的现症,以神经沉滞、动脉血行迟缓,全体微血管发生贫血,必至恶寒,全部贫血则通体恶寒,局部贫血则一部恶寒,是谓虚寒。……这样的把比喻与本体合为一谈,而胡乱用近代科学上的名词,恐怕只是脑筋中的一阵大混乱而已。这样的立场是"胡扯着说梦话"。[90]

所以,中医界尽管已经做出所谓科学化之解释,但某些理论还是不被接受,而这些部分的争议,到底应该为保存国粹而"存",还是为了避免争议而"废"的问题,也成了当时的中西论争焦点。探讨这个问题时,不能只抱着中西两种对立视角而已,因为中医也要面对来自自己内部人士与传统经典定义的反作用力,不是说改就立刻可改的。

举例来看,前述对于国医馆公布之《整理国医药学术标准大纲草案》,许多人对之提出建议,不外是对传统医学理论某些部分是采取"删除"还是"保留"提出看法。例如有对以生理学之"脏主腑副"及脏腑的配对关系感到不满,或是若干以玄想支配人体功能之理论,建议立即废除,指出"旧说之牵强附会、支离挂漏之处,应断然纠正,一以新说整理之"[91]。这些想法都是开明的,也没有人认为"古典医学一字不可删减",原则上许多问题皆可付诸讨论;[92]不过,谈到"删除"与"纠正",要如何施行才能恰到好处,国医界则没有定见。比如说肾脏之功能,若以西医学说整理之,则仅剩泌尿、调节水分的功能;但传统中医的"肾病"还包括了一个人生殖力的衰减,这又该如何定义呢?对此,部分国医只认为可以先定一个准则,其他有争议的部分可以随时增减,因为当时西医的生理学研究仍存在许多盲点,说不定将来国医理论可以促进世界学术之进步,故言"随时增损,无碍于现在之整理也"[93]。

但正如上面曾简单谈到的:经典理论中的疾病论述该怎么删除或是折衷,中医界各陈己见,没有共识;反中医者则认为国医之理论根本没有讨论空间,应该一并地彻底删除。大凡当时国医仍会肯定自家的某些理论,再去汇通西医的新理论,例如叶谷红认为,国医过去用气化来解释药效对人体所产生的作用,已非常有效,现在只要理解了细菌,以及中医过往治疗传染病最常用的汗、吐、下三法是在"排除毒素"的原理,则国医即可以轻易应付传染病的肆虐。[94]对于这种国医为本、西医为用的科学方法,傅斯年就嘲笑说:"和国医谈科学",根本就是"对牛弹琴,白费精神"[95]。原因就在于中医"所有"理论皆不合时宜,根本无所谓"可供参照"的问题。他说:

> 记得蒋梦麟先生告诉我一段他在中学时的故事。清末,他在南洋公学当学生时,有位中医的校医用改良新法,即用寒暑表试验温度。但是此公不知杀菌:本来中医字典中没有"病菌"这个反国粹的名词;故由这个人口中取出,便直送在那个人口中。适逢白喉盛行时,在他这学堂死的完全在一般市民死亡之上,于是

一阵大絮乱，校医开除，学校放假！这固然是极端的例，然一个人剽窃自己所不了解的东西，正如请不知电流为何事的人来家安置墙上电网一般，其危险是不可形容的。[96]

也就是说，叫装着国医头脑的人来学习新的科学医学，根本就是缘木求鱼；要接受西方医学，要改良属于国家的新医学，就必须"全盘西化"，容不得有模糊空间。[97]

分析这个时代的中医与西医思潮，必须注意的是：任何一方的观点都不是绝对、一致的。中西医任何一方，都存在着可以包容对方和完全不能包容对方的人物，而傅斯年与鲁迅显然属于后者。但是对于傅这样较为走偏锋的言论，国医也有自己的立场，甚至有时会转而质疑"科学"方法，例如焦易堂认为，国医所带有的玄学味道的确和现代科学格格不入，但是当时国医大多愿意放弃不合时宜的理论，对固有医理保持着怀疑的态度，反倒是西医认为"玄学是国医的基本意识"，所以国医并无科学化的可能，如果一旦科学化，就不能称为国医，这样的理解，显然是一般西医对中国医学的错误、肤浅之认知。因为社会教育若是普及，则民众科学意识将会提高，玄学的理论自然会消失，原不必大惊小怪；况且，国医所谓不合科学的"心领神会"，往往都能确实把病治好，西医长于求公式、追根究底，但反倒忽略了"治病不比研究其他别种科学，要求答案是比开列式子更加迫切"的现实。[98]

但所谓"玄学理论至少可以治病"的思维，是绝对无法说服反中医论者的，他们甚至认为相信玄学、相信中医，正是现代教育失败的象征。傅斯年说："所谓国医与近代教育之不相容，同样是一件明显的事实。学校中的物理，是近代的物理，并不是亚里斯多德的物理，学校中的生物，是进化论立点上之动物学、物理学，并不是《本草》。学校中的知识训练，是应依逻辑的要求，在科学的系统中者，不应是些似解非解、枝节缺陷的杂乱知识。果然在学校中把物理、化学教得好，这类知识能入在受教者心中，使其能依此知识了解环境，自然不会再承认所谓六气有物理学的逻辑含义，即不会再信凭借此类玄谈的汉医。"[99]新教育下的头脑容不得任何旧思想的余孽。

笔者认为，类似傅这种激烈的言论不会让国医想要加快科学化的步伐，反倒是减缓了国医科学化的进度，产生了反弹的效果，国医将更强调古典理论的价值。所以有人甚至不赞同全用科学再造国医，例如《苏州国医杂志》中有人指出："中医精神所贯注，心灵所觉察，绝非科学之法则所能说明，机械之精良所能试验，是中医不独确有保存之价值，足以在世界医药史上站一位置。"[100]又例如国医馆整理学术的方法是以科学加以解释，但如果是"阴阳五行"呢？该怎么将之科学化？黎认为若干名词如不合时宜，废去无妨；但像是"阴阳五行"如果删除，则正好中了废除中医者的下怀，因为它正是中医基础理论中的根基之一，一朝废除，中医们很难再对古代医学理论进行解读和学习。在科学化与不合时宜的中间，有没有一个缓冲点？黎说："窃疑世界学问除科学外仍有他种学问否？世间学问仍有他种方式否？阴阳五行在科学之外仍有自立之余地？"是否可采用其他解释方法来诠释？若只是单单说"玄虚"就妄加废除，是不负责任的说法。[101]由此可见，持"科学"见解的反中医言论，并不必然加快中医的科学化，反倒让国医去思索自身理论的可能价值。

如果能够看到这一层，则可发现"科学化"已经转向，它不再只是中医为科学而科学，所盲目追求的一种价值，反而成了提升中医药古典理论在近代的一种"再现"，而成为中医改良的仆人。黎伯概指出，许多人看到了日本提倡皇汉医学，以及德国当时积极研究麻黄、当归等中药的事迹，是对传统医学善意的回应，日、德两国早已将科学渗透至传统医学内，这即是"本国医学当与国际政学打通"的意义。[102]但"科学"很难成为中医的仆人，至少在反中医者的论述中是如此，傅斯年即说："有人常说，汉医的经验方剂中，也许不少可取以增加近代医学知识者。这是当然，不过这又不是中医所能办。即如提净的麻黄，这在'西医'中算是时髦的药了。但麻黄之提净不是中医能办的，是陈克恢先生做到的；其病床应用，是各医院试验经验得来的，远不如中国医书上所说之普遍而含糊。"傅认为要拿"科学"当工具，中医完全不够格，因为所谓中药材中有效的物质，必须靠着分类学家、化学家、实验药物学家等众人之力才能完成，而他们之中每一门领域的科学，都不是所谓"国医"可以理解的，故叫国医以"科学"来研究药物，是痴人说梦。[103]傅斯年一向不希望用"科学"来研究、整理国故，这点和胡适相当不同，傅不希望中国的学问成为一个"改良的存古学堂"，这一点学术趋向，恰好与其强烈反中医的心态互为印证。[104]

故在此，我们必须实际指出：历史不能给予国医科学化过多的褒扬，因为在国医追求科学的路途中，他们必须面对西医（或反中医者）与自身学术圈内的两方面压力，这也是文初"二重现代性难题"的其中一个侧面。举陆渊雷为例，他是当时中医科学化的代表，他认为："果使中法不如西法，虽国粹亦当废弃；果使西法胜于中法，虽侵略亦所不恤，何则？事势有缓急，利害有重轻。国粹虽当保存，不可以人命为代价也；侵略虽当防御，不可以有病而弗治也。中医之当整理阐发，实以中法胜于西法之故，而非保存国粹，防御侵略之谓也"，"苟有良好方法，当一律研究采用，不当存中西门户之见，更不当与保存国粹，提倡国货并为一谈"[105]。陆渊雷认为中医科学化的关键在于中医自身的完善，否则将难以自存；他急于以科学验证中医之实理，但是他忘了"国医"的内涵还有民族与文化的意义在内，"虽国粹亦当废弃"之立场，显然无法得到来自中医圈内所有人的同意。又如恽铁樵提出的办法，就是忽略细菌说的本体，以《伤寒论》为基调来找出任何统一、定义疾病的可能，并反对中央国医馆提出的取消中医病名[106]、以西医病名来取代的主张[107]，就比较偏向中医的立场。不若陆渊雷那样往科学、西医靠近，只会招来"非驴非马，不中不西"的批评罢了。[108]

中医在科学与西医之面前，当有何价值存在？焦易堂指出，中医某些被西医指责的部分，正是优点所在。他说：西医常说有些病治不好，是病人自己好起来的；有些病医生能治好，但有时却又不一定能治好。焦认为这根本是西医"玄之而又玄"头脑的展现，反而是国医，虽无长篇大论的科学实验，但却是"事实上"能够治好病人，比起西医要强上许多，这是近代病人的福音，他们有另外的治疗方法可供选择。[109]国医馆曾拟定许多中医改进方案，包括《整理国医药学术标准大纲》与《统一病名建议书》等，皆被认为仅用现成的西医或所谓西方科学分类法来硬套庞杂的中医学说，以至于无法抓住重点与改革的方向，而备受各方批评。[110]其实仔细分析后，也就不用怪罪国医馆的成就不多了。中医一开始就站在西医的对立面，根本无法靠近,也不会获得西医的承认;甚至科学化的压力是来自二重的,还有中医方面的保守压力,而使得国医之改良举步维艰,踌躇不前。中西医两方之歧见怎么沟通出来一个共识,显然还有很大的努力空间。

在中西医没有共识之争论外缘,国医也同时想起了国家,找寻国医在科学之外的新定位。

六、面对国家与民族:
国医责任之再造

目前为止,雷祥麟有关中医面对国家的研究非常具有开创性,他指出中医在废医案后也懂得积极组织团体、学会等适度发声,并争取他们的地位。[111]本章基于"国"字辈出现的脉络,希望更进一步探索有关中医如何将国家的、哪些方面的责任,揽在自己的身上,并结合前述之国粹与民族主义的思维,来让废止中医的声浪有停止发酵之可能。

面对当时中西医界的各种论争,许多学者感到忧心忡忡,即便是国医,也认为医学发展不该落入"守旧"与"维新"两大派的竞争,偏偏当时两派的互相攻击又是如此的严重,故秦伯未(1901—1970)竟言当时是"医学退化时期"[112]。这种悲观亦如焦易堂指出的:"学理上的研究,寥寥无几,转而是业务上的排挤,一天一天地剧烈起来。不是西医攻击国医,便是国医丑诋西医,互相谩骂,没有一点学者的态度,岂非十分可叹?国家对于医学的提倡,社会对于医生的供养,无异父兄的提携子弟,保姆的乳哺婴孩,爱护之殷,可以说是无微不至。医生不于学术上有图报称,斤斤然以中西派别,互争雄长,国家社会,岂以是而属望于国内的医学界?"[113] 从他的话来看,学理上的论争或业务上的排挤都是不必要的,医学应该思索如何为国家尽一分责任、尽一分力量,而不应分中西。国民政府代表刘毅夫也曾说明政府对医学发展的立场,指出:"至于国医的重要,人人晓得,无庸兄弟再说。国医馆今后的责任,是在组织健全吾国。古来有人说,不为良相,则为良医,因为良相可以辅国救民,良医可以济世活人,功效是一样的。良医之为世所重如此,所以今后国医馆的责任不但是提倡中国数千年的旧学,而且要保障国家民族的健康,使总理民生主义得以实见(践)。"[114] 国家人民与整个民族健康的责任,是民生主义实践的基础,是国医发展的长程目标。根据此,国医界即抨击各种废止中医的思潮,其实都是不顾国民健康的想法,陈泽东言:"且医圣之道,是济世之真法,凡吾国人,无论为医与否,皆当努力保护之,以期吾族人共用寿康之乐,乃为仁者之行也。彼忍心摧残铲除者,是废毁圣道,与吾族人为敌也。"[115] 正是因为国医可以担负起照顾国民健康的责任,所以在中西医的对比上,中医往往在国家的架构下,强调他们在治疗病人上所占的优势,首先被强调的就是国民经济与医生人数比例上的问题,焦易堂指出:

> 西医现今登记的,全国不过两千余人,应付全国四万万人口是否分配得够?再从国民经济说,近年相信西医服用西药的,只不过是资产阶级之极小部分人数,但已作成西药入口年销约一万万元,比之国药出口年销约四千余万元者已须损失约六千余万元之巨,假令国医废止,全国全民大众都来服用西药,那么,每年西药入销价额又不知增加几许万万元。另一方

面,国内的医生、医药工人,以及直接间接从事药业劳动的农民,总共亦不下数千万人,这数千万人一旦陷于失业,国家将如何给予救济?国际贸易之入销的价额及国内失业的人口同时激增,引起国民经济之全盘的动摇,是应该谁负责任?我们从医学治绩看、从医生分配看、更从国民经济看,废止国医显然是不可能的事情。[116]

废医案根本不可能施行的原因,在于中医有人数、药价、人民工作等经济面向的考量,这是国医所拥有的优势。焦易堂批评,相对于西医在学术上小有成就,但它却感染了"资本主义的习气",每看一次病,"视人论值",检查费、敷洗包扎费、手续费等锱铢必较,徒然提高"社会民众之疾病负担"[117],这是国医比西医强的地方,故国家不应抛弃中医。况且,当时西药价比中药价高,民生问题不能全靠西药解决,故言:"总理创三民主义以救国,首重民生,今中国受外人经济力之压迫,自西药销行中国年增一年,吾人应如何从积极方面力图补救,若不提倡中医使成为中国有系统之医药,则此全国出产之药品与全国数百万之药商,势必因而消灭,于民生问题,关系甚大。"[118]能担负责任者,必有其存在之价值,这是国医在国家发展中价值之所在。

当然,本文也必须指出,当时"百家争鸣",当国医提出一种观点时,在反对者的言论中必定可以找出另一种主题相同却意见相反的论述,例如前述经济问题,傅斯年就说:"我所要谈的是政府的责任问题。现在全世界上已开化的国家中,没有一个用钱在国民医药卫生上比中国在人口比例上更少的。这样不推广近代医药学及公共卫生的中国政府,真不成其为文明国的政府。然而此一要点不曾引人注意,反引起些中医、西医优劣论?这本是同治、光绪间便应解决的问题,到现在还成问题,中国人太不长进了!"[119] 所以,医药的问题并不是能花费政府愈少经费愈好,现代医药的提倡,是政府责无旁贷、即使花大钱也要咬紧牙关办理的重要政策。中西医各自观点的南辕北辙,立场、出发点之不同,由此可见一斑。

其次就是民族主义的问题。国医作为民族主义的医学,在1929年以前就已存在,具有区格外来西医学的味道,而这个思想趋向一直没有衰退,也没有被"科学化"压下去。焦易堂说:"国医一个名词,在我们中国向来是没有的。自从西洋的医学传到我们中国来,为要避免和西洋医学混同起见,所以从主体上特别提出'国医'的名词来。这好比我国的文字本来无称为'国文'的必要,因为同时发现了英文、德文、日文等不同的诸种文字,于是主体的提出'国文'一个名词,是觉得非常的必要。国医的意义,亦就是这样,切莫以为加上了一个国字,就是十足的代表狭隘的国家主义。"[120] 虽然焦氏讲得很委婉,但之前对于民族主义与国医、中国本土文化与国粹的联结,国医界从未拱手让人。更甚者,是所谓国医与民族自尊心、与民族地位的升降,被放在一起的对比方式,构建一种国医即国家的代表性。像是陈郁说:"总理说过,我们要恢复中国民族的地位,必要先恢复中国固有的智能。在中国国医、国药的历史有四千多年,先民的著作汗牛充栋,不能不算固有的智能。因为要恢复固有的智能,才可以恢复民族的地位,所以要整理国医国药。"[121] 对付这种爱国的言论,反对者一样可以找到说辞来应对,傅斯年谓:"中国人到了现在还信所谓中医者,大致有几个原因。最可恕的是爱国心,可惜用的地方大错了。人们每每重视本地或本国对于一种学问或艺术之贡献,这本是一件普通的事,而且在略有节制的范围内,也是一件好事。……我只提醒一句,其实医学在现在并无所谓国界,虽德国、法国、英国、美国的风气各有小小不同,在基础上全无半点分别,这不是论诗宗、评画派一流的事。……我以为目下政府及社会上人应该积极注意此事。想法子不再为所谓'国医'丢国家民族的丑了。"[122] 傅也认同爱国的心理,但是医药现今已无国界,国家应认清国医已不足以代表"国",傅意欲将中医与国家化的关系脱钩。但"国医"当时已被赋予民族独立的意义,在此前提下,"国际化"这项高帽子显然无法镇住国医的民族立场,焦易堂说:"他们会仿效中国医学用麻黄去治喘、用大黄去通便、用当归去调经、用茵陈去疗黄疸,西洋人从中国药物中引用一种去,国内西医又从西洋人药物中引用一种来。国内西医不惜兜很大的圈子,跟着西洋人亦步亦趋,民族心理,消失净尽,说起来诚堪恸心。"[123] 皆可见国医已牢牢抓住了"民族"论述的立基点。

国医不会轻易退守民族与国家这道防线,在其中最突出的论述,就是国医肩负着国民健康的重任。国府行政院代表李大年在国医馆演讲时指出:"既是要恢复民族主义,对于中国医生尤其要重视。就客观的来说,政府要打倒帝国主义,根本上要从医术改良才可以,因为中国人的体格素弱,必要把各个人的体格锻炼成健全的体格,才可以恢复民族的精神。"[124] 一个民族的健康,关系着国家未来发展的前途,近代中国人被比喻为"东亚病夫"[125],这又与民族主义与外国之压迫脱不了关系;而国医之存在与复兴,正可以为民族健康尽一分心力,故言:"与国医方面有关系的,就是对于中国民族。在积极的方面,提倡卫生;在消极的方面,有病可以医治,使全国的民族无一夭亡,那就是国医馆以后的责任。"[126]另外,李大年指出,拿"外国人有好体格"来论证中医是落后的,根本不合逻辑,因为中国人数千年来都没灭绝,那么,为什么中医会被人轻视呢?原因就在于"外国的医药侵略";整天在那里说外国的样样好,中国样样坏,这就是"要亡国的现象"[127]。相对地,傅斯年却认为国医根本无能力担负照顾国民健康的责任,他说:

> 更有一种妄人,以为中国人口之号称四万万,占地上人口四分之一,是"国医"的成绩!这尤其是"目不识丁"的胡说了。人口繁殖律,在现在已经大致清楚,自马尔查斯时已经提明他是以几何级数排进的。假如"国医"能减少中国人的死亡率,在汉朝中国人已经可以繁殖满亚、欧、非洲了。诚然,中国人之不能无限繁衍,更有其他原因,内乱、外患、经济的制限,等等,然而国医何曾减少了中国人的死亡率?试一比较日本人在用汉医时代之死亡率和现在之死亡率,此种消息可自己明现了。[128]

如此正反两种角度之争论,足见当时中医欲以国家和民族来塑造自身形象时,也招致一些批判。然而,以上这些讨论仍是着重思想与认知层面的各抒己见,但医疗理论与工作都是很实际的学问,要"再造国医"之形象,显然还应该有更重要的事情必须处理。当南京国民政府成立,国家在面临形塑之同时,一时间恐怕还不能照顾到各方面之需求;但相对地,各方面力量可能都在面临整合,那么,国医能为国家付出什么?雷祥麟曾指出这个方面的观察,认为国医当时尽力争取在检疫与疾病预防等现代政权内公共事务的发言权。[129]据此,本文也接着举例子来谈。首先是国医所引以为傲的治疗功效,这是国医之所以存在、不可忽视的价值之一。例如焦易堂认为,国医在民初时治疗疾病的成绩,绝对不输西医,他举胡适之肾脏炎,被西医认为无药可救;[130]钱玄同(1887—1939)夫人的病,德国医生束手无策,后来皆由国医陆仲安治愈;另有西医王恺仁兄妹之母亲罹患咳呛、西医梅凌冬自己吐血,皆无法医治,也都以中医之法治疗而愈。他认为西医总是不承认自己之短处,也不承认国医的长处,显然应该为其"能力不足"而自我检讨。[131]关于国医对治疗效果的正面价值,傅斯年也有话要说:"退一步论,纵使所谓国医曾经治愈这病、那病,我们也还要问那些没有治愈的在哪里呢?……国医若再自诩它曾治愈这个那个,则当问之曰,不曾治愈的又有多少?而中国死亡率之大,在一切开化的人类之上,又是谁之责任呢?"[132]故在治疗功效上,也有争论不休的一面。焦易堂更认为,近年来各地卫生行政都由西医管理,但结果好吗?他举1932年以来广州与山西、陕西发生的霍乱疫情为例,死者枕藉,虽然卫生署拨巨款应急,并派员救济,然北方之死亡数仍高达数十万,故谓"负责卫生行政的人,既不能防之于前,又不能治之于后,平日徒事排挤国医,反躬自问,能无惭愧?"[133]也就是说,国医在治疗上是胜过西医的,但卫生行政却是让能力较差的西医来担任,这是相当不合理的事情。

撇开纷扰不休的争论,当时真正的大问题,是在国医到底能担负什么样的卫生行政责任,要用什么方式来替国家做些事情?在国医开始在思考"责任"的同时,已经先受到某些启示:余岩曾抨击中医说:"举凡调查死因、勘定病类、预防疫疠等,无一能胜其任,对民族民生之根本大计,完全不能利用。"[134]在此所指之调查、勘定、预防等工作,中医皆无法胜任,而它们都是公共卫生中的重要项目。在此,我们可以找到另一个国医要求"科学化"的动力,即如何可能正向思考国医在公共卫生体系内的角色。

大致来说,国医对采取西方最新卫生学的知识,都采取开放接纳的态度。过往中医经典、圣人之言并没有明确指出一个医疗体系应该为国家付出什么,而当时根植于西医的公共卫生制度,是中医要去学习的部分,例如黎伯概指出:"按草案所云尽量发挥固有精义,兼采近世卫生学,及防疫法,所见极是。为中国卫生法多属个人方面,缺于公众方面,外国之防疫即公众卫生,亦不只防疫一端。检查饮水与食料、清洁街道、疏泄河流、清除蚊蝇、工厂之勿近人居、深夜之不宜歌乐等事,俱当应有尽有。原按所采近世卫生学,当必包括甚多,当分个人、公众两面,方为完备。"[135]所以对于西医卫生学的相关知识,国医基本上都非常愿意采纳学习。甚至像是当时战争频繁,内有国共战争、外有日本侵略,所以国医也想到了是否能发展在战场上的功效,例如指出:"近以战局日行紧迫,前方兵士伤亡日增,且后方伤兵难民络绎运津,急应设法切实补救治疗。……国难当头,前方士兵伤亡数率日增,且呼号遍野,即感缺乏国医药,又兼输运稽迟,实属目不忍睹,为我医药两界,本诸应尽天职,急应设法补救,以济眉急。"[136]这原是很好的想法,有进一步探索的价值,笔者已有撰文探讨。可惜当时中医要面对的争议实在太多,许多方面的构想大多只停留在构想而已,似乎无法积极地去运作,民间中医普遍消极,更别说是积极参与属于国家的卫生工作了。[137]

在此纷扰之际，国医还要面对反对者的声音，他们多认定公共卫生的责任应该落在西医的身上，若谋求让国医纳入各式卫生体系内，是本末倒置之事，还不如积极培养西医人才，方为正途。傅斯年认为要先多开设几个训练在内地服务医生的学校，使这些西医在毕业后到内地，或者到乡村中开办医学校。其次，内地之需要公共卫生比需要医士还迫切，医士之训练不能速成，一时断难普及，不如先尽量讲究公共卫生，收效较快，并训练内地的看护，以因应内地医疗人才缺乏的问题；对于国医，则可采"逐步废止"的唯一的道路。[138] 傅还说："中国是个世界上病菌最多的国家，各种疾疫并世无双，故死亡率在一切开化与未开化的人类之上。对付此情形之最有效方法，无过于防范于未病之先。"这要靠"研究公共卫生的人的聪明"，所谓国医是完全无法担负这种责任的。[139]

从某个部分来说，当"国医"以科学化再造时，已然拉长了和"国粹""国故"之间的距离。黎伯概认为今日抱着"国粹"来推广国医已经不合时宜了，"今国际间医学大抵相同者多，不同者少。医学之用途，不仅在中国，亦兼在国际卫生行政，万国相同。军事、警察皆有医院验伤、救急，皆有政治关系；伤亡案件，法庭判决，恃于医士之诊断书。吾国门户大开，外宾云集，领事裁判权终需收回。诊断书若不根据科学，则毒物化验无以证明伤状何如，不能洞澈，即无以给外人之信，而国际间常多医药会议，近今与其事者，皆是吾国人西医一派，而国内卫生行政席位，亦吾国人之西医一派居中"。国医必须"兼科学而尽能之"，才可迎头赶上。[140] 部分中医了解到，也许古典的知识必须保留，但是要追上国家政策的要求，回应国家构建的新局,显然地,国医也需要再造;于是,这个"国"从国粹成了科学化,并追求国家法令的认同。

为加速中医合法化,国医馆馆长焦易堂乃积极推动《国医条例》。焦氏反驳当时最流行的一些论述——"国医馆成立是破坏卫生行政系统",而国医馆的成立,正是要补教育学制与卫生行政不完备的缺失。[141]当时国民党中常委大多赞同焦的提案,连反中医指挥官褚民谊也变卦支持了,他们在1933年6月提议制订《国医条例原则草案》,经国民党中央执行委员会决议,交内政、教育两部审议,并敦促国医馆依据《国医条例》来管理国医。[142]

关于这段历史的细节,邓铁涛已在《中医近代史》中有清楚的交代。本书要特别指出的是:当此条例还处于"草案"阶段时,国家就已经在思索国医应该要为国家负担些什么责任了。政府订立的《国医条例原则草案》中第六条载明:"国医诊察剧烈传染病或中毒者,除设法消毒或救济外,应即时报告当地行政官署。"以及第七条:"国医关于公务上有遵守法院及行政官署指挥之义务。"[143]从这个条例草案可以看出,国家已正式承认"国医"之名,而且从上举条例中可以得知,国家也乐见中医真的能担负公共卫生行政的责任。其实,这些条文早在1929年1月15日卫生部公布之"(西)医师暂行条例"中就已经载明[144],国医馆与国民党的共识,显然同样都希望国医能担负公共卫生之任务。当时反中医人士根本不认同国医可以担负公共卫生的责任,因为国医根本没有"病理学"可提供验证疾病的依据,故曰:"凡有近代科学常识者,必当信政府不该容许社会上把人命托在这一辈人手中。"[145]不过,国医负担公共卫生的理想仍没有被搁置,国医馆根据上述草案,也拟就一份《国医条例草案》,在第四章"义务"中同时载明:"国医遇有传染病人及中毒者,除设法消毒或救济外,并应即据实报告当地行政官署。"足见中医也认同担负公共卫生是中医不得逃避的新义务,并接受国家、法院、行政官署的指挥,纳入国家卫生体系。[146]不过,毕竟所谓《国医条例》仍没有正式通过,各地医药团体纷纷上书国民党中央执行委员会,希望能够尽速通过条例,并希望国家取消设立中医院校的禁令,进而补助各类中医药事业。[147]

当时《国医条例草案》已送立法院决议,改称"中医条例",一时未能施行,几经波折之后,1936年12月19日,国民政府才正式公布《中医条例》,而不采用国医馆之《国医条例草案》,它显示国医的责任更多了,其中第五条记载:"中医如诊断传染病人或检验传染病之尸体时,应指示消毒方法,并应向该管当地官署或自治机关据实报告。"第六条则载:"中医关于审判上公安上及预防疾病等事,有接受该管法院公安局及其他行政官署或自治机关委托负责协助之义务。"[148]显然国民政府希望将管理中医的权力收入行政机关内并明定管理与责任之所在。但是,国医是由哪个部会管理呢?自1936年12月开始,全国中医药团体又联合18省市之代表请愿,希望在立法院修改《卫生署组织法》时考虑卫生署副署长由中医担任,但立法院开会的结果是在卫生署内设立"中医药委员会",也许,这样折衷的方案是各退一步,中医正式在行政体系内有一席之地,可以说得上话,而政府也可顺利管理中医体系。[149]

故当傅斯年抨击管理中医的应是"内政部礼俗司",而不该是"卫生署"的时候[150],他并没有料到国医后来真的由卫生署管理了。某方面而言,中医最初的科学化口号虽然曾造成纷纷扰扰,且有不尽理想之分歧与失败处，但国医的科学转型，已让他们站稳了国家法令上的某种程度之保障，完成再造国医之任务。而这一切，皆显示中医的地位已与废医案风潮之初相当地不同了。

七、小结：一次失败的"成功"转型

总体来看，关于清末民初以来学术发展之态势，梁启超曾于《清代学术概论》中描述当时知识分子追求西学的态度是："固有之旧思想既根深蒂固，而外来之新思想，又来源浅觳，汲而易竭；其支绌灭裂"，而最终成了一种"不中不西即中即西之新学派"。[151]是的，"面对西方、改变传统"似乎已成了民初各个知识学门必须要面对的课题，但是，以本章而论，传统医学的转型有没有造成一种"新学派"呢？这关乎我们该怎么省思中医在这段期间转型的成败。

思索中医之转型，不得不将"现代国家的形塑"因素考量进去。中国该往何处去？是民国初年在政治上一直在摸索、思考的主轴；在各方面要采"改良"还是"革命"路线之争，更是近代史中两种不同"转型"大方向之抉择。[152]医学在这其中，其发展是动态的、有层次、有顺序可分析的。当时中医必须思考在国家内的定位，还必须考量自身的学术发展与前景，正如梁其姿曾呼吁研究近代中国医学史必须注意中国的本土性格，思索西方的概念或科学如何在中国落地生根，而不是单一从西方观点来看中西医的问题。[153]我们若考量中国自身的情况，就可发现自南京国民政府成立后，面对着"中国要怎么发展"的各方面问题,可谓千头万绪。要如何构建新时代之中国的医疗卫生,一时当然还是参照已有基础的西方公共卫生与医疗制度。我们不能苛求某些人或国民政府曾有的反中医举措,因为后来所达成的、不太完全的中西医双联并行之体制,确实是近代世界首例;不管是中、西医各自阵营或国民政府,其实都还在摸索、尝试可行的方案,在改良"国医"和革"国医"的命之间,拉扯不休。雷祥麟所谓中医懂得组织团体、和国家权力在一起的看法是不错的,另外,其实中医早在 1929 年以前就已紧紧抓住了"国家"与"民族""国粹"等论述,而且平心而论,南京国民政府应该是希望透过正常、有规矩的公卫制度与法令来规范医疗行为,倒不见得真的欲消灭中医,所以中医来自政府的压迫力道反而不如想象中来得大。今后研究应该更重视社会舆论、知识分子或医者自身的认知与新时代的要求,才能去突显"废中医"背后真正的压力源。

经过前文的分析可知,从国医责任的立场来看,为什么国医必须面对科学?不见得科学化只是为了遏止"废止中医"的风潮而已,因为废中医的政策很显然地只是个未经全盘思量的突发举动,但经过这个"不太严重"的事件后,也让中医思索自身在国家的定位与责任,并以"科学化"为手段来再造国医,并持续淡化"国粹"的形象,加强了"民族"本位的论述,冀望达到符合时代潮流、国家政策走向,以顺利完成改良之任务。某方面来说,"科学化"或国医担负起公共卫生工作的想法是"成功"的,因为这样的转型阻止了任何"废止中医"的想法继续在政府决策中发酵。但是,对于"国医"的改良努力,反中医者例如傅斯年等,却又仍是完全看坏的,他说:"近代医学的训练每每要八九年的功夫,读上几部《内经》《本草》、陈修园书便开方子的中医，那有闲功夫受近代医学的训练？"所以"'改良中医'四个字简直没有逻辑的意义"[154]。傅的言论并非无的放矢，因为国医的改良还受到来自内部学术转型所带来的杂音、歧见而失败了，像是什么是"科学化"之定义？科学化怎么展开？什么理论要存要废？对于这些问题，国医界显然歧见多而共识少；况且，国医担负公卫的想法虽落实于法令之中，但是国医药界却对具体实行拿不出什么有效办法，其态度也显得消极，故无法在抗战前争取到公共卫生的部分主导权，这也是转型失败的一个例子。

而从整体来看，国医的再造更是某种程度的失败，其原因不在于国医改了多少，而是国医没有"完全"成为西医或现代医学。中医不论怎么改，总得不到反中医者的认同。例如在台湾，不论在知识分子和西医方面，都有人不断提出要废除中医，革它的命，李敖（1935—2018）指出：

> 一个现代化国家的立法原意，绝对不能掺进大团圆的本位思想，尤其是没有传统法系来捣蛋的科学行政法规，更应该干干脆脆学学先进国家的榜样，万万不可让"国"字号的名词来扯皮。咱们国内"国"字号的"国粹"太多了，外国有戏剧，咱们有"国剧"来挡；外国有拳击，咱们有"国术"来挡；外国有绘画，咱们拿"国画"来挡；外国有音乐，咱们拿"国乐"来挡；外国有新学术，咱们有"国故""国学"来挡。不客气的说罢，这个"国"字号的东西都是我们痛痛快快现代化的阻力，他们并挡不住西潮的东来，但是他们扯皮捣蛋却容易使我们变成半吊

子,变成画虎不成的样子,这真是匪夷所思!¹⁵⁵

长期关切台湾医疗问题的陈永兴医师则言:

> 医学的进步既到了现代化的地步,许多传统医学不合理、不符事实的东西就自然被抛弃……所以世界上进步的国家都是努力于使医学现代化为国民谋身心健康和幸福,绝没有说仍坚持要保留自己种族的古老传统医学,也就是说没有所谓中医、西医的问题,难道我们听说过在美国还有印第安医?在中东还有波斯医?埃及医?不!医学就是医学,只有进步、落后的不同。¹⁵⁶

而在大陆,也有不少批判、废止中医的声浪,一波未平、一波又起¹⁵⁷,这不免让两岸共同关心中国医学发展的人感到忧心忡忡。检讨全文,可知抱持废止中医看法的人,多以"国"字辈的东西是反现代化、反西化、不科学的玩意儿,只要任何事物有"国"字之传统意涵在内,都应该加以废除。故国医界只好拿出比清末民初之"中西汇通"还要更大幅度改革理论的勇气,彻底地改造中医,所以才会提出并实施中医科学化。¹⁵⁸胡适那段话:"回头想想我们家里阴阳五行的'国医学'在这个科学的医学史上能够站一个什么地位。"¹⁵⁹现代的中医,可会让胡适感到欣慰?使用科学仪器来作药物分析,运用注射、X光检查、超音波等技术,在装饰上更多的"现代"与"科学"的外衣后,为什么废止中医的声浪仍没有"入土为安"?我们不免要问,这些外衣真的是中医发展、维持自主性的"唯一"装扮吗?[160]如果 1930 年代初所推行之"科学化"是成功的,或是国医成功地站稳了公共卫生的步伐,那么废止中医的声音会永远消失吗?探究"废止中医"问题之本质,其实不在中医有没有渐渐科学化,而是中医没有完全西医化(或成为西医)吧!不妨再看看傅斯年说的:

> 改良的中医是否预备全部的接受近代解剖学、生理学、微菌学?若然,中医之为中医还有几何?若不预备全部接受,而只在那里剽窃几个名词,这些系统科学中的名词如何在国医系统中与其他名词与"哲理"合作?或者中医本不嫌"一束矛盾",如道士之仿造一切教的经典一般。若果然,中医之为物更不必谈了。[161]

中医在当时或后来反中医者的眼中,若不能成为真正的"西医",恐怕永远都是有问题的医学。故虽以各式"科学化"之想法来再造国医是失败的,但反过来思考,废止中医的幽灵持续存在,正代表某种程度上中医的传统、经典、国粹元素依旧存在,从中医史来看,这样的结果未必是负面的。

中国人有一句老话言"有失必有得","得"与"失"往往是一体两面的。在转型过程中,一股过于担忧中医改革而失去自主性的声音一直存在,谢观(1880—1950)谈道:

> 民国以还,东西医学流传中土者渐广。国人受其濡染,中医蒙其影响,于是结团体以资研究,设黉舍以宏造就,刊杂志以资

> 鼓吹，发扬之途多矣。又有异军突起，高揭新中医之旗帜者，揆其初衷，欲以科学方法整理医籍，未始非迎合潮流之举，然成绩未著，而嚣嚣然有入主出奴之象，此中医之一大变局也。……盖喜新厌故，人情所同，医亦不能例外。惟末流变本加厉，折采西医皮毛，诽讪先哲之实效，以为中医有大部分应毁弃，论者惜之。[162]

在此，谢即表现了他对中医"面对西方"发展的远见与担忧。过去笔者在专书中研究清末一位致力于"中西医汇通"的中医唐宗海，他曾被医史家陈邦贤在《中国医学史》中抨击为"向壁骑墙"之徒[163]，现在终于理解这句话的背后含义：中医根本不该或没资格与西医"汇通"吧？所以当时中医"参西而崇中，不得新而忘旧"的想法[164]，可说完全得不到所谓西医派的赞同。

即使到了30年代，国医改革仍是某部分的"参西而崇中"，大抵传统所没有的，国医愿意学习吸收所谓的"科学"，但触碰到古典学理之时，则未必大家意见一致要去删除某些旧有的古典知识，以至于最后仍找不到划一之标准。可以说国医改良之路起于学习科学，却也质疑科学。对于这样步履蹒跚的改革，焦易堂曾说："假如在业务方面，稍稍看轻一点，能够直截从学术上互相研究。吾料三十年以后，未必不能自成为中华民族之新的医学，领导世界医学走上一条新的径路！"[165]焦氏会不会过于乐观了？像是傅斯年说的：

> 敢问主张中医改良论者，对于中医的传统观念，如支离怪诞的脉气论及阴阳六气论，是不是准备放弃？对于近代医学之生

理、病理、微菌,各学问,是不是准备接受?这两个系统本是不相容的,既接受一面,自必放弃一面。若不接受近代的生理学、病理学、微菌学,只是口袋中怀着几个金鸡纳霜、阿司匹灵药饼,算什么改良的中医?若接受了这些科学,则国粹的脉气论、六气论又将如何安插?中医之为中医又在哪里?[166]

是的,如果国医以"科学化"再造是很成功、很彻底的,会不会得到西医的认同,还很难说,但中医之不成其为中医,则是可以肯定的。所以当现代中医还捧读《伤寒论》《内经》等经典,而中医系的学生还需修习古代医经医史、文献,还重视老中医经验之传承的同时,正的的确确地代表本文所论及的:经历这段岁月的冲击后,虽改变了中医的原貌,但也让中医保留了部分的传统血脉,在今日得以延长不息。故言当时国医的科学化运动是一种"失败的'成功'转型":意指完全、成熟的科学化进程是失败的,但,这其中却暂时通过了"被废"的关卡,而保留了珍贵的传统与未来发展的一线生机,仍属于不折不扣的成功转型。

最后,面对西医的理论冲击,中医究竟要如何继续维持发展的自主性呢?从历史发展来看,在30年代前后,病人看中医又看西医是很普遍的事情,本书也有多方关照。李石曾曾办了一间"中西疗养院",西医请外国人,中医则找陆仲安来驻诊。丁福保与他的儿子丁惠康两人则看上了中医陈存仁,希望陈能去丁氏所开之"虹桥疗养院"负责中医方面的看诊业务。[167]可见中西医之争往往在学理上争输赢,一较高下,民间的病人与医生则完全不在乎。也许,若不以科学为唯一检验医学之标准,而以治病"有效"来重估中西医之价值,则两者或可同时存在；但终究，笔者较不担心今日中国人"学习西方"或中医"科学""西医化"会成问题，毕竟西方文化至今仍是主流、强势的，中医目前也不可能完全抛弃科学而专讲气化。但是，中西两种医学总要以尊重彼此为前提，合作才能继续下去；而且中医并非不能"科学化"，反倒要思索避免在采用"科学"后的削足适履，或径自将传统与经典抛弃，这才应是中医今后发展之南针。我喜欢这则带有一点讽刺的报道：

> 北京中医药大学的图书馆西侧有一尊张仲景的塑像，也许有些讽刺的是，从初见到它的中医学生，到这些学生最终离开它时，这些中国医学的后继者们也许并没有能学会如何去热爱它，因为在他们心里不得不装有另一种心态：如何在西医学生面前淡化自卑，并找到一份工作。[168]

当中医看到西医，在心态上若早已矮人一截，则要乞灵于中医今后之健全发展，无疑是缘木求鱼。钱穆（1895—1990）曾说，他一生都被困在中西文化的争论之中。但是，他把自己的思想追求定位为："所论每若守旧"，而出发点"实求维新"。余英时认为，钱的基本立场是要吸收西方的新文化而不失故我的认同，更与陈寅恪（1890—1969）所言："一方面吸收输入外来之学说，一方面不忘本来民族之地位。"是完全一致的。[169]我想着："中国的知识分子大体是在理智方面选择了西方的价值，而在情感方面却丢不开中国的旧传统。"[170]我觉得这样的矛盾没什么不好，毕竟"少小离家老大回"，如果在文化上朝向西方走得太远，就是该回头思索传统文化的时候了。

1940 年代国医的诊脉与舌诊状

注 释

1. 徐雪村来稿:《医学论》,《格致汇编》,上海图书馆影印本 1992 年版,第 1 册(光绪二年三月),第 70 页。
2. 梁启超言:"凡文化发展之国,其国民于一时期中,因环境变迁,与夫心理之感召,不期而思想之进路,同趋于一方向。"又言:"凡'思'非皆能成'潮'者,能成'潮'者,则其'思'必有相当之价值;而又能适合于其时代之要求者。"参考梁启超:《清代学术概论》,水牛出版社 1971 年版,第 1—3 页。
3. 谢利恒、尤在泾:《中西汇通》,《中国医学源流论·校正医学读书记》,新文丰出版 1997 年版,第 137 页。
4. 1954 年,毛泽东谈道:"我们对中医常常片面的强调他们的缺点,没有看到中医是我国宝贵民族文化遗产之一。"这个谈话,已开始修正中国过去重西轻中(医)的局面。至 1955 年更确立"系统学习,全面继承,整理提高"的方针,积极培养出既懂西医又懂中医,掌握两套技术的"中西医结合"新式医务工作者;直到 1960 年代,"中西医结合"之基础遂告稳定。详见王振瑞:《中国中西医结合史论》,河北教育出版社 2002 年版,第 50—51 页。
5. 此一概念原来自"中研院"史语所李建民教授的提示,可参考皮国立:《医通中西:唐宗海与近代中医危机》,三民书局 2006 年版,第 272—273 页。另外,古、今中医与中、西医学相互比较的议题,本就是中医们关切的议题,如此二重性的交锋,是历史的对话,也是文化交流议题内学者关切的焦点。可参考的一般性著作：张大钊主编：《中医文化对谈录》，生活·读书·新知三联书店 2000 年版；以及区结成：《当中医遇上西医：历史与省思》，生活·读书·新知三联书店 2004 年版。

6 此为桑兵教授和笔者通信时所告知的想法。

7 Ralph C. Croizier, *Traditional medicine in modern China: science, nationalism, and the tensions of cultural change* (Cambridge: Harvard University Press, 1968), pp. 81-104.

8 魏嘉弘：《国民政府与中医国医化》，"中央大学"历史所 1998 年硕士学位论文。

9 Sean Hsiang-lin Lei, *Neither Donkey nor horse: Medicine in the struggle over China's Modernity* (Chicago: University of Chicago Press, 2014), pp. 97-120.

10 Bridie Andrews, "The Making Of Modern Chinese Medicine, 1895 – 1937." (PhD. Dissertation, History and Philosophy of Science, University of Cambridge, London, 1996), p. 247. 依出版顺序还可参考较有开创性的：赵洪钧：《近代中西医论争史》，安徽科学技术出版社 1989 年版，第 108—127 页。邓铁涛主编：《中医近代史》，广东高等教育出版社 1999 年版，第 280—331 页。杨念群：《再造"病人"：中西医冲突下的空间政治(1832—1985)》，中国人民大学出版社 2006 年版，特别是第 7 章。

11 Ralph C. Croizier, *Traditional medicine in modern China: science, nationalism, and the tensions of cultural change*, pp. 89-90.

12 焦易堂：《为拟订国医条例敬告国人书》，中央国医馆秘书处：《国医公报》第 1 卷，1933 年第 5 期，第 8 页。

13 这部分收录于张锡纯：《医学衷中参西录》中册，河北科学技术出版社 1999 年版，第 141—165 页。

14 有关南京国民政府(国民党)内部对中国医学的争论与角力，可参考 Ralph C. Croizier, *Traditional medicine in modern China: science, nationalism, and the tensions of cultural change*, pp.131-148。

15 李经纬、鄢良：《西学东渐与中国近代医学思潮》，湖北科学技术出版社 1990 年版，第 141 页。

16 中医是不是有"哲学"思想的问题，还有很大的商榷空间。文中医家的思想，或可称作看法，至于有无呈现一种有体系的哲学思想，必须另当别论。此点意见为桑兵教授所提醒，特此致谢。就后来的研究而言，中医当然是有哲学的，参考程雅君：《中医哲学史(第三卷) 明清时期》，巴蜀书社 2015 年版。

17 张锡纯：《论哲学与医学的关系》，《医学衷中参西录》中册，第 216—217 页。

18 出自梁漱溟：《东西文化及其哲学》，商务印书馆 1999 年版，第 47—56 页。另外一个有趣的侧写：鲁迅带着讽刺的口吻说："中国人的性情是总喜欢调和、折中的。譬如你说这屋子太暗须在这里开一个窗，大家一定不允许的。但如果你主张拆掉屋顶，他们就会来调和，愿意开窗了。没有更激烈的主张，他们总连平和的改革也不肯行。"如果鲁迅的观察够犀利，至少我们就可以看出近代以来中医在"融合西医"举措背后所面对、来自西医的压力，是相当大的。引文出自陈漱渝主编：《无声的中国：二月十六日在香港青年会讲》，《鲁迅论争集》，中国社会科学出版社 1998 年版，第 21 页。鲁迅的话显示，中医在转型过程中所选择的"折衷"，民国知识分子也大感疑虑且不甚认同，此为处在中西文化夹缝中，代表传统文化之中医，所要面临的时代挑战，读者可一并参考下一章的论述。

19 张锡纯：《论哲学与医学的关系》，《医学衷中参西录》中册，第 218—219 页。

20 李寿芝:《新旧调融之管见》,《医界春秋》第 22 期,1928 年,第 3 页。
21 陈阶云:《对中医不得用西法西药,西医不得用中药再进一辨》,《医界春秋》第 22 期,1928 年,第 1 页。
22 Frank Dikötter, *The discourse of race in modern China* (Stanford, Calif.: Stanford University Press, 1992), especially chapter 4.
23 转引自李经纬、鄢良:《西学东渐与中国近代医学思潮》,第 110—111 页。
24 转引自李经纬、鄢良:《西学东渐与中国近代医学思潮》,第 111 页。
25 出自《中西医学报》8 期(1914)。转引自李经纬、鄢良:《西学东渐与中国近代医学思潮》,第 141—142 页。
26 丁福保:《历代医学书目序》(1902)。引自陈邦贤:《中国医学史》,台湾商务印书馆 1992 年版,第 257 页。
27 张赞臣:《国医的责任》,《医界春秋》第 13 期,1927 年,第 6 页。
28 《全国医药团体总联合会为中国医药问题敬告国人》,《申报》1929 年 4 月 25 日,第 2 版"广告"。
29 有关孙中山之死的医史意义,可参考上一章论述。孙虽不信中医,但他所提民族主义和最后服用中药的决定,使得孙的角色变得模糊,而给了中医另一种"复兴传统文化"之希望。
30 有关中华民族的唤醒与过程、政策之塑造,可参考费约翰(John Fitzgerald)著,李恭忠等译:《唤醒中国:国民革命中的政治、文化与阶级》,生活·读书·新知三联书店 2004 年版,特别是第 1 章。还可参考黄东兰主编:《身体·心性·权力》,浙江人民出版社 2005 年版,"中山陵:政治精神的表达与实践"部分。关于孙中山的死与其政治意涵之形塑,尚可参考:Liping Wang, "Creating a National Symbol: The Sun Yatsen Memorial in Nanjing," *Republican China 21*, no. 1(1996.04), pp. 23-63。以及李恭忠:《丧葬政治与民国再造:孙中山奉安大典研究》,南京大学历史系 2002 年博士学位论文,与陆续发表的专书与论文等。例如:李恭忠:《中山陵:一个现代政治符号的诞生》,社会科学文献出版社 2009 年版。又有陈蕴茜:《崇拜与记忆:孙中山符号的建构与传播》,南京大学出版社 2009 年版等著作。
31 王一仁:《三民主义与中国医药》,《医界春秋》第 13 期,1927 年,第 1 页。
32 祝味菊:《读绍君政统医论的谈话》,《医界春秋》第 14 期,1927 年,第 2 页。
33 陈阶云:《对中医不得用西法西药,西医不得用中药再进一辨》,《医界春秋》第 22 期,1928 年,第 1 页。
34 以上出自许半龙:《现行大学教员资格条例与医科》,《医界春秋》第 19 期,1928 年,第 1 页。
35 参考杜正胜:《无中生有的志业:傅斯年的史学革命与史语所的创立》,《古今论衡》第 1 期,1998 年,第 4—29 页。或者较完整的论述:氏著:《傅斯年的史学革命(上)与(下)》,《新史学之路》,三民书局 2004 年版,第 93—156 页。
36 傅斯年:《再论所谓国医》,《傅斯年全集》,联经出版 1980 年版,第 6 册,第 318—319 页。
37 李寿芝:《新旧调融之管见》,《医界春秋》第 22 期,1928 年,第 3 页。
38 陈阶云:《对中医不得用西法西药,西医不得用中药再进一辨》,《医界春秋》第 22 期,1928 年,第 1 页。
39 参考赵洪钧:《近代中西医论争史》,第 111—127 页。
40 文庠:《蒋介石与中医医政》,《淮阴师范学院学报(哲学社会科学版)》第 29 卷,2007 年第 4 期,第 502—506 页。更详细的论述,可参考文庠:《移植与超越:民国中医医政》,中国中医药出版社 2007 年版，第 78—83 页。
41　魏嘉弘：《国民政府与中医国医化》，第 52—61 页。
42　陈存仁：《抗战时代生活史》，上海人民出版社 2001 年版，第 56—59 页。
43　《中西医界联合之先声》，《申报》，1929 年 6 月 28 日，第 16 版"本埠新闻"。
44　《中医药存废问题》，《申报》，1929 年 3 月 21 日，第 15 版"本埠新闻"。
45　郑曼青、林品石编著：《中华医药学史》，台湾商务印书馆 2000 年版，第 388 页。
46　《中医药存废问题》，《申报》，1929 年 3 月 21 日，第 15 版"本埠新闻"。
47　《薛笃弼辞卫生部长》，《申报》，1929 年 4 月 11 日，第 9 版"国内要闻"。
48　魏嘉弘：《国民政府与中医国医化》，第 88、92 页。
49　《全国医药请愿团出发》，《申报》，1929 年 12 月 19 日，第 13 版"本埠新闻"。
50　可参考笔者近期对于中医和现代战争史的研究。皮国立：《战争的启示：中国医学外伤学科的知识转型（1937—1949）》，《国史馆馆刊》第 63 期，2020 年，第 91—126 页。以及皮国立：《中国近代医疗史新论：中医救护队与西医知识的传输（1931—1937）》，《中国社会历史评论》第 24 卷，2020 年第 1 期，第 158—173 页。
51　《中西医界联合之先声》，《申报》，1929 年 6 月 28 日，第 16 版"国内要闻"。
52　陈存仁：《抗战时代生活史》，第 56—57 页。
53　褚民谊喜爱交朋友，大而化之至没有规矩。在上海热衷交朋友，特别是跟"女性"的朋友交际，还喜欢逛妓院、舞厅等等，倒是颇损中央委员的名声；身边的"女伴"还常常更换，还带着妓女一同游杭州，去和"月下老人祠"求签问卦，真是政界奇闻。凡此糊涂花边轶事，都已记载在陈存仁的书中，有兴趣者再行参看：陈存仁：《抗战时代生活史》，第 56—76 页。
54　《〈医药评论〉社员参观中西疗养院》，《申报》，1929 年 9 月 23 日，第 16 版"本埠新闻"。
55　陈存仁：《抗战时代生活史》，第 67 页。
56　陈存仁：《抗战时代生活史》，第 71—72 页。
57　1931 年 3 月 17 日"中央国医馆筹备大会"上，主席团公推会员陈郁为主席，根据《国医公报》记载当时开会记录："在近年有许多医家都感觉到中医有整理之必要，同时中央政治会议有几位委员就是谭故院长、胡院长、陈委员立夫、邵委员元冲、焦委员易堂、陈委员肇英、朱委员培德等七人向中央政治局会议提议，仿照中央国术馆的办法设立中央国医馆。……嗣由焦委员易堂联合各同志征求各方面的意见，计函复赞同者有六、七十处之多。去年 10 月由焦委员召集发起人会议推举七人为筹备委员，就是焦易堂、陈立夫、彭养光、陈奠坼、周仲良、施今墨六先生及兄弟共七人。"事见中央国医馆秘书处：《中央国医馆筹备大会行开会式速记录》，《国医公报》第 1 卷，1932 年第 2 期，第 6—7 页。还可参考《卫生公报》（卫生部秘书处）第 2 卷，1930 年第 2 期，训令 265 号；以及《卫生公报》第 2 卷，1930 年第 6 期，指令 265 号，呈第 72 号。以及中国国民党中央执行委员会，政治会议第 226 次会议，第 8 号提案（中国国民党党史会原件，1930 年 5 月 7 日）。
58　《敬告全国医界暨全体民众书》，《申报》，1930 年 11 月 8 日，第 2 版"广告"。
59　祝味菊：《读绍君医政统医论的谈话》，《医界春秋》第 14 期，1927 年，第 3 页。
60　引自邓铁涛主编：《中医近代史》，第 76 页。
61　引自邓铁涛主编：《中医近代史》，第 77 页。
62　陈邦贤：《中国医学史》，第 268 页。
63　中央国医馆秘书处：《中央国医馆筹备大会行开会式速记录》，《国医公报》第 1 卷，1932 年第

2 期，第 8 页。
64 中央国医馆秘书处：《中央国医馆筹备大会行开会式速记录》，《国医公报》第 1 卷，1932 年第 2 期，第 9 页。
65 陆渊雷：《修改学术标准大纲草案意见》，《国医公报》第 1 卷，1932 年第 2 期，第 79—82 页。
66 陈邦贤：《中国医学史》，第 345 页。
67 Ralph C. Croizier, *Traditional medicine in modern China: science, nationalism, and the tensions of cultural change*, pp.105-120.
68 傅斯年曾批评："若将近代医学与所谓国医平等比衡，无异将近代物理与太极两仪的物理学平等比衡，亦无异将近代化学与方士之点金术平等比衡。"详参傅斯年：《再论所谓国医》，《傅斯年全集》第 6 册，第 311—312 页。
69 张忍庵：《中国医学之物质的原则》，《国医公报》1932 年第 2 期，第 43 页。
70 张忍庵：《中国医学之物质的原则》，《国医公报》1932 年第 2 期，第 47 页。
71 张忍庵：《中国医学之物质的原则》，《国医公报》1932 年第 2 期，第 47 页。
72 中央国医馆秘书处：《中央国医馆筹备大会行开会式速记录》，《国医公报》1932 年第 2 期，第 8 页。
73 中央国医馆秘书处：《中央国医馆筹备大会行开会式速记录》，《国医公报》1932 年第 2 期，第 9 页。
74 焦易堂：《为拟订国医条例敬告国人书》，《国医公报》第 1 卷，1933 年第 5 期，第 2 页。
75 中央国医馆秘书处：《中央国医馆筹备大会行开会式速记录》，《国医公报》1932 年第 2 期，第 8—9 页。
76 为了达到整理中医药与科学化的目标，国医馆征求的人士范围相当广，包括了："一、国医而有西医知识者。二、西医而有志于国医整理者。三、化学家而愿致力于药物之分析工作者。四、对于药物学确有研究者。五、国医对于某科素有专长者。"出自中央国医馆秘书处：《令江西国医分馆据报物色医药各项人才已悉文》，《国医公报》1932 年第 2 期，第 25 页。
77 黎伯概：《中央国医馆整理国医药学术标准大纲草案批评书》，《国医公报》1933 年第 5 期，第 78 页。
78 黎伯概：《中央国医馆整理国医药学术标准大纲草案批评书》，《国医公报》1933 年第 5 期，第 79 页。
79 初步可参考邓铁涛主编：《中医近代史》，第 93—100 页。
80 中央国医馆秘书处：《中央国医馆整理国医药学术标准大纲：二十一年十月二十九日学术整理委员会会议通过》，《国医公报》1932 年第 2 期，第 2—3 页。
81 国医馆内部会议记录记载："科学本来是一种普通的名词，究竟如何采用呢？兄弟以为现今世界无论何种专门学科，均有一定学术标准，如成立某科学校，则依照学术标准规定课程基本学科若干门，应用学科若干门，而每种学科又有一定的程序、一定的书本，如此才算有统系的学术。"出自中央国医馆秘书处：《中央国医馆筹备大会行开会式速记录》，《国医公报》1932 年第 2 期，第 8 页。
82 黎伯概：《中央国医馆整理国医药学术标准大纲草案批评书》，《国医公报》1933 年第 5 期，第 80 页。
83 所谓"实迹"是指在古典医学病症之背后，包括生理上确实部位之状态、运作改变，例如"发热"为身体温度之放散异常、溺少、"便闭"即水液之缺乏、"大汗气喘"即组织之弛废、"戴阳"即面部毛细血管之不行等等。参看黎伯概：《中央国医馆整理国医药学术标准大纲草案批评书》，《国医公报》1933 年第 5 期，第 80 页。

84　中央国医馆秘书处：《中央国医馆整理国医药学术标准大纲：二十一年十月二十九日学术整理委员会会议通过》，《国医公报》1932 年第 2 期，第 4 页。

85　黎伯概：《中央国医馆整理国医药学术标准大纲草案批评书》，《国医公报》1933 年第 5 期，第 85—86 页。

86　类似这种"旧国医基调，新西医解释"的例子，屡见不鲜，例如：基础学科中"卫生学"条提道："本科可将我国固有卫生学之精义，尽量发挥，至近世卫生学及防疫法，亦附于此。"引自中央国医馆秘书处：《中央国医馆整理国医药学术标准大纲：二十一年十月二十九日学术整理委员会会议通过》，《国医公报》1932 年第 2 期，第 2 页。

87　前面黎伯概认为不要再用"气化"来解释古典伤寒理论，这里又说要坚持"六气"，可见他自己在病理学说方面应该怎么"整理"上，也是充满矛盾的。关于中医对传染病和细菌理论之回应，可参考皮国立：《"气"与"细菌"的近代中国医疗史：外感热病的知识转型与日常生活》，第 138—193 页。

88　傅斯年：《再论所谓国医》，《傅斯年全集》第 6 册，第 316—317 页。

89　张忍庵：《中国医学之物质的原则》，《国医公报》1932 年第 2 期，第 49 页。

90　傅斯年：《再论所谓国医》，《傅斯年全集》第 6 册，第 318 页。

91　甘肃省国医分馆来稿：《对于中央国医馆整理国医药学术标准大纲草案意见书》，《国医公报》1933 年第 5 期，第 75 页。

92　即便是国医科学化的《大纲》，也并不是不动如山，其实国医还蛮能接受随时增减修订的概念。《大纲》本文即载："以上标准大纲，系按照目前国医情形，与世界医学大势，斟酌损益而成，惟学术之进步，多随时代为转移，此先哲徐氏有医随国运之论，以后本大纲，仍当随时修正。"中央国医馆秘书处：《中央国医馆整理国医药学术标准大纲：二十一年十月二十九日学术整理委员会会议通过》，《国医公报》1932 年第 2 期，第 6 页。

93　甘肃省国医分馆来稿：《对于中央国医馆整理国医药学术标准大纲草案意见书》，《国医公报》1 卷 5 期（1933.05），第 76—77 页。

94　叶谷红：《传染病之国医疗法》，《国医公报》1933 年第 5 期，第 71 页。

95　傅斯年：《再论所谓国医》，《傅斯年全集》第 6 册，第 309 页。

96　傅斯年：《再论所谓国医》，《傅斯年全集》第 6 册，第 323 页。

97　傅斯年谓："凡是改良，必须可将良者改得上。蒿子可以接菊花，粗桃可以接美桃，因为在植物种别上他本是同科同目的。我们并不能砍一个人头来接在木头的头上啊！西医之进步，到了现在，是系统的知识，不是零碎不相干的东西。他的病理论断与治疗是一贯的。若接受，只得全接受。若随便剽窃几件事，事情更糟。"出自氏著：《再论所谓国医》，《傅斯年全集》第 6 册，第 323 页。持类似论调者，鲁迅也算一个，详见下章论述。

98　焦易堂：《为拟订国医条例敬告国人书》，《国医公报》1933 年第 5 期，第 2—3 页。

99　傅斯年：《再论所谓国医》，《傅斯年全集》第 6 册，第 313 页。

100　《苏州国医杂志》(1937)。转引自戴献章编：《中医复兴运动血泪史：戴献章言论集》(台湾高雄：作者自印，1994)，第 10 页。

101　黎伯概：《充补管见书》，《国医公报》1933 年第 5 期，第 86—87 页。

102　黎伯概：《充补管见书》，《国医公报》1933 年第 5 期，第 88 页。

103 傅斯年说:"论到'国药'之研究,乃全是训练有学问的近代药学专家的事,一药之分析,及其病状效能之实验,决不是这些不解化学的'国医'所能知觉的。"引自氏著:《所谓国医》,《傅斯年全集》第 6 册,第 307 页。要研究国医,也不是只有医学家而已,还必须网罗各方面之人才,而他们每一个领域的知识,都是新的科学,国医则完全没有能力可以理解,故他又说:"研究中药,第一、要由胡先骕先生一流的分类学家鉴定准了某个药草的种类;第二、要由赵石铭先生一流生物化学家分解清楚了某个药草的成分;第三、再由实验药物学家取出一种药草之特有成分:即提净之精:试之于动物,试之于病床。传统中医之经验方剂中,若可增益近代医学知识者,所需手续当时如此的,这是全不与活着赚钱的'国医家'相干的。"傅斯年:《再论所谓国医》,《傅斯年全集》第 6 册,第 324—325 页。

104 可参考傅斯年:《历史语言研究所工作之旨趣》,《"中央研究院"历史语言研究所集刊》1 本 1 分(1928.10),第 3—10 页。傅反对"国故"的倾向,这篇文章也谈到不少。引自邓铁涛主编:《中医近代史》,第 79 页。

105 引自邓铁涛主编:《中医近代史》,第 79 页。

106 恽铁樵:《对于统一病名建议书之商榷》,《论医集》,华鼎出版社 1988 年版,第 3—12 页。

107 关于恽铁樵研究的单一个案,初步可参考范伯群:《从鲁迅的弃医从文谈到恽铁樵的弃文从医:恽铁樵论》,《复旦学报(社科版)》1 期(2005),第 18—26 页。以及皮国立:《新中医的实践与困境:恽铁樵(1878—1935)谈〈伤寒论〉与细菌学》,收入张澔等主编:《第八届科学史研讨会汇刊》,"中研院"科学史委员会 2008 年版,第 169—201 页。

108 陆渊雷还说:"国医所以欲科学化,并非逐潮流,趋时髦也。国医有实效,而科学是真理。天下无不合真理之实效,而国医之理论乃不合实理。"大抵其思想如此。更多介绍可参考邓铁涛主编:《中医近代史》,第 79 与 80 页。

109 焦易堂:《为拟订国医条例敬告国人书》,《国医公报》1933 年第 5 期,第 5—6 页。

110 魏嘉弘:《国民政府与中医国医化》,第 226 页。

111 雷以上海为例,说明中西医在这方面的争论,参看 Sean Hsiang-lin Lei, *Neither Donkey nor horse: Medicine in the struggle over China's Modernity*(Chicago: University of Chicago Press, 2014), pp.121-140。

112 秦伯未:《国医小史》,上海中医书局 1931 年版,第 22B 页。

113 焦易堂:《为拟订国医条例敬告国人书》,《国医公报》1933 年第 5 期,第 1 页。

114 中央国医馆秘书处:《中央国医馆筹备大会行开会式速记录》,《国医公报》1932 年第 2 期,第 10 页。

115 陈泽东:《论傅孟真侮辱国医文:中医公会之投书》,收入《傅斯年全集》第 6 册,第 315—316 页。

116 焦易堂:《为拟订国医条例敬告国人书》,《国医公报》1933 年第 5 期,第 6—7 页。

117 焦易堂:《为拟订国医条例敬告国人书》,《国医公报》1933 年第 5 期,第 4 页。

118 《苏州国医杂志》(1937)。转引自戴献章编:《中医复兴运动血泪史:戴献章言论集》,第 10 页。

119 傅斯年:《再论所谓国医》,《傅斯年全集》第 6 册,第 325 页。

120 焦易堂:《为拟订国医条例敬告国人书》,《国医公报》1933 年第 5 期,第 1 页。

121 中央国医馆秘书处:《中央国医馆筹备大会行开会式速记录》,《国医公报》1932 年第 2 期,第 7 页。

122 傅斯年:《所谓国医》,《傅斯年全集》第 6 册, 第 304 页。
123 焦易堂:《为拟订国医条例敬告国人书》,《国医公报》1933 年第 5 期, 第 4 页。
124 中央国医馆秘书处:《中央国医馆筹备大会行开会式速记录: 行政院代表李大年演说条》,《国医公报》1932 年第 2 期, 第 11 页。
125 可参考杨瑞松:《想像民族耻辱: 近代中国思想文化史上的"东亚病夫"》,《政治大学历史学报》第 23 期, 2005 年, 特别是第 19—31 页。
126 中央国医馆秘书处:《中央国医馆筹备大会行开会式速记录》,《国医公报》1932 年第 2 期, 第 10 页。
127 中央国医馆秘书处:《中央国医馆筹备大会行开会式速记录: 行政院代表李大年演说条》,《国医公报》1932 年第 2 期, 第 11 页。
128 傅斯年:《再论所谓国医》,《傅斯年全集》第 6 册, 第 321—322 页。
129 Sean Hsiang-lin Lei, *Neither Donkey nor horse: Medicine in the struggle over China's Modernity*, pp. 260-263.
130 关于胡适择医的矛盾心态与经过, 可参考祖述宪:《胡适对中医究竟持什么态度》,《中国科技史料》第 22 卷, 2001 年第 1 期, 第 11—25 页。
131 焦易堂:《为拟订国医条例敬告国人书》,《国医公报》1933 年第 5 期, 第 5 页。
132 傅斯年:《再论所谓国医》,《傅斯年全集》第 6 册, 第 321 页。
133 焦易堂:《为拟订国医条例敬告国人书》,《国医公报》1933 年第 5 期, 第 4—5 页。
134 郑曼青、林品石编著:《中华医药学史》, 第 387 页。
135 黎伯概:《中央国医馆整理国医药学术标准大纲草案批评书》,《国医公报》1933 年第 5 期, 第 79 页。
136 《令河北省国医分馆筹备处据陈报董事会公推蔡承绪暂代分馆长暂准备案文》(1933 年 3 月 29 日),《国医公报》1933 年第 5 期, 第 21 页。
137 参看彭善民:《公共卫生与上海都市文明(1898—1949)》, 上海人民出版社 2007 年版, 第 156 页。
138 傅斯年的想法, 可附记于此, 他的废中医主张, 是先找大城市开刀, 其他医药落后的地方则以渐进的方式慢慢废除, 他说:"对付中医, 似应取得逐步废止之政策。内地目下尚无医生, 大埠的医生也不够用, 而愚民之信此如信占卜、相面、看风水一半, 禁止之后使他手足无所措。或者免不了暂且保留此一个催眠术, 同时却也不能不管理他, 若干真正胡闹的事, 不便使他再做了。以后即有训练医生人数之增加, 逐步禁止这些'国医'。目下可以先把大埠的'国医'禁止了, 至少加一个重税于那些大赚钱的国医, 以取'寓禁于征'之作用。"参见氏著:《所谓国医》,《傅斯年全集》第 6 册, 第 307 页。
139 傅斯年:《所谓国医》,《傅斯年全集》第 6 册, 第 305—306 页。
140 黎伯概:《充补管见书》,《国医公报》1933 年第 5 期, 第 88 页。
141 焦易堂:《为拟订国医条例敬告国人书》,《国医公报》1933 年第 5 期, 第 6—7 页。
142 中国国民党中央执行委员会, 政治会议第 360 次会议, 第 3 号提案(中国国民党党史会原件, 1933 年 6 月 7 日)。
143 本草案可参考《国医公报》第 1 卷, 1933 年第 8 期, 第 1—11 页。
144 即 1930 年 5 月 27 日公布之"西医条例"的前身。参考陈邦贤:《中国医学史》, 第 293—296 页。
145 傅斯年:《再论所谓国医》,《傅斯年全集》第 6 册, 第 309—311 页。

146 参考《国医公报》1933 年第 8 期,第 1—11 页。
147 这段历史可参看邓铁涛主编:《中医近代史》,第 307—316 页。
148 转引自魏嘉弘:《国民政府与中医国医化》,第 196 页。
149 转引自魏嘉弘:《国民政府与中医国医化》,第 199 页。
150 傅认为"医卜星相"和中国的"国粹"是连在一起的,所以应该归内政部礼俗司管理。出自氏著:《所谓国医》,《傅斯年全集》第 6 册,第 307 页。
151 梁启超:《清代学术概论》,第 160—161 页。
152 吕芳上:《二十世纪中国政治史的研究:新资料、新视野》,《近代中国》第 160 期,2005 年,第 26 页。
153 梁其姿:《医疗史与中国"现代性"问题》,收入《中国社会历史评论》第 8 卷,2007 年,第 1—18 页。
154 傅斯年:《再论所谓国医》,《傅斯年全集》第 6 册,第 324 页。
155 李敖:《修改"医师法"与废止中医》(原登在《文星(台北)》第 61 号,1962 年 11 月 1 日),收入氏著:《传统下的独白》,李敖出版社 2001 年版,第 141 页。
156 陈永兴:《医疗·人权·社会》,新地出版社 1985 年版,第 146 页。
157 可参考方舟子:《批评中医》,中国协和医科大学出版社 2007 年版,以及海天、易肖炜著:《中医劫:百年中医存废之争》,中国友谊出版公司 2008 年版等。
158 邓铁涛主编:《中医近代史》,第 82 页。
159 出自西格理斯(Sigerist, Henry S.)著,顾谦吉译,胡适校:《人与医学》,台湾商务印书馆 1967 年版,序言第 4 页。
160 中医们追求现代化的过程中,所谓中医博士或教授们很少去阅读、咀嚼、反复思量中医学的经典著作,大多人忙着在实验室喂小老鼠、打针、吃中药,一有成果就立刻发表"i"级论文,生怕落于人后。可是,这种获取知识的方式是古典中国传统医学的精神吗?可参考朱彤、朱时中:《中医:正在失落的文明》,《中国国家地理》第 28 期,2003 年,第 69 页。
161 傅斯年:《再论所谓国医》,《傅斯年全集》第 6 册,第 316—317 页。
162 谢利恒、尤在泾:《民国医学》,《中国医学源流论·校正医学读书记》,第 140—141 页。
163 陈邦贤:《中国医学史》,第 184 页。
164 唐宗海原著、王咪咪、李林主编:《唐容川医学全书》,中国中医药出版社 1999 年版,第 640 页。
165 焦易堂:《为拟订国医条例敬告国人书》,《国医公报》1933 年第 5 期,第 4 页。
166 傅斯年:《再论所谓国医》,《傅斯年全集》第 6 册,第 323—324 页。
167 陈存仁:《抗战时代生活史》,第 66—67 页。
168 朱彤、朱时中:《中医:正在失落的文明》,《中国国家地理》第 28 期,2003 年,第 63—69 页。在台湾,这个现象也值得注意,许多中医系的学生都希望能成为西医;而中医系学生在前几年学的几乎都是西医学的东西,那么中医就"科学"或"现代"了吗?陈永兴批评中医系有西医课程,叫"挂羊头卖狗肉"(见陈永兴:《医疗·人权·社会》,第 150—151 页)。笔者以为,学习西医没什么不好,但要在中医学基础扎实,体系健全、完整后,再谈"面对西医"的问题,这也许才是解决中医老是矮人一截的好办法。
169 余英时:《历史人物与文化危机》,东大图书公司 1995 年版,第 211 页。
170 余英时:《史学与传统》,时报出版 1982 年版,第 103—104 页。

肆 医疗与近代社会：试析鲁迅的反中医情结

一、前　　言

鲁迅曾幻想到吐半口血，扶两个丫鬟到阶前看秋海棠，以为那是雅事。其实天下雅事尽多，唯有生病不能算雅。[1]

图一　厦门大学校园内的鲁迅像

依据上一章,如果"国医"的形成是近代史发展的一个重要历程,那么站在对立面,反对这个转型趋势最激烈,抨击"国医"最具代表性的人物,就是鲁迅和傅斯年。而前者较后者尤为重要,因为鲁迅自己学过医,医文皆通,从他的观点,更能看出中西医在医学层面的冲突点何在;当然,历史文化的因素也同样可以在鲁迅的言论中寻得线索。2006年一次偶然的机会,笔者第一次到厦门大学。在空闲之余,缓步流连于厦大的校园,不经意看到了静默地、脸上刻画着坚毅表情,立于校园内的鲁迅塑像。1926年至1927年间,他曾在厦门大学担任国文教授与国学研究院教授[2],向当地学生打听后才知,厦大还在鲁迅故居的原址上,为之立了一间鲁迅纪念馆,于是笔者欣然前往。夏日的太阳炙热地高挂于天空,却无损于我寻觅他足迹的兴头。

近代知识分子处在中西文化交会的争论与抉择中,忽而眺望新潮的西方、忽而回眸传统的中国,立场摇摆,已是不争的事实,也属变动时代中情有可原的现象。特别是近代知识分子的身份与思想往往呈现一种多元的互相渗透,就像"定义"鲁迅那样,实在是相当困难:文学家、翻译家、革命家、思想家、编辑,等等,每一个脸谱,鲁迅都可以在世人的心目中,扮演一个无懈可击的角色,这正是他的魅力所在。有关他的传记、介绍、评论等文章,更是汗牛充栋、卷帙浩繁[3],在此就不一一赘叙了。

鲁迅在五四运动的高潮中跃上文化舞台,但在五四学人那一代,却很少有人像鲁迅那样,总是给人一种坚毅、深刻不移的印象。针对五四学人思想的研究,已有不少学者提出各种不同角度的观察[4],其中特别值得注意的是,民初知识分子在许多方面所表现出来的摇摆与"两歧性"[5]。例如周明之指出胡适在许多方面的摇摆是因为他面对西方

图二　鲁迅盛大的丧礼，其影响力可见一斑（1936）

价值时的自卑或担忧，促使他回到传统中，去找寻作为中国人的自尊，周给这样的心态取了一个名字——"旧与新的内在同化"：他们也无法完全抛弃传统而远眺西方；[6]所以，他们多在矛盾挣扎中，不断在各个层面内寻求中国文化的出路。不过，在这些研究当中，可以看到学者们大多着重于描绘知识分子在思想、文学等领域内的角色扮演，而较少扣紧一般知识分子针对科学发展[7]，甚至是医学、化学、物理学等方面的认识与抉择态度之分析[8]。雷祥麟有关民初医生与病人"择医"问题的文章，很有启发[9]，而冯尔康也曾针对吴汝纶（1840—1903）的西医观进行解读，为本章提供一个先行的范例[10]。促使笔者开始思索：作为民初新文化运动舵手的知识分子们，有没有一种很特别的、值得分析的择医理念，其着重的"择医"标准为何？若就鲁迅的人生经历与其所持的"择医"观点来分析，他是否也具有"两歧性"呢？

本章必须一开始就指出,鲁迅在某些地方的独特性。李泽厚(1930—2021)指出:鲁迅和陈独秀(1879—1942)一样,参加过辛亥革命;和胡适一样,从事过专门的科学研究,但是"在中国近代思想史上,只有他才是真正深刻的。他在发掘古典传统和现代心灵的惊人深度上,几乎前无古人,后少来者"[11]。虽然鲁迅和政治的关系也很密切,但他总是在更普遍的意义上去质问社会文化[12],故有时分析他文章背后的社会文化用意,往往比观察他与政治的关系更有意义。诸多关于鲁迅与医疗史的线索,一开始都围绕着对于鲁迅曾经"学医"与"为医所害"的经历,大多仅仅带过而已,未做深入分析。[13]本章着重于探讨鲁迅在医疗与疾病领域的一些经历,并剖析他何以如此痛恨中医;而中医又在他的心中,乃至于中国文化发展之过去与未来,应该扮演什么角色?中国人应该怎么选择,或重塑一个具有现代性意义的医疗卫生的国民性?[14]他又是如何论证并确立他最终的抉择。本章预期的工作与贡献,不单只进行国民性之探讨,因为相关研究已非常丰富。[15]本文尚希望从鲁迅主观的视角出发,地毯式地汲取他著作中的养分,来分析近代社会中的中西医药状况;并希望指出:在经历过一些事件后的鲁迅,他认为在中国社会中,有哪些方面的医药卫生状况,是需要被改变的、针砭的,也借此来讨论近代中西医论争与医药发展的一些实际情况,庶几对近代医疗卫生史有所贡献。[16]

当笔者走进俭朴、摆设古色古香的鲁迅故居与书房后,鲁迅仿佛还坐在那儿读书、写作似的。隔壁房间陈列了一些鲁迅的遗物,其中最令我感到好奇的,就是那些他早年远渡重洋,去日本学习西医时所留下的生理学笔记,那上面布满了密密麻麻的笔迹与零星几幅生理解剖图,都是他亲笔所载。如此认真抄录、脑中充满对西医与中医看法的鲁迅,到底在思考什么样的中国医疗文化之未来?[17]也许,这就是一个起点,本文就从追寻他的思想线索展开。

二、缘起:反中医幼苗诞生

鲁迅原名周树人,但周这个名字可不及"鲁迅"来得响亮。1918年,周树人第一次以"鲁迅"为笔名在《新青年》上发表经典名篇《狂人日记》,文中极尽讽刺之能事,猛烈抨击"吃人"的封建礼教。若剖析其所论,中医也是吃人礼教的帮凶!那么,这一切要从何说起呢?

1881年,鲁迅诞生于浙江绍兴城内一个大家族里,父亲是秀才,母亲姓鲁,乡下人,她曾以自修达到能看文学作品的程度。鲁迅家里原有祖遗的四五十亩田,但在鲁迅的父亲死前,已经卖完了;这时,鲁迅大约才十三四岁,但还勉强读了几年中国书[18],当然也包括许多中国的医书。一开始,他对中医并无抱持着轻蔑之心,因为正值年轻有为的他,却还要为父亲的病终日奔波劳苦,乞求中医、中药的帮助。在1896年之前,约莫有四年多的时间,鲁迅总是穿梭于气味浓郁的中药铺子里,就为了寻找能够挽救他父亲的病于万一的那味药方。

他陈述自己依据了一位名声如雷贯耳的知名中医所开的药方,按图索骥来配药;后来这位医生对父亲的病束手了,就说转介另一位赫赫有名的中医:何廉臣(1861—1929)来接手[19],这已让鲁迅觉得原来那位中医很不负责任[20],后来他对那位中医的感想是:"等到危急时候,便荐一个生手自代,和自己完全脱了干系。"[21]当然,这位赫赫有名的何中医也不好应付,因为他用的药引奇特异常,鲁迅当时并不觉得奇怪,之前中医指定的药物:"冬天的芦根"与"经霜三年的甘蔗"业已不用了,这次蟋蟀可要原对的,还要结子的平地木[22],他回忆说:那都是很不容易找到的药物。虽然鲁迅当下说不上"为什么"要用这些性质的药物,但他总是往好处想:"医者,意也。"[23]好比古代名医叶天士(1667—1746)那样,在普通药方中仅加了一味药,就成了神方[24],这可是中医展现高明医术的舞台,为了给父亲治病,辛苦一点又何妨?所以,他还是继续搜罗,只是他难免有些抱怨:"(蟋蟀一对)旁注小字道:'要原配,即本在一窠中者。'似乎昆虫也要贞节,续弦或再醮,连做药资格也丧失了。"[25]中药素有"药引""君、臣、佐、使"等用药的准则,在鲁迅的眼中全是瞎说,他回忆道:

> 药引寻到了,然而还有一种特别的丸药:败鼓皮丸。这"败鼓皮丸"就是用打破的旧鼓皮做成;水肿一名鼓胀,一用打破的鼓皮自然就可以克伏它。清朝的刚毅因憎恨"洋鬼子",预备打他们,练了些兵称作"虎神营",取虎能食羊、神能伏鬼的意思,也就是这道理。可惜这一种神药,全城中只有一家出售的,离我家就有五里。[26]

"一物克一物"这种在本草学中屡见不鲜的例子,对后来的鲁迅而言,就等同于清末昏官的举措:自欺欺人,完全经不起考验。但总是"千金难买早知道",当时他仍尽力去满足这位中医所开药方内的每味药,而这些努力也让鲁迅家由小康转向破落了;最可惜的是,父亲的病也不见转好,后来何中医竟推说:"我想,可以请人看一看,可有什么冤愆……。医能医病,不能医命,对不对?自然,这也许是前世的事。"乍听这话,鲁迅的父亲彻底对自己的病绝望了,而这也深深地打醒了鲁迅。他事后批判说:"S 城那时不但没有西医,并且谁也还没有想到天下有所谓西医,因此无论什么,都只能由轩辕岐伯的嫡派门徒包办。轩辕时候是巫医不分的,所以直到现在,他的门徒就还见鬼,……。这就是中国人的'命',连名医也无从医治的。"[27] 病治不好,就归于鬼神作祟,这是鲁迅最痛恨中国人的国民劣根性之一,中医正是这种文化的"共犯"。最后,父亲的病终于每况愈下,一命呜呼了。[28] 这样的经历,促使鲁迅写成一篇悲愤的文章——《父亲的病》,来沉痛诉说中医在这位少年心中烙下的胡搞印象。

悲伤可以释怀,但恨意却难以抹去。1898 年,鲁迅前往南京就读新式的学堂[29],母亲相当难过地忍痛支持他,因为当时学习"洋务"是一种走投无路的举动,但在这里,鲁迅接触到由西人所翻译的医学与科学书籍——《全体新论》与《化学卫生论》,也读了严复的《天演论》,开启了他对中国整体文化"维新"的视野。这时,他才突然醒悟:"我还记得先前医生的议论和方药,和现在所知道的比较起来,便渐渐的悟得中医不过是一种有意的或无意的骗子,同时又很起了对于被骗的病人和他的家族的同情;而且从译出的历史上,又知道了日本维新是大半发端于西方医学的事实。"[30] 自此而后,鲁迅正式成为一位"反中医者",但是为何而反?可能他还不能说出个道理,多半还是基于父亲服药无效而枉死的往事和一些粗浅的西方科学知识,让他对中医产生了鄙视的心。反中医情结在他的心中已然扎根萌芽。

1904 年,鲁迅正式进入日本仙台医学专门学校求学,这个冬天将会为大雪所冰封的小城镇,当时还没有中国学生。[31] 鲁迅咬着牙学习,就是希望将来能做一位具有维新思想的新西医,拯救更多被中医所误的病人,可见年少时的记忆在他心中凿下了多么深刻的伤痕。在医学校内,他感受到了日本迅速采用西方医学的好处,而且他受到不修边幅,常常忘了打领结的藤野先生很好的教导。[32]他回忆说:

> 我交出所抄的讲义去,他(藤野)收下了,第二三天便还我,并且说,此后每一星期要送给他看一回。我拿下来打开看时,很吃了一惊,同时也感到一种不安和感激。原来我的讲义已经从头到末,都用红笔添改过了,不但增加了许多脱漏的地方,连文法的错误,也都一一订正。这样一直继续到教完了他所担任的功课:骨学、血管学、神经学。[33]

藤野非常关心这位来自中国的学生,怕他日文跟不上,也怕他在学习上会有问题,所以极尽悉心照料之能事,让鲁迅铭感五内。除此

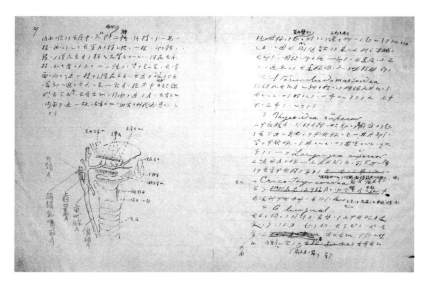

图三　鲁迅的笔记之一:有鲁迅老师藤野的修改笔迹

之外，包括解剖学的正确知识：求真，要能画出不偏不倚、精确无比的解剖图训练；[34] 以及许多在中国不被重视的西洋翻译解剖学书籍，都可以在这里一饱眼福。

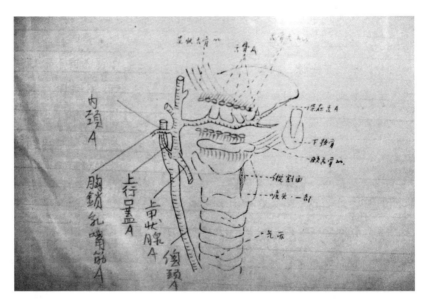

图四　鲁迅的笔记之二：鲁迅画的解剖图

但是，鲁迅终究放弃了成为一位西医的初衷。促使鲁迅"弃医从文"的重大事件有两个：第一，他在医学校内被日本同学误解，指控他那"中等成绩"是来自老师泄题的"恩赐"，鲁迅事后回忆说："中国是弱国，所以中国人当然是低能儿，分数在60分以上，便不是自己的能力了，也无怪他们（指日本同学）疑惑。"[35] 换句话说，就算成为医生，但只要是中国人，就会被看不起，医术与别人看你眼光的高低，完全是两码子事。第二，课堂上有一次播放日俄战争的画片时，他看到了中国人被砍头示众的情景，日本同学当时高呼"万岁!"听在鲁迅耳中可是万分刺耳的,他是在场唯一的一位中国人。于是他领悟了:"我便觉得医学并非一件紧要事,凡是愚弱的国民,即使体格如何健全,如何茁壮,也只能做毫无意义的示范的材料和看客,病死多少是不必以为不幸的。所以我们的第一要著,是在改变他们的精神,而善于改变精神的是,我那时以为当然要推文艺,于是想提倡文艺运动了。"[36]这是一个重大的转捩点,鲁迅那时做了如此重大的决定,还特别和藤野解释:他将放弃医业了。为了这件事,藤野还难过了好久[37],可见这位日本老师对鲁迅的重视程度有多高了。

弃医从文是鲁迅之所以能成为一位文学大师的主因;然而,这一切都只是开始,因为鲁迅从未忘记,与西医对照下中医的胡言乱语,他每次追忆藤野老师的风范,就会想到:"他的对于我的热心的希望,不倦的教诲,小而言之,是为中国,就是希望中国有新的医学;大而言之,是为学术,就是希望新的医学传到中国去。他的性格,在我的眼里和心里是伟大的。"[38]于是乎,鲁迅每每在文章中显现他抨击中医、追随西医的言论,而中医的一切,又都和中国人无知、愚弱的国民性连在一块了,中国人在文化上、体格上,都可以说是广义的"病人"[39]。这个时候,"反中医"已不再是为了"旧恨"而已,而添上了"维新"和"改革"的积极意义。

1909年,鲁迅回国以后,开始担任杭州两级师范学堂的教员。他在此时编写的西方生理学讲义《人生象敩》,已经可说是一本完整的专业著作,书中呈现了他学习西医知识的成果与传播西方生理学的认真态度。当时没有修习课程的学员,也纷纷向他索取讲义,这份在当时是少见的完全由中国人编著之西方生理学教科书,引起了校园一阵轰动。[40]大约有五六年的时间,他暂别读小说的乐趣,后来才又开始了创作生涯。他说:"我要来做小说,也并非自以为有做小说的才能,只因为那时是住在北京的会馆里的,要做论文罢,没有参考书,要翻译罢,没有底本,就只好做一点小说模样的东西塞责,这就是《狂人日记》。大约所仰仗的全在先前看过的百来篇外国作品和一点医学上的知识,此外的准备,一点也没有。"[41]由此可以知道,写作是需要素材的,而鲁迅当时所能仰仗的就是他先前广泛阅读所打下的基础,还有,就是他的医学知识,当然也包括了那些好与不好的回忆在内。

三、至死不渝的迷信：偏方与秘方

鲁迅厌恶中医的理由,可以归纳出好些个条陈。最深刻的,就是中医是中国文化固陋的一环。如果要改变中国"病人"的国民性,就要把中医从中国医疗市场内连根拔除。当时抱持这种想法的,并非一时或鲁迅一人的见解,因为直到1980年代初,大陆还有一些人将中医废存问题与鸦片、娼妓的废除相提并论,视为近代中国社会三大问题。[42]故民初为什么有一批人这么想废除中医,其心态与认知为何,实在是一个值得探索的问题。

就鲁迅个人的思想与观察而言,首先要针砭的就是旧社会的迷信,它是中国人"坚强"的国民性之一,鲁迅说:"中国人谁没有迷信,只是那迷信迷得没出息了,所以别人倒不注意。譬如罢,对面有了老虎招牌,大抵的店家,是总要不舒服的。"[43]这种种根深蒂固的迷信,中医也占了不少。光以《狂人日记》来看,中医的罪状就不少,书内写道:"爷娘生病,做儿子的须割下一片肉来,煮熟了请他吃,才算好人。"[44]这就是基于"人肉"可以治病的迷信。[45]但说这条知识是迷信,又不完全是,鲁迅在文章中写道:"真是医生,也仍然是吃人的人。他们的祖师李时珍做的'本草什么'上,明明写着人肉可以煎吃;他还能说自己不吃人么?"[46]人肉可以疗病可是"有凭有据"的,[47]那么便证实了:中国传统医书是标准的"迷信制造中心"。

街访邻居的鸡婆,新讯息互相报给左邻右舍知道,也是助长迷信气焰的共犯,这就不得不谈到流传在民间、街谈巷议的各种中医偏方与秘方了。1919年,鲁迅发表了一篇名为《药》的短篇小说。故事里的苦主小栓患了"痨病"(肺结核),每日咳嗽不止,苦不堪言。父亲老栓和母亲华大妈并不是有钱人,可以说他们两人正是中国下层社会的写照,努力凑得几个钱,就为了寻找偏方来给他们的儿子小栓来治病。结果找着的这些卖秘方的人,竟是些有着江洋大盗面孔的诈骗集团:

> 喂!一手交钱,一手交货!一个浑身黑色的人,站在老栓面前,眼光正像两把刀,刺得老栓缩小了一半。那人一只大手,向他摊着;一只手却撮着一个鲜红的馒头,那红的还是一点一点的往下滴。

老栓抱着那红透了的"血馒头"快马加鞭赶回家,"仿佛抱着一个十世单传的婴儿,别的事情,都已置之度外了"。这对救子心切的父母始终乐观地相信:"吃下去罢,病便好了。"然而,吃下血馒头的小栓,却还是止不住地咳个不停,这时一位满脸横肉的华大叔对老栓嚷道:"吃了么?好了么?老栓,就是运气了你!你运气,要不是我信息灵……这是包好!这是与众不同的。你想,趁热的拿来,趁热吃下。……包好,包好!这样的趁热吃下。这样的人血馒头,什么痨病都包好!"鲁迅不只一次地用了这种譬喻描写法:"生痨病的人,用馒头蘸血舐。"人肉、人血皆属于治病的良方,人血特别可治"肺痨"[48],好像是每位中国人都可以朗朗上口的一般常识。

终于,这则故事的最后,也并不让人意外:小栓死了,成了一抔黄土,孤独地躺在坟墓中。整则故事,突显了鲁迅对中国愚昧无知者的怜悯,与至死不渝相信偏方的愚蠢行为之深刻讽刺。在鲁迅心中,偏方和骗子可以画上等号,而无知的人,包括小栓的父母和华大叔,都是旧中国文化败落的最佳代言人,后者更代表中国人"听信""迷信"秘方的偏执化身,透过街谈巷议,错误的药方透过口传的方式辗转流传,戕害无数中国人。给人当头棒喝的警示是:人人有追求健康与治愈疾病的愿望,但方法不对,则将害人害己、家破人亡。这个娓娓道来的故事,正是中国人寻求偏方治疗肺结核的最佳短片,播放着至死不渝的迷信。[49]

然而,这类谣言散布之广,又像是止不住的传染病,四处流散。鲁迅就曾抨击中国是"谣言世家",他说:"笑里可以有刀,自称酷爱和平的人民,也会有杀人不见血的武器,那就是造谣言。但一面害人,一面也害己,弄得彼此懵懵懂懂。"[50]不懂的或听来的"可能"知识,不经求证,也不会被质疑或淘汰,让鲁迅感到十分痛恶。许多谣传之偏方经由街谈巷议之日常"关心"而附身,进而还魂的迷信,往往摇身一变成为正统医书中的知识,鲁迅说:"记得中国的医书中,常常记载着'食忌',就是说,某两种食物同食,是于人有害,或者足以杀人的,例如葱与蜜,蟹与柿子,落花生与王瓜之类。但是否真实,却无从知道,因为我从未听见有人实验过。"[51]没经过科学验证的旧医疗知识,在鲁迅心中,咸属谣言与迷信之流。更让鲁迅深恶痛绝的是,有知识的读书人,往往是这类迷信的忠实支持者:

> 道学先生之所谓"万物旨备于我"的事,其实是全国,至少是S城的"目不识丁"的人们都知道,所以人为"万物之灵"。所以月经精液可以延年,毛发爪甲可以补血,大小便可以医许多病,臂膊上的肉可以养亲。然而这并非本论的范围,现在姑且不说。况且S城人极重体面,有许多事不许说;否则,就要用阴谋来惩治的。[52]

鲁迅的话,深刻反映出在传统社会中,一旦有所谓破除"迷信"的举动或言论,反而不见容于社会而招致非议了,所以许多错误的医疗观念,得以生生不息、绵延不绝。

四、骗人的把戏?中医辨病与诊断

如果如同上述,中国文化与中国医疗充斥着这么多迷信与谣言,那么,撇开偏方、秘方不谈,中国医学也有所谓"正典医学"所建立的知识,是有历史的延续与指导原则的理论[53],不是基于口传或街谈巷议形式的迷信,又该如何解释其价值?首先,认识身体,是每一种医学理论发展中最要紧的事。中医也有,但那些从上古以来所确立的解剖学知识,在学习过西医解剖学的鲁迅眼中看来,已难登大雅之堂。[54]鲁迅也知道"中医解剖"这回事,但他用一种更为嘲弄、戏谑的语气来评论其历史。1935年,他在病中写下了他的随想:

> 也还是为了自己生病的缘故罢,这时就想到了人体解剖。医术和虐刑,是都要生理学和解剖学智识的。中国却怪得很,固有的医书上的人身五脏图,真是草率错误到见不得人,但虐刑的方法,则往往好像古人早懂得了现代的科学。例如罢,谁都知道从周到汉,有一种施于男子的"宫刑",也叫"腐刑",次于"大辟"一等。对于女性就叫"幽闭",向来不大有人提起那方法,但总之,是决非将她关起来,或者将它缝起来。近时好像被我查出一点大概来了,那办法的凶恶妥当,而又合乎解剖学,真使我不得不吃惊。但妇科的医书呢?几乎都不明白女性下半身的解剖学的构造,他们只将肚子看作一个大口袋,里面装着莫名其妙的东西。[55]

鲁迅讥笑中国解剖学的贡献在于弄清楚怎么去虐待、处罚身体,却对基础的生理知识一知半解,连基本的生理脏腑图像都绘制成"草率错误到见不得人"[56]。而本此知识来执业的中医,更是一群骗子,说着一些病人听不懂的话,来欺骗众多底层民众。

鲁迅的文章背景,很多都是以"鲁镇"为主,可能与他曾经历过的农村生活有关。故出场人物多是中国农村底层的一般民众,苏雪林(1897—1999)曾盛赞鲁迅是中国最早的乡土文艺家,将地方小人物刻画得"神妙欲到秋毫颠"[57]。在鲁迅的印象中,中国传统农村内有许多人会"变戏法",好像"纸人出血"那样;然而,那全都是骗人的把戏[58],充满了无知与愚昧。而"被欺"的这些人,也正是可怜的受害者。《明天》一文中的女主角——单四嫂子,在鲁迅笔下就是一个"粗笨女人"。故事描述她的孩子患了疾病,于是她"神签也求过了,愿心也许过了,单方也吃过了"[59]。这些举措都是当时民众对付疾病的老方法,此为鲁迅撰文时一个常用的巧妙文笔安排:先将主人翁"错误"的行为指出,再描述他们自食恶果的情况。故事的高潮是小孩的疾病并没有痊愈的迹象,这时,单四嫂子就去求一位叫"何小仙"的中医帮忙,鲁迅叙述道:

> 何小仙伸开两个指头按脉,指甲足有四寸多长,单四嫂子暗地纳罕,心里计算:宝儿该有活命了。但总免不了着急,忍不住要问,便局局促促的说:"先生,我家的宝儿什么病呀?"
> "他中焦塞着。"
> "不妨事么?他……。"
> "先去吃两帖。"
> "他喘不过气来,鼻翅子都扇着呢。"
> "这是火克金……。"
> 何小仙说了半句话,便闭上眼睛;单四嫂子也不好意思再问。在何小仙对面坐着的一个30多岁的人,此时已经开好一张药方,指着纸角上的几个字说道:"这第一味保婴活命丸,须是贾家济世老店才有!"[60]

细细品尝此文,就可以发现鲁迅抨击中医之处在于其荒谬的理论,像是"火克金"、"中焦塞着",[61]全是中医解释病理时的依据,不清不楚,根本谈不上"辨别疾病"的能力。再者,就是"保婴活命丸"只有"贾家济世老店"才有,别处还找不着,这实在不能不让人怀疑是江湖郎中与药店的挂钩,秘方、秘传这种"只有我知道哪有"的胡说理论,也是鲁迅讽刺的现象之一,都在这篇故事中被深刻地揭露出来了。

我们还可以看到当时医病关系可能的、生动的互动。试想,病人不会针对病情发问吗,那中医又该如何解释呢?不妨看看《祝福》中的祥林嫂,一直是中国女人悲情的缩影。[62]不但一生辛苦,也充满着无知,仿佛跌进深渊中无法解救似的,无可救药。一次,她遇着了鲁迅,就说:"一个人死了之后,究竟有没有魂灵的?"这下可把鲁迅问倒了,只好吞吞吐吐、支支吾吾地说出:"那是,……实在,我说不清。……其实,究竟有没有魂灵,我也说不清。"事后鲁迅回忆说:"'说不清'是一句极有用的话。不更事的勇敢的少年,往往敢给人解决疑问,选定医生,万一结果不佳,大抵反成了怨府,然而一用这'说不清'来作结束,便事事逍遥自在了。"[63]文中还衬托鲁迅的四叔,是位老监生,中国古文化的代言人,[64]他倒是说出"鬼神者,二气之良能也"的理论。[65]祥林嫂的疑问,其实透过传统知识分子:鲁迅四叔的口中即可获得解答,但却是十足的胡诌。魂与魄也为中医所采用,一个是归"肝"所管,后者则归"肺"所辖;[66]而不论理论多么深奥、多么难解,鲁迅认为,只要以"说不清"就可以安全过关,而一切医学知识,遂留在"说不清"的玄想阶段。

另一个有趣的问题是判断疾病。民初西医势力渐兴盛,判断疾病的主导权渐渐转向西医这一方;[67]传统中医的诊断和判断疾病的方法、定义病情等旧技艺,遂渐渐不合时宜。在鲁迅眼中,中医是完全无法适应新时代的,应该被淘汰。1926年,鲁迅写了《弟兄》,文章中针砭中医不识新疾病,还随意比附对照,诊断也完全错误。故事的一开始是一群人正在讨论"热病",反映出一般民众只知道会发热的疾病都叫"热病",感冒、伤风如是,传染病亦若是。[68]然而,报纸上闹得沸沸扬扬,说是时症"猩红热"流行起来了。主人翁张沛君的弟弟也正在发热,虽然张不信中医,但西医普氏迟迟未来,当下着急了,索性就请了一位中医来诊治他的弟弟。他抱着一丝希望,喃喃自语道:"也许并不是猩红热。然而普大夫没有找到,……同寓的白问山虽然是中医,或者于病名倒还能断定的。"结果,经中医白问山诊断后,断定为:"他们西医叫猩红热,我们中医叫红斑痧。"[69]也就是说,经过中医诊断,张的弟弟确实得了当时极难治疗的急性传染病。这下可把张吓得冒出一身冷汗;白问山还丢出一句:此病中医是可治的,只是"要看你们府上的家运"这类玄学语言。[70]随后,普大夫来了,诊断后说:这只是一般疹子,不是猩红热,不碍事,吃吃药、注意饮食即可[71],才结束了这一场虚惊,乃由中医从头到尾的乱说而闹出的乌龙诊疗[72]。相类似的还有前述《祝福》一文中描述祥林嫂婚姻悲苦的一段文字:"……这实在是叫作'天有不测风云',她的男人是坚实人,谁知道年纪轻轻,就会断送在伤寒上?本来已经好了的,吃了一碗冷饭,复发了。"[73]吃了一碗冷饭和"伤寒"复发有什么关系呢?伤寒是中医的,还是西医的病名呢?鲁迅没有在文章中交代,只知道村叟乡姑般的"自己当医生"的行为,已属不智,偏偏还要加上"天有不测风云"的鬼话,这正反映了中国社会底层民众的不智与悲哀。

鲁迅自己亲身的经历也不遑多让。他自剖说自己的牙齿不好，有一次出血了，不得不看医生，但当时还没有所谓的"西法治病"，只好依赖家家户户都有备上一本清代鲍相璈所编之《验方新编》来按图索"药"，结果"试尽'验方'都不验"，只有"细辛"一味药勉强合用，但自言不过"麻痹"一时而已，根本不对症；至于，他认为方书内记载拔牙用的"离骨散"，也不过是"理想之谈"，实际上根本没有这种药。[74] 之后，鲁迅又蒙一位"善心人士"告诉他"择日将栗子风干，日日食之，神效"。当然，这又是一个道听途说的秘方，鲁迅自我调侃说："好在这秘方的结果不过是吃栗子，随时可以风干的。"最后的结果，真令人意外，因为西医治疗他的牙病竟易如反掌：

> 自此之后，我才正式看中医，服汤药，可惜中医仿佛也束手了，据说这是叫"牙损"，难治得很呢。还记得有一天一个长辈斥责我，说，因为不自爱，所以会生这病的；医生能有什么法？我不解，但从此不再向人提起牙齿的事了，似乎这病是我的一件耻辱。如此者久而久之，直至我到日本的长崎，再去寻牙医，他给我刮去了牙后面的所谓"齿垽"，这才不再出血了，花去的医费是两元，时间是约一小时以内。[75]

中医、秘方、验方无法解决，西医竟花了不到一小时，就治好了鲁迅多年来的唇齿大疾，这样的对比有些夸张，但的确拉远了中西医在他心中水准高低的分量。要洗刷个人疾病之耻辱，必须依靠西医的技术，中医是没有显效的。后来，鲁迅仔细翻阅了中国医书，他更惊讶地发现，原来牙痛与上文"不自爱"的关系，是因为鲁迅做了太多"缺德事"了：

> 我后来也看看中国的医药书，忽而发现触目惊心的学说了。它说，齿是属于肾的，"牙损"的原因是"阴亏"（笔者按：肾属阴，此处当也指"肾亏"）。我这才顿然悟出先前的所以得到申斥的原因来，原来是它们在这里这样诬陷我。到现在，即使有人说中医怎样可靠，单方怎样灵，我还都不信。自然，其中大半是因为他们耽误了我的父亲的病的缘故罢，但怕也很挟带些切肤之痛的自己的私怨。[76]

其实，中医所谓的"阴亏"，应该是指"阴阳调和"中的"阳盛而阴亏"，并不是指"损阴德"的意思。不知鲁迅是真的不清楚而做如是联想，还是故意吊读者胃口，只为了想要证明那位长辈和中医的无知与荒诞不经所玩的文字把戏？我们无法断定。但是，鲁迅再次强调他对中医的无比痛恨与不信任，这和早年他父亲和后来自己作为一位"病人"的经历与切肤之痛，都有一定的关系。

五、科学与国粹

对民初思想界的描述，首章提到的胡适（1891—1962）有一段极为深刻的话："这三十年来，有一个名词在国内几乎做到了无上尊严的地位，无论懂与不懂的人，无论守旧和维新的人，都不敢公然对他表示轻蔑或戏侮的态度。那个名词就是'科学'。"[77]相对于胡适的端庄隆重，鲁迅就显得戏谑许多，他在作品中诚挚呼吁："假如真有这一日，则和尚、道士、巫师、星相家、风水先生……的宝座，就都让给了科学家，我们也不必整年的见神见鬼了。"[78] 对于提倡科学的急迫性，鲁迅说得更直接，也更贴近一般民众的生活实况。

在"科学"喊得震天价响的年代，民初中医也同时高举"中西医融合""科学化"的大旗，如同上一章所论，试图来扭转世人对他们陈旧与落后的印象。[79] 但鲁迅是完全不吃这一套的，因为无论如何改革，中医仍会本于古典医学所留下的一些知识持续为民众治病，无法和传统一刀两断；因此，在这个时代，中医可以说背上了食古不化的原罪。鲁迅说：

> 做《内经》的不知道究竟是谁。对于人的肌肉，他确是看过，但似乎单是剥了皮略略一观，没有细考校，所以乱成一片，说是凡有肌肉都发源于手指和足趾。[80] 宋的《洗冤录》说人骨，竟至于谓男女骨数不同；老仵作之谈，也有不少胡说。然而直到现在，前者还是医家的宝典，后者还是检验的南针：这可以算得天下奇事之一。[81]

所以，中医若不与古代知识做一切割，就难以继续生存下去。那么，如果采用新科学来包装旧知识呢？[82] 那也是不行的，而且更糟糕，在鲁迅的想法中，民初很多老东西都希望借"科学"之名借尸还魂，继续留在中国社会中，包括中医中药也存有相同的"诡计"，所以他举例说：

现在有一班好讲鬼话的人,最恨科学,因为科学能教道理明白,能教人思路清楚,不许鬼混,所以自然而然的成了讲鬼话的人的对头。于是讲鬼话的人,便须想一个方法排除他。其中最巧妙的是捣乱。先把科学东扯西拉,扯进鬼话,弄得是非不明,连科学也带了妖气:例如一位大官做的卫生哲学,里面说:"吾人初生之一点,实自脐始,故人之根本在脐。……故脐下腹部最为重要,道书所以称之曰丹田。"用植物来比人,根须是胃,脐却只是一个蒂,离了便罢,有什么重要。[83]

若由鲁迅的讲法来思考,前一章那些推行中西医融合或中医科学化的人,可真的都是"鬼混""讲鬼话"的人了。所以,即使所言不虚,有凭有据,但只要是出自中医文献,则鲁迅认定都是胡说,不足采信。故言:"据《本草纲目》所引写出,但这也全是道士所编造的谣言,并非事实。"[84]若深入论述,则鲁迅更激烈地认定,"科学"掉入了中国文化这个大染缸中,则一切全变了样,他说:

"科学救国"已经叫了近十年,谁都知道这是很对的,并非"跳舞救国""拜佛救国"之比。青年出国去学科学者有之,博士学了科学回国者有之。不料中国究竟自有其文明,与日本是两样的,科学不但并不足以补中国文化之不足,却更加证明了中国文化之高深。风水,是合于地理学的;门阀,是合于优生学的;炼丹,是合于化学的;放风筝,是合于卫生学的。"灵乩"的合于"科学",亦不过其一而已。……每一新制度,新学术,新名词,传入中国,便如落在黑色染缸,立刻乌黑一团,化为济私助焰之具,科学,亦不过其一而已。此弊不去,中国是无药可救的。[85]

鲁迅所谈的现象,不外清末"西学源出中国说"或"中体西用"思想的后遗症。[86]也就是无论什么学门,只要中国所旧有的,都合于西人所谓之"科学",这其中每一种思想,又都可以看出西学是"抄袭"中国学问而来的。这些想法无疑是在当时之时代背景下,中国士人的一种夸大、比附之词。[87]但这种种现象,鲁迅都视为是污辱"科学"的举措,故大加沉痛抨击假的科学:"只是信口开河,造谣生事;使国人格外惑乱,社会上罩满了妖气。"[88]

延续前述,科学进来中国了,中国人真的学到了什么吗?又再谈到鲁迅的牙痛病,他说:

> 西法的牙医一到,这才根本解决了;但在中国人手里一再传,又每每只学得镶补而忘了去腐杀菌,仍复渐渐地靠不住起来。牙痛了二千年,敷敷衍衍的不想一个好方法,别人想出来了,却又不肯好好地学:这大约也可以算得天下奇事之二罢。[89]

也就是,即使西方科学传入了,也不见得真能发挥效用,因为中国人学艺不精的缘故,所以也是白搭。而且鲁迅笑说:中国古人,常欲得其"全",就是炼制妇女用的"乌鸡白凤丸",也将全鸡连毛血都收在丸药里,方法固然可笑,主意却是不错的,结论就是:"删夷枝叶的人,肯定得不到花果。"[90]只知科学皮毛而不知科学细部的研究方法与精神,是永远无法了解真科学的,这是他对中国"假科学"

现象的观察。

以隐喻、落后的主体来反讽现实一切不平，而这落后的主体，就是中国文化与社会的综合体，中医则寄生于内。鲁迅说："中国的文化，便是怎样的爱国者，恐怕也大概不能不承认是有些落后。"[91]偏偏，民初的思想界就是这么丰富多元，有人举科学的旗，就有人抬传统文化的轿，在思想界称为"国粹"，在中医界则有"国医运动"的产生，已如上一章所述。[92]张灏曾以民初知识分子章太炎的例子来做分析，做出简单而明确的概括："国粹运动"是面对西方冲击时在中国引起的回响，面对传统文化，知识分子产生一种对文化认同之焦虑，明知自身文化的缺失，却不得不对自己固有之文化感到骄傲的一种对立、纠缠之情感。[93]不过，很显然地，鲁迅完全没有这种现象。关于鲁迅对国粹的态度，他以虚拟人物"础翁"为揶揄对象，打趣地说：

> 阿呀！础翁的大作，是的，那个……。是的，那：《中国国粹义务论》，真真要言不烦，百读不厌！实在是少年人们的座右铭，座右铭座右铭！……我们的盛德乩坛天天请仙，兄弟也常常去唱和。础翁也可以光降光降罢。那乩仙，就是蕊珠仙子，从她的语气上看来，似乎是一位谪降红尘的花神。她最爱和名人唱和，也很赞成新党，像础翁这样的学者，她一定大加青眼的。哈哈哈哈！[94]

乍读这段资料时，感觉非常有趣。因为鲁迅不拐弯抹角，像一把刀锋似地刺进中国传统文化的心脏。很明确地告诉读者：他实在恨透了"国粹"。他又说:"什么叫'国粹'?照字面看来,必是一国独有,他国所无的事物了。换一句话,便是特别的东西。但特别未必定是好,何以应该保存?譬如一个人,脸上长了一个瘤,额上肿出一颗疮,的确是与众不同,显出他特别的样子,可以算他的'粹'。然而据我看来,还不如将这'粹'割去了,同别人一样的好。倘说:中国的国粹,特别而且好;又何以现在糟到如此情形,新派摇头,旧派也叹气。"[95] "国粹"在鲁迅的心中,不过是一堆已死去的僵化知识,它既没有学术研究的价值,也不能挽救中国于水深火热之中。而对于知识分子提倡国粹的举动,鲁迅有如下之批判:

> 他们何尝不知道什么"中国固有文化"咒不死帝国主义,无论念几千万遍"不仁不义"或者金光明咒,也不会触发日本地震,使它陆沉大海。然而他们故意高喊恢复"民族精神",仿佛得了什么祖传秘诀。……而且,"固有文化"之外,又提倡什么"学术救国",引证西哲菲希德之言等类的居心,又何尝不是如此。[96]

他无情地批判中国文化的一切,在其眼中,中国固有文化应该完全抛弃才是,如今存活下来,算是侥幸。连带有民族主义的"国货运动",他也抨击说是"跳不出这些财神的手掌心"[97],于是大加批判了一番。当时"国货运动"闹得沸沸扬扬时,中药品也挂上国货的名称,与外国药品相抗衡。[98]鲁迅曾撰文讥讽一些日用品与药品的浮滥,他说:"国货家贩了外国的牙粉,摇松了两瓶,装作三瓶,贴上商标,算是国货,而购买者却多损失了三分之一;还有一种痱子药水,模样和洋货完全相同,价钱却便宜一半,然而它有一个大缺点,是擦了之后,毫无功效,于是购买者便完全损失了。"[99]所以国货之不可信任,追根究底还是在于中国人马虎偷鸡之缘故。

若要说旧东西、旧文化在新时代中也有新的价值与意义,这样的高调是说服不了鲁迅的。就像拿鸦片当药材那样:"看见鸦片,也不当众摔在毛厕里,以见其彻底革命,只送到药房里去,以供治病之用。"鲁迅认为不能犯了"拿来主义"的危机,让旧文化思想有空间生存,进而遗祸后世。[100]鲁迅借"疾病"为主题,希望将来能有药来治疗中国人的昏乱病,他说:

> 我们几百代的祖先里面,昏乱的人,定然不少:有讲道学的儒生,也有讲阴阳五行的道士,有静坐炼丹的仙人,也有打脸打把子的戏子。所以我们现在虽想好好做"人",难保血管里的昏乱分子不来作怪,我们也不由自主,一变而为研究丹田脸谱的人物:这真是大可寒心的事。但我总希望这昏乱思想遗传的祸害,不至于有梅毒那样猛烈,竟至百无一免。即使同梅毒一样,现在发明了六百零六,肉体上的病,既可医治;我希望也有一种七百零七的药,可以医治思想上的病。这药原来也已发明,就是"科学"一味。只希望那班精神上掉了鼻子的朋友(按:梅毒患者的症状),不要又打着"祖传老病"的旗号来反对吃药,中国的昏乱病,便也总有痊愈的一天。[101]

鲁迅将中国人比喻成"病人",要用"科学"来治疗;既然所有的传统精神、文化都是不好的,鲁迅遂大声呐喊:"'古道'怎么能再行于今之世呢？"[102] 换到反面来看，抛弃了一切传统，所剩几何，要拿什么价值来填补文化价值的空缺呢？故他主张大规模、完全地学习西方精神与科学，所以倡言："洋气"是好的。他还抨击害怕"洋气"的人，就跟那群满口国粹的守旧人士一样，存着鸵鸟心态：

> （中国）又因为多年受着侵略，就和这"洋气"为仇；更进一步，则故意和这"洋气"反一调：他们活动，我偏静坐；他们讲科学，我偏扶乩；他们穿短衣，我偏着长衫；他们重卫生，我偏吃苍蝇；他们壮健，我偏生病……这才是保存中国固有文化，这才是爱国，这才不是奴隶性。[103]

以医疗文化的角度来看，"洋气"之"卫生"对应"固有文化"之"生病"，高下立现，鲁迅已做出最终抉择。中国要真正摆脱疾病与迷信，就必须完全做科学与西方医学的忠实信徒，在鲁迅的字典中，这是不言而喻的真理。

六、略论当时中国西医的问题

从鲁迅的反中医的种种言论中，我们还可以看出什么？前面也已提到，他之所以反中医，主要是中医给他的印象，往往和中国传统文化与各种落后医疗社会、文化现象绑在一起之缘故。但是西医呢，是否就完全没有问题？其实，只要和中国文化或旧俗沾上边的，恐怕都要遭到鲁迅嫌弃一番，包括"中国的"西医在内。首先，透过鲁迅的话可以多少明了一些，他说："我的胃的八字不见佳，向来就担不起福泽的。也很想看医生。中医,虽然有人说是玄妙无穷,内科尤为独步,我可总是不相信。西医呢,有名的看资贵,事情忙,诊视也潦草,无名的自然便宜些,然而我总还有些踌躇。"[104]中医固然不可信,多数西医诊断也相当潦草,不值得信任。民初,有许多故事都在叙述病人看西医没疗效或不满意,反而转向中医治疗的故事,好比本书所谈的孙中山就是一个显例。而当"由西医转向中医"的故事再度发生于梁启超的身上时,鲁迅做了如下的评论:

> 自从西医割掉了梁启超的一个腰子以后,责难之声就风起云涌了,连对于腰子不很有研究的文学家也都"仗义执言"。同时,"中医了不得论"也就应运而起;[105]腰子有病,何不服黄耆欤?什么有病,何不吃鹿茸欤?但西医的病院里确也常有死尸抬出。我曾经忠告过G先生:你要开医院,万不可收留些看来无法挽回的病人;治好了走出,没有人知道,死掉了抬出,就哄动一时了,尤其是死掉的如果是"名流"。我的本意是在设法推行新医学,但G先生却似乎以为我良心坏。这也未始不可以那么想,由他去罢。[106]

鲁迅是百分之百支持西医的,从这段引文的后半来看,基于当时西医学不如今天发达,医死人乃常有之事。[107]鲁迅好心的劝说,是为"推行新(西)医学"所计,他不希望一两位名人被中医治好,而助长了当时中医的气焰,于是他又夸耀孙中山临死前的举动:"据说当西医已经束手的时候,有人主张服中国药了;但中山先生不赞成,以为中国的药品固然也有有效的,诊断的知识却阙如。不能诊断,如何用药？毋须服。人当濒危之际，大抵是什么也肯尝试的，而他对于自己的生命，也仍有这样分明的理智和坚定的意志。他是一个全体，永远的革命者。无论所做的哪一件，全都是革命。无论后人如何吹求他，冷落他，他终于全都是革命。"[108]这样坚定自己信念而不服中药的孙中山，可真是一位永远坚持"医学革命"的伟人。但是，鲁迅却没说出（或他根本不知道），根据本书所论，孙中山确实请了中医来看诊，并服了中药。而中西医互相使用，特别是面对棘手疾病时，才是一般民众普遍的选择。这可能正是鲁迅厌恶的"中西医并存"状态。

坚定地选择科学的西医治疗，既然象征一种革命式的创新，那么，何以他仍要担心西医的气焰被中医压过呢？从中国的社会问题来看，我们可以找到解答。先不论中医与西医在民初谁的医术最进步，从鲁迅这位"拥西医、反中医"大将的言论来看，我们就可以清楚发现：当时许多西医皆被中国人传染了马虎病、偷鸡症。鲁迅说：

> 但据我看来，实行我所说的方法的医院可很有，只是他们的本意却并不在要使新医学通行。新的本国的西医又大抵模模糊糊，一出手便先学了中医一样的江湖诀，和水的龙胆丁两日分八角；漱口的淡硼酸水每瓶一元。至于诊断学呢，我似的门外汉可不得而知。总之，西方的医学在中国还未萌芽，便已近于腐败。我虽然只相信西医，近来也颇有些望而却步了。[109]

所以，在中国本土迅速腐败的西医，其实和中医是同个娘，都是中国文化所孕育的，结果是半斤八两，药物竟然都是不纯且掺水的。

1926年，鲁迅更在北京《世界日报副刊》发表文章，痛陈当时西医院所呈现出来的景象，内中包括：对病人冷漠、将病人视为"研究品"，而所谓的私人诊所，诊金又相当贵，一般人是看不起的。[110]

更有甚者，鲁迅还以他作为"病人"身份的亲身体验，来诉说当时中国西医的问题。在民初，找熟人开方比去西医院诊疗要省钱多了，但马上就会遇到西药房讹诈的情形。鲁迅有一次胃病发作，请了一位认识的西医开方，并托他的妻子许广平去离一般家庭都很远的药房去买药，据鲁迅说："这样一办，加上车钱，也还要比医院的药价便宜到四分之三。"[111]但奇怪的事马上就发生了：

> 胃酸得了外来的生力军，强盛起来，一瓶药还未喝完，痛就停止了。我决定多喝它几天。但是，第二瓶却奇怪，同一的药房，同一的药方，药味可是不同一了；不像前一回的甜，也不酸。……去买第三瓶时，却附带了严重的质问；那回答是：也许糖分少了一点罢。这意思就是说紧要的药品没有错。中国的事情真是稀奇，糖分少一点，不但不甜，连酸也不酸了，的确是"特别国情"。[112]

同样是一种药，怎么就味道不一样了呢？后来鲁迅讽刺说，原来中国人都是"大事不糊涂，小事不妨糊涂点"；至于，为什么药味会前后差这么多呢？鲁迅后来终于调查个水落石出，结论竟是："只有一日分的药，却加了两日分的水，所以药味比正当的要薄一半。"[113]如此马马虎虎、欺瞒病人的西药，反倒更让鲁迅气结，原来，西医西药到了中国，碍着"人"的因素了，也一样是丑态百出。

另外，就是药价的"偷鸡"问题。民初西药房兜售药品时，有些是允许病患带旧药瓶子去"折价"的。但有一次鲁迅去买药，结果"药瓶"加"药水"要八毛五分，鲁迅当下生气地喊道："喂！""药价八毛，瓶子钱照例五分，我是知道的。现在自己带了瓶子，怎么还要付五分钱呢？"反正不是马虎就是诓骗病人，鲁迅还展现锐利的幽默，告诉读者说："这一个'喂'字的功用就和国骂的'他妈的'相同，其中含有这么多的意义。"[114]故事还没完，中国人的性格中还有"差不多"的马虎心态，还记得胡适那篇脍炙人口的文章《差不多先生传》中所描述的："人人都成了一个差不多先生，然而中国从此就成了一个懒人国了。"[115]足见"差不多"是中国性格中相当受到知识分子唾弃的一项。这次，鲁迅经过上次的上当，决定"亲尝汤药"一番，用他的医学专业来评鉴药水的味道是否合乎标准，一口入喉，果然事有蹊跷：这次又太酸了。归根究底，原来这位药店的服务员在稀释药水时，连"量杯"都懒得用，仅凭意会而已，真是不可思议；鲁迅后来说："然而这于我倒毫无妨碍的，我可以每回少喝些，或者对上水，多喝它几回。"但是，仍不忘连续对服务员说了两声"喂"、"喂"，等同双份"国骂"。[116]

既然中国的西医有如此多的缺点，那么累积了数千年经验的中国中医药，就没有任何优点吗？问问鲁迅，答案是有的。鲁迅就曾恭维《本草纲目》，说是"古人所传授下来的经验，有些实在是极可宝贵的，因为它曾经费去许多牺牲，而留给后人很大的益处"。这可是肯定了中医本于经验的可贵；[117]然而，这里边有语病，因为鲁迅仍说："经验的所得的结果无论好坏，都要很大的牺牲，虽是小事情，也免不掉要付惊人的代价。……生命，那当然是别人的生命，倘是自己，就得不着这经验了。所以一切经验,是只有活人才能有的。"[118]换句话说,中医唯一可贵的经验,是建筑在人命陨落的前提上,可一样,都带有"吃人"文化的影子呢。[119]

七、小　　结

　　一个人的思想,于人生各个时期都有不同的转变,这是探索学人思想历程中最容易发现的事;抑或是受到经历、情感等因素的影响,而对原来坚持的信念左右摇摆,更是近代知识分子常见的心理状态。好比胡适,他既然不赞同中医、却又找中医治病;他既不认同中国的科学、却又认为中国科学思想带给国人"安然自在"[120],这都是文初所揭示近代知识分子所特有的两歧性。但是,仅有少数人,对于特定一个信念——反中医,这么绝对与坚定不移,他就是鲁迅。透过正文的论述,我们发现了许多中国社会中的医药问题,它不仅只有中医的,还有西医的问题,更牵涉宗教医疗之迷信与医药卫生现代性的问题,尽管许多文章在鲁迅的著作中是一种"隐喻",但却又反映了鲁迅主观的,对医药事务特有的敏锐观察,所透露给我们的一种多元的医疗社会史视角。

　　显然地,鲁迅针对选择西医而完全抛去中医的想法,是绝对没有替换的余地。本文分析之原意,就如汪荣祖所指出的:

　　　　传统思想具有绵延性、权威性、与坚韧性。"突破"有赖于新观念或新典范的产生,而后能"冲决"传统的"罗网"。大凡冲决罗网者,多半是传统思想中的一分子。惟受传统哺养生长的人,非有特殊"意愿",大致不会轻易向其本身的思想传统挑战。[121]

若重省中西医论争的研究,也许在要求"科学""西化"之外,我们还可以从知识分子如何寻求突破的角度,来检视传统中国医学及其文化是如何地被需要、被改造。从鲁迅这样一个社会观察家、文艺创作者的角度切入,可以轻易发现,反中医的各种理由,不外都和中国人的国民性和社会文化相关,可以说鲁迅非常有"意愿"挑战传统思想。透过鲁迅的笔,似乎"陈旧、落后的国民性"与"中国传统医疗"在许多地方被画上了等号,而前者的文化更孕育了后者的无知和愚昧。当然,不可忽略的是鲁迅具有民初知识分子与病人的双重社会角色,而后者的经历实淬炼了前者的坚定与救国救民之时代性格;就其思想而论,针对救国与改正国民性的诉求,中医显然并无任何价值存在,更是全盘接受西医技术的绊脚石,显见民初中医面临一个极大的角色定位问题。[122]

在此处于新旧文化交替之际,鲁迅大喊:"凡老的,旧的,都已经完了!这也应该如此。虽然这一句话实在对不起一般老前辈,可是我也没有别的法子。"[123]旧的文化都该抛弃,而丢弃中医,还要丢得干净,因为鲁迅认为中国人太喜欢"调和",若没有更激烈的主张,改革就无法进行[124],显见"突破"要破得彻底,不容慢火细炖的徐步改革。甚至,鲁迅认为:"古老东西的可怕就正在这里。"你不觉得消灭它有什么必要性,就像鸡肋,弃之可惜,更何况中医不是鸡肋,还有人靠它治病强身呢?大多数的中国人对改变的事无法接受,其缘故在"体质和精神都已硬化了的人民,对于极小的一点改革,也无不加以阻挠,表面上好像恐怕于自己不便,其实是恐怕于自己不利,但所设的口实,却往往见得极其公正而且堂皇"[125]。所以鲁迅觉得:"中国人倘被别人用钢刀来割,是觉得痛的,还有法子想;倘是软刀子,那可真是'割头不觉死'。"鲁迅以为,一刀割下,改革要彻底、激烈、毫不手软[126],绝不容许有多数知识分子"两歧性"的空间。所以,民初所谓中西医汇通、融合、中医科学化、新中医等口号,对鲁迅来说,是没有任何吸引力的白说。他讽刺说:

> 中国人或信中医或信西医,现在较大的城市中往往并有两种医,使他们各得其所。我以为这确是极好的事。倘能推而广之,怨声一定还要少得多,或者天下亦可以臻于郅治。例如民国的通礼是鞠躬,但若有人以为不对的,就独使他磕头。民国的法律是没有笞刑的,倘有人以为肉刑好,则这人犯罪时就特别打屁股。碗筷饭菜,是为今人而设的,有愿为燧人氏以前之民者,就请他吃生肉;再造几千间茅屋,将在大宅子里仰慕尧舜的高士都拉出来,给住在那里面;反对物质文明的,自然更应该不使他衔冤坐汽车。这样一办,真所谓"求仁得仁又何怨",我们的耳根也就可以清净许多罢。[127]

中医作为民初众多应该改革的项目,在鲁迅眼中,是没有任何空间能与西医并存的,由此可见一斑。而且,鲁迅的反中医不单是只是对中医的痛恨,事实上,前文中也说明:任何跟中国国民劣根性纠缠在一起的枝叶,不管是中医还是部分中国西医,甚至是被医治、相信中医的病人,也都是可鄙、愚笨的。

回过头来看,以上毕竟是鲁迅自己的想法。鲁迅之思想较为人诟病的地方[128],也正在此。好比王平陵(1898—1964)于1933年回应鲁迅时说的:"如果中国人不能从文化的本身上做一点基础的工夫,就这样大家空喊一阵口号,胡闹一阵,我想,把世界上无论哪种最新颖最时髦的东西拿到中国来,都是毫无用处。……不错,中国的文化运动,也已有二十年的历史了。但是,在这二十年中,在文化上究竟收获到什么。"[129] 毕竟,民初多数中国人仍是依靠中医药来治病,特别是乡村或偏远地区,这已是不可否认的事实。鲁迅忽略了水能载舟,亦能覆舟的道理,故虽点出了中医、中国文化的缺失,却看不到好的一面;全盘引进西方文化,却没有思考改进的方法,一律视传统为草芥残渣,许多民初知识分子有引中国旧学入新知识体系的想法与尝试[130],或是像清末以来的"中西医汇通"想法,在鲁迅的脑中完全不存在。也幸好,中医与中国文化目前都还健在,至于未来如何发展,已不是鲁迅或本文所能预料的。

行文至此,笔者最终仍必须引用苏雪林说的话,来为鲁迅内心的反中医信念下个注脚:"有人说鲁迅是曾经学过医的,洞悉解剖的原理,所以常将这技术应用到文学上来。不过他解剖的对象不是人类的肉体,而是人类的心灵。"[131] 是的,永不停歇手上的那支笔,这位"与其称为文人,无如号为战士"的民国史巨星[132],的确始终如一,即使在陨落前的那一刻,病魔缠身,也不曾请教过任何中医;[133] 终其

图五　鲁迅的遗体照(1936)

一生,即使面对"积毁可销骨,空留纸上声"的批评与悲凉[134],他也仍继续勇往直前,横眉冷对千夫指,为所当为,写所当写。[135]

注 释

1 梁实秋:《病》,《雅舍小品》,正中书局1981年版,第43页。
2 鲁迅于1926年9月2日从上海起程前往厦门。9月20日厦门大学开学,鲁迅即开设"中国文学史"和"中国小说史"两门课,可惜鲁迅在此的生活并不愉快,隔年1月就离开了。参考复旦大学、上海师大、上海师院鲁迅年谱编写组编:《鲁迅年谱》,安徽人民出版社1979年版,上册,第311—312页。
3 关于鲁迅在新文学的表现,不光是历史学者,更是文学家探讨的重心。日本学者藤井省三有许多关于他的著作,可参看代表作:《鲁迅"故乡"の读书史:近代中国の文学空间》,创文社1997年版。其他相关传记与生平事业介绍,至少有百本以上,此处不一一列举。
4 这方面的著作甚多,综合的可参考周策纵著,周子平等译:《五四运动:现代中国的思想革命》,江苏人民出版社1996年版。王汎森:《中国近代思想与学术的系谱》,联经2003年版。舒衡哲著,刘京建译,丘为君校订:《中国启蒙运动:知识分子与五四遗产》,新星出版社2007年版。余英时等著:《五四新论:既非文艺复兴,亦非启蒙运动》,联经1999年版,收录了数篇论文,打破五四线性史观的认知,以以变动、多元的视角来看待这一段历史。余英时个人也有不少著作涉及知识分子在时代变迁中的思想转型,不一一赘举,可径自看。
5 张灏:《时代的探索》,联经出版2004年版,第136—137页。
6 例如:周明之:《胡适与中国现代知识分子的选择》,广西师范大学出版社2005年版,第209页。另外,针对知识分子面对复杂人际网络与人民、政治之间利益与理想的纠葛与多变性,可参考萧邦奇,周武彪译:《血路:革命中国中的沈定一(玄庐)传奇》,江苏人民出版社1999年版。又如康绿岛早期曾以心理分析的手法,来推测"前后矛盾"的梁启超可能患了"循环躁郁症",其实,"矛盾"是民初知识分子的通病,倒不见得真是什么躁郁症。参见氏著:《矛盾的梁启超:一个心理学的解释》,《汉学研究》第3卷,1985年第1期,第185—198页。黄克武曾指出正反相冲突的力量带给中国知识与思想界的遗产:"'五四'与'反五四'两方的辩论,让思想界所产生创造性的对话场域与自觉反省的精神,才是现代中国的启蒙。"出自氏著:《魂归何处?梁启超与儒教中国及其现代命运的再思考》,收入郑大华、邹小站主编:《思想家与近代中国思想》,社会科学文献出版社2005年版,第91—114页。

7 这里所指"一般知识分子"应该要加以定义。粗略地说,它是针对"专业知识分子"而言。如果我们探索专业知识分子,例如化学家、物理学家,或医学家的思想与言论,他们当然是针对他们所知的领域来加以发挥。这里所谈的"一般",是指知识分子对各种领域之文化走向的广泛认识,而非单一的、专门的讨论。特别的是,鲁迅曾学过西医,他又具有"一般"知识分子对文化走向的丰富见解,所以他是两者兼具的知识分子。

8 这方面著作,举例来说,专谈科学家志业的有费侠莉(Charlotte Furth)著,丁子霖、蒋毅坚、杨昭译:《丁文江:科学与中国新文化》,新星出版社 2006 年版。谈知识分子对民初"科学"所抱持的各种态度,则可参考郭颖颐着,雷颐译:《中国现代思想中的唯科学主义(1900—1950)》,江苏人民出版社 1995 年版。像是郭适(Ralph C. Croizier) 在他的书中就有谈到一些中国知识分子对传统医学的态度,约略举了胡适、鲁迅、傅斯年等人,但流于通论,无法突显特殊个案对整体中国文化与传统医学之间的矛盾与厌恶情感。可参考 Ralph C. Croizier, *Traditional medicine in modern China: science, nationalism, and the tensions of cultural change* (Cambridge: Harvard University Press, 1968), pp.116—120。

9 雷祥麟:《负责任的医生与有信仰的病人:中西医论争与医病关系在民国时期的转变》,《新史学》第 14 卷,2003 年第 1 期,第 45—96 页。

10 冯尔康:《晚清学者吴汝纶的西医观:兼论文化反思的方法论》,《天津社会科学》2007 年第 3 期,第 121—129 页。

11 引文与参考:李泽厚:《三、胡适、陈独秀、鲁迅》,《中国现代思想史》,三民书局 1996 年版,第 89—126 页。李泽厚评鲁迅个人的特质造就了"提倡启蒙,超越启蒙"的形象,李用不算长的篇幅来描写鲁迅的性格与思想,但却深刻而精彩。

12 John Fitzgerald, *Awakening China: Politics, Culture, and Class In the Nationalist Revolution* (Stanford: Stanford University Press, 1996), chapter 1. 关于民初政治唤醒与被唤醒者之间的联系,以及与中国的民族主义之关系,可继续参看此书。

13 目前看到以分析鲁迅"学医"与"为医所害"为出发点的文章,至少有:藤井省三:《鲁迅〈父亲的病〉再考:作为新起点的中国传统医学批判》,收入刘柏林、胡令远编:《中日学者中国学论文集:中岛敏夫教授汉学研究五十年志念文集》,复旦大学出版社 2006 年版,第 643—676 页。范伯群:《从鲁迅的弃医从文谈到恽铁樵的弃文从医:恽铁樵论》,《复旦学报(社科版)》2005 年第 1 期,第 18—26 页。至于鲁迅学医的历程与在日本的经历,可参考大村泉编著,解泽春译:《鲁迅与仙台:鲁迅留学日本东北大学一百周年》,中国大百科全书出版社 2005 年版。谈及鲁迅著作与身体比喻特色之研究,可参考郜元宝:《鲁迅六讲》,北京大学出版社 2007 年版,第 170—197 页。目前中国大陆出版了一些谈论中西医论争或废除中医言论的介绍,里面牵涉到不少知识分子的言论,可供初步参考,例如海天、易肖炜著:《中医劫:百年中医存废之争》,中国友谊出版公司 2008 年版,第 118—120 页,就简短地谈到鲁迅的例子。另外,方舟子:《批评中医》,中国协和医科大学出版社 2007 年版,也收录不少反中医文献与言论。

14 有关现代性与医疗卫生的概念、意义与转变,论者已多,可先参考:罗芙芸,向磊译:《卫生的现代性:中国通商口岸卫生与疾病的含义》,江苏人民出版社 2007 年版,特别是一、五、八章涉及的转变;以及梁其姿:《医疗史与中国"现代性"问题》,收入《中国社会历史评论》第 8 卷,2007 年,第 1—18 页。关于"卫生"一词在民国的转变与另类解读,则可参考雷祥麟:《卫生为何不是保卫生命?民国时期另类的卫生、自我、与疾病》,《台湾社会研究季刊》第 54 期,2004 年 6 月,第 17—59 页。特别要定义的是,"国民性"较偏重一国族中每个各人个性与意志的抉择，更涉及了文化与日常生活的综合层面，依此所展现的总体，即为国民性。本书以"医疗"的国民性为探讨重心，着重的也正在于中国人对其的抉择与想法。其他对于近代国民性的探索，以日本学者居多，不一一赘举；倒是有关鲁迅与国民性的讨论，可参考的：鲍晶主编：《鲁迅"国民性思想"讨论集》，天津人民出版社1982年版，附录部分有1950—1981年有关鲁迅对国民性各方面讨论文章的研究回顾与索引可供参考，第415—444页。辛晓征著：《国民性的缔造者：鲁迅》，湖北教育出版社2000年版。通盘的研究介绍，可参考潘光哲：《近现代中国"改造国民论"的讨论》，《开放时代》2003年第6期，第30—37页。关于民初知识分子认为中国之改革必须"从人的改造做起"之相关转变，可参考杨瑞松：《想像民族耻辱：近代中国思想文化史上的"东亚病夫"》，《政治大学历史学报》，第23期，2005年，特别是第19—31页。西文著作则可参考 Lung-kee Sun, *The Chinese national character: from nationhood to individuality* (London: M. E. Sharpe, 2002)。

15 目前，关于鲁迅的思想和生活经验中，有关医病关系议题的相关研究，已有不少重要著作。像是 Leo Ou-fan Lee(李欧梵)的 *Voices from the Iron House: A study of Lu Xun* (Bloomington: Indiana University Press, 1987)，主要论述父亲的病对他的影响，还运用心理史学的解释方法。高旭东也有一篇《鲁迅在医生和患者之间》，收入于叶舒宪：《文学与治疗》，社会科学文献出版社1999年版，第三篇"文学与治疗：个案研究"部分。尚有谭光辉的：《症状的症状：疾病隐喻与中国现代小说》，中国社会科学出版社2007年版，主要谈论到鲁迅本身的生病经验，也有与国民性相关的讨论。周淑媚：《文化诊断中的病痛隐喻：以鲁迅和郁达夫的病痛与文学创作为例》，《通识教育学报》2010年第15期，第1—23页。此外，还可参考较有论点的著作，如 Lydia H. Liu, *Translingual Practice: Literature, National Culture, and Translated Modernity-China, 1900-1937* (Stanford, Calif.: Stanford University Press, 1995)。更有专章讨论鲁迅和国民性的课题，而 Larissa N. Heinrich, *The Afterlife of Images: Translating the Pathological Body between China and the West* (Durham: Duke University Press, 2008)，也讨论到医病课题对鲁迅的影响。但本章不再炒冷饭，主角只有鲁迅一人，不是医病关系，而完全从他的主观视角出发，也剖析中医迈向现代性的各方面难题和文化现象，如此一偏之中有时也一得。过去很多研究只着重他的"早年经历"给他的影响，或仅着眼几篇文章之分析，但本章却是全面地针对所有鲁迅著作之文字，挑出具有意义的部分来加以论述，希望能补充鲁迅研究的某些空白处，并借此观察近代社会中的中西医药文化状况。

16 近年来，两岸历史学界对于卫生史的研究，皆激荡出灿烂的火花。比较新的成果有 Angela Ki Che Leung and Charlotte Furth(Eds), *Health and Hygiene in Modern Chinese East Asia: Policies and Publics in the Long Twentieth Century* (Durham: Duke University Press, 2011)。以及余新忠主编：《清以来的疾病、医疗和卫生：以社会文化史为视角的探索》，生活·读书·新知三联书店2009年版，第189—215页。大陆方面，余新忠写了比较多的相关研究回顾与卫生史的文章，可自行参考，台湾的部分，比较新的研究回顾有陈秀芬：《医疗史研究在台湾(1990—2010)：兼论其与"新史学"的关系》，《汉学研究通讯》第29卷，2010年第3期，第19—28页。其他学者关切卫生史的文章相当多，此处就不一一赘叙。

17 关于鲁迅痛恨中医的缘由，很多人都归咎于中医没治好他父亲的病。也就是在厦门大学教书的期间，他写下了对"巫医不分"之中国医学控诉的代表作《父亲的病》，详文后。出自复旦大学、上海师大、上海师院鲁迅年谱编写组编：《鲁迅年谱》上册，第313页。

18 鲁迅：《自传》，《集外集拾遗补编》，收入《鲁迅全集》第8卷，人民文学出版社1996年版，第

304 页。
19 何廉臣为民初著名中医,名炳元,号印岩,浙江绍兴人,家世业医,其祖父何秀山为绍派伤寒名家,可谓家学渊源,他也是绍派伤寒的代表人物。曾经广购西医学著作译本加以研读,并与上海名医周雪樵、蔡小香、丁福保等交往甚密,积极参与清末民初一些中医团体的创立。1905 年,周雪樵创办《医学报》,并发起组织中国医学会,何即担任医学会副会长。后又组织绍兴医学会,创办《绍兴医药学报》等,他也是民初几次"医药救亡请愿"运动的参与者、支持者。出版与校刊医籍甚多,重要的有:《湿温时疫治疗法》《全国名医验案类编》《增订通俗伤寒论》《重订感症宝笺》《重订广温热论》《增订伤寒广要》,等等,大抵他是一位活跃于民国中医界的人物,著述甚丰。对于他的介绍,还可参考:何廉臣重订、王致谱主编:《何廉臣生平业绩及其学术思想》,《感症宝笺》,福建科学技术出版社 2006 年版,第 1—10 页。柴中原等:《何廉臣生平及其对祖国医学之贡献》,《中华医史杂志》第 14 卷,1984 年第 2 期,第 87—89 页。
20 古代中医与民国之后的中西医,对于"责任"的定义与认知有着根本上的差异,可参考雷祥麟:《负责任的医生与有信仰的病人:中西医论争与医病关系在民国时期的转变》,同前引文。
21 鲁迅:《父亲的病》,《朝花夕拾》,《鲁迅全集》第 2 卷,第 286 页。
22 平地木即紫金牛,常绿小灌木,根皮可入药。鲁迅:《自序》,《呐喊》,风云时代 2004 年版,第 8 页注释 2。
23 "医者,意也。"语出《后汉书·郭玉传》:"医之为言,意也。腠理至微,随气用巧。"又宋代祝穆编《古今事文类聚》前集:"唐许胤宗善医。或劝其著书,答曰:'医言意也。思虑精则得之,吾意所解,口不能宣也。'"引自鲁迅:《父亲的病》,《朝花夕拾》,《鲁迅全集》第 2 卷,第 289 页注释 5。对此句话的解读,可参考李建民主编,廖育群著:《医者意也:认识中国传统医学》,东大图书公司 2003 年版,第 39—67 页。
24 鲁迅:《父亲的病》,《朝花夕拾》,《鲁迅全集》第 2 卷,第 285 页。
25 鲁迅:《父亲的病》,《朝花夕拾》,《鲁迅全集》第 2 卷,第 286 页。
26 鲁迅:《父亲的病》,《朝花夕拾》,《鲁迅全集》第 2 卷,第 286—287 页。
27 鲁迅:《父亲的病》,《朝花夕拾》,《鲁迅全集》第 2 卷,第 287 页。
28 鲁迅:《自序》,《呐喊》,第 1—2 页。
29 鲁迅于 1898 年从南京江南水师学堂肄业,次年改入江南陆师学堂附设的矿务铁路学堂,1902 年初毕业后,由清政府派赴日本留学。鲁迅:《自序》,《呐喊》,第 8 页注释 3。
30 鲁迅:《自序》,《呐喊》,第 2 页。
31 鲁迅:《藤野先生》,《朝花夕拾》,《鲁迅全集》第 2 卷,第 302 页。
32 藤野严九郎(1874—1945),日本福井县人,是影响鲁迅很深的一位老师,也是一位道地的西医。1896 年在爱知县立医学专门学校毕业后,即在该校任教;1901 年转任仙台医学专门学校讲师,1904 年升任教授;1915 年回乡自设诊所,受到当地群众的尊敬。鲁迅逝世后,他曾作《谨忆周树人君》一文(载日本《文学指南》1937 年 3 月号)。引自鲁迅:《藤野先生》,《朝花夕拾》,《鲁迅全集》第 2 卷,第 308 页注释 9。
33 鲁迅:《藤野先生》,《朝花夕拾》,《鲁迅全集》第 2 卷,第 304 页。
34 中医与西医的身体图像相当不同,基本上,西医的身体解剖图像是在确实展现生理构造,而中医的"内景"与"外景"图,则在展示传统医学经典内的知识,仅是提供一种"视觉"证据而已。可参考拙著:《图像、形质与脏腑知识:唐宗海三焦论的启示》,《古今论衡》第 15 期,

2006年，第71—98页。从鲁迅和藤野先生的一段对话中可以看出来："可惜我(鲁迅)那时太不用功，有时也很任性。还记得有一回藤野先生将我叫到他的研究室里去，翻出我那讲义上的一个图来，是下臂的血管，指着，向我和蔼的说道：'你看，你将这条血管移了一点位置了。自然，这样一移，的确比较好看些，然而解剖图不是美术，实物是那么样的，我们没法改换它。现在我给你改好了，以后你要全照黑板上那样的画。'"这段对话所展示的，正是日本医学受西方医学影响下而重视解剖图像之真确性的代表。出自鲁迅：《藤野先生》，《朝花夕拾》，《鲁迅全集》第2卷，第304—305页。另外有关中医图像，可参考罗维前、王淑民等编：《形象中医：中医历史图像研究》，人民卫生出版社2007年版。

35 鲁迅：《藤野先生》，《朝花夕拾》，《鲁迅全集》第2卷，第306页。
36 鲁迅：《自序》，《呐喊》，第3页。
37 这段情谊，鲁迅一直放在心里："只有他(藤野)的照相至今还挂在我北京寓居的东墙上，书桌对面。每当夜间疲倦，正想偷懒时，仰面在灯光中瞥见他黑瘦的面貌，似乎正要说出抑扬顿挫的话来，便使我忽又良心发现，而且增加勇气了，于是点上一枝烟，再继续写些'正人君子'之流所深恶痛疾的文字。"可参考鲁迅：《藤野先生》，《朝花夕拾》，《鲁迅全集》第2卷，特别是第306—308页。
38 鲁迅：《藤野先生》，《朝花夕拾》，《鲁迅全集》第2卷，第307页。
39 鲁迅决定"弃医从文"后，并没有马上回到国内，而是留在日本。1906年，他办了退学手续，前往东京，展开他的文学活动。这段时期的鲁迅，参考朱正：《鲁迅》，人民出版社1985年版，第22—23页；郑学稼：《鲁迅正传》，时报文化1982年版，第14—26页；以及唐弢：《鲁迅的故事》，中国少年儿童出版社1980年版，第47—49页。
40 复旦大学、上海师大、上海师院鲁迅年谱编写组编：《鲁迅年谱》上册，第81—82页。这本《人生象教》篇幅不少，且有附上许多西医的解剖生理图，有兴趣者可参考刘运峰编：《鲁迅佚文全集》上册，群言出版社2001年版，第100—258页。
41 会馆是指北京宣武门外南半截胡同的"绍兴县馆"。1912年5月至1919年11月，作者曾在此寄住。收入鲁迅：《我怎么做起小说来》，《南腔北调集》，收入《鲁迅全集》第4卷，第511—512页以及第514—515页注释4。
42 邓铁涛主编：《中医近代史》，广东高等教育出版社1999年版，"编写说明"第1页。
43 鲁迅：《〈如此广州〉读后感》，《花边文学》，收入《鲁迅全集》第5卷，第438页。
44 鲁迅：《狂人日记》，《呐喊》，第14页。
45 从身体观与文化的角度来分析的作品，可参考邱仲麟：《不孝之孝：唐以来割股疗亲现象的社会史初探》，《新史学》第6卷1995年第1期，第49—94页；以及氏著：《人药与血气："割股"疗亲现象中的医疗观念》，《新史学》第10卷1999年第4期，第67—116页。
46 见〔明〕李时珍：《人部·人肉》，《本草纲目》卷五二，人民卫生出版社1982年版，第2968页。
47 鲁迅：《狂人日记》，《呐喊》，第6—7页。
48 鲁迅：《狂人日记》，《呐喊》，第11页。
49 鲁迅：《药》，《阿Q正传》，国际少年村2000年版，第78—90页。
50 鲁迅：《谣言世家》，《南腔北调集》，《鲁迅全集》第4卷，第595页。
51 鲁迅：《读书忌》，《花边文学》，收入《鲁迅全集》第5卷，第588页。
52 关于月经、精液、毛发、爪甲等入药的说法，在明代李时珍《本草纲目》卷五二《人部》中皆曾有记载，请径自参考。鲁迅：《论照相之类》，《坟》，天津人民出版社 1998 年版，第 191 页。
53 参考李建民：《中国医学史研究的新视野》，收入《生命史学：从医疗看中国历史》，三民书局 2005 年版，第 3—20 页。
54 近代中西解剖学的对照与言论，可参考拙著：《唐宗海与近代中医危机》，东大图书公司 2006 年版，特别是第 2 章。
55 鲁迅：《病后杂谈》，《且介亭杂文》，收入《鲁迅全集》，第 6 卷，第 166 页。
56 中医的身体图像，着重的不在"真"，已如前述，可参考拙文：《图像、形质与脏腑知识：唐宗海三焦论的启示》，《古今论衡》第 15 期，2006 年，第 71—98 页。
57 苏雪林：《〈阿 Q 正传〉及鲁迅创作的艺术》，《阿 Q 正传》，第 172—173 页。
58 鲁迅：《朋友》，《花边文学》，第 457 页。
59 鲁迅：《明天》，《呐喊》，第 42 页。
60 鲁迅：《明天》，《呐喊》，第 43—44 页。
61 有关中医传统理论（如：五行生克、三焦等）与西医身体观的对比，可参考拙著：《唐宗海与近代中医危机》，特别是第 2、4 章。
62 高彦颐著，李志生译：《闺塾师：明末清初江南的才女文化》，江苏人民出版社 2005 年版，第 1—2 页。
63 以上两段引文，见鲁迅：《祝福》，《彷徨》，第 4—5 页。
64 鲁迅：《祝福》，《彷徨》，第 1 页。
65 鲁迅：《祝福》，《彷徨》，第 7 页。"鬼神者二气之良能也。"语见宋代张载的《张子全书·正蒙》，也见于《近思录》。意思是：鬼神是阴阳二气自然变化而成的（第 22 页注释 11）。
66 可参考拙著：《唐宗海与近代中医危机》，特别是第 7 章。
67 可参考雷祥麟：《负责任的医生与有信仰的病人：中西医论争与医病关系在民国时期的转变》，同前引文。Bridie Andrews, "Tuberculosis and the Assimilation of Germ Theory in China," in *Journal of the History of Medicine and Allied Sciences 52*（1997), pp. 114-155, and "The Making Of Modern Chinese Medicine, 1895 - 1937," especially chapter 6 and 7.
68 鲁迅：《兄弟》，《彷徨》，第 160—161 页。可参考神医外感热病在民国初年的历史，详见皮国立：《"气"与"细菌"的近代中国医疗史：外感热病的知识转型与日常生活》，第 2、3 章。
69 鲁迅：《兄弟》，《彷徨》，第 162 页。
70 鲁迅：《兄弟》，《彷徨》，第 163 页。
71 鲁迅：《兄弟》，《彷徨》，第 166—167 页。
72 其实，中医诊断学自有体系，只是，面对西医传入后，中医应该如何定义与解释自己的疾病观与疾病名称，使之合于西医的定义，这是民初中医的一大难题。有兴趣者可参考拙著：《论争前的和谐：近代中西医知识中的"热病"论述初探》，余新忠编：《清以来的疾病、医疗和卫生：以社会文化史为视角的探索》，生活·读书·新知三联书店 2009 年版，第 189—215 页。
73 鲁迅：《祝福》，《彷徨》，第 13 页。
74 出自鲁迅：《忽然想到》，《华盖集》，收入《鲁迅全集》第 3 卷，第 14 页。
75 鲁迅：《从胡须说到牙齿》，《坟》，第 265 页。
76 鲁迅：《从胡须说到牙齿》，《坟》，第 265—266 页。
77 胡适：《科学与人生观序》，收入《胡适文存》，远东图书公司 1979 年版，第 2 册，第 121 页。
78 鲁迅：《运命》，《且介亭杂文》，收入《鲁迅全集》第 6 卷，第 131—132 页。

79　有关民初中医科学化的讨论与施行结果、成效，初步可参考邓铁涛主编：《中医近代史》，第 74—101 页。以及 Sean Hsiang-lin Lei, *Neither Donkey nor horse: Medicine in the struggle over China's Modernity* (Chicago: University of Chicago Press, 2014) , pp. 173-208。

80　《内经》即《黄帝内经》，是中国现存最早的一部综合性医学文献。约战国秦汉时医家汇集古代及当时医学资料纂述而成。全书分《素问》和《灵枢》两部分，共 18 卷。正文中"肌肉都发源于手指和足趾"的说法，见《灵枢·经筋第十三》。鲁迅：《忽然想到》，《华盖集》，收入《鲁迅全集》第 3 卷，第 19 页注释 2。

81　鲁迅：《忽然想到》，《华盖集》，收入《鲁迅全集》第 3 卷，第 14 页。

82　科学要怎么包装旧的知识呢？中药科学化、技术专业化，并融入当代社会科技脉络的例子，可能给了我们一个思考民国医史的新角度，可参考 Sean Hsiang-lin Lei, "From Changshan to a New Anti-malarial Drug: Re-networking Chinese Drugs and Excluding Traditional Doctors," *Social Studies of Science* 29. 3 (1999) , pp. 323-358。

83　引自鲁迅：《三十三》，《热风》，天津人民出版社 1999 年版，第 4—5 页。

84　鲁迅的原文是："据我看来，要救治这'几至国亡种灭'的中国，那种'孔圣人张天师传言由山东来'的方法，是全不对症的，只有这鬼话的对头的科学！不是皮毛的真正科学！这是什么缘故呢？陈正敏《遯斋闲览》有一段故事（未见原书，据《本草纲目》所引写出，但这也全是道士们编造的谣言，并非事实，现在只当他比喻用）说得好：'杨勔中年得异疾；每发语，腹中有小声应之，久渐声大。有道士见之，曰：此应声虫也！但读《本草》取不应者治之。读至雷丸，不应，遂顿服数粒而愈。'《遯斋闲览》乃宋代陈正敏撰，原本十四卷，今佚。《说郛》第三十二卷中，收入四十余条。《应声虫》条中说："淮西士人杨勔自言中年得异疾。每发言应答，腹中辄有小声效之；数年间其声浸大。有道士见之，惊曰：'此应声虫也；久不治延及妻子，宜读《本草》，遇虫所不应者，当取服之。'如言读至雷丸，虫忽无声，乃顿饵数粒遂愈。"全文引自鲁迅：《三十三》，《热风》，第 11 页。

85　鲁迅：《偶感》，《花边文学》，收入《鲁迅全集》第 5 卷，第 479—480 页。

86　可参考王尔敏：《晚清政治思想史论》，台湾商务印书馆 1995 年版，第 31—100 页。

87　对于"缓和保守派势力"这种说法，也有从不同角度切入的：如钱穆认为清廷以专制积威统治中国，已达二百年，在满洲君臣眼光里，祖法万不可变。详见钱穆：《国史大纲》下册，台湾商务印书馆 1995 年版，第 894 页。萧公权则痛批当时士大夫之根深固陋的观念，衍生错误保守之倾向，详见萧公权：《中国政治思想史论》下册，联经出版社 1996 年版，第 726 页。又如殷海光(1919—1969) 所言："中国文化的基本价值是以政教礼俗为天下最美，而且在经济上什么都无待外求。中国人是长期被封锁在这个自足的'价值之幕'里。"即"文化价值"与"不尚变"的观念。又郭廷以(1904—1975) 认为，中国的成见乃基于"自信"与"自卫"。详见氏著：《近代中国的变局》，联经出版 1993 年版，第 94—97 页。

88　引自鲁迅：《三十三》，《热风》，第 10 页。

89　出自鲁迅：《忽然想到》，《华盖集》，收入《鲁迅全集》第 3 卷，第 14 页。

90　鲁迅：《"这也是生活"……》，《且介亭杂文末编》，收入《鲁迅全集》第 6 卷，第 601 页。

91　鲁迅：《现今的新文学的概观：五月二十二日在燕京大学国文学会讲》，《三闲集》，收入《鲁迅全集》第 4 卷，第 133 页。

92　魏嘉弘：《国民政府与中医国医化》，中大历史所 1998 年硕士学位论文。国医与国粹的联结，可参考 Bridie Andrews, "The Making Of Modern Chinese Medicine, 1895-1937," p. 247。

93 张灏著，高力克等译：《危机中的中国知识分子》，新星出版社 2006 年版，第 140 页。关于此时新旧思想的多元并立与对抗，可参考周策纵著，周子平等译：《五四运动：现代中国的思想革命》，第 289—340 页。
94 鲁迅：《高老夫子》，《彷徨》，第 96 页。
95 鲁迅：《三十五》，《热风》，第 12—13 页。
96 菲希德（J. G. Fichte, 1762—1814）一般译为费希特，德国唯心主义哲学家。著有《知识学基础》《人的天职》等。他主张用科技强化德意志民族，强调民族至上。引自鲁迅：《真假堂吉诃德》，《南腔北调集》，收入《鲁迅全集》第 4 卷，第 522 页注释 14；引文引自鲁迅：《三十五》，《热风》，第 520 页。
97 "国货运动"指 1933 年，上海工商界发起将该年定"国货年"，在元旦举行游行大会，并成立"国货商场"和"中华国货产销合作协会"，出版《国货周刊》，宣扬"国货救国"。鲁迅：《真假堂吉诃德》，《南腔北调集》，收入《鲁迅全集》第 4 卷，第 522 页注释 10；引文引自鲁迅：《三十五》，《热风》，第 520 页。关于国货运动与民族、国家意识的建构，可参考 Karl Gerth, *China made: consumer culture and the creation of the nation* (Cambridge; London: Harvard University Asia Center; Distributed by Harvard University Press, 2003)。一般的可参考潘君祥主编：《近代中国国货运动研究》，上海社会科学院出版社 1998 年版。
98 例如张锡纯（1860—1933）于其名著《医学衷中参西录》中讨论到"宝丹"，全名称作"防疫卫生宝丹"，可以治疗霍乱。张陈述当时东北流行霍乱，他自己拟出"防疫卫生宝丹"，在发汗与解毒两个思考上，再加入辛香温通之药，让霍乱病原可以被迅速消灭，并自己夸下海口："药性凉热适均，日服数十粒可暗消病根于无形。若含数粒，可省视病患不受传染。"可以预防兼治疗，和日本当时所贩卖之"仁丹""宝丹"的治疗诉求可说有异曲同工之妙，而且是纯正的"国货""国药"。他自己还谈了自身施药的经验：有一人叫刘耀华，看见某病人突发"吐泻转筋，病势垂危"，倒卧在人来人往的街头，正巧刘带有"卫生防疫宝丹"，就赶紧拿出来让病患服了十数粒，结果一药而愈。另外有一位煤矿场的经理，害怕他的工人暴发霍乱疫情，于是来到中医院一次购买了二百多包的防疫卫生宝丹。结果，未雨绸缪果然有用，储药千日就用在这一时，这些煤矿工人群中果然暴发了霍乱疫情，结果这位经理让他的工人"或服八十粒，或服一百二十粒，皆完全救愈""且每日服之，尤能预防一切杂症，不受传染"。这出充满传奇的治愈戏剧，也许就是当时"国货"奇效之一面吧。引自张锡纯：《医学衷中参西录》中册，河北科学技术出版社 1999 年版，第 422—425 页。有关日本宝丹的历史，初步可参考山崎光夫著，蔡焜霖译：《日本名药导游》，旺文社 2005 年版，第 30—37 页。町田忍：《懐かしの家庭薬大全》，角川书店 2003 年版，第 52—58 页。
99 鲁迅：《关于翻译》，《南腔北调集》，收入《鲁迅全集》第 4 卷，第 552 页。
100 鲁迅认为，过去中国都是"闭关主义"，现在要奉行"拿来主义"。但是，不能"拿来"旧的东西来借壳投胎，老东西就要彻底丢弃。本段就在讽刺许多旧事物、旧文化的苟延残喘。引自鲁迅：《拿来主义》，《且介亭杂文》，收入《鲁迅全集》第 6 卷，第 39—40 页。
101 鲁迅：《三十八》，《热风》，第 21—22 页。
102 鲁迅：《查旧帐》，《准风月谈》，收入《鲁迅全集》第 5 卷，第 233 页。
103 引自鲁迅：《从孩子的照相说起》，《且介亭杂文》，收入《鲁迅全集》第 6 卷，第 82 页。
104 鲁迅：《马上日记》，《华盖集续编》，收入《鲁迅全集》第 3 卷，第 310 页。
105 对于腰子不很有研究的文学家，指陈西滢（1896—1970）、徐志摩（1897—1931）等人。

1926年3月，梁启超因尿血症在北京协和医院诊治，由医生割去右肾后，不但血尿未全清，连病源也未查出。当时陈西滢为此写了两篇《闲话》(刊于5月15日、22日《现代评论》第3卷第75、76期)，徐志摩也写过一篇《我们病了怎么办？》(5月29日《晨报副刊》)，一起对开刀的医生加以指责和嘲弄。陈西滢在《现代评论》第67期的《闲话》中说："我们朋友的里面，曾经有过被西医所认为毫无希望，而一经中医医治，不半月便霍然病愈的人，而且不只一二位。"鲁迅在这所谓的"中医了不得论"，即指此类言论。鲁迅：《马上日记》，《华盖集续编》，收入《鲁迅全集》第3卷，第318—319页注释7。有关民国医讼中对梁启超一案的讨论，可参考张大庆：《中国近代疾病社会史(1912—1937)》，山东教育出版社2006年版，第196—201页。以及讴歌编著：《协和医事》，生活·读书·新知三联书店2007年版，第227—236页。更详细的论述，可参照本书下一章的讨论。

106 鲁迅：《马上日记》，《华盖集续编》，收入《鲁迅全集》第3卷，第310—311页。
107 有关西医在民初中国社会的生存之道，可参考雷祥麟：《负责任的医生与有信仰的病人：中西医论争与医病关系在民国时期的转变》，同前引文。
108 引自鲁迅：《中山先生逝世后一周年》，《集外集拾遗》，收入《鲁迅全集》第7卷，第293—294页。
109 鲁迅：《马上日记》，《华盖集续编》，收入《鲁迅全集》第3卷，第311页。
110 鲁迅：《马上日记》，《华盖集续编》，收入《鲁迅全集》第3卷，第312页。
111 鲁迅：《马上日记》，《华盖集续编》，收入《鲁迅全集》第3卷，第311页。
112 鲁迅：《马上日记》，《华盖集续编》，收入《鲁迅全集》第3卷，第311—312页。
113 鲁迅：《马上日记》，《华盖集续编》，收入《鲁迅全集》第3卷，第312页。
114 鲁迅：《马上日记》，《华盖集续编》，收入《鲁迅全集》第3卷，第315页。
115 关于"差不多"择医行为所造成的恶果，胡适有段经典的描述："有一天，他(差不多先生)忽然得了一急病，赶快叫家人去请东街的汪先生。那家人急急忙忙的跑过去，一时寻不着东街的汪大夫，却把西街的牛医王大夫请来了。差不多先生生病在床上，知道寻错了人；但病急了，身上的痛苦，心里焦急，等不得了，心里想道：'好在王大夫同汪大夫也差不多，让他试试看罢。'于是这位牛医王大夫走近床前，用医牛的法子给差不多先生治病。不上一点钟，差不多先生就一命呜呼了。"中国人如何择医的准则，或许对知识分子来说也是一大要改进的问题。胡适：《差不多先生传》，《胡适作品精选》，广西师范大学出版社1999年版，第318—319页。
116 以上经历，鲁迅：《马上日记》，《华盖集续编》，收入《鲁迅全集》第3卷，第316页。
117 鲁迅：《经验》，《南腔北调集》，收入《鲁迅全集》第4卷，第539页。
118 鲁迅：《经验》，《南腔北调集》，收入《鲁迅全集》第4卷，第540页。
119 关于民国后中医"经验"一词概念的转变，可参考 Sean Hsiang-lin Lei, "How Did Chinese Medicine Become Experiential? The Political Epistemology of Jingyan," *Positions: East Asian Cultures Critique*, 10: 2(2002), pp. 333-364。
120 周明之：《胡适与中国现代知识分子的选择》，第206—207页。
121 汪荣祖：《康章合论》，联经出版1988年版，第71页。
122 这个问题其实很值得再加以梳理，中西医不是只有强烈对立的"争"之面向，还有彼此各自定位与定位另一方的双重视角，可以从中西医各别认同的"价值"来出发，研究个别的语言与如何操作新定义的成立。也许，可以初步先参考邓文初：《"失语"的中医：民国时期中西医论争的话语分析》,《开放时代》6 期(2003),第 113—120 页。以及文庠:《试从中西医论争看近代知识界的价值取向》,《南京中医药大学学报(社科版)》第 6 卷,2005 年第 3 期,第 147—151 页。

123 鲁迅:《老调子已经唱完》,《集外集拾遗》,收入《鲁迅全集》第 7 卷,第 307 页。
124 陈漱渝主编:《无声的中国:二月十六日在香港青年会讲》,《鲁迅论争集》,中国社会科学出版社 1998 年版,第 21 页。
125 鲁迅:《习惯与改革》,《二心集》,收入《鲁迅全集》第 4 卷,第 223—224 页。
126 鲁迅:《老调子已经唱完》《集外集拾遗》,收入《鲁迅全集》第 7 卷,第 311 页。
127 鲁迅:《论"费厄泼赖"应该缓行》,《坟》,第 294—295 页。
128 关于鲁迅的批判也相当多,可先参考李长之的经典小书:《鲁迅批判》,北京出版社 2003 年版,第 136—162 页。
129 王平陵:《"最通的"文艺》,收入鲁迅:《伪自由书》,《鲁迅全集》第 5 卷,第 21—22 页。
130 左玉河:《中国旧学纳入近代新知识体系之尝试》,收入郑大华、邹小站主编:《思想家与近代中国思想》,社会科学文献出版社 2005 年版,第 214—252 页。
131 苏雪林:《〈阿Q正传〉及鲁迅创作的艺术》,《阿Q正传》,第 160 页。
132 林语堂(1895—1976)语。见氏著:《鲁迅之死》,《林语堂经典名著17》,德华出版社 1980 年版,第 6 页。
133 郑学稼:《鲁迅正传》,第 503—519 页。
134 鲁迅:《题〈呐喊〉》,《集外集拾遗》,收入《鲁迅全集》第 7 卷,第 442 页。
135 鲁迅对于中国医疗与身体、疾病文化的历史观察细微,并善用文学的手法来加以寓言故事化。关于这些内涵,本文仅能针对医疗与国民性的几个重要问题来挑选史料,以进行分析,其余不足的面向,只能留待另文探讨。

伍
医疗疏失与"中西医汇通"择医观：
梁启超之死与"肾病"公案新考

> 在撒牟勃德腊（Samuel Butler）的乌托邦里，生病只当作犯罪看待，疗治的场所是监狱，不是医院，那是留着伺候犯罪人的。真的为什么人们要生病，自己不受用，旁人也麻烦？我有时看了不知病痛的猫狗们的快乐自在，便不禁回想到我们这造孽的文明的人类。[1]
>
> ——徐志摩（1897—1931），《我们病了怎么办？》

一、前　　言

在20世纪初，是中西医论战最激烈的时刻，这段历史相信读者都不陌生。中西医各自挟自身的理论体系，对另一方的医理、医疗行为、文化等展开攻讦。在这样的时代中，病人的位置在哪里？他们怎么选择医生[2]，又会在医疗过程中遇到什么状况，或许我们可以透过历史，来了解一些过去的情况和医疗行为中曾经发生的各种缺失，作为我们今日的一种思考和借鉴。

本章所选取的苦主，梁启超（1873—1929），是清末民初无人不知、无人不晓的重要学者，不但著作等身，其影响力也遍布政、学界。但是，他对自己的疾病是那样的无助，在医院中吃足苦头并受尽折磨。即将为读者揭示的，是民初非常有名的"割肾"案，也可称其为"失肾记"，缘于一次手术的失误，直接间接地导致梁的死亡。很多二手研究，也都对这个案子做出剖析，牵涉中西医论战[3]、社会记忆等题目[4]，甚至被引用作为现代废止或反对中医者的谈资[5]。当然，却少有人注意中医在这个案子中的位置；也没有注意到，西医的失误不仅是手术本身的过程，也与西医在中国的一些负面形象有关，许多二手研究都略过了。最后，也少有人分析梁最后死因与割肾之间的关系，梁最后竟然是因为细菌感染而导致最终的死亡，究竟又与"失肾"有何关系？希望能透过本章作一更清楚的论述。

图一　天津的梁启超故居

二、"失肾记"前因后果

梁"失肾"的过程,其实很多人都加以梳理过[6],但偏重西医视角的多,而且没有点出当时西医院的问题和中医的观感。为了读者阅读方便,还是先在此处综合各家研究,并补充一些史料,来说明大略过程。1926年3月,梁启超因血尿许久不愈,在丁文江等人的劝说下,住进了北京协和医院;其实,梁氏身体并不好,这次可是铁了心要将身体的病症给理一理了。丁氏为著名的反中医知识分子,自言喜欢吃饱没事骂中医。梁听从其劝,显见是把"中医"这个选项给排除了。在此之前,梁已于2月入医院,当时已有血尿症状,西医用膀胱镜从尿道插入检察,医生怀疑梁的膀胱长了疙瘩,梁感到很痛苦,当时原来设想找中医治疗,但未及出院与道途阻塞,所以没能吃中药调养。[7]这次,经过医院检查后,发现"疑似"为右肾肿瘤,由于梁是名人,所以据载当时共有德、法名医数十人帮他诊断,声势可谓非常浩大。[8]但当时的医疗技术,并无法精准判断病灶是否为癌细胞,在没有超音波、CT(电脑断层摄影)等仪器的时代,"癌症"都要切开身体来看才能真正确定,本书前论,孙中山的肝癌就是一例,这也无形增加了西医诊断的难度和可能爆发的"误判"医疗疏失。

梁当时不顾亲友反对,决定接受西医手术治疗。梁的弟弟解释,梁容易神经紧张,原本不爱看医生的他,受到先慈得癌症不治的影响[9],心理刺激很大,也怀疑自己得了癌症,所以才会作出同意手术的决定。[10]帮他进行手术的是当时协和医学院校长兼医院院长的刘瑞恒,副手也都是美国著名的外科医生。刘顶着哈佛大学医学博士的光环,在孙中山生病期间负起不少照顾的责任,1926 至 1928 年,还担任国内西医团体中华医学会的会长,1930 至 1936 年又担任卫生署长,足见完全没有受到"误诊"梁启超的影响,这是后话。[11] 1926 年 3 月 16 日,刘为梁氏切除了右肾后,竟发现右肾并无"明显"病变,梁的血尿等老症状也未见好转。对这次手术,梁虽小有怨言,但总还是抱着乐观的态度。该年 6 月 2 日,梁在《晨报副刊》上写道:他认为医学的检验说右肾有问题,应该是没有误诊,问题是肾脏也许"罪不该割"?这也只有专家知道,他自己不可能知道;言下之意,就是相信专家的决定吧。他替协和医院说话,表示他还在吃西药,"病虽然没有清除,但是比未受手术之前的确好了许多"。他乐观认为,只要他能多休息,应该会康复,并写文字向读者说:"至于其他的病态,一点都没有。虽然经过很重大的手术,因为医生的技术精良,我的体质本来强壮,割治后十天,精神已经如常,现在愈发健实了。"[12]梁显然是说了违心之论,甚至是谎言,因为他后来的身体仍是糟得一塌糊涂。梁的弟弟仲策回忆,剖割当日下午五点多,应可查出病因。五点半他见到主刀医生刘瑞恒,询问这件事,但刘回答说:过几天再问!而且再三延迟说明病情,梁仲策回忆说:"余见该院医生之举动诡异,于心窃有所疑,乃复追求其故,始知割后二十余日,尿中依然带血也。"可见梁的病完全没有转好,与梁启超发的声明可谓完全地相反。[13]梁启超生前对手术失误之事,一直抱持宽容的态度,但部分亲友与学界同仁,则对进行手术的医生与医院感到非常愤怒,许多中医甚至加入了这场论战,下一节还会梳理。

出院后,梁又曾请著名中医唐天如来施用中药治疗,服药后血尿一度停止,但每遇劳累与情绪波动则又复发。后来,梁还采取一个月打一次血针，用以补充血液。¹⁴1928 年 11 月 27 日，梁因病情加重送往协和医院抢救，隔年 1 月 19 日，终因救治无效而撒手归西，享年 56 岁。¹⁵这段历史，尽管当时引发不少议论，但没有直接证据证实梁启超是被误诊，原因大概有三：即梁本人并不追究，西医也未直接证实这场手术是"医疗疏失"；更重要的是，梁手术后并没有立即死亡，而是拖了将近三年，才撒手西归，即使照现代标准，也很难认定是"医疗疏失"吧。

四十多年后的 1970 年，梁启超之子梁思成（1901—1972）才从为他治病的协和医院医生那边得到真相，当时确实是一场"医疗疏失"。梁启超当初因血尿入协和医院割治，其实，梁被推进手术室后，值班护士就用碘酒在梁的肚皮上标记，但标错了地方。¹⁶西医在手术时没有再次核对 X 光片，误将那个健康的左肾切除，而依旧留下了可能有毛病的右肾在梁的体内。这一错误，术后不久即发现了，院方当作"最高机密"保护起来。对这一重大医疗事故，协和医院严格保密。事故的责任人刘氏，后来调离了医院，到卫生部做了政务次长。竟是到 1949 年后，医学教学在讲授如何从 X 光片中辨别左右肾时，才举出了这一病例¹⁷，这才解开谜底。不过，当时梁的疾病乃至死因的判断，可说是一误再误，到死后都还被错误的"事实"牵绊。

三、此案所反映之中西医技术与医疗环境

此案可以从两个角度来分析：当事者梁启超与当时的质疑者，包括梁的家人和知识分子等人之言论。不了解的读者可能想问：这关中

医什么事？其实，这是因为梁本身就有看中医的习惯，梁也有中医的好朋友，而在中西医论争相当激烈的民国初年，这件误治案，就成了论争的好题目。

关于梁这次手术的失误，西医当然并未公开道歉，整个争论的焦点，其实着眼于"右肾并无病变"，"血尿症状未好转"。当时认为，整个"误割"案只是割了个似乎"健康"的肾脏被人质疑，但是四十年后才知道，这"误割"其实是把另一颗健康的（左）肾脏给割下来了，西医还隐瞒此事，病人则至死都被蒙在鼓里。当时西医坚持不公开道歉和梁启超能够谅解的原因，还在于院方把错割的肾切开来看时，确实发现肾内有一黑点，但它却与病情无关，西医也未解释，那个黑点代表什么？会不会是正常的组织颜色变化；或许，可能也代表不了什么，因为梁的病症根本没有任何好转。只能说，那个黑点可以解释 X 光照片上的某些"可见的事实"，却对治病没有帮助。[18]当时产生的争论，所牵涉的是当时西医整个医疗制度转移至中国之初，那种粗糙与不尽理想之处。

陈源（笔名西滢）是对此案反应较大的一位作家，他认为梁启超是尽人皆知的名人，照理说医院遇到这样的病人，一定加倍慎重，没想到还是发生意外，可见医院问题之严重、日常治疗之马虎了。陈指出，梁氏最初被告知肾脏检测"有些肿物"，今日不除，明日还是要除，而且有进一步病变的风险，于是就割了，当时有其他人建议梁多多检查后再作决定，梁并没有采信。陈的叙述中最有意思的，在于他说梁被错割的是"左肾"，其实，当时所知被割下的，是大家都以为"健康的右肾"，但几十年后梁思成才知道，原来割的那个是"左肾"，所以陈西滢的误指"左肾"，反而是对的，这是非常有趣的巧合。[19]更有意思的是,刘瑞恒手术后曾说:"从右胁剖开,取出者当然是右肾,焉得有错。"如果就后来的结果来看,刘隐瞒了割错位置的事实。[20]既然割错,何来康复之可能?当时发现梁的尿血症并没有转好,协和医院的医生竟然说,问题出在牙齿内,于是"一连拔去了七个牙",这是非常奇怪的诊断,到今天都没有人出来分析为什么要拔去这么多牙齿,最不可思议的是,梁竟然也相信了。[21]著名作家徐志摩论述的,也大同小异,还说到了"胃"的问题,其言:

> 梁先生受手术之前,见着他的知道,精神够多健旺,面色够光彩。协和最能干的大夫替他下了不容疑义的诊断,说割了一个腰子,病就去根。腰子割了,病没有割。那么病源在牙,再割牙,从一根割起割到七根,病还是没有割。那么病在胃吧,饿瘪了试试:人瘪了,病还是没有瘪,那究竟为什么出血呢?最后的答话其实是太妙了,说是无原因的出血:Essential Hoematuria。所以闹了半天的发现,是既不是肾脏肿瘤(Kidney Farmour),又不是齿牙一类的作祟;原因是"无原因"的!我们是完全外行,怎懂得这其中的玄妙,内行错了也只许内行批评,哪轮着外行多嘴![22]

最后病因竟是"无原因",这个答案恐怕令许多人都感到无法接受。陈西滢评论说:"在梁先生初进病院的时候,上海一位懂得中医的朋友,写信给他,说他的病是不用施行手术的,只要饮什么汤就会好。这话不但西医们听了好笑,就是我们也一点不相信。可是这中西不同的推断究竟有多大的分别呢?大家都在暗中摸索,谁能说什么汤一定不能治愈这病症，即使不然，病人所受的损失，也不至于会比丢掉一个腰子和七个牙再大吧？"[23]陈的话已带有当时中西医论战的硝烟味，意指如果能看中医就好，为什么要割肾拔牙？这让中医，从未参与这场医疗的旁观者，也加入论战中。

在谈中西医论争之前，我们先来看看当时争辩言论中所反映的西方医学在中国发展的一些情况。事实上，当时中国的西医院管理尚属草创，很多医疗行为并不合理，民众检举和医院听到病人反映问题的管道并不多，往往都是一些事件发生后被报道文章揭露，才受到注目。陈西滢叙述：当时一个"中国化"的西医院，恐怕是毛巾、肥皂都得自己带，不过现在也大概如此，但民众可以在大医院买到各种日用品，但在当时却没办法。陈还说："一个看护妇招呼七八间病室，时常可以半天见不到人影。房中床上、桌上、杯上、碗上、药瓶上都是传布病疫的苍蝇。住在这样的地方，不病的也许会病了。"有钱的中国人，甚至把丫环、老妈子都带去，至于"如果你已经是阔人或经阔人的介绍，就有两个看护妇服侍你一个人，如果你不是阔人而且认不得阔人，你在入院之先得送一分重重的厚礼"[24]。这已经突显出当时医院本身就是一个高度资本主义下的产物，没有钱、没有权，是根本享受不到好的医疗的，而且西医院具有代表西方帝国主义的特征，徐志摩说：只要有钱有势，就不用怕生病，什么医生、设备、调理，都可以用高规格的对待。[25]

而其他次级的西医院就更不用说了，在里面甚至充满了逃避的失意政客[26]，徐志摩说："凡是外国人，说句公平话，他们所得的待遇就应有尽有，一点也不含糊，但要是不幸你是黄脸的，那就得趁大夫们的高兴了，他们爱怎么样理你，就怎么样理你。据说院内雇用的中国人,上自助手下至打扫的,都在说这话:中、外国病人的分别大着哪!"²⁷ 这种中西民族主义在体格与医病文化上的差异非常巨大,中医朱良钺认为:梁启超不怨恨西医的"自我牺牲"精神,何苦来哉?竟任了西医侵略中国人身体的行为。²⁸ 而且当时西医院常被抨击"简直不知道中国人和外国人的体格有许多不同的地方。那里的医生只知道守着教科书上的陈言,用医治外国人的方法来医治中国人。譬如生产之后,外国妇人可以饮冰吹风,他们也叫中国女子去饮冰吹风,往往因此得到终身不治的病症"。更夸张的是,有一则故事,显示当时外科手术是极具风险的,例如陈西滢说:

> 我有一个朋友的夫人因难产到那里去开割。那位著名大夫正在施行手术的时候,总统府忽然来了一个电话,请他去赴茶会,他便不顾事毕就去了,临行叫助手多上些麻药!过了几点钟他回来了,病人幸还没有死,他把创口缝上了。可是病人出院,腹中常觉剧烈的痛苦,再去见那著名的大夫,他用 X 光照看之后,发现了缝创口的时候,忘记在腹内两个小小的钳子。于是又割开了一次。回家之后,某处还觉着痛苦,再去见这大夫,他又发现了某处的骨节忘记了接上,须得再割一次,可是我们的朋友实在不敢再请教他了,还是请了一个外国的大夫接上了。这种事,要不是一个朋友亲得的经验,叫我们怎样能相信?²⁹

并且,甚至是"进院的产妇放在屋子里没有人顾问,到时候小孩子自己(生)下来了,医生还不到一类的故事!"³⁰ 大概也常常流传在病人的耳里。陈西滢说:"平常的医生,施行手术是万不得已的事情,在施行的前5分钟,他也许正想打牌或同太太去看电影,施行后5分钟,他已经打牌或同太太看电影去了。他们对于病人,无非是一般商店伙友对于顾客的情形。"[31]

伴随这次"失肾记",西医的"科学精神"也被质疑了。陈西滢认为:西医同中医虽然都是暗中摸索,胡乱瞎猜,可是中医只知道墨守旧方,西医却有了试验的精神,可是他最怀疑的就是试验精神。陈质疑说:"医学是介乎自然科学和社会科学之间的。自然科学的对象是物质,化学家尽可以做他们分析化验的工作,就是植物学者也不妨做移花接木的试验。可是社会科学的对象是人类,谁没有父母,谁没有夫妻子女,谁不感觉痛苦悲哀,我们怎能把我们同类做试验品?"[32]徐志摩则认为:付钱的应是医院,不该是病人,因为医院太有科学精神了,所以把病人当实验品或标本,总是经过反复不断的折腾,才找出一个病因,"究竟谁负责看这病,你得绕大弯儿才找得出来"[33]。陈西滢则认为,近代的一般医生,眼中只见病症,不见病人,医院也成了一种冷酷无情的试验室。也许科学是冷酷无情的东西,也许向来真理者不用有"仁爱"的动机在后面。那么我们至少希望医者在施行手术之先,声明他做的是试验,并且,病人既然是试验品,当然没有再花钱的道理。[34]也或许不是"科学精神",而是"医院机构"出了问题,徐志摩认为,协和算是北京资本最雄厚、设备最丰富、人才最济济的一个机关。它一年所花的钱,一年所医治的人,一定是令人惊讶的数目。但奇怪的是,该医院大概"人缘不佳",凡是去看过的病人,大多都有抱怨。[35]陈西滢则抨击:近代的医学虽然没有成完美的科学,协和医院实在还不足以做它的代表。协和的医生在美国,也许最多是二三流的西医罢了。[36]

后来,协和医学校的学生陈志潜在5月19日发了一封信,针对陈西滢抨击梁启超医疗疏失的文字提出质疑。陈志潜先说了一段好话,他认为,西滢先生既学识渊博,也是一个"留心医学进步者"[37]。但是话锋一转,陈志潜举反中医大将余岩之研究,帮西医辩护,说中医本于"经验",还未进化到西医的"实验",中医根本无法与西医相比。他认为:病人就是西医的"饭碗",西医只可能迎合病人心理,绝不会去砸自己饭碗,不顾看诊品质。[38]最后,他指出,梁的"失肾记"只是个案,协和医院也不过是一所医院,不能代表整个西医界,"因一个病人而推倒无数病人",不免因噎废食了点吧。[39]他质疑陈西滢没学过医,"以局外人来批评局内事,往往有过甚其辞的地方"。并言自己本来是一个迷信中医者,但是这几年学了一点新医学,对中医的信仰已减少了,他想攻击中医,但总觉得没学过,还是保持缄默,其实是在影射陈西滢"不懂西医不要随便评论!"有意见应该"向协和医院办事人直接交涉",不要随意对外界放话。[40]

收到这封评论后,陈西滢很快做出回应,他认为医疗之事不仅只有医生等专业人员可以评论,医事乃社会之事,而不仅只是专家之事。他说:

> 像教育一样,医学是与我们有切肤的关系的,尤其是在中国。我说尤其在中国,因为中国是一个极大的微菌生殖园、疫病传染所。酒楼饭店以及一般人家的厨房里都聚满了苍蝇、胡同里到处可以做居民的厕所;尘埃在半天飞舞,洒水夫又洒上些粪水。我们生活在这种环境内,随时随地,都可以有传染疾病的机会。我们写这几句的时候,就有一个朋友生死莫卜的睡在传染病

医院里,他的病是坐街上洋车时一个虱子传给他的。我没有进过医学校,也从没有研究过医道。我所有的就是什么人都有的候补病人的资格。在医学者的眼中,我们上次所举例也许微乎其微,可是在我们候补病人的眼中,就非常可怕了。我是一向对于协和比较有信仰的,朋友们有了病,我曾经劝人进协和。可是我现在怎样再敢劝人家?这不是说,西医靠不住,便应当相信中医了。不过,中医固然靠不住,西医也离开一般人所迷信的西医万能还差得远。在功效方面,西医不能全活人,中医也没有全杀人,他们的相去,不过五十步与百步,自然是大家公认的事实。[41]

如对比上一章鲁迅所言,就可以发现不少知识分子对中医采不信任的态度,但他们对"中国西医"的观感,似乎也没好到哪里去。至于中医,也意外地被卷入这场论争。陈西滢说:中医经验虽不及实验,但总是一种理性之判断,"一般平常的西医,又何尝不是只知道谨守教科书上的话呢?"又何来实验精神?至于中医不肯实验,墨守旧法,他说:"我们朋友的里面,曾经有过被西医所认为毫无希望,而一经中医医治,不半月便霍然病愈的人,而且不只一二位。要是这样的事情继续发生,无论如何的攻击中医,我想中医也不至于打倒的。"与其攻击中医,不如今后充分研究中医。[42]而所谓的实验精神,只有少数西医有,反倒是"迷信",却是中西医皆同的,只是表现形式不同,他说:"信神的求了一个仙方,吃好了是神灵的应验,吃死了又是命中注定。同样医生医好病是他的手术高明,医死了又因为病人犯了不治之病症。"[43]不是一样"迷信"西医吗?徐志摩且自称:"我个人向来也是无条件信仰西洋医学,崇拜外国医院的,但新近接连听着许多话,不由我不开始疑问了。"并说,传统中医"开口是玄学,闭口也还是玄学,什么脾气侵肺、肺气侵肝、肝气侵肾、肾气又回侵脾,有谁,凡是有哀皮西(哀皮西,即 ABC,指基础科学知识)脑筋的,听得惯这一套废话?冲他们那寸把长乌木镶边的指甲,鸦片烟带牙污的口气,就不能叫你放心,不说信任!同样穿洋服的大夫们够多漂亮,说话够多有把握,什么病就是什么病,该吃黄丸子的就不该吃黑丸子,这够多干脆,单冲他们那身上收拾的干净,脸上表情的镇定与威权,病人就觉得爽气得多!"[44]徐志摩不讳言他信任西方科学医学的态度,而且抨击中医非专业性和不卫生的个人习惯;但西医也不能因此就无条件的乱来。徐说:他是期待进步的,不愿意"开倒车","从新医术跳回党参、黄耆,从党参、黄耆跳回祝由科符水,从符水到请猪头烧纸",但西医"查验的疏忽、诊断的错误、手术的马虎,在在是使病人失望的原因",故言:"我们即使大量,也不能忍受无谓的灾殃。"[45]

其实,这场医疗疏失根本不关中医的事,因为中医在民初是没有资格进西医院进行诊疗的,在地方小医院或许还可以,但在有制度的大医院,像是协和医院,尤其如此,前述孙中山的例子,可资参照。梁本身其实也相信中医,梁在被割肾后,6月2日发了一份"言不由衷"的声明,他说:"我们不能因为现代人科学智识还幼稚,便根本怀疑到科学这样东西。即如我这点小小的病,虽然诊查的结果,不如医生所预期,也许不过偶然例外。至于诊病应该用这种严密的检查,不能像中国旧医那些'阴阳五行'的瞎猜,这是毫无比较余地的。我盼望社会上,别要借我这回病为口实,生出一种反动的怪论,为中国医学前途进步之障碍。"[46]可是,这样的声明,和梁本人的看诊习惯根本不同，因为梁在割肾前、后，其实都持续看中医；并且，梁这份声明，也看不出他后来遭遇到的一连串拔牙、挨饿的惨况。更夸张的还有，西医在拔牙之前，还说梁的血尿和流鼻血一样，流他个二三十年也无妨！真是匪夷所思的见解，当然，在割治之前，中医也说过类似的话。只是，梁的家人觉得：西医竟和中医一样夸张，"同是幼稚而已"[47]。

四、余波荡漾：中西医论战与最后的真相

"失肾记"在当时社会上所引发的论争是广泛的，碍于篇幅，无法顾及很多报纸的相关言论，但对于作为西医对手的中医言论，则是中西医论战史中不可忽略的一页。简单回顾一下梁启超过去看中医的经历。民国元年时，梁回到北京，应邀参与许多演讲并接见许多宾客，他形容当日"各界欢腾，万流辏集""为应酬苦极，夜不得睡，今日虚火涌上，牙痛大作"[48]。他用了非常多中医的术语来描述自己的身体状况，他说："每夜非两点钟客不散，每晨七点客已麇集，在被窝中强拉起来，循例应酬，转瞬又不能记其名姓，不知得罪几许人矣。吾演说最长者，为民主党席上，凡历三时，其他亦一二时，每日谈话总在一万句以上，然以此之故，肺气大张，体乃愈健。又每日坐车总有数时，车中摇动，如习体操，故胃病若失。"[49]可看出梁很注意自己的身体状况，但每当繁忙、应酬众多或写作辛劳时，他的身体就会出现状况，这时中医就成为他调整身体的一种方式。

1918年，梁时年46岁，其年谱记载："自去腊以来，先生治碑刻之学甚勤，故是岁所为金石跋、书跋、书籍跋最多。春夏间先生摒弃百事，专致力于通史之作，数月间成十余万言。至8、9月间已著述过勤，致患呕血病甚久，而通史之作也因此搁笔。"[50]梁自言他常常写书写到"彻夜不眠"，这次甚至用功过度导致呕血。早在5月间已慢慢养成习惯，每天晚上11点以前必定睡觉，早晨6点以前必定起来，开始写书，一直写到中午，大约每天可以积稿两千余字。梁希望养成一种写作规律，他认为这种规律对身体好，有助于创作的工作。但9月时，梁因著述过勤，曾患呕血病甚久，他在和友人通信时谈道："病初起本不轻，西医言是肋膜炎，且微带肺炎，盖蓄病已旬日而不自知，每月仍为长时间演讲，余暑即搁管著述，颇觉意而不肯休息，盖发热殆经旬矣。后忽喀鲜血约半碗许，始仓皇求医，服东医药旬日，病不增而已，而憔悴日甚。老友（中医）唐天如自粤急难来相视，服其药五日，病已去八九，贱躯素顽健，必可无虑，再数日当全平复矣。病中饮食如恒（原注：胃始终健），读书亦不少，知念谨闻。"[51]朋友们并嘱咐梁启超"戒酒"与"少看书"，调养为先，但梁还是在病中迷上佛书，不肯罢手。引文中唐天如即一位中医，乃梁氏好友，梁在当时患病时曾去遍访中西医的治法[52]，其自言服西医之药，病情没有加重，但却日渐憔悴。反倒是唐所提供的中药，梁服用了，自言感觉甚好，大赞其神奇之功。他说："贱恙直至最近数日始服天如药，见效至速，或竟可痊愈也。……服天如药，日起有功，中秋后尝可出游矣。田村（西医）前尚言恐须以药针吸取肋膜之水，顷乃大讶其痊之速，自今以往，不敢菲薄国医也。"[53]西医原本要用针来抽出肋膜的积水，当时很多肺炎、肺结核导致的积水，西医都靠抽吸，有时抽吸不当，甚至会呕出鲜血[54]，而中医却给药即可，令梁氏与西医直呼"不敢菲薄国医"。"割肾案"后，直到1928年，梁都在看中医，也看西医，但似乎看中医都要偷偷摸摸的，不对外公开，多只在家书史料中呈现。

图二　梁启超的"饮冰室"书斋

当时许多中医对梁的遭遇提出看法，如朱良钺指出，梁在手术后发表的《我的病与协和医院》，无非是希望说明疾病之真相和澄清社会上的误会，不过，文中却说"用X光机照右肾有一黑点，应该是肿瘍物，但割下来却完全没有"，这岂不是梁承认西医的诊察不确实、医疗机械不可靠吗？那么，社会上质疑西医的声浪，是完全正确的。[55]中医聂云台则说：梁启超原本要让他的中医好友看诊，可惜晚了一步，代价为一颗肾脏，他说："任公曾函约唐君往诊未克，致遭刮割，不知此腰子如何呼冤也。西人医术不讲病源，误事多矣。"[56]至于拥护西医者则认为，梁之疾病，无论病因为何，清不清楚，都必须请大家认清：只有西医能有一个可能"研究得清楚"之将来，而中医是没有能力的。一位自称中学教员的作者指出：人们不应该对科学失望，因为这是一场医学革命，必须相信科学的西医才有未来，而非中医，他还认为陈志潜质疑陈西滢的文字太客气了，应该更强硬一点。[57]中医朱良钺认为，治病要以"最后的效果为效果"，他说他看过很多经过西医治疗的病患，当下都非常好，但几乎到后来都出了大问题，例如鼓胀症的放水、痨症的开刀等治疗，往往发生变症，这是"头痛医头"的机械性疗法；他还说，梁的身体一定会出现很多不好的并发症，这不幸言中了。[58]

最为拥护西医者无话可说的，可能是手术后约半年，梁启超服用好友唐天如的中药，竟然好了大半。梁写下："我的病真真正正完完全全好得清清楚楚了！"梁于1926年8月22日写信给女儿梁令娴报告病情，自从服了唐天如中药三帖后，小便颜色即转为正常，尿味也正常，没有血腥味了。并自言："前后共服过十剂，现已停药一礼拜了。总之，药一下去，便见功效。"当然，若犯劳累、睡眠少、伤心，则仍会发病，但服中药即好[59]，这件事情就更映出西医"割肾"的无谓。这件事后来还在报刊上披露，连药方都一并附上了，《卫生报》记载："任公在白戴河，唐君天如在长辛店，电约往诊，曰：分泌胆经司之，今脉象左关涩、左尺弱、左寸浮大，以心不能收摄，而胆失分泌功能也。拟方服一剂，病年半矣，两剂痊愈，知友咸以为奇。"[60]梁也转述中医的说法，可资读者对照："据天如说，病源在胆，因惊惶而起，胆生变动，而郁积结于膀胱，其言虽涉虚杳，但亦有几分近似。……天如说的病理对不对，（但）他的药真是其应如响，一年半之积瘤，十日而肃清之，西医群束手谓不可治，而一举收此奇效，可谓能矣。"足见梁也认为中药功效卓著。民国著名中医恽铁樵认为，中医虽疗效卓著，但总说不出一个道理来，他引《梁任公演说集》云："中医尽能愈病，总无人能以其愈病之理由喻人。"所以，他认为中医第一要义，在将古书晦涩之医理，诠释明白，使尽人可喻。[61] 但是，唐天如说了半天，其实也是在说明一种病因和症状之间的关系，仍未说病名，梁依然信之无疑，不得不说中西医论战虽壁垒分明，但病人在选择有效医疗时，中西医之间的差距还是不分明的，一切以疗效为依归；也可以说，病人多数时候是滑头的，不会只选一边，至少梁就不是像某些人宣称的，他"唯一"相信科学的西医。可惜，梁是在写给女儿的信中第一次揭露中药疗效，如果他当下即公开发表，预料一定引起更激烈的中西医论战。[62] 而且，中医这次的药方，也在两年后披露，《卫生报》公布方子为："阿胶钱、泽泻钱半、当归钱半、白茅根三钱、小茴香钱半、肉桂二分、苦楝子二钱、焦黄连一钱、浮小麦三钱、黑蒲黄一钱。"[63] 唐天如在梁过世之前，其实一直都在帮梁调理身体。

1926年9月14日，梁又写信给家人，谈到他曾拿"割肾"后复发后的血尿给伍连德（1879—1960）看，伍氏曾用现代卫生防疫之法阻止清末东三省鼠疫蔓延，可谓威震东亚[64]，此次看过梁的血尿后，伍说："这病绝对不能不理会。"伍返京后曾和克礼等医生商议，了解状况。等梁到北京再见着伍时，梁当时已服中药治好，伍连德大惊，并且"很赞叹中药之神妙"，认为目前当靠中药治疗。素来不鄙

图三 梁启超卧室一隅

薄中医的伍氏,还把药方抄了去,唐天如当时是以黄连、玉桂、阿胶三药为主,有其他中医看过,觉得会将黄连和玉桂混在一起用者,"必是名医",可见唐氏开药具有一定的水准。[65]伍连德进一步表示,透过梁转述说:"手术所发生的影响,最当注意。他(伍)已证明手术是协和孟浪错误了,割掉的右肾,他已看过,并没有丝毫病态,他很责备协和粗忽,以人命为儿戏,协和已自承认了。这病根本是内科,不是外科。在手术前克礼、力舒东、山本乃至协和都从外科方面研究,实是误入歧途。但据(伍)连德的诊断,也不是所谓'无理由出血',乃是一种轻微肾炎。西药并不是不能医,但很难求速效,所以他对于中医之用黄连和玉桂,觉得很有道理。"[66]梁启超言,伍连德证实协和说谎了。受了手术后一年后,梁还是回医院检察,医院的回复竟然是:"梁的肾功能完全回复了,只要节劳即可。"这完全是误诊,只有两个可能:第一、梁的肾自己长回来了,其实留下的那个是坏掉的肾,何来功能回复之有?其次是第二种可能,唐天如的中药确实很有效。但协和的意思其实是:手术成功,病人恢复良好吧。当然,血尿仍不算真的痊愈,时不时还来"拜访"一下[67],梁也是闲不下来之人,自言不想当废人,否则精神更痛苦,故其生活依旧忙碌。[68]例如 1927 年 5、6 月间,梁批改学生成绩太劳,又逢王国维(1877—1927)自杀的刺激,就让梁启超连续血尿四十天。其间,梁有个肚疼、发热的,血尿也会来攻,但唐天如又特制膏方,同样能让梁康复。[69]大概中西医"不公开合作"的结合,是梁生命中最后的诊疗方式吧。

1928 年底,梁又因病求诊于协和,10 月 5 日,自言从北京就医后返天津,途中感冒发烧,这对梁的身体是一次大警讯[70],随后又入医院医治,他说到:"这回上协和医院一个大当。他只管医痔,不顾及身体的全部,每天两杯泻油,足足灌了十天,把胃口弄倒了。也是我自己不好,因胃口不开,想吃些异味炒饭、腊味饭,乱吃了几顿,弄得肠胃一塌糊涂,以致发烧连日不止。人是瘦得不像样子,精神也很委顿。"[71]可见他在西医院受了不少折磨。北京 17 日的新闻记载:"梁启超氏因历年研究学术。致身体衰弱,终有痔疮,及下血之症。在四年前,曾将肾脏割去一个,然未断根,在四个月前复大发,并咳嗽。"在天津治疗无效后,梁又再次于 11 月 28 日转往北京协和治疗,可惜之后就没有再康复过来了。

这次最后的检查,竟有惊人发展。梁入协和医院检查后,因患有咳嗽之症,被怀疑可能有"肺病",当时通常是指肺结核,于是医方开 X 光检验，竟发现肺尖有许多斑点，遂将梁咳出的痰去化验，结果发现梁的痰内没有结核菌，反而有许多"末乃利菌"，再抽血复验，发现血内也有很多同样的菌。当时在协和的外国医士指，大概梁的宿疾都是此种菌作祟，并言："惟此种菌，各人体中，均含有相当数量，本无毒性。惟梁氏体中特多。本无可疑，乃将取出之痰及血液培养，见其生长及蔓延均甚速，注入专供试验之鼠体中。不久即发现与梁氏同一现象之病症，始确知此种菌类，亦有致病之力。"但是遍查医书，都查不到此种菌类致病之纪录，只有某医学杂志，有记载因此菌而致病者，全世界只有三例，一死、一愈，另一人则缠绵终身，实为罕见疾病。[72]但是要怎么进行治疗呢？当时也披露："灭除此种菌类，惟一药剂为铷（碘）酒，而梁氏积弱过甚，又不便多用，杯水车薪，无济于事，故日趋险恶，诸医已觉束手，惟日打强心剂数次，

图四 梁启超死亡的新闻

保持梁氏之精神而已。"[73]梁在最后的生命中，"病势转恶，寒热交作"，而西医则谓"药菌剧斗，太伤元气。"遂停药，梁于1929年1月11日下午2时15分逝世，其最终的死亡原因，是因为细菌感染、身体出现持续发烧的症状，不治而死。[74]报刊报道："梁氏晚年颇信科学能力，前经医生推断病端在牙，要拔三齿。三齿不愈，更拔其四，七齿既去，又割睾丸，均徒受痛苦。今由白克伦教授辨断，认为末乃利菌作祟，然而事势已迟，无法救治，于是梁启超于1月19日午后2时，超脱人间矣。"[75]令人惊讶，梁氏被"割肾"之外还"割睾丸"，若非报道有误，就是梁启超真的还割掉睾丸，真可谓惨不忍睹，但现在还梁"清白"，原来是细菌作祟！

这段令人感到惊讶之病例，又让不少人将"失肾记"并在一起看了。当然，这时舆论似乎也将梁的血尿宿疾，与"细菌致病论"结合在一起，《卫生报》即载："梁氏下血之症，从前医生说为肾脏出血者，亦证明系此种菌类所致。因肾脏出血，应系鲜血。而梁氏所下，多系积血也。"[76]在实验的鼠体中，也确实发现和梁氏显现一样的病症。[77]中医观此，则批评说，那为何之前不一开始就说是"细菌"导致？却在割掉肾脏后的三年，突然"发现"说是"细菌"导致，此真可谓"一误再误，终乃定案"[78]。又质疑梁后来罹患的痔疮与下血症，本来就跟失去的肾脏无关，现在证实是细菌作祟，那么西医为何不道歉，并承认以前的诊断和手术的错误呢？[79]而且，该中医将痔疮之治疗失误也归在割肾的头上，认为痔疮用手术割掉即可，中医的走方疡医，也可以治好，不知跟割肾有何相干，肾脏何辜？又，若为肾脏出血，应该内服西药麦角单宁酸之类的药，而不是割去肾脏；他说自己曾查阅西医书籍，从来没有一招叫割肾治疗法。[80]我们必须注意,梁启超一旦入西医院,即便是梁的好友唐天如,也无法干预西医的治疗;在西医院中,当时是不允许中医看诊的。所以中医在看了梁启超的死因后,都表示非常不能认同,一位中医余不平(应为化名)阅读梁的相关报道后,自言以为会在医学上增加不少知识,但看完后却不禁拍案而起、失声大骂曰:"杀人者,西医也。"[81]他质疑,如果这个"末乃利菌"(monelli)没有毒性,怎么杀人?相对地,"既有毒性,何不传染?"他质疑,如果这个菌在鼠体内蔓延迅速,可见菌毒很强,但怎么全世界只有三例?既然毒力甚强,却又说病例很少、不多见,这不是说法矛盾吗?[82]为何"科学"不给个交代?

其实,民国初年的细菌论,也导致不少中西医论争的故事,例如民初一位著名的新闻学者戈公振在1935年过世时,也是身上一大堆细菌,最后西医也说,是感冒菌致死,引起中医一阵挞伐;因为,在医院死掉的人,身上恐怕有各种菌,到底哪种菌引起哪种病,西医并不能判断,当然就受到中医的攻击。[83]其实,就在梁割肾前后,有一位农业大学学生之死,报载也说是手术时不慎导致病菌进入血中,最后救治不及。[84]当时细菌的化验技术还非常粗糙,要能迅速精准判定"唯一"致死的细菌,在法定传染病之外,恐怕检验都非常困难。如果就后来我们知道的,梁的肾是被割错了,那么,梁的细菌导致病死说,也有很大的问题。回到梁的病,余不平还指出了:"治疗唯一药剂,厥为典(碘)酒,可发一笑,既知不救,何必打强心针?"该中医认为,碘酒根本无法入肺、入肾,能直接喝吗?真的可以"杀菌"吗?难道外擦的有用吗?所以说碘酒可以治疗,也属于废话,言梁启超身体衰弱不适宜用碘酒治疗,则更是废话。[85]其实当时碘酒是用注射的,至于真实效果如何,笔者非细菌学专业,也无法评论对错,至于他说:"爱克司光不足恃,不论何种咳嗽,其肺组织发炎之处,镜检皆有斑点。"[86]则是质疑西医 X 光检验之效果,他认为精准性不足,不过,梁启超已经撒手人寰,X 光的问题,也就不那么重要,逐渐为人们所淡忘了。

五、小　　结

梁启超死前,可说完全不怨恨西医,他竟承诺将遗体的脑部送给协和医院解剖,作医学研究,真是大师风范,心胸无比宽大。[87]有关梁的死,1971 年赵效沂还回忆说:梁启超是死于肾脏病,是另一个肾脏也坏了,罹患同样的病症,医者无能为力,终告不治。[88]或许应该说,不是"另一个肾坏了",是坏的那个肾还留着吧!好的那个左肾被割下了,坏的那个、有斑点的右肾还在,最后导致病变,和什么菌不菌的,也就没有多大关系了。细菌致病论,合理的解释或许应该是梁的体质每况愈下,才导致感染的,可以说"失肾"是远因、"细菌"是近因吧。从这则略有错误的回忆来看,也可以发现大家总是对梁的"腰子"很有意见,致使传闻、猜测不已。

有时人病死的时候,身上总是带有许多病,但真正的死因,应该只有一种、死法只有一种,要有医学专业认定。可以想见,不会有西医归为是肾脏的问题,梁启超真正的死因,绝对是"细菌感染"。医疗疏失在这则案例中只是中西医论战的谈资,只要梁启超家属不提告、没有疑问,法律上就不会产生任何刑责,但从时人对当时西医院的指责与描述,读者也可以大致了解当时的医院是充满风险的地方。还有,今天做了一个手术,结果病患几年后才死掉,是没有任何有效

"证据"可以判西医罪的,当然也就不能说是"割错"了,至少在民国时期绝对如此。[89]梁不"告"西医,也许是要维护他那"信仰科学"的超然形象;中医朱良钺认为:西医割肾后所谓"无理由的出血"这句诊断实在很妙,梁启超的辩护更荒谬,即使要帮西医说话,以梁之文笔,也无法杜撰出"无理由的理由"。在整个文章最后,梁又说了什么"中医不足信"的论调,显然是"梁先生听着片面之词,犯着感情用事的毛病了"[90]。笔者也合理怀疑,梁在1926年6月2日《晨报副刊》上的声明,很可能是西医(或拥护西医者)去拜托梁写的,梁说的一些违心之论,显然不是出自他的本意。事实是,梁不但抱怨西医,也不断寻求中医的帮助,也许反映了:选择医生,不一定是一种什么了不起的"信仰",这种对宣称的坚持,终究是挡不住疾病来折磨的,选择多样化且有效的医疗,才是现实之抉择。

这时,本书所谈的孙中山之死又成了一则具有意义的对照组故事,陈西滢指出:"近年来,不信中医的人渐渐地多了,可是他们又把对于中医的信仰,移在西医的身上。他们好像觉得外国医生都是活神仙,他们的话断不会错的。去年孙中山先生病危,西医说不能有救了,中医说也许有万一的希望,左右的人就决计改请了中医,当时就有些人很不赞成;他们说这种态度太不科学了,这种迷信实在应当打破的。我们听了都不免觉得他们自己倒有些不科学,因为他们不愿意得到那万一的希望的试验;他们自己脱不了迷信,因为他们以为西洋医学已经是发达没有错误的可能。我疑心就是西洋医学也还在幼稚的时期,同中医相比,也许只有百步和五十步的差异。"[91]他的意思,是认为病患选择看中医的态度又何尝不是一种科学、一种"看西医"以外的实验精神,不试试看,怎么知道效果?但是,这种"试试看中医"的态度，惹得许多反中医的人大为恼火，例如鲁迅就对这段时期的"中医了不得论"表示非常反感，认为这代表科学精神大有倒退之势！最后的反思，也让笔者觉得非常可惜的是，梁启超最后一旦步入西医院，则中医就无插手余地，对照今天，或许我们应该来好好思考，中西医结合的具体施行方式。中医如何在大医院体系中生存，怎么介入西医的治疗，中西合作治病的模式应该怎么进行等等，为病人主动打造一个良好的中西医结合环境，而不是单靠病人微弱的和赌一把的"信仰"（西医或中医），来选择医疗方式，这是梁启超"失肾记"带给中西医汇通理想的另一层启发吧。

注　释

1　韩石山主编：《徐志摩全集·散文（三）》，天津人民出版社 2005 年版，第 71 页。
2　一般中西医之间在民国时期对择医态度的改变，可参考雷祥麟：《负责任的医生与有信仰的病人：中西医论争与医病关系在民国时期的转变》，《新史学》第 14 期，2003 年，第 45—96 页。关于医疗疏失的历史，可参考马金生：《发现医病纠纷：民国医讼凸显的社会文化史研究》，社会科学文献出版社 2016 年版，第 6—27 页。
3　新版的书内，增加了梁启超的内容。赵洪钧：《近代中西医论争史》，学苑出版社 2012 年版，第 11—20 页。
4　例如孙正一：《世变与梁启超医疗的社会记忆》，东华大学历史所 2011 年硕士学位论文。
5　例如祖述宪善于引证知识分子的反中医论述，不过，梁的选择其实还是中西医一并选择，并不是只对西医情有独钟而已，该书选择的资料还是比较有利于反中医方的论述；当然，很多反中医或支持中医者，也都是引对自己有利的言论，读者不妨看完整个过程，再下定论。参见祖述宪：《哲人评中医：中国近现代学者论中医》，三民书局 2012 年版，第 57—71 页。
6　又例如张大庆：《中国近代疾病社会史》，山东教育出版社 2006 年版，第 196—201 页，但也偏重梳理梁启超"信仰"西医的部分。
7 丁文江、赵丰田编:《梁启超年谱长编》,上海人民出版社1983年版,第11册,第1072—1074页。
8 聂云台:《追记梁任公小便下血》,《卫生报》1928年第21期,第162页。
9 梁思成等:《梁任公得病逝世经过》,收入夏晓虹编:《追忆梁启超》,中国广播电视出版社1997年版,第430页。
10 梁仲策:《病院笔记》,收入夏晓虹编:《追忆梁启超》,第362页。
11 孟庆云:《梁启超枉失"肾命"》,《中医百话》,人民卫生出版社2008年版,第142页。
12 张建伟:《梁启超的"病"与"死"》,《中国青年报》,2006年5月24日。以及祖述宪:《哲人评中医:中国近现代学者论中医》,第70—71页。
13 梁仲策:《病院笔记》,收入夏晓虹编:《追忆梁启超》,第361页。
14 梁启勋:《病床日记》,收入夏晓虹编:《追忆梁启超》,第429页。
15 孟庆云:《梁启超枉失"肾命"》,《中医百话》,第142—143页。
16 孟庆云:《梁启超枉失"肾命"》,《中医百话》,第143页。
17 张清平:《林徽因传》,百花文艺出版社2007年版,第79页。另一本传记也揭露此事,参考林杉:《林徽因传:一代才女的心路历程》,九州图书出版社1998年版。其实,关于这份陈述,也有人认为不可信,持这种观点的作者认为,割下的确实是"右肾",只是没有任何病变;但没病的器官被割除,仍算是"误割"吧。
18 梁仲策:《病院笔记》,收入夏晓虹编:《追忆梁启超》,第362页。
19 陈西滢:《西滢闲话》,河北教育出版社1994年版,第280页。
20 梁仲策:《病院笔记》,收入夏晓虹编:《追忆梁启超》,第361页。
21 陈西滢:《西滢闲话》,第281页。
22 韩石山主编:《徐志摩全集·散文(三)》,第74—75页。
23 陈西滢:《西滢闲话》,第281页。
24 陈西滢:《西滢闲话》,第134页。
25 韩石山主编:《徐志摩全集·散文(三)》,第71—72页。
26 陈西滢:《西滢闲话》,第136页。
27 韩石山主编:《徐志摩全集·散文(三)》,第73页。
28 朱良钺:《与梁任公先生谈谈中西医学》,《医界春秋汇选第一集》,医界春秋社1927年版,第205页。
29 陈西滢:《西滢闲话》,第135页。对于民初国人对西医手术之害怕,可参考:赵婧:《柳叶刀尖——西医手术技术和观念在近代中国的变迁》,《近代史研究》2020年第5期,第46—63页。
30 韩石山主编:《徐志摩全集·散文(三)》,第73页。
31 陈西滢:《西医问题讨论》,《西滢闲话》,第292页。
32 陈西滢:《西滢闲话》,第282页。
33 韩石山主编:《徐志摩全集·散文(三)》,第74页。
34 陈西滢:《西滢闲话》,第283页。
35 韩石山主编:《徐志摩全集·散文(三)》,第73页。
36 陈西滢:《西滢闲话》,第283—284页。

37　陈西滢:《西医问题讨论》,《西滢闲话》,第285—286页。
38　陈西滢:《西医问题讨论》,《西滢闲话》,第286—287页。
39　陈西滢:《西医问题讨论》,《西滢闲话》,第287页。
40　陈西滢:《西医问题讨论》,《西滢闲话》,第288页。
41　陈西滢:《西医问题讨论》,《西滢闲话》,第289—290页。
42　陈西滢:《西医问题讨论》,《西滢闲话》,第290—292页。
43　陈西滢:《西医问题讨论》,《西滢闲话》,第292页。
44　韩石山主编:《徐志摩全集·散文(三)》,第72页。
45　韩石山主编:《徐志摩全集·散文(三)》,第74页。
46　祖述宪:《哲人评中医:中国近现代学者论中医》,第70—71页。
47　梁仲策:《病院笔记》,收入夏晓虹编:《追忆梁启超》,第362页。
48　梁启超:《民国元年十月十七日与娴儿书》,收入丁文江:《梁任公年谱长编初稿》下册,世界书局1962年版,第407—408页。
49　梁启超:《民国元年十一月一日与娴儿书》,收入丁文江:《梁任公年谱长编初稿》下册,第411页。
50　丁文江:《梁任公年谱长编初稿》下册,第541页。
51　梁启超:《民国七年致菊公、陈叔通君书》,收入丁文江:《梁任公年谱长编初稿》下册,第545—546页。
52　梁启超:《梁启超全集》第8册,北京出版社1999年版,第6021—6022页。
53　梁启超:《民国七年九月八日致季常足下书》与《民国七年九月十二日与季常七兄书》,收入丁文江:《梁任公年谱长编初稿》下册,第546页。
54　这样的故事,可参考张耕华:《人类的祥瑞:吕思勉传》,华东师范大学出版社1998年版,第231—232页。
55　朱良钺:《与梁任公先生谈谈中西医学》,《医界春秋汇选·第一集》,第204页。
56　聂云台:《追记梁任公小便下血》,《卫生报》1928年第21期,第162页。
57　樊缜:《读"从中医说到梁任公的病"》,《医学周刊集》第4卷(1931),第196—197页。
58　朱良钺:《与梁任公先生谈谈中西医学》,《医界春秋汇选·第一集》,第204—205页。
59　丁文江、赵丰田编:《梁启超年谱长编》第11册,第1086页。
60　聂云台:《追记梁任公小便下血》,《卫生报》1928年第21期,第162页。
61　恽铁樵:《论医集》,华鼎出版社1988年版,第1页。
62　丁文江、赵丰田编:《梁启超年谱长编》第11册,第1086页。
63　聂云台:《追记梁任公小便下血》,《卫生报》1928年第21期,第162页。
64　参考 Sean Hsiang-Lin Lei, "Microscope and Sovereignty: Constituting Notifiable Infectious Disease and Containing the Manchurian Plague," In Angela Ki Che Leung and Charlotte Furth (Eds), *Health and Hygiene in Modern Chinese East Asia: Policies and Publics in the Long Twentieth Century*, pp. 73-108。
65　丁文江、赵丰田编:《梁启超年谱长编》第11册,第1088页。
66　丁文江、赵丰田编:《梁启超年谱长编》第11册,第1088—1089页。
67　丁文江、赵丰田编:《梁启超年谱长编》第12册,第1123页。
68　丁文江、赵丰田编:《梁启超年谱长编》第12册,第1168页。

69 丁文江、赵丰田编:《梁启超年谱长编》第 12 册,第 1155 页。
70 丁文江、赵丰田编:《梁启超年谱长编》第 12 册,第 1103—1104 页。
71 张清平:《林徽因传》,第 77 页。
72 《梁启超超脱人间之病症》,《卫生报》1929 年第 62 期,第 10 页。
73 《梁启超超脱人间之病症》,《卫生报》1929 年第 62 期,第 10 页。
74 梁思成等:《梁任公得病逝世经过》,收入夏晓虹编:《追忆梁启超》,第 432 页。
75 《梁启超超脱人间之病症》,《卫生报》1929 年第 62 期,第 10 页。
76 《梁启超超脱人间之病症》,《卫生报》1929 年第 62 期,第 10 页。
77 北京通信:《梁启超不起之原因》,《医界春秋》第 33 期,1929 年,第 2 页。
78 余不平:《梁启超不起之原因的辩论》,《医界春秋》第 33 期,1929 年,第 3 页。
79 余不平:《梁启超不起之原因的辩论》,《医界春秋》第 33 期,1929 年,第 2 页。
80 余不平:《梁启超不起之原因的辩论》,《医界春秋》第 33 期,1929 年,第 3 页。
81 余不平:《梁启超不起之原因的辩论》,《医界春秋》第 33 期,1929 年,第 2 页。
82 余不平:《梁启超不起之原因的辩论》,《医界春秋》第 33 期,1929 年,第 2 与 3 页。
83 参考皮国立:《"气"与"细菌"的近代中国医疗史:外感热病的知识转型与日常生活》,中国医药研究所 2012 年版,第 174—176 页。
84 韩石山主编:《徐志摩全集·散文(三)》,第 74 页。
85 余不平:《梁启超不起之原因的辩论》,《医界春秋》第 33 期,1929 年,第 3 页。
86 余不平:《梁启超不起之原因的辩论》,《医界春秋》第 33 期,1929 年,第 2 页。
87 熊佛西:《记梁任公先生二三事》,收入夏晓虹编:《追忆梁启超》,第 355 页。
88 赵效沂:《梁启超父子一二事》,收入夏晓虹编:《追忆梁启超》,第 359 页。
89 有关当时具体的医疗诉讼,可参考姬凌辉:《医疗、法律与地方社会:民国时期"刘梁医讼案"再探》,《"中研院"近代史研究所集刊》第 104 期,2019 年,第 37—76 页。
90 朱良钺:《与梁任公先生谈谈中西医学》,《医界春秋汇选·第一集》,第 205 页。
91 陈西滢:《西滢闲话》,第 279—280 页。

陆
国家与身体的公与私：抗战前蒋介石的日常医疗与国族卫生观

一、前　　言

蒋介石来台湾后，卫生署曾汇整、编辑了一本书，把蒋对医疗卫生的发言汇集起来，显见蒋对台湾的医疗卫生颇为重视，该书开宗明义即言："清洁卫生是一个做人的起码条件。"[1]这非常耐人寻味，因为纵观各国政治上的领导人物，恐怕很少人像蒋这么重视"卫生"的。那么，蒋对"卫生"事务的重视与观点，是怎么开始的，其背后有无一条历史的脉络可供探讨呢？在日常生活中，蒋一向对自己的身体甚有自信，他也有许多独特的养生之法，有不少通俗研究已做了初步论述。[2]本章着眼于探索早期（抗战前）蒋在日常生活中个人的医疗与身体观，是如何形成的？而它对公领域的事务，包括在军队管理、国家发展上，有无任何关系。[3]由于这方面的资料数量相当庞大，所以书写的策略是仅处理蒋个人的经验，在国家事务上的影响，仅部分辅助说明，主要是希望扣紧蒋与日常生活这两个主轴，并依据时间先后的脉络来铺陈蒋的个人经历，以免全文过于跳跃。

蒋介石日记的公布，使得民国史的研究兴起了新的热潮，并且，从蒋的日记来重新反思民国史，更成了新兴"蒋学"的重点。虽然谈"改写"民国史仍言之过早；然而，日记叙事之主要内容，即为蒋之日常所见所闻与个人经历的荟萃，它不单牵涉蒋个人传记之研究，可以让蒋从"神坛"上走下，不要仅仅做"拥蒋"与"反蒋"的单一历史观，而是将他视为一个有血有肉的"历史人物"来研究。[4]身为一个重要的政治人物，其个人患病之细微经验，还不一定有特别的意义，但他在政治生活上所受的磨炼与日常经验的积累，及其所见所闻，却细腻地形塑了中国现代卫生与身体观之蓝图。是以蒋对日常生活之叙事，就可以作为研究民国卫生史的延伸资料库，提供我们各种视角的佐证。目前蒋的日记尚未正式出版，阅览颇为不易，但可以先从有节抄蒋日记和其函电、演讲等资料的《蒋中正总统档案·事略稿本》（以下简称《事略稿本》）[5]，以及蒋早年秘书毛思诚所抄录部分日记内容与后来编修的《蒋介石年谱》（以下简称《年谱》）[6]，作为一个初步入门的工具，先行搜索蛛丝马迹，来初步建构一个有血有肉的历史人物。

至于切入的视角与研究方法，也必须有所创新，本章撇开政治上成王败寇、善恶评价的、非此即彼的二分论述，转而运用医疗、卫生与身体史的视角来撰写蒋的日常生活史，呼应本书主轴，强调"病人"观点，又彰显个人与国族卫生之各种关系。这个领域的研究，在台湾虽然比较新，但也已有二十年以上的历史，此处不拟细部讨论。[7]惟须指出，这个领域一开始的研究就是以"社会史"为基调，包括日常生活的种种面向[8]，但是医疗史与政治史之间的关系，始终没有好好开展，这也是该研究领域目前的缺憾之一。[9]所以本章借着一次医疗卫生、身体与政治史的结合,希望能激荡出一些新的火花。[10]

二、个人生活经验:1924年前的蒋介石

一个人的日常生活经历,不可能一成不变。与其所接触的人、看到的事情乃至心中有所感触,及至后来担任的工作和职务,进而将心中理想付诸实践之过程,其实都有脉络可循。

蒋在1928年元旦慎重地订立了每日作息时间,规定自己每晨6时必须起床,晚上10时必定就寝。结果在1月3日时,他7点才起床,竟用力击床自责说:"人多轻我、笑我,而我固自谓有志,不以人之轻笑在意,今何尚贪睡昏惰不起耶!介石乎!尔苟不奋勉自强,坚忍自立,无不敬不贰过,复何以能完成革命乎?"起床后,蒋立刻写日记反省,曰:"立志养气求贤、任能、沉机观变、谨言慎行、惩忿窒欲、务实求真。"这是蒋当时立下的自励之语。[11]但这已是北伐的后期,此时的蒋已经在思索未来的中国要走向何种改革道路了;虽然,他后来一直不断强调"立志"和严以律己的重要性,但在此之前,蒋还经历了好色之徒、上海十里洋场的投机者、刺客,以及"做游侠浪人之倾向"等人生经历。这些已非新鲜事,黄仁宇(1918—2000)的解读颇有道理,他说:"蒋介石最大的困扰则是找不到一个现代性的楷模,适合于当日中国之环境和他预备领导之群众。即以军队而论,其本身即为社会产物,当组织新社会尚未曾着手之际,不能立即期望个人'预度'此新社会内'应有的'行动标准。"[12]笔者以为,蒋担任军校校长以前的荒唐作为,大抵就是如此。他应该是后来

才感觉到,如此浪荡、不自爱的身体,正象征着中国近代政治的脱序与衰弱,要改革中国国民性,或许必先从人的行为开始着手,这已是后话了。

若以个人的医疗与身体史角度来看,蒋幼年时以顽皮著称,常受意外伤害,曾自言:"中正幼年多疾病,且常危笃,及愈,则又放嬉跳跃,凡水火刀棒之伤,遭害非一,以此倍增慈母之忧。"[13] 这段经历,已有学者做过细部梳理。[14] 即至青年时期,蒋实未特别注意身体健康的问题,能掌握或运用的医疗资源也不多。但也就是这些个人的经历,使他了解到自己个性或举止的某些缺失,将对身体产生负面影响,由个人之身体推想至整个国族卫生、强健身体之重要性。此时期他尚未明显表达身体与政治之间的连结,因为蒋当时仍未找到自己在政治上的定位,所以仍未具备站在比较高的视角来省思中国问题之可能。

1909年那个冬天,蒋从振武学校毕业,升入日本高田野炮兵第十三联队为士官候补生。对这段时期的生活,《年谱》有如下之记载:"其时天气洹寒,雪深丈余,朝操刷马,夕归刮靴,苦役一如新兵。尝奋然曰:将来与临邦作战,情况当不只如今日而已,是固寻常,有何难耐者。故咬定牙根,事事争先,不自感觉其苦。而日本兵营阶级之严,待下之虐,与营内之整洁,皆于此亲见之。"[15] 可见早期日本之军校生活经验,对蒋影响甚大,它形塑了蒋日后对军队生活与整洁卫生的种种想法。另外,蒋的某些经历,恐怕形成了他在中国人"不卫生"与"国族衰弱"之间,一种负面的连结,这和鲁迅早年的经历有些类似,这些屈辱感都来自日本的嘲笑与轻视。[16] 1907年蒋就读保定军官学堂时:"一日课间,日本教官于讲卫生时,取一立方寸之土置案上，谓学生曰：'此土计可容四万万微生虫。'已复曰：'此土有如中国，而土上之微生虫，有如中国之四万万人民。'公闻而愤甚，乃立碎土为八块，瞠目反诘之曰：'日本有五千万人，是否亦如五千万微生虫，寄生于此八分之一之立方土上耶。'教官语塞，诉诸学校当局，然以曲在日本教官，未甚督过之也。"[17]那位日本教官为何以"微生虫"来比喻中国人？清末民初，致病之物多以微生物或微生虫称之，它存在于"臭恶之气中"，而且最能伤人、害人，是"不卫生"生活的代表。[18]以此来比喻中国人之生活，恐怕以"不卫生"与传染病"危险"之形象脱不了关系，是十足贬低中国国民性之用语。[19]蒋在此刻与之后的军校生生涯，都受到这些来自日本对中国负面评价之深刻影响，这是不能忽略的面向。[20]

至于在个性方面，蒋早年即自知其脾气和个性上的缺点，他在1923年时反省说："某日晨醒，自省过去之愆尤，为人所鄙薄者，乃在戏语太多，为人所妒嫉者，乃在骄气太盛，而其病根皆起于'轻躁'二字。此后惟以拘谨自持，谦和接物，宁人笑我迂腐，而不愿人目我狂且也。"[21]蒋虽言自己"轻躁"，但很显然的，他后来非常讨厌别人或他的部属也出现这些行为。笔者对心理史学并未深入研究，不敢妄下断言，但是蒋把早期自己的缺点，作为改造中国人身体、行为和举止的可能性是存在的，而其欲达成的某些身体控管技术，又依其"自省"的经验出发，强调"个人"的自觉，这一点后面还会论及。

论到失眠，则是蒋早年身体上的一大毛病，甚至一直伴随他至老年，可见此病根之起源甚早。曾担任蒋私人医生的熊丸（1916—2000）就回忆说："蒋先生的睡眠一向不太好，大概因为平常事情多，心情较沉重之故。且他平常上床时间太早，这也是睡眠时间不好的原因之一。我几乎每天都要给他一些药,以帮助他睡眠。"[22] 失眠恐怕与蒋常常过分担忧、爱发脾气的个性高度相关。早在 1919 年 6 月,蒋就以陈炯明"外宽内忌,难与共事",故愤而求去。在一封信中,他写下自己因精神上受到苦痛,乃发生"耳鸣、脑晕、胃伤、腹泻不止",并谓:"偶有思虑,则彻夜不寐,若非及时攻治,必成痼病。"并谓希望能加以休养云云。[23] 另外,1924 年 3 月蒋回信给胡汉民(1879—1936)时指出:

> 弟本一贪逸恶劳之人,亦一娇养成性之人,所以对于政治只知其苦,而无丝毫之乐趣,即对于军事,亦徒仗一时之奋兴,而无嗜癖之可言。五六年前,懵懵懂懂,不知如何做人,故可目为狂且也。近来益觉人生之乏味,自思何以必欲为人,乃觉平生所经历无一非痛感之事。读书之苦,固不必说;做事之难,亦不必言,即如人人言弟为好色,殊不知此为无聊之甚者至不得已之事。自思生长至今,已三十有七年,而性情言行,初无异于童年,弟之所以能略识之无者,实赖先慈教导与夏楚之力也。迨至中年,幸遇孙先生与一、二同志督责有方,尚不致于陨越,然亦惟赖友人诱掖与勖勉之力耳。至今不惟疲顽难改,而轻浮暴戾更甚于昔日,如欲弟努力成事,非如先慈之夏楚与教导不可,又非如英士之容忍诱掖亦不可也。[24]

蒋此时并不热衷于政治,和同党同志之间相处似乎也有问题,仅有几位知己,这主要还是基于他个性上的缺失,以及没有后来他所说的"立志"问题;政治目标尚未能确立,当然也就没有一种政治上

"个人的自觉"产生；而后者，正是他今后将会一直拿来当成演讲与改革国民性的素材。

从家书中，也可看到蒋对身体与疾病的一些看法。在 1923 年写给蒋经国（1910—1988）的一封信中谈到："我接到你 9 月 24 日晚间所写的信，非常喜欢，你说你的身体比上年不好，又觉很是愁闷。我前次写信给你，要你身体自己当心，并且要勤习体操。你每日早晨起床的时候，可以自练柔软体操或哑铃体操。"他解释蒋经国的流鼻血症状和头晕乃"十五六岁的人身体发育时候必有的征象"，并言"看书到一个钟头的时候，必定要休息游戏十分钟，因为用功读书，总是低下头来的，低头的时候太久了，自然就要头晕的，就是出鼻血也是这个缘故"[25]。可见蒋相信身体可以靠个人之锻炼而达到健康之目的，而对于身体状况的一些解释，蒋也很有自己的看法，认为蒋经国的头晕和流鼻血是发育中的自然现象，日常生活中别忘记锻炼身体的重要性。

至于蒋的风流韵事，更是常被拿来作文章。在与陈洁如（1906—1971）相恋之前的 1920 年初春，蒋于法租界租屋，和妾姚氏同居，"身常染恙（沙眼、虫牙）"。王太夫人甚至由故乡至此照顾蒋，过了短暂母子相依的日子。后来 5 月 20 日时，蒋又罹患伤寒症，进入篠崎医院诊治，约待了 27 日出院。这个医院应是日人开的西医院所。1922 年农历新年后两天，蒋思念亲人，写信给蒋纬国，说他自己旧病经常发作，颇可忧虑，这个"旧病"指的是什么呢？信中并无交代。[26]但至年底时，蒋又"因目病不能用功矣"[27]。隔年（1923），蒋回到溪口，汪兆铭写了一封信给蒋说，大意说："得来书，知目疾未愈，甚以为念。目疾关系重要，而病源病状非眼科专家不能剖明，决不可以意为之,致终身受累。村居极好,苦无良医,兄为治愈目疾计,必须来沪,琐事断不扰兄。"汪劝蒋要听医生的话,他说自己也生病了,医生说要静养一个月,结果汪不听,急着下楼至书室小坐,晚上果然大咳不止。有了这样的经历,汪对蒋说:"医生所言固不可违,只有忍耐而已。"[28]后来,蒋回忆他在1923年上半年的经历有谓:"久困目疾,不能阅书,不能治事,愤欲自杀者再。继而自慰曰:'天欲吾负党之使命,岂其损此精明,静养待愈而已。'"[29]在当军校校长以前,蒋的生活不能算是严谨,早岁没有私人医生照料,蒋对养生一事似乎也并未特意重视;但于1915年时,他倒是已注意"朝夕静坐"之功。[30]这段时期蒋身体不时有一些小毛病,但是基本上影响不算大。整个生活习惯上除"静坐"一事外似无规律化的倾向,似乎也没有后来早睡早起之生活习惯。至于1924年冬,他在写给蒋经国之家书内曾说:"纬儿在沪出瘄(痧),你去看过否,现在有否痊愈?"[31]可见蒋也会使用传统之病名,这不牵涉中西医之争,可能仅是家乡的惯用语,用中医病名来诠释的吧。[32]

三、军校校长与北伐时期

蒋早年即喜爱曾国藩(1811—1972)、胡林翼(1812—1861)、左宗棠(1812—1885)、李鸿章(1823—1901)之书与战法、战史等书,似不特别喜爱研读王阳明(1472—1529)的著作[33],虽在1918年已有记载蒋"频年夜坐习静,……至是岁则增王阳明万象森然,冲漠无朕之条、去人欲存天理之条、静坐收心之条"等要目[34],但见其早先所读之书,似未见特别喜爱阳明学之书籍,与后来所形成的想法还是有所差异[35]。反倒是在民国十三年 10 月，蒋将《增补曾胡治兵语录》辑成，即希望黄埔同志每人都有一本。[36]后来蒋所言之修身、齐家的这些功夫，一直到新生活运动之前的整个哲学思想，并没有在早期即成形。许多蒋对身体之想法与日常卫生之概念，除了基于个人经验以外，最先影响他的恐怕还是一种军队内之文化教养和现代化的卫生观与身体管理技术。

蒋自从 1924 年受命当了军校校长之后，在自我期许与要求方面，有了正向的增强。他曾对陈洁如说："我很有野心"，"我不以做一个普通的领导人为满足，为了更加使你可以看重我——有了孙先生的影响力和关系，我的前途会顺利"[37]。这是蒋开始崭露头角之刻，也是蒋将他私人的身体与卫生观点化为一种公共的政治论述——现代性军队文化与管理技术的开始。

蒋于该年 4 月 26 日正式入军校视事后，就展开一连串密集之"训话"。他说："要看一个军队优劣，只须看它带兵的人怎样。今天有几位对于上级官长行礼，似乎缺少精神，这就是自己个人心意上不诚的表现。你不尊重你的上级官，你的下级要看你的榜样，也就不尊重你了。"[38]蒋不单只希望成就一种上教下、官带兵的制式分层关系，而这里面还存有中国传统的上下伦理关系与道德分际，蒋说："我最所盼望于诸同志的，就是大家相亲相爱，和衷共济，如同手足一般。"[39]蒋将"仁爱"的道德精神融入具现代性身体控管的技术中，他曾说："官长要注意兵士的冷热与卫生，有掀去棉被毛毯者，要帮其盖好。"[40]他着眼的不仅是在军队规则、卫生法条等生硬的规章上，还将儒家的思维放入卫生观的培养内；而这种思想的形成，恐怕也与蒋在日本受训时，见日本军人"待下之虐"的经历[41]，以及其当校长时的日常生活所见吧。1925年11月21日蒋即言:"近来士兵告发的困难苦痛太多了,而且亲眼看见的亦不少,甚至有排长以粪塞士兵之口,或痛打毒骂,而士兵之饥冻不管,更属视为常事。"[42]蒋也许是希望建立一种中国式的军队管理;更有甚者,这种分层的、上教下的身体管理,又充分展现在蒋认为"卫生"是需要被教导的,而担负责任与考评者,往往都是长官,蒋对他们的要求都比士兵更为严格,蒋曾说:"军队里面最巧妙的东西,就在最粗浅东西当中。"要关心士兵生活、有没有吃饱、身体状况如何等;还说军队就像一个大家庭,官长要好好对待士兵,"寒则衣之,病则医之",这样不但可以减少逃兵,也可以使士兵成为好子弟、好国民。[43]

从蒋的言论中可以看出,军队内的医疗与卫生,和身体管理有密切的关系。当兵就是为了要和敌人拼斗,所以必须保持身体健康,蒋对此相当重视。对初入军校的学生,必请医官详加检查,见到身体过于虚弱的,蒋谓:"据医官说恐怕不能十分耐劳,所以校中不能容纳,这几位最好在校外为党服务。"其他琐碎的要求,包括托枪和行礼时姿势要正确、不能对着长官笑,这有碍军人的精神;而且,卫兵还必须"仪容要庄严,服装要整齐清洁"[44]。这一些概念显然衍生自日本军队的习性,与蒋早期所受的军事教育有关。[45]蒋以自己的经验,来说明军队学习的特性,他对黄埔军校学生说:"你们要晓得过了这三个月的初学期之后,比现在还要快活几倍,你们到那个时候,才真正领受军队生活的兴趣及意义了。以前我们国民党办不好,革命不能成功的缘故,就是党员没有训练。你们要晓得军队的生活,是人生的真正生活,因为军队的生活什么东西都要独立的。凡是他人不屑做的事,我们军队里都要自己来做完全,要脱了依赖的恶根性,比如你们现在在寝室扫地,总算是学生自己做的一件工作,但是我们在校里的生活,不单是扫地一样。凡是烧饭、煎茶、挑水、洗衣、揩地板、出粪缸,这种事将来都要自己来做,因为人家所做的事,我亦能做的。"[46]这些军队教育中蕴含大量身体控管的机制与规律化要求,而卫生的日常生活,也被规范在个人行为中,确实是比民国一般人的日常生活更被要求"卫生"与"规律"。蒋认为一个人卫生与否,将影响个人行为中的自觉与独立精神之展现,而"个人的自觉与自强",往往比长官的教导、或甚至法规的完备更为重要。[47]

从长官之教导、个人自觉之产生,到塑造一个卫生、负责、独立的人格与身体,是蒋的一种阶段式军队化教育理念。[48]其中,"卫生"更是重要项目,1924 年 5 月 27 日,蒋说:"昨天我到卫兵室里,看见咸菜、咸鱼以及不洗的湿袜、草鞋等物,都放在里面,以致室内发生臭气,这是很不卫生的,并且要发生疾病,赶紧就要搬出去。以后在卫兵室内,务要每日揩扫二回,总要使得清洁而合于卫生才好。"[49]几乎在军校开训后的几个月,蒋皆着重反复宣示与视察几个身体控制之条目,包括纪律、卫生、整齐清洁、锻炼身体、吃苦耐劳等项目,由是可见"卫生"在蒋经营军队时的重要性。"卫生"除了与个人的现代性将发生关系外,它也和实际的军队管理有相当实质层面的关系。蒋认为,大多数军人都不是战死的,而以病死的居多。[50]故蒋非常注意士兵疾病的问题,他时常巡视病院,也借此掌控士兵装病请假或借口生病而滞留医院等问题。[51]1924 年 5 月 20 日,他对第一期军校生训话时说:"近来生病的人有十三个之多,可以出操的时候,总要勉强来出操才好,因为缺一天的功课,就少一天进步,将来与别人不能一致了,况且人的精神,是愈用而愈出、愈练愈精的。如果生病的人能够提起精神下操,轻的病自然会好的,因为人类应该与天然界对抗,不可为天然界压倒的,尤其是我们革命党员,不能屈服于天然界,这就是'人定胜天'那句话。"[52]这句话显示蒋认同身体的健康与意志力,乃出自个人之意志与日常锻炼,良好之精神和强大的意志力可以克服疾病。故蒋特别重视一个人外在身体所展现的"精神",1925年4月14日,蒋对第三期入伍生演讲《军人的动作与纪律》时说:"我们中国人的习惯,走路时总是两眼向地下看,前面有什么东西,就不留心,看不见,战时更不消说。外国人走路时,两眼总是看前面的,挺胸凸肚,精神勃勃。须知眼向地下看时,对于体力发达上很有妨害,因为眼向地下看,脑子就低下来,时间持久,脑筋就很痛苦,所以无论做什么动作,眼要平看才好。"[53]其实对这些身体动作之要求,并不只是一种枝微末节的要求,只要了解其背后反复说明此话语的意图,就可以知道其论还是与人的卫生、健康有关。

蒋还非常注意巡视伤兵医院,这让他形成了日后注意军队"经理"及"军医"这两类人的观察。1925年2月19日,蒋来到病院慰劳在东征时受伤之士兵,"公以卫生队逃亡,医治无人,伤者饥痛呻号,见之欲泣,乃曰:'军医不良,经理无方,军队要素三失其二,准备欠周,咎在予一人也。'"[54]蒋曾多次视察伤兵,早在东征时期就已有"野战医院"之设置。1925年,蒋对士兵温情喊话:"你们的劳苦,本校长无一时不放在心中","我一定要负责,使你们安全,使你们不生病、不疲劳、不冻饿。所以我一方面代你们处处着想,使你们不致遇着危险,作无益的牺牲,一方面盼望大家自己保重身体,每礼拜终要吃一次金鸡纳霜丸,夜间放哨的弟兄,第二天早晨终要给他吃碗姜汤,发泄寒气,免得感受风寒"[55]。蒋其实当时身有微恙,但还是注意到他的子弟兵之健康,"金鸡纳"是当时普遍用于退热的西药,每个礼拜吃一次,应该是预防重于治疗的意义。至于喝姜汤来"发泄寒气",则是传统医学的理论。可见蒋在照顾士兵的健康上,是不分中西的,讲究实效。蒋在1925年7月19日曾宣令:"自是日起,军校晨设面包、晚豆饭以赤豆三成、米七成合煮,校中多有罹脚气病者,医称食物中毒,与地气亦有关系,冲心即不治,乃以此为预防法。"[56]食物中毒应是西医的说法,至于脚气与地气之间的病因连结,则属传统中医的疾病观[57],此处解读也是中西医观念各占一半,而蒋最重实效,对病因之解释反不定于中医或西医任一方,这与蒋的军人个性大概有所关系。

尤其是对军医之重视,更是蒋在军校校长时期的深刻体认。蒋除了认为军队卫生要有"个人自觉"和"长官教导"外,也希望有军医协助基本的卫生管理,1925年4月13日,蒋下《军校整顿令》,谈道:"整顿各事物,应先从现在毁废杂乱之处着手,如朽败墙屋,应即拆卸,各处无用之物,如烂木废料,应即分别整理,储藏使用或发卖,以无用化为有用,方能收整顿之效。此节凡办事人员,均应注意实行,勿得疏忽。"又,"各处长及各部队长,每日在校至少须巡查一周,管理处长早晚更应亲自检验。凡有上下房舍尘土、垃圾、破砖、漏壶等积秽,以及厨房、厕所之清洁,与关于卫生诸事,应即会同军医处切实整理,方不负职务"[58]。但是,也就在这段期间,蒋正经历东征与北伐的大小战役,常常苦恼于军医素质低下的问题,大概可以从三件事情看出来:屡次巡视伤兵医院,调动或发布新的军医任命状,或成立新的军医病院等。6月25日记载:"公宵旰焦劳,而又遭国难,校中军医处腐败,教育长受攻击,内外皆不幸事,刺戟深矣,病乃渐剧。"蒋在烦恼国事之余,主要还是忧心军校的种种问题,特别是军医,蒋只能透过不断的调动,来安插他较为满意的人选。[59] 更有甚者,当年8月26日,蒋在下令军校各部整辑历史论述之材料时,即指出几项各部汇报之重点,其中就包括了死伤、疾病(全年生病人数、病名统计)、卫生项目(军医、药品数量、病名、生病者全年统计)等,可见蒋很注意疾病统计、医药卫生要编入军事历史资料的重要性。[60] 而军医也负责将蒋的一些对卫生之想法,付诸于军队日常生活的实践,例如1925年7月23日申令清洁卫生,命令曰:"暑中最易发生疫症,属军医处长、院长,切实督责各部队军医等,于清洁卫生,认真办理,尤须于厨房、厕所、暗沟、浴室、仓库、饭厅、寝室等处,每日派军医轮流检查,洒石灰粉或避疫水,而对于饮料及菜蔬,会同管理处切实注意指定。总须求其清洁,不发生疾病为度,以后每月将以上各处详细检查一次,并督责其大扫除为要。"[61] 而蒋这样的看法与经验,也成为今后南京国民政府夏令卫生运动的张本,而其运动之高潮则是新生活运动内的各种卫生举措。陈调元曾言:"卫生运动,为中央年来提倡七项运动之一,继以蒋委员长提倡新运,首重清洁,各地风行草偃。"[62] 整个时令、季节性的卫生运动之成形,大概可以从这些地方观察出来。[63]

1925年11月23日这天下午,蒋视察野战病院,该院呈现"腐败不堪,伤兵饮食无时,看护乏人,煎熬痛苦,公以院长丧尽良心,只图饱私,罔恤生命,大叱辱之"[64]。2月3日,又巡视医院一次;[65]至11日,即查办军医处处长金诵盘,乃责其失职之罪。[66] 1926年2月5日傍晚时,蒋再次巡视病院,见病生呻吟,大叹:"触目非部下棺材,即同志呻吟苦状,焉得不为心摧。"[67]显示蒋为之甚感忧伤,至 18 日时,又调"劳书一(军医处军医)为入伍生第三团卫生队队长。"[68]同年 7 月 1 日,发布《北伐部队动员令》,下令"成立野战卫生处,组织病院(凡三所,定名一、二、三后方病院)及野战救护大队,并设立卫生材料库。"[69] 8 月 28 日又发电令:"长沙总司令部陆处长转达金处长诵盘览:长沙病院,着迅即推进至岳州,衡州病院如已移至株洲,即将该院推进。如长沙病院推进时,该院之病伤兵,可与红十字会医院,或其他医院交涉,请其代为收容,医药各费,由我照付。仰迅速遵办,毋得延误为要。总司令蒋。"[70]接着,在 9 月 24 日电曰:"长沙总司令部军医处陈(方之)处长鉴:第三军伤病官兵,此间已到六百余人,闻第二军伤病亦颇多,即将续到,各兵站医院,不敷收容。着将预备病院,迅移萍乡袁州,开设收容所治疗,以便兵站医院随军推进,并宜加派医官,多带药品前来为要。总司令蒋。"[71] 10 月 6 日下午,蒋又一次至医院探视伤兵,见伤兵在草地上呻吟,感到"心情痛楚,冻寒不忍。叹曰:'余近检查懈疏,使属员玩事,士兵受苦,自问罪尚可赎乎?以后戒之!'回行营,愤闷无已"[72]。隔天,蒋又一次至伤兵医院探视伤兵,随即发出电令曰:

> 樟树俞总监,长沙总司令部朱处长、陈处长鉴:前方各病院,多办理不善,伤兵在院,既无被服,又缺药料,风餐露宿,形同囚犯,每一临视,辄为痛心。如此革命,徒重罪孽,于民无益,而亲爱之士卒陷死矣!此皆兵站与前方军医处办理不善,准备不周,而中正督率无方之过为尤大也。务请诸公,

顾念前方伤兵之痛苦，对于病院，须格外整顿，看护周到，换药洗衣，饮食住宿，务须清洁整齐，不使我忠勇将士，伤者加重，而重者致死也。以后每院须准备伤兵者替换之衬衣裤以被单军毯棉衣，以收容人数之量，而准备倍数；如准备收容五百伤兵之院，务须准备千套，被服药料亦然，茶水粥饭，尤宜清洁温热。吾人既不能同士卒在火线上共生死，亦当谋受伤士卒减少痛苦，务请悉心研究，竭力改良，勤劳奉公，巡查督察，不使属员偷懒，伤者受苦，稍以求心安理得则幸矣。如何整顿？盼复！中正。[73]

由此可见蒋对伤兵之重视，观察军队卫生事务之细腻。而新军医之培植，实为蒋当时最急切的政策之一。他总是认为中国的军医没有专业素质，1925年8月15日，蒋在《上军事委员会改革军政建议书》即指出，军医在内的六个战争必备之专科，虽目前没有经费难以筹办，但可以先小规模试办，在黄埔军校内设专科或于其他陆军学校归并等，并派专人负责，以期能够速成。[74]在8月17日时，又在行政会议中讨论整顿卫生队及各师军医处案，皆显见其重视军医之程度。[75]而此时蒋接触的几位军医，例如金诵盘、褚民谊、郭琦元、陈方之等，当然都是西医，没有疑问，他们皆有在德国或日本学习西医之背景，这点与后来英美派的军医很不同。[76]由于本章非探讨军医制度，只是突显蒋个人的日常生活观察，以下再将焦点转回他自己的医疗经验。

作为一位军校校长，蒋此时已经有私人医生了，例如陈方之。[77]而且至少在此时期，蒋已经奉行静坐、运动、练拳、吐纳等健身功法,这一套学自传统中国士人保养健康的方式,应是受曾国藩或新儒家的影响。[78]当然,这时蒋仍受一些小毛病的困扰。首先,疾病与他的情绪起伏有着极大的关系,例如1925年6月23日发生沙基惨案,蒋"切齿腐心,体度高热,朝来不自胜,已乃强起,赴省垣北校场集合士兵讲话,约一小时,几晕倒。十时回埔校,处理一切。下午,卧病于要塞部。自是日记册上,公日书仇英标语,用以自针"。这是列强给他的耻辱,但蒋此时未有一个完整的全国领导人之视角高度,大概多是在日记中抒发个人情绪而已。另外,同年11月5日,蒋"五时起,独步望月,旋逛公园,见卫兵枕枪驰卧,前哨无人,怒而大苛。公曰:'凡所且见,无不令人痛伤。呜呼!吾党,如何能完成革命耶?'"[79]至11月18日,"公因副官处人员办事玩忽,恚甚,以物掷地,几欲杀人矣"[80]。足见蒋脾气依然火爆,部属的日常生活有欠规矩,常导致他怒不可抑。1926年2月18日,蒋甚至感觉"公私两败,内外夹攻,欲愤而自杀"[81]。故蒋时常反省自己的坏脾气,希望能静养心性、不乱说话,行为不要轻浮躁动来勉励自己。[82]这也是蒋个性上的特色:蒋常被人认为望而生畏,不爱说话,其实这是蒋一种内敛的表现,可能有时也在克制自己的脾气,但绝不代表蒋不在观察和他见面的每一位人之举止行为。事实上,在他仔细观察人或环境后,通常已有自己的定见,只是不说而已。[83]

其他像是感冒头疼类的小病,也有记载。例如1926年6月8日,蒋"回东山寓,体热高至一百度,发汗,当夜复元"[84]。同月29日,"伤风又作"[85]。1926年7月19日晚,"以伤风早睡";隔天,蒋又"体发热,精神困顿,屏纷摄养"[86]。这都还算是比较小的毛病。更令蒋困扰的,可能是鼻病、牙痛和梅毒等病。1925年7月2日,《年谱》记载蒋入颐养院割治鼻瘤。[87] 8 日时，"在长洲司令部办公，因劳苦过度，（鼻）血管破裂，甚险急"。隔天，又继续流鼻血不止。至 10 日上午，情况为改善，跑到医院就诊，没想到在门口即扑倒、竟不省人事。被紧急扶上床，约过十分钟，医来输血。原来是填塞鼻孔的手术不良，"熬痛不堪"，晚上并住进医院。11 日，医生要取出鼻中塞布，竟又取不出，蒋痛苦难耐，至中午方才取出，整个过程"如解倒悬"，凡住院（颐养院）共十二天。[88] 对于蒋的鼻病，陈洁如有如下之回忆：

> 突然间介石竟罹患了一次严重的鼻出血症。大量鼻血流了出来，我吓坏了。我再怎样尝试也无法使流血停止。我使他躺下仰卧，给他敷上几条冰冷的湿毛巾，仍然无效。最难办的是，他拒绝安卧不动，我请校医急急跑上楼来施行急救，但是他也无力止住那些慢慢流出的血。既然这样，我就想赶快将介石送往医院。虽然他不断表示抗议：尖锐刺人的抗议，但我不理，仍将救护车叫来。"我不要去医院。我有太多的工作要做！"（笔者按：蒋叫着）在许多方面，我总是软弱让人，但遇到这桩事，我不听他的，决心一意孤行。在医院中，医生说我做对了，因为这个病很严重。他称这病为"鼻症"（epistaxis），是由一种小肿瘤造成的。用药一小时后，流血止住一些，但未完全停止。介石流了太多血，因而感觉身子很虚弱。他眼睛闭着，满面愁容，气色非常苍白，真把我吓昏了。[89]……医生严格要求病人静止不动，但介石短暂休息一会之后，看见血不流了，便要回家。他真是一位顽强的病人，拒绝听医生的嘱咐。他不时要说话，到处转动，于是

又淌血了。护士照医生的交代处理,才将血止住。下午黄昏时,医生再来,叫我多对介石说话,借以防止他自己多说话。……第二天一早,医生来给介石开更多药物,但这位病人还是不能安静,不肯躺住不动。医生只许他进饮鲜橘汁。每一餐,他都坚持要我用一支吸管亲自喂他,这种种怪相简直就像一个难缠的婴儿。介石甚至拒绝护士小姐们服侍他,使她们都有受侮之感。他硬要我给他做每样事情。他只于心中愿意的时候,才肯喝下橘汁,因此我不得不又要给他逗趣,又要顾到他心中的奇思异想,这种工作真是难上加难。[90]

如果陈洁如的话可信,至少可以看出蒋是一位不太合作的病人,有"私"一面的硬脾气,或许也有为"公"不得不起身去处理公事的强烈责任感。至于牙齿的毛病,也长年困扰着蒋,例如 1925 年 5 月 25 日,蒋牙痛;[91] 在 8 月 19、20、21、22 日,蒋又陆续治疗牙齿。[92] 1926 年 7 月 2 日,也有医牙的记载[93],至当月 11 日,找了一位湖南湘雅医院的外国医师来帮忙拔牙,这位外国医生对蒋的看法是:他不像一般中国人"东问西问",很干脆接受治疗。[94] 牙齿的毛病,在日后还不时地出来困扰着蒋。

至于蒋得梅毒之事,《陈洁如回忆录》中也有不少记载。陈洁如一开始发现她身上长了疹子和像是癣的红疤,蒋带其去看一位好友:李(Tien li)大夫。据陈言这位医师是柏林海德堡考克学院及汉堡特罗本学院的毕业生,专精细菌学和性病。后来陈洁如接受了梅毒血清诊断法(Wassermann test)的检验,证实她已罹患梅毒,陈对此结果非常生气,蒋则解释说:"这病是轻度的,用六〇六针药就可以完全治愈。"这是蒋自己的旧毛病。[95]而对于梅毒,在民国时期并非绝症,好好控制确实可以治愈。可以看出,蒋还是信任具有德国医学背景的西医,而细菌、免疫等现代医学名词,蒋应该都不陌生。更为重要的是,蒋许下了放弃饮用所有酒类,甚至茶和咖啡的誓言,用以弥补他将疾病传染给陈的过错,而他后来真的做到了。[96]和陈的这段往事,显示蒋渐渐形成并且强化自我身体之"自省""修身"的功夫,蒋在认识宋美龄(1898—2003)之后的自持,可说有目共睹,自不用多说。[97]至于蒋得梅毒,或许远在其担任军校校长之前;及至担任校长之时,他已经非常注意个人身体与行为之间的克制、禁欲与健康的关系;1925年11月4日时,他著文痛揭军官弊端,谈道:"驻军繁华靡丽之广州,少年军人血气未定,逸则思淫,每当夕阳西下,联翩外出,深夜不归,或竟连宵外宿,连上床铺等于虚设,而此种行动,尤以连长为多,盖以连长握有经济之权,而身体亦较自由故也。"[98]这已经说明蒋体认到过度"身体自由"本身是有害的,身体需要被控管,控管是为了整个国族之提升,否则它将造成一个人的贪纵享乐。蒋后来屡次把这种身体自我控管的重要性和淫荡、浪漫等负面语汇相互对照。至1934年5月,蒋对空军训话时就说:"如果品德不好,也往往足以摧毁身体。例如行为浪漫、放辟邪侈,就可以发生杀身之祸。如前次美商驾了一架运输机,从空中掉了下来,就是因为他在前一天晚上喝酒跳舞,到了飞行的时候,还是精疲力竭,酒还没有醒的原故。又如前年在沪杭间掉下一架飞机,也是因为他驾驶的人刚在新婚三天之后,这虽然不是品德不好乱嫖的原故,但也可见纵欲淫心之奇祸。"[99]以这样的思考来归纳意外之原因,是否过于武断了?但或许蒋的心中真的如是想，人的品德不好，行为放荡自由，会为"身体"带来极大的伤害。后来，蒋在1934年对军官团训话时也曾说：

> 在租界以内以及外国人所能达到的地方，有的是妓女、鸦片、金丹、赌场、洋货以及一切使人堕落的陷阱。用种种方法在那边引诱你们，要使你中国的军人，弄得乌烟瘴气，昏天黑地，做一个颓唐腐败、半死半活的糊涂鬼。所以大家要晓得，你们离开了军官团，只将到九江附近，或是出军官团的大门，就有许多的邪魔和敌人的侦探看着你。如果到了九江市内，就更有无数的敌人，用种种方法在那边引诱你们，不使你做人，而要使你做鬼，这种环境是何等的险恶，所以我们要格外的当心，格外的自重自爱，不可随便放松、浪漫一点。把自己的高尚人格和宝贵的身体随便糟蹋，永远做一个被人家耻笑轻侮的糊涂鬼。[100]

凡此种种，对身体的那种规训、戒律、禁欲之戒律，不能不说与蒋自身的经历与反省所得的经验知识有关，渐渐推及至"嫖赌烟酒"都是不好的行为[101]，成了蒋日后反复申论的一种言论趋向。

1925年11月7日早上6点，蒋起个大早，望见"朝旭出升，云呈五色，顿觉神志一轩"。不自觉地喃喃自语，自云："迩多愤气，凡以国人萎靡不振，皆为可杀，此实已甚，戒之戒之。"[102]蒋觉得自己"杀气"太重，但也觉国人"萎靡不振"已到极限，显示旧时代的国民性充满危机，这包含了精神和身体两方面。从军校校长的观察视角出发,蒋已经形成了好的人格、好的卫生、好的身体这三者关系之连结。从培养军人到改造国民,蒋迈入了下一阶段的擘画。

四、南京国民政府时期:蒋的"私"领域日常卫生与医疗

基于之前的一些经验,蒋对医疗卫生和身体之管理有一些组织性的想法,而许多政策或规范之出现,我们都要考虑其历史的延续性,它们都不是无中生有的。有关南京国民政府时期以及之后的卫生史论述,学界研究不算少[103],不论是从国际外交[104]、国家施政[105],还是从地方建设,都已有不少着墨[106]。但直接从蒋的立场和视角出发的研究,还是比较欠缺的。蒋基于自己所见所闻的想法或检讨日常生活之点点滴滴,在新生活运动以前,其实早已累积了大量的、有关卫生之想法。究言之,私领域之经历不见得一定会成为公领域的一种实践,虽然它们有时是密切相关的;另一个更重要的意义应该是,我们希望来看看作为一个平凡人的身体、一位国家领导人身体,在此时的一些日常生活经历。

首先,蒋每每挂在嘴边的,还是他在日本读军校时的身体经验与追求健康的方法,并经常拿出来和他的部属分享。他说:"我少年时体格就不好,到二十岁以后,到日本学陆军,在高田联队入伍的时候,自己才加意锻炼,在积雪最深的地方,我自己用雪来擦身体,并在冬天用冷水洗澡,这样刻苦锻炼,后来我身体才慢慢强健起来,身体强健,精神也当然好起来。我根据自己的经验,就可以断言,好的身体天生成的只有五分,其余五分全靠锻炼。"[107]可见蒋认为个人身

体的健康要靠后天自我锻炼,他对健康的追求,常展现一种个人主义式的自信。甚至,蒋会将这种个人经验告诉正在患病的友人或部属,强调自信和自我锻炼的重要。例如蒋光鼐(1888—1967)因病请辞其职务,蒋介石回电慰勉时说:"精神愈用则愈出,志气愈提则愈盛。盼以强毅之气,奋克敌之诚,则宿恙亦当不难霍然。"[108]此话前二句乃出自曾国藩所言,只是蒋把原本"阳气"改成了"志气",融入蒋自己的解释。[109]

在中原大战后,蒋发了一阵牢骚,他认为检讨这次战争中军队所暴露的缺点,就是军人体格不好,甚至不及敌人。蒋认为军人体格不好一定精神不好,什么都做不成,他分享自己锻炼体格的经验:"我们在从前求学时代,功课上并没有注意到锻炼体格,但我自己要希望体格好,便想方法去锻炼,用各种方法去实地练习。早晚用冷水洗身,一早起来,无论怎么冷的天气,一定用冷水洗脸;洗脸以后,还做各种运动,所以到于今虽已四十多岁,体格还并不觉得减退,希望以后大家都能十分注意。学校的教育,第一就是体育,体育好了,才可讲德育、智育;如体育不好,那德育、智育也就不能长进。"[110]另一个有关身体的则是表现于动作上的要求,蒋认为这次战争本军在"体操技术"与使用"大刀拳术、跳高跳远"等方面都略逊敌人一筹,他说:"敌人能用大刀同我们步枪、机关枪冲锋,始终没有间断过,由这一点看来,就可知敌人技术的精熟。技术精熟了,对于自己的胆量志气都能长进。所以以后对于拳术及大刀等的使用,以及各种跳高、跳远,等等,格外要多加学习。"[111]这是谈锻炼的内容,除了西方之体育运动外,蒋也不排斥做些传统的"国术"运动,这是非常特别的论述。

除个人经验外,还有蒋在日常生活中的所见心得。蒋认为中国人体格和精神都太虚弱了。他看到租界区的外国军队和警察,谈道:"在马路上行军或出操时,多么整齐有精神,体格又多么强壮,其实这些军队在外国的防军中并不算好,但是和我们比较起来已觉好了。强壮、整齐、清洁这六个字,是军人最要奉守的。"这大概已经形成后来新生活运动中的某些想法,而且他基于经营军校之经验,认为身体强壮不难达到,只要施以"三个月良好的训练",坏身体亦能变好。[112]而且蒋认为,身体不好,精神必定不好,这种人"什么事都不能做"。如果中国人体格可以强壮,那外国人一看就不敢欺负中国人了,改变衰弱的身体,就可以扭转中国人衰弱的国族形象。蒋甚至认为,军人什么术科和学科强都没有用,因为身体一衰败,"便什么都要打消"[113]。而中国人身体衰弱的"病夫"形象,蒋认为是长期处在帝国主义压迫下,中国人养成了一种"萎靡懦弱的习惯",从弯腰驼背、浪漫腐败,一直到没有纪律和精神不佳、衣服穿不整齐等作为外在衰弱之表现。[114]

蒋在这些方面的观察非常细腻入微,可以说他平时就非常注意人的举止、礼貌、规矩、整洁等这些外在身体表现,作为评断一个人的标准。熊丸曾回忆说:"蒋先生很重视时间观念,所以要见蒋先生,必须提早半小时到才行。"见客时,蒋"很注意对方的服装、仪态,以及讲话方式,谈过话后还会在见客名单上画钩。在见客名单中每位客人的名字上都有四个框,蒋先生将勾画哪个框,对每位请见或约见者的未来前途,都将有极大影响。"[115]而其日常游历、省亲所见,也往往可以展现他讨厌肮脏、不整齐、不卫生的个人主观认知,例如蒋在1931年4月回到故乡时,即抱怨说:"满地都是牛粪,肮脏得不成样子。"¹¹⁶12 月在故乡时，蒋在早上至乐亭，"修整室屋，洁治器物"。蒋去做的竟然是整理清洁屋室。¹¹⁷隔年 1 月，蒋在故乡接见族人，旧地重游，"会见外家上下辈多人，欢甚，巡视旧屋，见楼上不如从前整洁，公又忧之"¹¹⁸。至 1933 年初，蒋又再次扫墓时，则有这样之经历："上午会客后谒祖考及考与亡弟瑞青墓，见封植加修墓地，皆比前整洁，良以为慰。"¹¹⁹这些记载，可见蒋把"整齐清洁"不只代表他对人的要求，环境上的美观整洁，也是其极为重视之事，而这些环境都会影响蒋的心情与观感。又有一则故事，乃出自熊丸的回忆，他说：

> ……传说德国总统曾请德国大使程天放吃饭，程天放拿起手巾擦了叉子，德国总统马上叫人换了一副叉子，不料换了叉子，程天放又擦，主人又吩咐再换一副，大家都说程天放不懂餐桌礼仪。有一回程天放和蒋先生一块吃饭，蒋先生便对程天放说：你们做外交官的人，餐桌礼貌一定要注意。程以为蒋指的是这项传言，急忙辩解说那是谣传之故事，蒋立刻回应说："我不是说那回事，而是要你吃饭不要发出声音。"¹²⁰

可见蒋时时处在一个"观察者"的角色，而他也常觉得别人（特别是外国人）在不断"观察"中国人的缺点。蒋深信透过这些细微的观察，很多缺点都可以被指出来并加以改正，所以谈蒋在政治领域的规划，就不能忽略蒋这种来自个人的细微观察。

至于这段时期，蒋已渐渐具备国家领导人的视野，操烦之事也更多了，这让他的身体和情绪都不时地出现一些小毛病。例如 1929 年

10月9日这一天,蒋"上午批阅,到政治会议,手撰告国民书。下午会客、休息,叹曰:'卫生不讲,体力衰弱,将何以对所生也。'晚到汤山沐浴,浴毕,即回京批阅,至深夜始睡"[121]。可见蒋认为体力不佳也是一种"不卫生"的体验,而且蒋总是会和儒家的孝道连结在一起,当他身体不佳时,蒋常常归结于是自己脾气不好,导致身体发生疾病,有失孝道。例如他曾说:"今日两次发怒,肝火之旺,必损内脏,奈何不爱惜父母之遗体如此哉?且凡事之错于怒时甚多,故古之圣贤于戒怒惩忿,必大用其功,余尚能希贤希圣,以到于希天乎?"[122]蒋用了传统医学的"肝火"来说明损伤内脏和其背后不孝的意义,耐人寻味。蒋常常在谈到自己脾气时,就会举中医的理论或历史来说明身体的状况或勉励自己,例如谓:"本周体气皆好,惟以所部办理不力,心甚躁急。"[123]中国医学素重精、神、气,这些都是蒋形容自己身体状况时常用的语汇。又有一次蒋早起自省曰:"余近来心急气浮,故言行皆不稳重,吕新吾有言'意念深沉,言辞安定,艰大独当,声色不动',余何不能如此哉?昔秦有良医曰和、曰缓,汉有大度良相名曰刘宽,'宽和'二字,当为余之药石名,速服此药,以期病瘳。"[124]医和、医缓乃战国时代名医,蒋对中国医史恐怕也略有涉猎?应该是蒋阅读《左传》的心得吧。[125]而蒋常常觉得身体的毛病,皆与自己的心情或脾气有关,例如《事略》记载:"傍晚,公觉脑痛如刺,因自省曰:'吾其病根已深乎?何不保养父母之遗体耶,何不达观于宇宙之外耶。'"[126]当蒋觉得精神不济时,他也会小休片刻,但还要找个理由来说服自己,例如蒋有一次要凌晨一时出发至另一地巡视,准备已经妥当,他还是要抽个时间补充睡眠,并说:"不敬其身,不爱精神,亦不可也,戒之!戒之!"大致他还是从身体和精神两者之健康来思考。[127]

蒋把自己的身体设定为国家领导人的身体,而不只是一种"个人"的私有身体,所以蒋常常会为了公事,而呈现一种不愿看医生,硬撑下去的脾气与自信,1931年3月10日记载:

> 晚医生来检查公之身体,体温九十七度,脉搏六十六跳,血压九十度。公因而自叹曰:"吾之身体亏损如此,将何以担任国家大事哉?呜呼!思我阵亡将士之可怜,念彼顽固政客之可恨,处境困难如此,我身安得而不亏损?然吾身虽弱,吾心自壮,吾气自雄,吾惟自求其无愧于心,生死以之可也。"[128]

11月16日又记载:

> 公昨夜十二时后睡,今晨四时而醒,觉脑晕甚烈且痛,欲起床不能。六时,闻钟声乃强起,行虔祷如常,然精神与肢体皆甚疲乏,且身有热度,不愿就医。会客后,立即往开代表大会开第二次正式会议,仍为主席。[129]

不管个人身体之状况如何,蒋总是会想到那些忙不完的公事,甚至有时对军校学生或警察训话完毕后,回到官舍后还自我肯定说:"今日训话必有效果也。"但经过一天劳累或忧心后,往往眩晕、失眠、发热等身体不适之症显现,还要自我勉励一番:"身负巨责,敢辞劳乎?"当天晚上,蒋对另一团体竟训话至晚上12点,可谓备极辛劳。[130]

蒋虽然有时对一些身体上的小毛病采取硬撑的策略，但有一个始终困扰他的疾病，他不得不去面对的，就是牙痛问题。1934年底，蒋经历的一连串牙痛和拔牙的梦魇。11月28日这天，《事略》记载："公以牙疾修养在家，然仍批阅拟电令如故。即见王宠惠、孔祥熙等，谓对胡（汉民）妥协，使其出洋，对倭谅解，使其对俄"云云。[131]隔天立刻"拔除病牙两枚"，还不能稍事休息，痛苦中仍"与王宠惠、孙科等讨论问题"[132]。真可谓一刻不得闲。又至12月2日，《事略》记载："公因牙疾，拔除上颚当门牙两枚，仍批阅看书。"[133]至4日，竟又"拔除上颚左前方病牙二枚，因其骨内尚有隐牙，医生想破骨取去，用铁锤硬拷，终不能破，仍未拔出，而流血较多，公精神仍旺，病中仍批阅看书，未尝休息"[134]。这些文字读来有点惨不忍睹，不知蒋的牙患了何病？但还没结束，虽6日时，蒋"牙病渐愈，牙根肿渐退，仍假眠批阅，研究各种计划、会客"[135]。但至隔天早上，"公延医拔除下颚大牙一枚，喟然叹曰：'是乃最后之病牙也。夫祸患之来，长生于微，亦犹是也。非拔本清源，则患常间而作。今病牙既除，精神安逸，吾其除国中害人之最大者乎。幸赤祸痛剿殆尽，吾其专心并力于攘倭呼，此乃复兴民族所必经之步骤也。'"[136]这一拔，总共失去7颗牙，蒋可谓在牙痛问题上受了不少苦，但还是没有完全好，在西安事变后，牙竟又痛了起来，这是后话。在抗战之前，除西安事变时意外导致的脊椎伤害外，蒋未有其他大病缠身。1934年10月26日早上，蒋曾至协和医院检查身体，下午会客后，晚上又至医院就寝。27日记载："公在北平协和医院检查身体，肝胃肠胆皆无恙。"28日则继续检查体格，均健全无病。一直至29日，继续检查身体，则是"各部皆甚强健，毫无病状"[137]。

蒋也常关心部属、朋友、妻子的病情,从这类电文往返中,都可以窥见蒋的一些医疗与身体观。首先,蒋对身体的小毛病虽常采忽略或硬撑之策略,但对宋美龄的病倒是呈现一丝不苟、谨慎为上的态度。宋在1936年患病时对蒋说:"新药俟询医生购就即寄,妹日来颇感不适,昨日转剧,呕吐六次,心跳慢弱,今日已略好,谅无大碍,请释远注。"蒋则回复表达关心之意,除询问疾病为何外,也说:"最好能入医院静养也。"[138]这是他对爱妻的关怀,但他对自己健康之要求,则未必如此细致。1935年7月,何应钦报告蒋,言汪兆铭胆结石旧疾复发、发烧,医生诊断后说必须开刀治疗,汪还未决定怎么办。蒋则回复,他甚挂念汪之病情,请汪务必安心调养,必可康复,希望汪持续向他说明病情,以表关怀之意。但蒋在这封电稿上还加上了"最好能不用手术治疗"的个人见解,而汪后来回报蒋,说明胆囊化脓之情形,蒋也回复:"总以力避施用手术为宜。"可见蒋对外科手术仍抱持不信任,非不得已不要开刀之态度甚明[139],这或与蒋曾经割治鼻瘤、敲牙齿所受的痛苦、负面之印象有关吧。至于1934年,蒋曾电陈景韩(1878—1965)说,他下个月初返回庐山,请他那时来见面,而如果蒋纬国(1916—1997)可以一起前来,则希望能介绍一位叫密拉医生来割治蒋的喉症。[140]可见若非不得已要动手术,蒋恐怕还是相信外国医生的外科技术。关于医疗之先后次序,蒋也有某些坚持的原则,例如林馥生于1935年6月电蒋,报告其开刀后病况转佳,现在是否可转回上海看医生,请示蒋的意见。蒋则回复:"应以主治医生之意见为断。"[141]蒋的意思应该是,是否转地换一位医生诊治,应依原主治医生的看法为主。这显示蒋认为真正有病就应该信任原主治医生的意见。当然,真正遇到疾病时,蒋还是会带有主观性的选择，包括要医生配合他想要的治疗，显现他作为一位病人的顽强性格。

五、西安事变后：蒋的疾病医疗史

西安事变是近代中国的一个重大历史事件，自不待多论。当时，蒋介石在逃跑时因跳墙而导致跌伤胸椎（笔者按：应该是脊椎），事变结束后，蒋到杭州西湖别墅休养[142]，各地名医汇集该地，来为他解决身体上的病痛。一开始，蒋的私人医疗团队显然无法处理得宜，蒋并没有完全恢复健康。蒋的私人医生郑祖穆向他报告："西安事变时，钧座脊椎受伤，当蒙召职诊治，瞬已四月。……即日以来，钧座腰部之疼

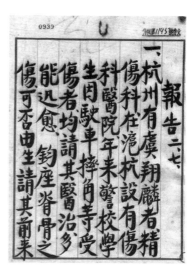

图一　戴笠写给蒋介石，推荐中医的信

痛而言，实足以证明脊椎之损伤迄未告愈，而又发现牙齿与肩部之隐痛，更可证明钧座不惟体健未复，且加风湿诊象，设不早为根本疗治，前途将生变化。"过几天，郑又报告蒋，说道："应立即会同牛医生于京沪间择一设备完善之医院再施行一次检查，于必要时或再加聘骨科专家会商根本治疗办法，以期早复康健。虽国事纷繁万机待理，钧座固不可一日小休也，特以伤病之身，此时不加诊治则迁延日久，影响于钧座健康甚大。"[143] 可见经过郑等人一段时间之治疗，蒋

的伤并未好转,还显现风湿、牙痛和肩痛等问题,加上蒋的公事繁忙,康复之日似遥遥无期。显见西安一摔,后果甚严重。蒋的爱徒戴笠(1897—1946)则大胆提出让中医来治疗的构想,戴笠报告蒋说:"杭州有虞翔麟者,精伤科,在沪杭设有伤科医院。年来警校学生因驶车、摔角等受伤者,均请其医治,多能迅愈,钧座脊骨之伤,可否由生请其前来诊治,因医伤科,中医有时实胜于西医也。"[144]可惜蒋并未采信,蒋对于这类难治的疾病,还是相信西医的诊断。这种选择中西医问题,对于政治上的大人物而言,往往取决于病人自身之喜好。戴笠就非常相信中医,在抗战后,中医陈存仁曾接到一位自称马先生的电话,说要请他诊病,来到其宅邸后,投了名片由两个人带入宅中。那两个人说找不到"马先生",要去打电话,独留陈一人在宅中,陈因缘际会,曾看过这个宅邸的设计图,他知道此宅有"机关",他回忆说:

> 正在这时,我见到机关密室的按钮,一时好奇心起,随手把按钮一按,一扇门应手而启,里面有一个人,正在剃须。一见到我,他神色骇然地问:"你是谁?"我说:"我是陈存仁,有一位马先生请我来看病的,有两个陪我的人因为找不到马先生,已到楼下去打电话。因为在造楼时,我知道这地方有密室的按钮,所以试按一下,就走了进来。"那位剃须的人笑了起来,说:"请坐,我就姓马,希望你以后不要对任何人讲起这个按钮。"说罢我就坐下来,等他修完须。他一面说:"我向来喜欢吃中国药,新近,我的颈项间生了一个大核。有两个中医看过,他们消来消去消不掉,现在经过时先生介绍,请你来看一下。"这位马先生

说:"用什么医法,就由你做主,不过我不愿意接受刀割,或是用药使它腐烂。"[145]

后来陈将之治好,那个人给了陈一块金表和一张他的照片,上有签名,这时陈才赫然发现,此人即大名鼎鼎的戴笠。

蒋不采用中医之治疗,并不意味着蒋讨厌中医药,因为在同一卷档案中,确实有证据显示蒋在此之前曾将某人提供给他治疗伤科、外科的著名中药"云南白药"交与郑祖穆,并委托全国经济委员会卫生实验处化学室来进行分析,最终的化验结果显示:"结果呈淀粉及植物胶之反应,不含一般赝砒或金属毒质。"[146]这份报告历时三年才化验出来,蒋在受伤时才想起去询问郑医师化验之结果,颇令人感到费解。当时杨庆恩于1934年就已经将该药申请注册,就其成分而言,确实有治疗跌打损伤之用。[147]但也许蒋最终仍未使用该药,而是采用西医的治疗方式来治疗其伤痛处。关于治疗蒋的跌打损伤,蒋还是比较采信西医郑祖穆的意见,郑后来报告蒋说:"静养数月即可复原,而钧座诊治将近四月,迄未见有显著之进步者,实以未能获得完全之休养故也。所谓完全之休养者,即一不办公,二不会客,三不动静。听医生之诊治,绝不因外来任何事物而稍劳其身,照例医治脊椎病者,须仰卧或仆卧或卧于石膏模型中数月之久,不稍移动,如是则恢复健康固易事也。"郑以为蒋为何迟迟不能康复,是因为蒋"以国事为重",不能尽心休养所致。并言:"兹以介卿先生治丧事毕,职意应立即会同牛医生于京沪间择一设备完善之医院再施行一次之检察,于必要时或再加聘骨科专家,会商根本治疗办法,以期早复健康。"[148]郑的意思是应该再进行详细检查或会同骨科专家来治疗蒋的伤,他自己也只能给些基本意见,对于蒋的状况一时还处理不来。

现有记载,助蒋治伤最有功的医师当是黄厚璞。黄于1965年写下当年替蒋治病的经过。他曾就读美国纽黑文物理医学研究所,后来在1954年还写过《按摩术与体育治疗》一书,强调"按摩"本为中

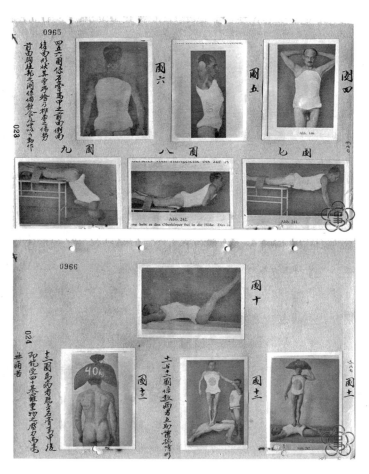

图二　当时西医呈给蒋介石
　　　参考的复健体操图

国所有,后经瑞典人在动作上加以研究,遂成为有系统的科学技术。他强调按摩又叫"机械动力治疗",与药物配合,可收物理和化学治疗合璧的功效。[149]黄于1930年回到中国,经介绍至南京中央医院报到并工作。黄回忆说:30年代之初,物理疗法在中国是非常冷门的,所以买仪器的经费上常出现问题。[150]西安事变发生后,蒋受背脊伤所苦,黄回忆说:"当时上海、南京两地的著名华洋医师云集杭州诊治,想尽了一切办法,吃药打针上石膏打支架,应有尽有。只是他背部疼痛,不时隐约出现。"后来蒋向刘瑞恒以及上海骨科医院的牛惠霖医生、南京鼓楼医院的郑祖穆等人商议,提出"叫南京中央医院的理疗科给我想个办法?"早先,张静江曾发生车祸,请黄治病,当时蒋就曾看过所谓物理治疗的科学仪器,蒋当时就好奇地问过这些仪器有何用途?黄回答说:"加速愈合,其次是放松疼痛。"这样的因缘际会,加上刘瑞恒的推荐,黄就受邀去给蒋治病。当时带了一大堆医疗器材,为了避免闹出笑话,郑祖穆还特别充当实验品,先亲自试了一下电流强度,才算准备完成。经过一番折腾,总算见到蒋,并开始治疗,关于这段过程,黄回忆说:

> 蒋一见我们垫仪器的旧破毛巾,马上瞪眼说:"毛巾怎么这样破啊?"我说:"这破毛巾是作机器垫的,不用作治疗。"蒋转而命令黄仁霖:"赶快给他们买几条新毛巾!"我这钉子一碰,就更加胆怯了,生怕再出别的毛病,遂向蒋解释治疗进行中的感觉和电流增强、异常情况,等等。开始治疗,王委良协助放置电极、电垫,照料病人,我俩如履薄冰,如临深渊。经二十分钟治疗后,蒋觉得背部的疼痛减轻,脊骨也稍缓松些,脸上才略有笑

容,并说:"若是我的背脊再痛,还要叫你们来治。"我忙回答:"听命,听命。"

可以说蒋对新式的医疗技术的接受度颇高,至少他不排斥试试看。至于重视"破毛巾"这种小细节,也是蒋一贯的生活态度。据蒋的陈述,孙中山本来就非常重视吃饭和穿衣两件小事,它们是"做大事的基础"。蒋解释说:"我们中国人不单是吃外国饭吃得不像样,就是吃中国饭也吃得不规矩。有的凳子不坐,两腿屈起来,甚至吃饭不用筷子,随便用手拿,吃完以后,碗筷随便乱丢,不管地上多脏、桌子多脏。"至于穿衣方面,蒋说:"十个人至少有九个人是头一个扣子不扣,既然不扣扣子,那么要这个扣子,有什么用处呢?不扣扣子对于一个人的态度精神有很大的关系,扣起来与不扣的人比较,态度精神便差得远了。"[151]这大概也给别人蒋什么都管的印象吧。熊丸也回忆说:"蒋先生十分重视中国传统礼仪,但对西式礼节也很尊重。他对自己的言行十分注意和谨慎,也十分重视请客时位子排序,每次请客一定亲自排坐。……即使是请吃中餐,也是中菜西吃。"[152]和蒋相处过的人,都有一种蒋很重视细部规矩、礼节的印象。

蒋看病时也很有个性和脾气,黄回忆说:"蒋从来也不曾让我们再做一次,因为蒋休养作风,不是按照医嘱,而是医生得听病人命令,我们也习惯了。"经过这样持续治疗一段时间,蒋的病情渐渐好起来了,已能从平卧之状态起来,在椅子上坐着会客。[153]也幸好黄的治疗发挥了一定的功用,那么,那个困扰蒋的牙齿问题呢?熊丸回忆蒋的日常养生时曾说:"他(蒋)对自己的身体健康也很重视,对卫生也很当心。他的生活一直都很规律,最喜欢吃家乡食物,如红糟肉和黄鱼。他因西安事变时后背部受伤、浑身酸痛,骨科医师牛惠霖建议他去拔牙,把牙齿全拔掉后酸痛自然好转。蒋先生听了建议,便把牙齿全部拔掉,酸痛也果真痊愈。但装假牙容易萎缩,两年后假牙不适用,往往磨破口腔,形成溃疡,要治疗还要将假牙拔下,很不方便,这跟蒋喜欢吃一些软软烂烂的食物有所关系。"[154] 原来,蒋嫌困扰,为了一劳永逸,竟把全部牙齿拔掉了!奇怪的是,1928年胡适犯腰痛,有位西洋医生竟把胡的两颗牙齿拔掉,以作为治疗。拔牙与治疗身体酸痛的逻辑,笔者到现在还是不知道,或许这也是当时"科学"的一环吧。[155]

六、 国家卫生和"公领域"身体之现代性实践

　　从个人的经验,加以军校校长的经验,直至达到一个领导人的高度,蒋的视野逐渐宽广,从而将过往的经验,转化为一种规划现代国家卫生与身体控管技术的可能。这些内容与改革中国人国民性密切相关,蒋希望透过一些政治手段来将民众的身体带入现代性之中。

　　蒋于民国十六年9月28日启程东渡日本,其目的应为向宋太夫人求娶宋美龄,顺便考察日本风土民情。这次行程蒋可以说是愉快的,一来婚事已定,二来不但趁旅游放松心情,日本建设之进步应该也使蒋获益良多。蒋一到日本,就烙上了对当时日本现代化的深刻印象,他说:"港内清洁安静,有条不紊,亦不如十年前舢板尚有杂乱情形状,亦有进步矣。"[156] 后来于参访行程中更言:"余此次来日,乃欲视察及研究十三年以来进步是以惊人之日本,以订将来之计划。且

余之友人居日者甚多,欲趁此闲暇之机会,重温旧好。"[157] 行程中在车站所见,直言其设备之进步:"闻其全国已无无电灯之处","其用水压电力之进步,与其经济之发展,亦可想见矣"[158]。更重要的还在于人心,蒋原以为一国物质生活与建设之进步,必会带给一国精神上之衰退或颓废,没想到日本却能物质与精神两者兼顾,蒋当时即觉:"其兴盛犹未艾也。"[159] 这次的日本行也让蒋觉得与日本合作无望,当田中义一(1864—1929)听到蒋有统一中国的说法时,"辄为之色变",让蒋感到非常失望。[160] 若不谈蒋对日本这小小失望的一面,基本上日本之现代化,还是给蒋很大的刺激,蒋希望中国也能走向这一条道路;另外,蒋一向重视的"卫生""井然有序(整齐)"和"精神",也都融入在这次旅途所见的心得之中,与蒋的固有经验相当符合。以下就再分成几个小节,来简述这段时期至抗战前,蒋对医疗卫生与身体秩序的现代转向中,一些比较重要的看法和思想趋势。

(一) 整齐与清洁:从修身到卫生

这一组概念,绝对是蒋认为进步之生活与做人的最基本要件。在日常生活实践这些概念,就是使中国走向现代化的开始。

蒋的很多想法都有延续性。当谈到中国现代卫生政治或运动时,很多人都会想到新生活运动。家近亮子认为,南京国民政府时期,充实卫生、医疗机构,是其社会建设政策的重要环节。蒋介石接受像是人口学者吴景超(1901—1968)的建议:必须提高婴幼儿的生存率而建立现代化的医院,还领导大众改变卫生意识。这其中最重要的运动则为新生活运动。[161] 对于此运动,胡适有对蒋的一些个人观察,他说:

他（蒋）虽有很大的权力，居很高的地位，他的生活是简单的、勤苦的、有规律的。我在汉口看见他请客，只用简单的几个饭菜，没有酒，没有烟卷。因为他自己能实行一种合于常识的生活，又因为他自己本有一种宗教信心，所以他最近公开提倡这个新生活运动，想在三个月之内造成一个"新南昌"，想在半年之内"风动全国，使全体国民的生活都能普遍的革新"。我们读他2月19日的讲演，字里行间都使我们感觉到一个宗教家的热诚。有了这种热诚，又有那身体力行的榜样，我们可以想像他在南昌倡导的新生活，应该有不少的成绩。[162]

不管是简约的生活或是一种别具宗教家信心的改革者，胡对蒋的观察和评价都颇为正向。而胡也注意到，这个运动是一个民族日常生活的"最低限度"，他说："我们看南昌印出来的《新生活须知》小册子，所开的九十六条（规矩五十四项，清洁四十二项）都是很平常的常识的生活，没有什么不近人情的过分要求，其中大部分都是个人的清洁与整饬，一部分是公共场所应守的规律，大体上诚如蒋介石先生说的，不过是一些'蔬米布帛'，'家常便饭'，一个民族的日常生活应该有一个最低限度的水准。"[163] 可见此运动与蒋个人的理想与付诸实践的关系相当密切，至于细部举措，研究已多，此处不再细论。

本书所强调的，是许多蒋的关于卫生和清洁之概念，其实皆源自日本的军事教育和自己带兵的经验，并非源自新生活运动本身的架构，甚至像是1929年成立的"励志社"及其运动，也根植于蒋管理军队的初衷，并且有许多内容是与本书主题相关的，这都显示蒋的这些概念是有延续性的,并非从新生活运动才开始。[164]蒋在1931年一次视察营房时说:"练兵不仅在兵之本身,而当在其所居营房内外四周之环境做起也。惜夫今无军官能识此理,此中国之所以无知兵之人也。"[165]蒋认为(环境)卫生与个人的身体、心性都有所关系,是带兵的基本道理。[166]所以蒋不厌其烦地强调:"新兵一进来,要教他剪短头发,剪短指甲,叫他换去污脏的衣服,给他穿上整洁的制服。并要教他吃饭怎样吃、洗盥怎样洗、住的地方怎么打扫整洁、走路时应当靠左侧。这些看去似乎都是些末节,而实在是训练军队最基本的道理。……先要教他们吃饭、穿衣、住房子、叠被铺、扫地,以及其他关于卫生的常识,我们把这些生活修身的道理教会了之后,然后教他们其他的学问。"而且"小的地方就是大的学问",卫生就是要从日常生活做起。[167]

我们更关注的,是蒋本身怎么思考"卫生"一事,而他心目中的"卫生",又是一种什么样的概念与实践?首先,为什么卫生和现代性有关?蒋认为一个"现代人"必须具备"私"的修身功夫,和不影响他人健康的"公"一面的卫生举止。蒋曾说:"除个人私德的修养外,要注重公德、公益和公共卫生,最要紧的就是要照我所提倡的新生活运动的事项来做,才能造成一个现时代模范的国民,新生活最重要的条件,就是整齐清洁。"[168]蒋后来也对军官团的学员说道:

> 各位来到军官团。已经两个星期,要知道团体生活最注重的,就是整齐清洁,随地吐痰,不仅有碍观瞻,更是不合卫生,比方肺痨病者所吐出来的痰,含有无数的霉菌,一经日光蒸发,便散布满室,很容易使人传染,尤其是我们军队人数很多。起居

作息，都是共同在一处的，如果大家随意吐痰，岂止没有一片干净地方可以安身，而且病菌一发，不仅一二个人受他的传染，全体同学官兵以至于整个地方民众都要受更大的危害。所以我说随地吐痰为一切恶习之首，如果你是爱护自己、爱护同学与一般民众的，便不好随便吐痰来害人害己。但是现在本团哪一营、哪一连、一排能够做到这一点呢？这样一件简便的小事情，尚且做不到，还谈得上负担治国平天下的责任吗？其实这种恶习，只要我们稍能留心，没有不可以戒除的。[169]

蒋所言之"治国平天下"，其基础还是"修身"，这明显地受到中国传统哲学的影响。从修身到卫生，蒋常常举"痰"的例子来说明，笔者认为那是因为"吐痰"具有一种个人不好行为影响到公众健康的负面性质，所以蒋才会不断用它来举例。另一种说法是，蒋对"吐痰"（还有"干咳"）的厌恶感可能源自宋美龄的影响，宋受不了中国人种种不卫生的行为，而那些都和新生活运动的内容高度相关。[170]不过，这也只能说她和蒋的观点很契合，因为蒋本身就非常重视卫生，倒不一定是宋的影响。蒋曾举出许多现在看来也极为有趣的例子来说明中国人"不卫生"的举措。除第一则吐痰外，另外就是在公共场合乱放屁。蒋说：

> 美国大旅馆，都不准中国人住，大酒店都不许中国人去吃饭，这就是由于中国人没有自修的功夫。我有一次在船上和一个美国船主谈话，他说有一位中国公使，一次也坐这个船，在船上到处喷涕吐痰，在这个贵重的地毯上吐痰，真是可厌。我便问他

你当时有什么办法呢？他说我想到无法，只好当他的面用我自己的丝巾把地毡上的痰擦干净便了。当我擦痰的时候，他还是不经意的样子，像那位公使在那样贵的地毡上吐痰，普通中国人大都如此，由此一端，便可见中国人举动缺乏自修的功夫。孔子从前说席不正不坐，由此便可见他平时修身，虽一坐立之微，亦很讲究的，到了宋儒时代，他们正心诚和修身的功夫更为谨严，现在中国人便不讲究了。

又，关于"屁"的卫生，蒋接着说：

为什么外国的大酒店都不许中国人去吃饭呢？有人说有一次一个外国大酒店当会食的时候，男男女女非常热闹，非常文雅，济济一堂，各乐其乐，忽然有一个中国人放起屁来，于是同堂的外国人忽然哄散，由此店主便把那位中国人逐出店外，从此以后，外国大酒店就不许中国人去吃饭了。又有一次上海有一位大商家，请外国人来宴会，他也忽然在席上放起屁来，弄到外国人的脸都变红了，他不但不检点，反站起来大拍衫裤，且对外国人说："嗌士巧士咪。"对不起的意思，这种举动真是野蛮陋劣之极。而中国之文人学子，亦常有此鄙陋行为实在难解。或谓有气必放，放而要响，是有益卫生，此更为恶劣之谬见。望国人切当戒之，以为修身的第一步功夫。[171]

这两则例子都牵涉个人修身和卫生的问题，个人的道德、心性修养，与外在的行为"卫生"与否，有密切的关系。特别的是，不乱吐痰或放屁基本上都不是传统士人修身的条目。在传统医学的概念中，放屁可能与某些疾病的痊愈有关，因为"屁"本身就是疾病之"秽气"，所以将屁全排出体外，当然"有益卫生"[172]。至于"痰"，本身就有着"百病之源"的物质形象，很多怪病都被归因是身体的"痰"在作祟，甚至"开口便言（病是）痰""痰为百病母"的思考深植人心，故许多疾病的治疗，都是以"逐去败痰"或"化痰"为一种治疗方式，所谓"除痰"的方剂，更是中医方剂学中的重要内容[173]，甚至痰"在上则吐"，本就是一种治疗的思考方式。种种迹象显示"吐痰"一事，在传统中国人眼中，恐怕就是"卫生"的。[174]但此观念却与西方现代医学的卫生观大相径庭，蒋显然多受后者影响。

基于对现代卫生知识的理解，蒋颇具备"微生物致病说"的知识。蒋在1934年对武岭学校学生训话时曾说：

> 现在无论家庭或学校都不讲究整齐清洁，尤其是吐痰这一件事，一般人不太注意，大家要知道，痰涕里面多半含有霉菌，若是患有肺痨病的人所吐出的痰，霉菌格外厉害，吐在地上，一经蒸发之后，便散布到空气中，最容易传染人家，这就是害人的行为，所以大家应该将这种坏习惯改正过来。并且回到家里告诉父母和兄弟姊妹一起改正，不要再随便乱吐，最好设备痰盂，不然吐到废纸上，随即丢到炉灶里烧化。无论食衣住行日常生活各方面，我们大家如果讲究清洁卫生，就可以免除许多病源，增进健康，自然而然就可以延年益寿，而且个人有了健康的身体与长久的寿命，才可以做成大事业，国家有了健康的国民，才能够强种

兴国,现在我们中国人死亡率比外国人大得多,种族一天天的衰弱,就是不讲究清洁卫生的缘故,所以我们要爱护自己、爱护家庭、爱护国家和全人类,就要注重清洁和卫生,不要随地吐痰、便溺,不但如此,凡是足以妨害公共幸福的行为,我们都不应该做的。[175]

蒋认为中国种族之衰弱,即国民不讲清洁卫生的缘故;而他说痰和鼻涕内含有微菌,也是基于现代医学的理论、基于一种对肺结核的恐慌。其实,民国时期传染病种类甚多,蒋多次以肺结核与"痰"这个中间媒介来说明卫生的重要,其实除了蒋个人的观察外,恐怕与当时中国肺结核病流行比较严重有关。[176]而且,蒋还是非常注意西方医学的理论和疾病解释之问题,这可以从他看待"痰"的观点中看出;这里更有意思的是,当时许多教科书也刊载,教导民众吐痰不是不行,而是要吐在"痰盂"内,这些知识,也都可以在民国的教育范文中找到推广的蛛丝马迹。[177]

至于有些人认为新生活运动中的条目,像是清洁、卫生等项目流于琐碎和表面形式。[178]关于这种质疑,其实蒋早已有定见,蒋曾在一次视察武汉时说:

> 这几天观察的结果,虽然武汉在各方面都有很大的进步,但是无论政治、军事、市政、军政任何方面,有几点仍旧要特别注意的。第一、我们无论要做一件什么事,必须注重实在,表里如一,不可只讲一个表面的形式。即如就道路的清洁而言,现在各处的道路,一般都比较清洁,但是如果看道路两旁的僻处,仍旧

不免有脏的地方，什么纸屑、垃圾都是随便乱散，又如中国各地普通各机关的情形，表面看去大体是清洁，但是你如果走进去看一看厨房，再看看厕所，很多都是脏得不堪，这些最容易发生霉菌传染病的地方。一般只顾形式不重实质的人就不知道注意，这种积习实在是中国人一般的老毛病。[179]

是以蒋认为，真正在日常生活中能够做到清洁卫生细节的人，反而是最具"实际性"而"不流于形式"的行为表现，是中国人必须尽力改进的国民性。至于厕所和厨房两个场域，是蒋认为最能审查小细节有没有做好的地方，此看法之形成，还是与他领导统御军队的经验有关。[180]另外，蒋以不卫生的各种"鄙陋的行为"，视为一种野蛮之象征，甚至会侵犯他人的自由，蒋说：

> 中国人牙齿是常常很黄黑的，总不去洗刷干净，也是自修上的一个大缺点。像吐痰、放屁、留长指甲、不洗牙齿，都是修身上寻常的工夫，中国人都不检点，所以我们虽然有修身、齐家、治国、平天下的大智识，外国人一遇见了便以为很野蛮，便不情愿过细来考察我们的智识。外国人一看到中国，便能够知道中国的文明，除非是大哲学家像罗素一样人，才能见到；否则，便要在中国多住几十年，方可以知道中国几千年旧文化，假如大家把修身功夫做得很有条理，诚中形外，虽至举动之微，亦能注意，遇到外国人，不以鄙陋行为而侵犯人家的自由，外国人一定是很尊重的。[181]

前面说到，蒋认为实践清洁卫生是"修身"的基础，此处更言传统中国人已有"齐家、治国、平下的大智识"，但是个人若总是于外在行为表现得不检点，将导致外国人的鄙视，可见蒋很在乎中国人的整体外在表现。虽然目的是希望外国人看得起，但是他的基本理念大概还是希望传统的中国文化不要因为中国人外在表现的"不卫生"，而导致传统文化被忽略、轻视乃至曲解，故积极提倡清洁与卫生观。这与蒋重视传统文化，不完全以"西化"观点来改革中国，有一定内在理路之关系。

（二）军事医疗与卫生

此小节要讨论的，也具有其延续性。因为蒋对"卫生"的概念，有许多是针对军队而言，而病兵乃至逃兵的问题，是蒋持续关注的问题。他曾说："不许官兵乱吐痰，乱吐痰的人就是无教育最野蛮的人，你要做文明的人，就绝对不好乱吐痰。还有肮脏的东西，不要堆积在营房旁边，住的地方，处处要打扫干净，而且一定要挖阴沟或就原有的阳沟加以疏通，使得一切污水能畅流出去，不致停积。再有茅厕一定要设置起来，而且一定要同厨房和旁的地方离开得很远。"蒋认为如此病兵一定会减少，军队自然可以强盛，这完全是从军队卫生的角度来思考的。[182] 至于对卫生的要求，蒋重视的还有军队上对下管理的职责，而以长官的责任更为重大，蒋说："凡是做团营连长的官长们，都要时时刻刻想办法，总要减少逃兵和病兵，并且以此为标准来检查自己的成绩，评定自己的功过。最要紧的，这就是要注重经理和卫生，并且要天天注意改进才行。大家又要知道，带兵最紧要的有三件事，第一件是统率，……其他就是第二经理、第三卫生。"蒋对卫生之日常实践,要求的还是以"个人"因素居多,重视上对下的考察,两者其实都是"个人"之行为。[183]另外,他也不断强调官长要对士兵有所关怀与照顾,这些观念都形成于他担任校长的时期。蒋曾以《讨逆军事与剿匪要诀》对第十师、八十三师官长训话:"要待士兵如自己的子弟,特别要注重他们的品行和体格。无论风雨寒热,要处处照顾到。比方现在天冷了,在山地作战,易受风寒,此去要多带一些生姜、黄糖,每周给他们吃点糖汤,借以散寒。"[184]从前述蒋的个人日常所见来看,这也是他复制之前军校经验的结果。

民初有一段时间,"军队(人)"曾被视为一种"土匪"的象征[185],但蒋认为,许多国家现代化的兴革,都要靠军队来做一个榜样与教导之责任,他曾说:"现在中国受人压迫成为病夫之国,倘不加以军法部勒,以组织国家、支配社会,而仍依昔日骄奢腐败之习惯,则革命何能完成?国家何能建设?"[186]是以蒋认为,若重视军队卫生,首先可以扭转一般人对军队的看法,他又举"厕所"为例说:"我每常教学生的时候,也曾讲过凡是到一个地方,必须先行选择一个可做厕所的地点,挖一个茅坑;挖好之后,告诉全连的官兵,不许在其他各地任意便溺,到了部队要移动时,我们又要把这些茅坑用土填平,好像没有人住过一样的清洁,这些事件有时比我们练习射击还要紧要,虽则一点小小的事情,便可以转移一般社会对我们军队的心理。"[187]这也可以看出蒋对军队管理上小细节的重视。当然,对这些军队卫生的管理,蒋靠的还不是"个人"的自觉,他还是希望部队长官能够尽到一个教育和养育之政治责任。

在抗战以前,蒋似乎更强调军队的官长们要能够兼顾到基层士兵的医疗与卫生,反而较少要军医担负检查卫生之责。1933年,蒋对

第九师第五十一、第四十九团官兵训话,谈到《我们的责任与带兵的要旨》时说:

> 至于病兵,在外国有完备的卫生队、担架队,更有良好的病院、医院、医生,都是军医学校毕业,办事都有条理。至于我们中国,不但种种物质的设备赶不上他们,就连军医也很多是不够资格的,既没有学问,又没有经验,办事更没有条理,甚至还要在医药上营私舞弊,结果弄得病兵格外多、痛苦格外大。若是外国的带兵官,对于卫生设备,以及病兵治疗,等事,不必分心照顾,而我们中国的带兵官,不仅要办理营房,检查武器,而且更要注意到病兵伤兵的住地,医生尽他职责了吗?药品假真如何?看护服侍病兵、伤兵的精神好不好,这一定要我们的官长亲自督察考查,否则病兵就会格外增多,死亡也要格外增加。所以我们中国的带兵官比较困苦,而且要比外国的带兵官更有能力。[188]

蒋认为军队长官必须负担较多的医疗卫生工作,乃因中国军医的素质太差、不可靠,所以中国的军官必须负担更多的照顾责任。蒋甚至质疑军医经理不当,以致花费太多钱,并要求查察管理。1932年12月6日,蒋电何应钦、陈仪说:"现在军医经费,每月尚需四十余万元,如果组织及经理得法,至少可减半数,军医司对于此事因缺乏经验,或不负责任之故,故罕加整理,遂多靡费,请兄等切实监督指示,务期核减为要。"[189] 可见蒋认为军医没有较好的管理,这将损耗国家财政规划。既然军医的素质提升问题悬而未决,而蒋当时作为一位上位者，他未曾忘记自己的领导者身份，所以常常可以看到蒋关心军队病兵、药品运送的相关电文，也有询问军队特殊疾病的纪录，以下任举两例以说明之。

1933年8月16日，蒋电陈仪，命其尽快购发药品，他说："据刘总司令镇华转报，据梁总指挥冠英电称：该部官兵有百分之二患疟、痢两症，他种热性病亦复不少，传染颇烈，前蒙发痢、疟药品，业已用罄，恳再准予转请多发盐规硫规等药品，以资防治；并称接其他各师来电，亦大抵所报相同，倘不急速治疗，影响战斗实力允非浅显，恳速核发是项救治药品等情。除电复已转军部速令购发外，希即照发为要。"[190] 盐规与硫规药品，很可能是西医退热药与清凉药品的代称[191]，令人惊讶的是蒋不但知道，还依据"病名"来命令"药物种类"之运送状况，若非对医药知识略有所知，则为平日观察仔细所致。至9月24日，又电复张銮基，请其转令加发治疟药，电曰："号电悉该旅官兵发生疟疾，至为系念，已电军部加发治疟药品，以便治疗矣。同时即电军政部陈次长仪，谓悉饬司迅速照发，俾得治疗为盼。"[192] 除疟疾、痢疾等疾病为军中常见外，也可见蒋对军医药事务的重视，常亲自发布命令催促运送药品，至于电请官长关心士兵之举，更是常见于往来电文中。[193] 至于当时对军医的培训与选择，可能与刘瑞恒有相当之关系，蒋于1934年11月电邓士萍曰："本校明年应试办罐头科。又医院亦应略加扩充，每年医院经费约共为五千元，其办法与医生人选，希与刘瑞恒先生协定之。"除了可见当时刘瑞恒在培育军医角色上的重要性外，也可看出蒋非常重视军队医事，嘱咐邓必须慎重安排人选。[194]

（三）国民性：肉体、精神与态度

整个民国时期，中国经历了一段有如黄金麟研究"武化身体"的历程。简单的说，它是一次国体与身体的结合，也是身体国家化和军事化的历程，这就与公领域和身体政治有密切的相关性。[195]蒋生长于此时代，他必然或多或少受到这些思潮的影响，而站在一个领导人之高度，相信蒋的某些意见与举措，既受此影响，又甚至推动了此一潮流，这与本章所论述，蒋对军队经营与士兵卫生管理的想法，其实是相当符合且密切相关。

图三　蒋介石的形象，在当时也被挪用当作
　　　强国、卫生、强身的卫生商品代言人

不过，除了作为一种公领域的身体论述之外，本章也注重蒋对个人私领域的看法与其对他者私领域的考察，借以论述一种公、私领域交会的可能。可以归纳出，蒋认为整个中国的衰弱，除了卫生之外，与人们的肉体、精神与态度的缺失大有关系。在这些论述中，蒋大量的使用传统中国人对身体健康描述的语汇，包括"精""神""意志"等表征，这些词汇与话语其实都与传统中医高度相关，早在《内经》中，就认为人的虚弱与病态和"精神不进，志意不治"有关[196]，而渐渐成为传统养生文化的话语；最终，它们竟然被连结至具有西方现代意义的"健康"和"卫生"之上，这是近代知识转型中一个很值得被讨论的视角。蒋在1929年9月14日上午至政治学校点名时，谈到要学生多多锻炼身体，因为"强健的身体，是作革命工作的人必要的条件"。而锻炼强健的身体，主要靠的就是军事训练。蒋还认为学生的精神不太振作，是因为军事训练不够严格的缘故，不论是精神或身体上的强健，都可以靠着严格的军事化训练达到。[197]蒋认为，"精神"的旺盛与强健的"身体"之间有着绝对关系，他说："健康之精神，寓于健康之身体"，"凡是身体羸弱多病的人，他的精神十九都是颓唐萎靡的。身体不强精神不壮的人，还能任重致远担当得起什么大事业呢？"[198]蒋认为中国人之所以被外国人看不起，"民族体质的孱弱，是一个大原因"。作为一个领导人，精神更要抖擞，蒋说："大凡精神不好的人，举止言语都不容易有力，亦不能引起一般人民的信赖。"[199]并且，精神或身体衰弱之人，可是要招致蒋严格批评的，他曾痛骂一位军官，事情的经过是这样的，蒋说："上星期我曾处罚一个教官，这个人太不争气了，那天气候稍冷，他睡在黄色车内，好像病人一样，用帽把脸部完全遮了。在南京这个温带地方，稍微下一些雪,就这样瑟缩不堪,那还可以行军到寒带吗?教官应为一般军人的模范,竟丧失了军人精神至此。"这种教官就是"败类!"[200]如是批评相当强烈,此处仅举一例。究其实质,这种国人身体与精神之衰弱,其实与"修身"功夫不够也有关系。杨瑞松即曾举颜元"修身"的例子,有一次他受外在寒风吹袭而侧跨,突然惊醒曰:"岂可因寒邪其身哉!"随后立刻坐正。[201]这个例子大概与蒋的想法颇为贴近:拥有健康之身体与精神,才能抵抗外在"负面因素",包括疾病和某些嗜欲的侵扰。

蒋认为要成就大事,除了身体要有精神之外,还要有"志气",这也与身体健康有关。蒋在对庐山军官团第三期学员毕业训词中谈道:"……九、克服天然(日光、空气、水):军人志在救国,任重道远,应在与自然界斗争的生活中,成就百炼金身,养成不怕烈日、不怕寒暑、不怕雨雪的习惯,才能达到军人的任务。十、尚志养勇,古人云,志不立,天下无可成之事,我们革命尤贵立志,要打破生死关头,养成冒险犯难,坚忍不拔,自强不息的精神,古人所谓金丹换骨,立志即为金丹,天下无不可成之事,惟在吾人立志如何耳。"[202]以上皆谈及人的"精神"与"志气",喻于一个健康身体之基础上,而和上一段蒋强调之卫生,又可以放在同一类身体观来看。

此外,观察蒋的言论,凸显了一种军事化的身体控管与教育之目标,即近代身体的两个观察角度:一是动作所显示的肢体语言和行为的现代性,另一个则是装饰身体服饰的规范化。关于第一点,蒋曾言:"中国人的体格,怎么会弄得像现在这样不好呢?固然是由于我们不努力锻炼、不注重卫生,但是还有比这一点更要不得的,就是我们自己不知道爱惜自己的身体,把我们天地父母所生的很宝贵的身体,来随便糟蹋,或是去嫖,或是去赌,或是犯着种种不良好习惯,这真是不孝父母、不忠国家之极了。"所以要注意保重身体、锻炼身体,不嫖不赌,不做"败坏军纪、斫丧身体"之事,必须注意保重父母辛劳生育的身体与国家艰难培养的身体,必须为国家、民族所用,不能私自糟蹋。[203]其实,这也与蒋早年带兵的经验有关,不是突然出现的。还有,就是"懒惰""迟钝"的问题,蒋言:中国人大多数都迟钝拖延,这是因为中国人没有纪律、没有组织,当然,这还是个人"偷惰"的问题;而且中国人不知"时间"的重要,常常误事。其他所讲的中国人通病,像是"虚伪""懦弱""不负责"等,也都涉及个人的行为与品德的外在表现。[204]

是以近代"身体"虽为私领域的行为,但整体表现却仍是公领域的代表与象征,必须要"被控管",需要被教育和规范化。所以,另一组常在蒋之身体控管技术中出现的话语,就是"纪律"和"组织",这同样和蒋的日本经验关系密切。他曾在上海总商会党员大会上说:"到日本后,随时感觉到邻国是这么有秩序、有条理,实业、经济、地方治安、人民教育,一切都有进步,都上轨道;而我们中国怎样呢?无论读外报或与外人谈话,一遇到中国事情,总带着一股嬉笑怒骂的神情,使人非常悲痛。"[205]好像中国人和日本人相比,总是显得随随便便、不庄重。早在1929年蒋就已经说过:"我们中国人没有组织和秩序,不肯守纪律受训练,随便的自由浪漫,毫无政治能力,不知国家民族为何物,所以随便给外国人来欺负了。"又说:"中国人是没有一点血性志气",所以才会任由外国人欺负。[206]这都说明了一个"自由"且"不受控管"的传统旧身体,对现代化国家发展而言是负面的,如此看来,其实后来新生活运动的成形，也就不令人意外了，因为里面有太多元素可以从蒋的言论中找到轨迹。

至于第二条，有关在"身体"上衣着的要求，更是新生活运动"衣"的重点，此处不拟多谈，大概举几条新生活运动前蒋的言论来说明。1931年4月蒋至武岭小学校大礼堂对全体师生施以训词，谈道："我们溪口儿童有一种不好的习惯，就是开口骂人、动手打人。你们以后切不可相打相骂，必要相亲相爱。溪口人还有一种坏脾气，就是衣服不整齐、纽扣不扣好、身手不清洁，最不好的就是口里含了香烟在路上行走。"蒋认为，若能注意、做好这些细节，就可以拥有好的品行和品格，才可以做大事、干革命。[207]对衣着整齐、清洁的要求，很早就在蒋的思想中成形，从担任军校校长以来，它有一定的延续性，至于其他动作的要求，自是不在话下。两年后蒋回故乡，又面对武岭学校的学生，说道：衣与食要以朴素为原则，不可贪恋奢华时髦，而尤其是"学洋派"，更是"败德丧身，可羞可耻"的事情，切不可学习。[208]另外，蒋认为中国产业落后，人民贫弱，但食、衣、住、行总还可以力求简约和整洁。他以"昔卫文公服'大布之衣，大帛之冠'以身作则，来提倡简约的生活"为榜样，而不应该在行为上"穿红穿绿，穿得不像一个人"[209]。关于蒋对衣服穿着的要求，其实引发一个很值得关注的问题：就是民国以来，受到西方文化、思潮、物质文化的影响，对奢华和金钱的各方面追求，都渐渐成为一种风尚，这是西化、资本主义化之后，一个消费社会必然的现象。但是，蒋希望国家"现代化"，而"卫生"又何尝不是西方现代性的一环？但蒋显然不愿意国民在衣着或饮食上追求太多西式的身体"解放"或"自由"，这可以说是一个很特别的视角，显见民国时期的国家发展方向是现代与传统并进的,蒋的思想正呈现这样的脉络,这是本章最后一小节的内容。

(四)"个人"又"传统"的医疗、卫生与身体

雷祥麟的研究已经指出一个重要的倾向。即在许多时刻,民国时的政治领袖最关心的卫生,并不是大规模的医政体系建设,而是一种"个人"层次的嫌恶感与觉醒。南京国民政府或许无力推动大规模的公共卫生建设,但民间个人卫生的论述却指向一个有助于国族形成的个人改造计划,而孙中山、陈果夫、蒋介石均参与并设法引用这种个人卫生的论述和感受。[210]本文可补充的另一视角,即蒋在改造一个落后"个人"技术脉络,其实本就含有相当多"传统"的成分在内,而不总是与"西化""现代化"画上等号。除了前面已经提到的"修身""精""气""志"等传统话语之倾向外,还有一个重要的就是传统文化与身体医疗、锻炼之技术。

对于固有传统文化,蒋是非常重视的。这与蒋注意读古书有很大的关系,传统文化不只是"一种学术"而已,在谈到《军人的人生观》时,蒋认为孙中山的许多思想都是从旧书中研究出来的,他说:"希望各位不仅是注意新的科学,并且还要注重中国旧日的学问,中国的旧书里学问很是渊博。"[211]蒋甚至将传统的道德,视为一种救国强种的良方,此处仅举一例,即蒋在阅读《曾胡治兵语录》时曾言:"余近看此书,愈觉其言之有道也。于此人心散漫,世事纷乱之际,非从伦理与道德鼓励国民之正气,绝不能拯救危亡也。又非在一二人为之提倡,则欲全赖此下层基本工作,亦决不能济事也。"[212]蒋说的伦理与道德,和正气的关系,是一种从传统文化出发的自我肯定,这是蒋的思维中一

个重要的趋势。他曾于会见留俄学生后,发出其"无甚才能"的感慨。他叹气说:"凡留外国求学之青年,大抵忘却中国固有之文化。孟子所谓舍己之田而耘人之田者,余当设法为之振救也。"²¹³足见蒋对传统文化之流失颇感忧心。而蒋常挂在口中的"救国良方",就不单是"学习西方",而是也要学习固有的传统文化。蒋说:"从前不注意我们固有的文化,只知道拿外国的东西来学,忘掉了自己的根本,失却了自己固有的德行和精神,所以不能救国、不能完成革命事业。现在我们若是不早觉悟,照这样忘本逐末的过下去,简直会有亡国灭种的危险。"²¹⁴蒋认为当时中国在物质科学上已经落后外国很多,就算努力学习,即使过了三五十年时间,还是赶不上,所以不能只靠学习西方科学来打敌人,还要用民族精神和道德来对抗敌人。²¹⁵

这就跟前面的论述可以串在一起来看,蒋强调的"精神"与"身体",还带有一种自觉,自我肯定的意义,实际上掺杂许多传统国族界线内的意涵,所以蒋追求的不只是一种西化的身体强健,也是中国精神的身体展现与自我认同,不全是西方的标准。另外,还可从蒋对"国医"和"国术"的提倡来看,蒋认为,传统的国术可以发挥强身健体的功能,故曾谓:"国术拳艺之提倡,应于运动会注重之。"²¹⁶蒋甚至主动设计"国术训练所",《事略》曾记载:"公早起决定各省应设国术训练所,遂电鲁涤平、顾祝同、吴忠信、刘峙、熊式辉、夏斗寅各主席云:'查我国技击之术,起源甚古、寓理尤精,大之肉搏疆场,故足以杀敌而致果,小之个人锻炼亦可以健体而强身,较诸现代体育,实有过无不及,亟宜努力提倡,借冀普遍发扬。务仰各省训练民团干部之际,即将国术一项列为主要术科,聘请著名专家认真教授,每日规定钟点,不断操练,俾于训练期满,感有相当造诣，则将来所有干部，散归各县，分领民团时，即可转施教导。此外，对于民间平日练习，亦应筹办国术训练机关，积极提倡，使其普遍发达、持久不懈，养成民众体育基础。'"[217]蒋认为传统国术甚有价值，要将之提至"主要术科"，认为可以养成民众的体育基础。这使得"传统"与"个人之卫生（养生）"有了一个新的连结，不能仅以"公共"视之。

还有就是"国医"的历史，基本上已有研究指出，国民政府在"废医"的态度上，只要中医维持着"科学化"的前提，政府还是倾向"存而不废"的，甚至蒋本身也不主张废中医。[218]本文在此还可以补充几条《事略》的史料以说明之。在"废医案"爆发后两年，蒋在一次晚宴时忧虑地指出："民族健康甚属重要，卫生医疗不可忽略。今日中央国医馆筹备委员焦易堂、彭养光、陈立夫等通电，定3月15日在首都举行发起人大会，请各省各派医药代表参与，此以发

图四　国医馆第一届理事会会后合影

展改进国医国药,亦要政也。"[219]至1931年国医馆正式成立之时,蒋甚至说:"中央国医馆昨日在京成立,此为中国医药由整理而进步之要事,吾顾其努力,实下功夫也。"[220]足见蒋对整理国医药的事,是抱着乐观且正向之态度。1944年,中医方药中(1921—1995)即举蒋的话来说明,保存国医的价值可能在何处,他指出:

> 领袖在《中国之命运》当中,说过这样一段话:"近百年来,中国的文化,竟发生了绝大的弊窦,就是因为在不平等条约压迫之下,中国国民对于西洋文化,由拒绝而屈服,对于固有的文化,由自大而自卑,屈服转为笃信,极其所至,自认为某一国学说的忠实信徒,自卑转为自艾,极其所至,忍心污蔑我固有文化的遗产,然而结果却因为西洋文化,而在不知不觉之中做了外国文化的奴隶。"领袖的这一段训示,对于目前社会心理变态的原因,实在是一个最确切的说明。所以我希望大家,尤其希望我们负有保管祖先遗产:中国医学的中医界同仁,应该时时的警惕着、警惕着,领袖的这一段训示,因为学西洋文化,而在不知不觉之中,做了外国文化的奴隶。[221]

方认为蒋之所言,可以震聋发聩,矫正当时西医渐渐压过中医的"心理变态"风气。其实它侧面地揭示了:蒋的某些保有传统文化之理想,确实带给中医界一些希望的种子;或者说,蒋的某些想法符合中医将传统医学带入"国"字辈的趋势。

但我们也不能过分夸大"传统"在蒋心中的分量,而忽略了蒋对常常是处于旧传统对立面的"科学"之重视。换言之,蒋也注重发展科学,但他认为在"旧的一方面"也必须尊重中国固有的优点。蒋曾说:"不要以为从前的古书没有用,要知道我们中国的情形有其特殊的所在,中国有中国特别的社会,中国人有中国人特别的性质,中国的历史有中国特别的事实。我们要想立德、立言、立功,要在历史上做一点事业出来,就要注意到从前的古代做事业的人是怎样一种做法,然后可以得到一条做事业的方针。若在新的一方面讲,也要拼命的注重新兴的科学,要尽量的发展科学;在旧的一方面讲,要尊重中国固有的优点。"[222]关于蒋对西方科学的态度与采用,本章尚无法细述,要强调的是,在设计国家改革蓝图上,蒋认为肯定自己的文化,要比发展科学更为重要,且前者所体现之精神,是发展后者的基础。蒋在一次谈到《北平市政的建设》时说:"外国用机器电气,我们中国人只用人力,科学机器都没有发达,不能像人家那般容易进步,所以我们更要拿精神与人力来补足我们的缺点。然而此时对于新的建设,还没有充分的经费,所以我们应将固有的没有破坏的东西,都一件件要保存起来、整顿起来,这实比新的建设格外重要。如果我们的固有建设尚不能保全,那还说什么新的建设呢。"[223]甚至在一次匪军劫走山东聊城海源阁藏书,并烧毁颇多后,蒋急令聊城县县长调查并订立保存办法,有感而发地说道:"此关于民族文化之要著,吾不可不注意之也。"[224]皆可见蒋对传统文化之重视。当然,蒋绝非盲目崇信"传统"或食古不化之人,例如在1931年举行之全国内政会议提案中,即有一条:"由中央将旧有不合时宜之各项仪节,予以禁革。……至如节妇烈女,割股疗亲等狂悖而不近人情者,均不得与了。"[225]可见也不是固有文化就一体适用、完全站得住脚;若太过时或荒诞不经的旧文化,蒋还是主张废除为宜。

七、小　　结

　　为什么要以日常生活史来研究政治人物，简单的说就是要凸显政治人物的真实生活与个性，此乃历史研究重视"人"的核心理想。这些看似零碎的生活琐事与日常观感，片片拼凑出了历史人物鲜活的好恶与性格。任何一位重要人物的言论，其实都是一个研究近代史的资料库，特别是像蒋如此重要之人而又留下如此多档案、史料的例子，值得学界持续关注。[226]

　　本章在消极的一面，论述了蒋在私领域的医疗卫生观点；而积极的来说，蒋的日常生活经历，其实反映了他的所见所闻，也浮现中国近代政治史上几个重要的施政规划：那是蒋站在领导人的高度上，将带领中国如何前进的历史蓝图。碍于篇幅，无法再梳理更多史料，但已粗略提及，民国时期的许多运动、政策，其实与蒋个人之擘画颇有因果关系，许多政策背后所蕴含的，是基于蒋日常生活所见、所闻、所经历，而产生之感想；并且，蒋是军人，军人还是较重视实用性，这一点不能忽略，所以蒋在许多私人的医疗行为上，颇有自己的主见，而一旦出现他无法处理的症状，则会交给其所信任的医生。另外，蒋早年受日本、军队管理的影响甚大，年轻时的某些荒唐岁月，及至军校校长的历练，确实成为他日后转化至政治领域言论的内涵。但必须注意，这些思想，皆与日本和西方式的改革理想略有不同。蒋在修身和军队管理方面，希望多融入一些传统儒家的道德和修身理论而更多的是与传统思想连接在一起了。后来为读者所熟悉的新生活运动，其内容也已充分显示在蒋的日常观察与言论中，这让我们可以从蒋的个人观察内，透过另一个角度来理解民国时期的政治史。

就本章选取的切入点：医疗卫生主题来看，蒋展现的是一种强烈的个人主义倾向，不论在公还是在私的一方面，蒋的想法都占了极大的分量。目前没有任何证据显示蒋喜欢阅读公共卫生的书籍或任何中西医类的著作，但蒋却对中、西医学的某些知识非常重视，特别是与他个人的经验和实际功用做一个结合。就蒋的思想而言，内在还存有从现代的卫生概念中，反推回到个人行为的适当性，例如仪容、整洁与个人精神、意志之间的密切关系；蒋一直强调"个人"的自觉与行为之表现，显见他认为现代军人的标准，很大的程度上取决于一种个人的修养与自觉，这又可以解释蒋并不只强调现代化的组织管理或法规，真正重要的还是个人的主观自省吧，如同拥有资格"审查"卫生与否的权力，不见得是由具备现代卫生知识的卫生人员或军医来主导，而往往落在具备仁爱、有责任心的"个人"（长官）身上；当然，这种卫生不可能"公共"，这与某些公卫专家的想法实有所落差，一个"个人"又"传统"的身体政治，不完全是现代公共卫生的精神。这不可避免地凸显蒋在规划某些政策的局限性，但也正因为军医或专业卫生人员不足，当时中国的上层，实在负担不起一种"公共"卫生、规范的责任；于是，蒋只好依赖一个有"自觉"的个人，一个"卫生"的个人、可以透过类似军事化的训练来学习并完成塑造的"国民性"，从而可以培养控管好自己的精神和行为规范。而身体强健的人，精神旺盛且道德高尚，就不需要"国家"来特别加强管理了，这都是考察蒋的思想时，不可忽略之处。

注　释

1. "行政院卫生署"编:《总统指示有关改善环境卫生事项汇编》,"行政院卫生署"1971年版,第1页。
2. 例如窦应泰就书写大量有关蒋日常生活中的"养生"内容,但较少与政治公领域有关之连结,而且无出处注释,较为不足。参见氏著:《破译蒋介石养生密码》,作家出版社2009年版。还可参考皮国立:《从口述历史视野看两蒋总统的医疗与健康》,《东吴历史学报》第35期,2016年,第107—145页。
3. 私人的经历与政治领域的事务,本来就是有互相影响的层面。学界关于公与私的一些研究,可参考黄克武、张哲嘉主编:《公与私:近代中国个体与群体之重建》,"中研院"近代史研究所2000年版,特别是引言与第59—61页的定义。
4. 参考陶涵(Jay Taylor)著,林添贵译:《蒋介石与现代中国的奋斗》,时报出版2010年版,上册,吕芳上导读,第5—11页。而这样的尝试,也已有初步的成果,例如吕芳上等合著:《蒋介石的亲情、爱情与友情》,时报出版2011年版。还有吕芳上主编:《蒋介石日记与民国史研究的回顾》,政大人文中心2020年版。
5. 其介绍、运用与一些问题,可参考陈红民:《〈蒋中正总统档案·事略稿本〉中的一则错误》,《史学月刊》2007年第2期,第134—136页。
6. 本章主要采用中国第二历史档案馆所编的《蒋介石年谱》(中国档案出版社1994年版)为考察蒋早期日常生活史的主要资料。该书是以蒋介石的启蒙老师毛思诚所撰《蒋公介石年谱初稿》为基础,并参照《民国十五年以前之蒋介石先生》的有关记载而编成。
7. 参考陈秀芬:《医疗史研究在台湾(1990—2010):兼论其与"新史学"的关系》,《汉学研究通讯》第29卷2010年第3期,第19—28页。以及杜正胜《另类医疗史研究20年:史家与医家对话的台湾经验》,《古今论衡》第25期,2013年,第3—38页。
8. 可参考两文,收入杜正胜:《作为社会史的医疗史》,《从眉寿到长生:医疗文化与中国古代生命观》,三民书局2005年版,第1—36页。以及《什么是新社会史》,收入氏著:《新史学之路》,三民书局2004年版,第22—37页。
9. 医疗史与政治史结合研究的例子,已开始有所进展,例如金仕起写的《中国古代的医学、医史与政治》(政大出版2010年版)可为代表。杜正胜写了一篇长序于书前,即在探讨医疗史与政治史之间的关系。其文《医疗社会文化史外一章:金仕起〈中国古代的医学、医史与政治〉序》,另收录于《古今论衡》第21期,2010年,第133—154页。至于其他政治与卫生史相关的研究,其实已经有不少成果,详下。
10. 这样的研究非常多,牵涉的问题也各有不同,可参考 Wendy Parkins, *Fashioning the Body Politic: Dress, Gender, Citizenship*.(Oxford; New York: Berg, 2002).所收录的论文。中国史的部分,有王秀云,从性别医疗角度切入的研究:《不就医男:清末民初的传道医学中的性别身体政治》,《"中研院"近代史研究所集刊》第59期,2008年,第29—66页。另外还有杨念群的研究是比较好的,主要从中西近代医疗史来切入,突显政治与医疗之关系:《再造"病人":中西医冲突下的空间政治(1832—1985)》,中国人民大学出版社2006年版。
11. 周美华编:《蒋中正总统档案:事略稿本》第2册"民国17年1月3日","国史馆"2003年版,第221—222页。

12　黄仁宇:《从大历史的角度读蒋介石日记》,时报出版1994年版,第13—14页。
13　秦孝仪主编:《先妣王太夫人事略》(民国10年6月25日),收入《总统蒋公思想言论总集》,中国国民党中央委员会党史委员会1984年版,卷35,第63页。
14　例如刘维开:《蒋中正记忆中的童年》,收入吕芳上主编:《蒋中正日记与民国史研究》,世界大同出版有限公司2011年版,第139—155页。以及王奇生:《从孤儿寡母到孤家寡人:蒋介石的早年成长经历与个性特质》,《南京大学学报(哲社版)》2010年第5期,第83—93页。
15　中国第二历史档案馆编:《蒋介石年谱初稿》,第16页。
16　鲁迅:《自序》,《呐喊》,风云时代2004年版,第3页。鲁迅的经历,请直接参考本书。
17　秦孝仪主编:《总统蒋公大事长编初稿》,中正文教基金会1978年版,卷1,第15页。
18　丁福保:《蒙学卫生教科书》,上海文明书局1906年版,第7b—8a页。
19　关于卫生话语的近代考察,研究很多,特别是着重华人"不卫生"之形象确实是清末以来外国人的主观认知,参考胡成:《"不卫生"的华人形象:中外间的不同讲述:以上海公共卫生为中心的观察(1860—1911)》,《"中研院"近代史研究所集刊》第56期,2007年,第1—44页。以及李尚仁:《健康的道德经济:德贞论中国人的生活习惯和卫生》,收入《中央研究院历史语言研究所集刊》第76本第3分,2005年,第467—509页。
20　至于日本对卫生、清洁话语的吸收与定义,开始很早,而日本人也用这些策略来治理国家,甚至推向殖民地,而成为一种身体控制的日常策略。参考刘士永:《"清洁"、"卫生"与"健康":日治时期台湾社会公共卫生观念之转变》《台湾史研究》第8卷2001年第1期,第41—88页。以及范燕秋:《疫病、医学与殖民现代性》,稻乡出版社2010年版。
21　中国第二历史档案馆编:《蒋介石年谱初稿》,第146页。
22　陈三井访问、李郁青纪录:《我做蒋介石"御医"四十年:熊丸先生访谈录》,团结出版社2006年版,第94页。
23　中国第二历史档案馆编:《蒋介石年谱初稿》,第37—38页。
24　中国第二历史档案馆编:《蒋介石年谱初稿》,第171页。
25　中国第二历史档案馆编:《蒋介石年谱初稿》,第147页。
26　中国第二历史档案馆编:《蒋介石年谱初稿》,第80页。
27　中国第二历史档案馆编:《蒋介石年谱初稿》,第109页。
28　中国第二历史档案馆编:《蒋介石年谱初稿》,第116页。
29　中国第二历史档案馆编:《蒋介石年谱初稿》,第146页。
30　秦孝仪主编:《总统蒋公大事长编初稿》卷1,第21页。
31　中国第二历史档案馆编:《蒋介石年谱初稿》,第282页。
32　在秦孝仪主编:《总统蒋公大事长编初稿》卷1,第87页内,记载蒋纬国是出"疹",这和原记载之"痧"有些不同。"痧"是一种包含多种疾病的统称,其主因在中国医学之解释乃感受夏秋之间的风寒暑湿之气,或因感受疫气、秽浊之邪而发生的具有传染性的温病。参看李顺保主编:《温病学大辞典》,学苑出版社2007年版,第268页。张纲解释:明清以来,或有以乾霍乱、"解㑊",或有以疫喉痧、麻疹为痧者。然痧名应源自"沙",他说:"魏晋时期之本所谓沙者,乃沙虱入肌之病耳。以沙虱入肌旋生皮疹而发病,古人遂取茅茗之叶以挑、刮。此病以沙称之初旨,亦挑痧、刮痧之所由来也。而后世既昧其义,又转相附会,遂至于痧名无定指,所论之痧,人人异矣。"参考氏著:《中医百病名源考》,人民卫生出版社1997年版,第98—102页。祝平一有过初步的探讨,参考氏著:《清代的痧:一个疾病范畴的诞生》,《汉学研究》

第 31 卷，2013 年第 3 期，第 193—228 页。大陆学者纪征瀚也有许多文章探讨"痧"之问题，她的博士论文即探讨相关问题：《古代"痧"及治法考》，中国中医科学院中医医史文献研究所 2008 年博士学位论文，第 32—55 页。其他论文仅举一篇作为代表：《清代痧症医籍系统考》《中医文献杂志》2009 年第 4 期，第 1—4 页。还可参考皮国立：《中西医学话语与近代商业论述：以〈申报〉上的"痧药水"为例》，《学术月刊》第 45 卷 2013 年第 1 期，第 149—164 页。大抵清末以来，"痧"是一般下层社会非常喜欢使用的疾病名词，很多不知名的外感症状或出疹，都称为"痧"。

33 蒋喜爱读曾国藩著作的历史甚久远，可推至他 18 岁时，进入宁波的箭金学校，其师顾清廉系统地讲解国学，教导蒋读书要有次序，循序渐进，推荐《曾文正公家书》等书给蒋阅读，此后曾国藩成了蒋心目中学习之榜样。出自陈红民、张莉：《蒋介石追忆青少年生活：〈蒋介石日记〉解读之七》，《世纪》2010 年第 6 期，第 44 页。

34 笔者未曾做过严格统计，仅就浏览蒋后来所读之书做一推测。引文自秦孝仪主编：《总统蒋公大事长编初稿》卷 1，第 27—32 页。

35 中国第二历史档案馆编：《蒋介石年谱初稿》，第 281—282 页。

36 中国第二历史档案馆编：《蒋介石年谱初稿》，第 256—257 页。

37 陈洁如：《我与蒋介石的七年之痒：陈洁如回忆录》，团结出版社 2002 年版，第 107 页。

38 中国第二历史档案馆编：《蒋介石年谱初稿》，第 179 页。

39 中国第二历史档案馆编：《蒋介石年谱初稿》，第 179 页。

40 中国第二历史档案馆编：《蒋介石年谱初稿》，第 481 页。

41 中国第二历史档案馆编：《蒋介石年谱初稿》，第 16 页。

42 中国第二历史档案馆编：《蒋介石年谱初稿》，第 462 页。

43 中国第二历史档案馆编：《蒋介石年谱初稿》，第 252—254 页。

44 中国第二历史档案馆编：《蒋介石年谱初稿》，第 180—181 页。

45 蒋后来曾说："日本士官学校，他们对于初入伍的学生，起头几个月，完全就是教他怎样吃饭？怎样穿衣？怎么戴帽子？怎么走路？怎么洗扫房间？乃至怎样倒痰盂？要使痰盂洗得怎样干净？盛入几多水量？他的发一定要剪短、胸一定要挺起、腰一定要伸直、头一定要抬高、眼一定要平视。诸如此类种种生活习惯，都很严格很琐细的一样一样来教，一样一样都要切实做到。而且他们还知一种办法，即视初入伍的候补生，一定要为官长和老兵服务，无论是擦皮鞋、叠被褥。种种事情都要他来做，如果做得不对，就要受骂被责。大家要知道，这并不是教他做一个仆人，乃是要他从实际生活中来受训练，和我们古人所谓'有事弟子服其劳'，完全是这一个意思。由此可见古今中外，对于基本生活的教育，都是特别注重的。"参考周美华：《蒋中正总统档案：事略稿本》第 23 册，1933 年 10 月 2 日，第 172—173 页。

46 中国第二历史档案馆编：《蒋介石年谱初稿》，第 183 页。

47 蒋在 1926 年一次演讲中说："教育这件事，一定要被教育者自立自治自强，因为他人是不可靠的，如校中官长对于学生生活非常关心，要是学生自己不注意卫生，不保重身体，无论长官如何关心，也要害病。非特官长不可全靠，就是自己父母，也不可全靠的。因为自己不能自立自强自治的人，一定不会有根本觉悟的人生观，来改造他自己恶劣的习惯和环境，这样就是到老死了，也是个冤枉虫，绝不能会有成功的。"引自中国第二历史档案馆编：《蒋介石年谱初稿》，第 518 页。

48 例如蒋曾对学生说："各位入校时候，是在预备教育期间，当然是很严的。预备期满之后，便要学生养成自治自动的能力,不必等官长来监督。但是现在我看见你们寝室外面的草鞋和里面的毯子,乱七八糟的放着,而且尘土满池,还有小便不在小便池里,如此全无军人的人格了。"可见蒋认为好的人格必须奠基在卫生的行为之上,这些都是军队教育的一环。引自中国第二历史档案馆编:《蒋介石年谱初稿》,第292页。

49 中国第二历史档案馆编:《蒋介石年谱初稿》,第198页。
50 蒋言:"……要大家时时刻刻保全身体的康健,打仗是不会死的,出征的军人大都是病死的多,所以第一要紧是保全各位自己身体的康健,然后可以建功立业,完成革命的责任。"出自中国第二历史档案馆编:《蒋介石年谱初稿》,第309—310页。
51 中国第二历史档案馆编:《蒋介石年谱初稿》,第366页。
52 中国第二历史档案馆编:《蒋介石年谱初稿》,第190页。
53 中国第二历史档案馆编:《蒋介石年谱初稿》,第343页。
54 中国第二历史档案馆编:《蒋介石年谱初稿》,第311页。
55 中国第二历史档案馆编:《蒋介石年谱初稿》,第320页。
56 中国第二历史档案馆编:《蒋介石年谱初稿》,第396页。
57 早在隋代《诸病源候总论》,已有许多地气、湿气导致脚气病的论述。梁其姿研究元代以后的脚气病,更有地域之分。元代之后的状况可参考氏著:《面对疾病:传统中国社会的医疗观念与组织》,中国人民大学出版社2012年版,第227—228页。
58 中国第二历史档案馆编:《蒋介石年谱初稿》,第342页。
59 中国第二历史档案馆编:《蒋介石年谱初稿》,第379页。又"调郭琦元后方病院院长"。下月2日,又载:"郭琦元为代理军医处处长(王若俨因营私误公免职)。"出自该书,第380、383页。直至1925年7月22日,又"呈请任命褚民谊为军校军医处处长,未到任以前,由金诵盘代理"。见该书第396页。
60 中国第二历史档案馆编:《蒋介石年谱初稿》,第487页。
61 中国第二历史档案馆编:《蒋介石年谱初稿》,第397页。
62 参考胡嵩山:《夏令卫生运动的重要性和夏令卫生的注意点》,上海申报馆编辑:《申报》,上海书店1982—1987年版,1936年6月16日第4版。以及陈调元:《卫生运动与民族复兴》,《申报》,1936年6月14日第4版。
63 张泰山:《民国时期的传染病与社会:以传染病防治与公共卫生建设为中心》,社会科学文献出版社2008年版,第244—245页。以及朱慧颖:《民国时期的卫生运动初探:以天津为例》,收入余新忠主编:《清以来的疾病、医疗和卫生:以社会文化史为视角的探索》,生活·读书·新知三联书店2009年版,第358—359页。
64 中国第二历史档案馆编:《蒋介石年谱初稿》,第463页。
65 中国第二历史档案馆编:《蒋介石年谱初稿》,第465页。
66 中国第二历史档案馆编:《蒋介石年谱初稿》,第471页。
67 中国第二历史档案馆编:《蒋介石年谱初稿》,第536页。
68 中国第二历史档案馆编:《蒋介石年谱初稿》,第539页。
69 中国第二历史档案馆编:《蒋介石年谱初稿》,第604页。
70 中国第二历史档案馆编:《蒋介石年谱初稿》,第666页。
71 中国第二历史档案馆编:《蒋介石年谱初稿》,第702页。
72 中国第二历史档案馆编:《蒋介石年谱初稿》,第721页。

73　中国第二历史档案馆编:《蒋介石年谱初稿》,第 722—723 页。
74　其他五项专科为:经理、参谋、交通、军用化学、炮工等科。见中国第二历史档案馆编:《蒋介石年谱初稿》,第 477 页。
75　中国第二历史档案馆编:《蒋介石年谱初稿》,第 482 页。
76　这点还需要深入研究,这只是就蒋聘用的人初步讨论而已。有关国军军医的历史,可参考杨善尧:《抗战时期的中国军医》,国史馆 2015 年版;以及司徒惠康总纂,叶永文、刘士永、郭世清撰修:《国防医学院院史正编》,五南图书公司 2014 年版。
77　王舜祁:《早年蒋介石》,团结出版社 2008 年版,第 62—63 页。陈是蒋的同乡,北伐时担任过国民革命军总司令部军医处处长。关于其事迹介绍,参考祖述宪:《思想的果实:医疗文化反思录》,青岛出版社 2009 年版,第 119—133 页。
78　陶涵(Jay Taylor)著,林添贵译:《蒋介石与现代中国的奋斗》上册,第 78 页。
79　中国第二历史档案馆编:《蒋介石年谱初稿》,第 437 页。
80　中国第二历史档案馆编:《蒋介石年谱初稿》,第 461 页。
81　中国第二历史档案馆编:《蒋介石年谱初稿》,第 539 页。
82　蒋与部属谈话时尝谓:"近日性躁心急,若不于此时静养心性,则后更难期。需于'言不妄发、行戒轻躁'二语勉之。"出自周美华编:《蒋中正总统档案:事略稿本》第 2 册,民国 16 年 9 月 8 日,第 17 页。
83　翁元口述,王丰记录:《我在蒋介石父子身边的日子》,圆神出版社 2002 年版,第 51—56 页。
84　中国第二历史档案馆编:《蒋介石年谱初稿》,第 596 页。
85　中国第二历史档案馆编:《蒋介石年谱初稿》,第 603 页。
86　中国第二历史档案馆编:《蒋介石年谱初稿》,第 622 页。
87　中国第二历史档案馆编:《蒋介石年谱初稿》,第 383 页。
88　中国第二历史档案馆编:《蒋介石年谱初稿》,第 392—393 与 396 页。
89　陈洁如:《我与蒋介石的七年之痒:陈洁如回忆录》,第 191 页。
90　陈洁如:《我与蒋介石的七年之痒:陈洁如回忆录》,第 191—192 页。
91　中国第二历史档案馆编:《蒋介石年谱初稿》,第 364 页。
92　中国第二历史档案馆编:《蒋介石年谱初稿》,第 482—483 页。
93　中国第二历史档案馆编:《蒋介石年谱初稿》,第 605 页。
94　陶涵(Jay Taylor)著,林添贵译:《蒋介石与现代中国的奋斗》上册,第 77 页。
95　陈洁如:《我与蒋介石的七年之痒:陈洁如回忆录》,第 105 页。
96　补充,据陈洁如所言:"李大夫在我臂上做了六〇六静脉注射,向我说:'你打针十次,就可痊愈,就是说如果你有耐心继续治疗不断的话。我现在要很坦白地告诉你,淋病菌进入你的身体;或者确切点说,你的输卵管或卵巢之后,可能使你不能怀孕。但是,你的病情算是轻度的,所以如果你继续治疗,就不必为此担忧。'事毕后,我走进候诊室,轮到介石进入大夫的诊疗室了。他打过针后,李大夫告诉他:'你在结婚前,本应先完成你前次的治疗。但你没有等待充分的时间,求得完全治愈,因此你传染了你的夫人。从现在起,你必须继续这个治疗,以求完全康复。你原已患有附睾炎(epididymitics),已经使你不育。今后你恐不可能再生育孩子。'为了表示他之悔悟,介石对我起誓,如我答应不离开他,从今而后,他将放弃所有烈酒、普通酒,甚至茶和咖啡。"出自陈洁如:《我与蒋介石的七年之痒:陈洁如回忆录》,第 106—107 页。陈的回忆不见得完全正确,也有可能是医生的诊断有误,因为蒋日后确实让宋美龄怀孕，可惜最后以流产告终。见陶涵（Jay Taylor）著，林添贵译：《蒋介石与现代中国的奋斗》上册，第 108 页。
97 陈三井访问、李郁青记录：《我做蒋介石"御医"四十年：熊丸先生访谈录》，第 120—121 页。
98 中国第二历史档案馆编：《蒋介石年谱初稿》，第 436 页。
99 高素兰编：《蒋中正总统档案：事略稿本》第 26 册，1934 年 5 月 20 日，第 154—155 页。
100 高素兰编：《蒋中正总统档案：事略稿本》第 27 册，1934 年 7 月 25 日，第 158—159 页。
101 对武岭学校学生训话时，蒋谈"孝悌力田之道"时说："……成为世界上最有用的人，堪为一般国民的模范，不愧为武岭学校的学生，其次我们既然要积极的做好行为，作一般国民的模范，便绝对不可再学坏的榜样、做坏的行为。譬如嫖赌烟酒这一类的习惯，格外不可沾染。"出自周美华编：《蒋中正总统档案：事略稿本》第 28 册，1934 年 12 月 25 日，第 621 页。
102 中国第二历史档案馆编：《蒋介石年谱初稿》，第 437 页。
103 参考张泰山：《民国时期的传染病与社会：以传染病防治与公共卫生建设为中心》；刘荣伦、顾玉潜：《中国卫生行政史略》，广东科技出版社 2007 年版。
104 张力：《国际合作在中国：国际联盟角色的考察，1919—1946》，"中研院"近代史研究所 1999 年版，第 65—128 页。
105 南京国民政府时期的卫生体系建置，例如人口学者吴景超的建议以及蒋介石所发起的新生活运动，很大的程度上就是改善中国卫生的一种运动。介绍出自（日）家近亮子：《蒋介石与南京国民政府》，社会科学文献出版社 2005 年版，第 152—153 页。关于新生活运动，可参考段瑞聪的相关著作，例如：《蒋介石と新生活运动》，庆应义塾大学出版会 2006 年版。全国性视角的研究，可参考 Yip Ka-Che, *Health and National Reconstruction in Nationalist China: The Development of Modern Health Services, 1928—1937* (Ann Arbor: Association for Asian Studies, University of Michigan, 1995)。
106 "国家"与"地方"视角的差别与互相渗透、参照，当是可以持续注意的论题，但现在研究很多仍是从"大城市"（上海、南京、北京、广州）视角出发，例如：彭善民：《公共卫生与上海都市文明（1898—1949）》，上海人民出版社 2007 年版、余新忠主编：《清以来的疾病、医疗和卫生：以社会文化史为视角的探索》，第 139—156、357—370 页所收录之论文。另有潘淑华：《民国时期广州的粪秽处理与城市生活》《"中研院"近代史研究所集刊》第 59 期，2008 年，第 67—96 页。只有少数研究渐渐开始注意到其他次级的地区或省份之状态，例如吴郁琴：《南京国民政府时期江西卫生防疫体系述论》，《江西财经大学学报》2010 年第 6 期，第 89—93 页。
107 高素兰编：《蒋中正总统档案：事略稿本》第 22 册，民国 22 年 9 月 20 日，第 526—527 页。
108 周琇环编：《蒋中正总统档案：事略稿本》第 9 册，民国 20 年 1 月 17 日，第 458—459 页。
109 李鸿章编：《曾文正公全集·家书》第 8 册，吉林人民出版社 1995 年版，第 5231 页。
110 周琇环编：《蒋中正总统档案：事略稿本》第 9 册，1930 年 10 月 20 日，第 62—65 页。
111 周琇环编：《蒋中正总统档案：事略稿本》第 9 册，1930 年 10 月 20 日，第 65 页。
112 吴淑凤编：《蒋中正总统档案：事略稿本》第 6 册，1929 年 8 月 24 日，第 439—440 页。
113 吴淑凤编：《蒋中正总统档案：事略稿本》第 6 册，1929 年 8 月 24 日，第 436—437 页。
114 吴淑凤编：《蒋中正总统档案：事略稿本》第 6 册，1929 年 8 月 19 日，第 419—420 页。
115 陈三井访问、李郁青纪录：《我做蒋介石"御医"四十年：熊丸先生访谈录》，第 58 页。
116 高素兰编：《蒋中正总统档案：事略稿本》第 10 册，1931 年 4 月 9 日，第 415 页。

117 周美华编:《蒋中正总统档案:事略稿本》第12册,1931年12月24日,第482页。
118 周美华编:《蒋中正总统档案:事略稿本》第13册,1932年1月6日,第17页。
119 高明芳编:《蒋中正总统档案:事略稿本》第18册,1933年1月1日,第2页。
120 陈三井访问、李郁青记录:《我做蒋介石"御医"四十年:熊丸先生访谈录》,第98—99页。在记载上,台版本略有不同,特别是称谓部分,可以互相参照:《熊丸先生访问记录》,"中研院"近代史研究所1998年版,第91页。
121 吴淑凤编:《蒋中正总统档案:事略稿本》第6册,1929年10月9日,第575—576页。
122 高素兰编:《蒋中正总统档案:事略稿本》第10册,1931年2月17日,第138页。
123 周美华编:《蒋中正总统档案:事略稿本》第23册,1933年11月4日,第366页。
124 周美华编:《蒋中正总统档案:事略稿本》第13册,1932年3月30日,第510页。
125 医缓与医和的故事,最早皆出于《左传》。参考《十三经注疏·左传》,艺文印书馆1989年版,第6册,卷二十六与四十一,第450与708—710页。可见蒋读得很细,因为这两位医者的事迹并无蒋解释的"和缓"之意。仅有在后世《通志》一书中,表示"缓"和"和"同音,认为医缓与医和可能是同一人,但两人出现的年代相差甚远,应该仍是两人。
126 周琇环编:《蒋中正总统档案:事略稿本》第9册,1931年1月16日,第457页。
127 高素兰编:《蒋中正总统档案:事略稿本》第11册,1931年7月7日,第363页。
128 高素兰编:《蒋中正总统档案:事略稿本》第10册,1931年10月,第256页。
129 周美华编:《蒋中正总统档案:事略稿本》第12册,1931年11月16日,第316页。
130 吴淑凤编:《蒋中正总统档案:事略稿本》第14册,1932年4月11日,第71页。
131 周美华编:《蒋中正总统档案:事略稿本》第28册,1934年11月28日,第499页。
132 周美华编:《蒋中正总统档案:事略稿本》第28册,1934年11月29日,第501页。
133 周美华编:《蒋中正总统档案:事略稿本》第28册,1934年12月2日,第514页。
134 周美华编:《蒋中正总统档案:事略稿本》第28册,1934年12月4日,第521—522页。
135 周美华编:《蒋中正总统档案:事略稿本》第28册,1934年12月6日,第527页。
136 周美华编:《蒋中正总统档案:事略稿本》第28册,1934年12月7日,第529页。
137 周美华编:《蒋中正总统档案:事略稿本》第28册,1934年10月26—29日,第365—372页。
138 "蒋中正总统文物·蒋中正致宋美龄函",1936年11月17日,典藏号002-040100-00005-033。
139 "蒋中正总统文物·一般资料",1935年7月3日,典藏号002-080200-00234-066与002-080200-00235-045。
140 "蒋中正总统文物·筹笔·统一时期(一一六)",1934年7月1日,典藏号002-010200-00116-075。
141 "蒋中正总统文物·一般资料",1935年6月28日至29日,典藏号002-080200-00233-090。
142 黄厚璞:《我为蒋介石、汪精卫、宋美龄治病经历》,《文史精华》2003年第1期,第54页。
143 "国民政府档·蒋中正骨伤诊治",典藏号001016142023 006a-009a。"牛医生"指的可能是牛惠霖(1889—1937),以下黄厚璞的回忆可以证明,但是,根据"特交档案"中的记载,其弟牛惠生(1892—1937)于西安事变后曾为蒋氏所作之健康检查报告,可以得知"牛医生"为"牛惠生"的可能性也相当大。而据张圣芬撰《民国医界翘楚牛氏兄弟》一文中,称施肇基之子施思明回忆曾在牛惠生处看过蒋氏背部的X光片，所以极可能是其弟牛惠生，或不排除两人都有参与诊治。当然，他两人同为民国时期重之西医，牛氏兄弟于1928年创立了上海骨科医院，是中国第一家骨科专门医院；弟弟惠生更是北京协和医院的第一位本国籍骨科医生。两人事略参见邓铁涛、程之范主编：《中国医学通史：近代卷》，人民卫生出版社1999年版，第533—535页。以及黄厚璞：《我为蒋介石、汪精卫、宋美龄治病经历》，第54页。宋美龄与牛氏兄弟其实是表兄妹关系，牛氏兄弟的母亲为宋美龄姨母，蒋氏对两兄弟亦十分器重。以上注释之修饰，感谢审查委员的提醒与指正。

144 "国民政府档·蒋中正骨伤诊治"，典藏号001016142023 004a-005a。
145 据陈言，是时寿彰介绍陈给戴认识的。关于戴笠之病状，陈所言为一种外科疾病，他说："我细细地在他那核子上摸了好久，说：'这种核子，轻的叫虚核。小孩子玩得太厉害或发热之后，常常生这种核；但是大人生的多属病核，俗称病串，会一颗一颗地连串起来，更重的就叫做瘤，成了瘤，便有性命出入了。'这位马先生机警得很，他问：'某君生过毒瘤，我是不是这个病？'我对他说：'绝对不是，瘤是结块之状，推都推不动。你的核是活动性的，不过是比较大的瘰疬而已。'马先生听了我的话，心就安了下来，说：'用什么医法，就由你做主，不过我不愿意接受刀割，或是用药使它腐烂。'我说：'可以可以。'如是者看了半个月之后，核消了一大半。"以上故事，出自陈存仁：《我的医务生涯》，广西师范大学出版社2007年版，第54—55页。
146 "国民政府档·蒋中正骨伤诊治"，典藏号001016142023037a。
147 据药品许可证记载，该成药具有：藏红花、川七、乌药、鹿胎。功效正是治疗跌打损伤、风湿等药。出自行政院卫生署印：《卫生署医药证照公告月刊》1936年第3期，第65页。
148 "国民政府档·蒋中正骨伤诊治"，典藏号001016142023 007a-008a。
149 黄厚璞：《按摩术与体育治疗》，人民卫生出版社1954年版，第1—2页。
150 黄厚璞：《我为蒋介石、汪精卫、宋美龄治病经历》，第53页。
151 高素兰编：《蒋中正总统档案：事略稿本》第10册，1931年2月9日，第38—39页。
152 陈三井访问、李郁青记录：《我做蒋介石"御医"四十年：熊丸先生访谈录》，第98页。
153 黄厚璞：《我为蒋介石、汪精卫治病》，《纵横》2002年第8期，第37—38页。以及氏著：《我为蒋介石、汪精卫、宋美龄治病经历》，第53—55页。
154 陈三井访问、李郁青记录：《我做蒋介石"御医"四十年：熊丸先生访谈录》，第94页。
155 胡适原著，曹伯言整理：《胡适日记全集》第4册，第325页。
156 周美华编：《蒋中正总统档案：事略稿本》第2册，1927年9月28—29日，第70—71页。
157 周美华编：《蒋中正总统档案：事略稿本》第2册，1927年10月1日，第73页。
158 周美华编：《蒋中正总统档案：事略稿本》第2册，1927年10月2日，第74页。
159 周美华编：《蒋中正总统档案：事略稿本》第2册，1927年10月4日，第77—78页。
160 周美华编：《蒋中正总统档案：事略稿本》第2册，1927月11月5日，第110—111页。
161 家近亮子著、王士花译：《蒋介石与南京国民政府》，第152—153页。
162 胡适：《为新生活运动进一解》，《四十自述》，海南出版社1997年版，第290页。
163 胡适：《为新生活运动进一解》，《四十自述》，第290—291页。
164 黄仁霖：《我做蒋介石特勤总管四十年：黄仁霖回忆录》，团结出版社2006年版，第51—66页。
165 高素兰编：《蒋中正总统档案：事略稿本》第10册，1931年3月28日，第342页。

166 尚有大量蒋在新生活运动前有关卫生、清洁之想法的史料,不及一一论述。初步可以参考黄金麟:《丑怪的装扮:新生活运动的政略分析》,《台湾社会研究季刊》第 30 期,1998 年,第 163—203 页。以及温波:《重建合法性:南昌市新生活运动研究,1934—1935》,学苑出版社 2006 年版。

167 高明芳编:《蒋中正总统档案:事略稿本》第 18 册,1933 年 1 月 16 日,第 95—96 页。

168 周美华编:《蒋中正总统档案:事略稿本》第 28 册,1934 年 12 月 25 日,第 622 页。

169 高素兰编:《蒋中正总统档案:事略稿本》第 27 册,1934 年 9 月 17 日,第 561—562 页。

170 Emily Hahn, *Chiang Kai-shek, an unauthorized biography* (New York: Doubleday, 1955), p. 72. 转引陶涵(Jay Taylor)著,林添贵译:《蒋介石与现代中国的奋斗》上册,第 126 页。

171 以上两则引文,出自高素兰编:《蒋中正总统档案:事略稿本》第 27 册,1934 年 9 月 9 日,第 472—474 页。

172 曹颖甫著:《经方实验录》,福建科学技术出版社 2004 年版,第 231 页。

173 清·汪昂:《医方集解》,中国中医药出版社 1997 年版,第 224—237 页。中国人对于痰和肺结核病的惧怕,也在传染病暴发时被不断提及,这样的例子可参考皮国立:《全球大流感在近代中国的真相:一段抗疫历史与中西医学的奋斗》,时报出版 2022 年版,第 243—257 页。

174 明·张景岳:《景岳全书》上册,上海科学技术出版社 1996 年版,第 530—539 页。以及黄自立编:《论痰饮》,《中医百家医论荟萃》,重庆出版社 1995 年版,第 140—155 页。

175 周美华编:《蒋中正总统档案:事略稿本》第 28 册,1934 年 12 月 25 日,第 622—623 页。

176 关于近代中国肺结核的历史,其实值得持续关注,雷祥麟教授做了非常多具有开创性的研究,参考雷祥麟:《习惯成四维:新生活运动与肺结核防治中的伦理、家庭与身体》,《"中研院"近代史研究所集刊》第 74 期,2011 年,第 133—177 页。至于国外的研究也颇多,例如 David S. Barnes, *The Making of a Social Disease: Tuberculosis in Nineteenth-Century France*. (Berkeley: University of California Press, c1995). 关于细菌与肺结核关系的讨论,可参考 Bridie Andrews, "Tuberculosis and the Assimilation of Germ Theory in China, 1895-1937," in *Journal of the History of Medicine and Allied Sciences 52* (1997): 114-157。关于新式公共卫生中,有关人的行为与传染理论之建立与社会影响,包括肺结核的社会文化史,可参考 Nancy Tomes, *The Gospel of Germs: Men, Women, and the Microbe in American Life* (Cambridge: Harvard University Press, 1988). 雷祥麟也注意到了肺结核与中国家庭和个人不卫生的关系,而与外国研究认为,肺结核是一种社会性疾病的观点,有所差异。参考 Sean Hsiang-lin Lei, "Habituating Individuality: Framing Tuberculosis and Its Material Solutions in Republican China," *Bulletin for the History of Medicine 84* (2010), pp. 248-279.

177 例如在一课文中,论到:"痰乃病菌所由发生者也。故随地吐痰,为害非浅,然则用何物以处此痰哉?曰有痰盂在。夫既名之曰痰盂,则所以承秽者,此盂所以驱痰之病菌,而免疾病之传染者,亦此盂也。彼不知卫生者,或不用痰盂,否则无有不用痰盂者,谁谓痰于非卫生要品哉?"出自世界书局编辑所编辑:《初等文范》下册,世界书局 1942 年版,第 189 页。

178 杨永泰:《新生活运动与礼义廉耻》,《新生活运动周报》第 14 期,1934 年,第 12—13 页。

179 周美华编:《蒋中正总统档案:事略稿本》第 28 册,民国 23 年 10 月 1 日,第 225—226 页。

180 吴淑凤编:《蒋中正总统档案:事略稿本》第 14 册,民国 21 年 5 月 26 日,第 500—501 页。另外,大多数军校内的现代化卫生设备,包括新式的厕所化粪池、自来水管、浴室、新式医院等，多是迁至南京校区后才陆续置办的，在此之前，军校学生所饮用的甚至多为井水或河水。参考中国第二历史档案馆：《黄埔军校史稿》第10册，档案出版社1989年版，第521—536页。

181　高素兰编：《蒋中正总统档案：事略稿本》第27册，1934年9月9日，第474—475页。
182　高素兰编：《蒋中正总统档案：事略稿本》第22册，1933年9月8日，第285—286页。
183　高明芳编：《蒋中正总统档案：事略稿本》第18册，1933年2月14日，第358—359页。
184　周美华编：《蒋中正总统档案：事略稿本》第24册，1933年12月10日，第70页。
185　黄金麟：《战争、身体、现代性：近代台湾的军事治理与身体》，联经出版2009年版，第42—43页。
186　吴淑凤编：《蒋中正总统档案：事略稿本》第6册，1929年7月4日，第140—141页。
187　吴淑凤编：《蒋中正总统档案：事略稿本》第14册，1932年5月26日，第500—501页。
188　高明芳编：《蒋中正总统档案：事略稿本》第18册，1933年2月14日，第357—358页。
189　王正华编：《蒋中正总统档案：事略稿本》第17册，1932年12月6日，第531—532页。
190　高素兰编：《蒋中正总统档案：事略稿本》第22册，1933年8月16日，第41—42页。
191　民国时期罗芷园(1879—1953)论述伤寒之治时谓："……必须用西药退热。撒曹、安基比林、阿斯比林、硫规等，均可选用，亦可兼用清凉剂，例如稀盐酸等。"出自氏著：《芷园医话》，收入沈洪瑞、梁秀清主编：《中国历代医话大观》，山西科学技术出版社1996年版，第2186页。
192　高素兰编：《蒋中正总统档案：事略稿本》第22册，1933年9月24日，第577页。
193　例如："电刘总司令镇华，问官兵疾病，并召来赣曰：'兄部官兵多患病，至深系念，尚盼善为调治。'"参考周美华编：《蒋中正总统档案：事略稿本》第23册，1933年11月1日，第351页。
194　周美华编：《蒋中正总统档案：事略稿本》第28册，1934年11月2日，第402—403页。在没有进一步研究之前，刘瑞恒的传记，初步参考刘似锦编：《刘瑞恒博士与中国医药及卫生事业》，台湾商务印书馆1989年版。这个部分可参考刘士永：《公共卫生与健康：从学习、融合到自主》，收入王汎森等编：《中华民国发展史：社会发展(下)》，联经出版2011年版，第529—557页。
195　黄金麟：《战争、身体、现代性：近代台湾的军事治理与身体》，特别是第2章的讨论。
196　《素问·汤液醪醴论篇》载："帝曰：形弊血尽而功不立者何？岐伯曰：神不使也。帝曰：何谓神不使？岐伯曰：针石，道也。精神不进，志意不治，故病不可愈。今精坏神去，荣卫不可复收，何者？嗜欲无穷，而忧患不止，精气弛坏，荣泣卫除，故神去之而病不愈也。"而过多的欲望与嗜好，更是导致精神意志衰败之原因，这点也载明于书内。此举不过一例而已，该书实有大量相关内容之记载。出自傅贞亮、高光震等编：《黄帝内经素问析义》，宁夏人民出版社1997年版，第222—224页。
197　吴淑凤编：《蒋中正总统档案：事略稿本》第6册，1929年9月14日，第472—473页。
198　高素兰编：《蒋中正总统档案：事略稿本》第26册，1934年5月20日，第155页。
199　高明芳编：《蒋中正总统档案：事略稿本》第18册，1933年2月22日，第508页。
200　高明芳编：《蒋中正总统档案：事略稿本》第18册，1933年1月23日，第167—168页。
201　参看杨瑞松：《修身与平天下：颜元/朱邦良对儒家身体之学的重构及其历史意涵》，收入黄克武、张哲嘉主编：《公与私：近代中国个体与群体之重建》，第113—147页。有关士人"养生"与"修身"之概念，还是略有不同，此处无法细论。养生文化当然是士人日常生活的重点，蒋很可能也熟悉这些技术的脉络吧。关于士人的养生文化与日常实践之研究，可参考陈秀芬：《养生与修身：晚明文人的身体书写与摄生技术》，稻乡出版社2009年版。

202 周美华编：《蒋中正总统档案：事略稿本》第28册，1934年9月，第157—158页。
203 高素兰编：《蒋中正总统档案：事略稿本》第22册，1933年8月27日，第165—166页。
204 高明芳编：《蒋中正总统档案：事略稿本》第18册，1933年2月2日，第280—288页。
205 周美华编：《蒋中正总统档案：事略稿本》第2册，1927年11月16日，第126页。
206 吴淑凤编：《蒋中正总统档案：事略稿本》第6册，1929年8月19日，第418—419页。
207 高素兰编：《蒋中正总统档案：事略稿本》第10册，1931年4月9日，第413—414页。
208 高明芳编：《蒋中正总统档案：事略稿本》第18册，1933年1月1日，第3—6页。
209 周美华编：《蒋中正总统档案：事略稿本》第23册，1933年10月2日，第176页。
210 雷祥麟：《卫生为何不是保卫生命：民国时期另类的卫生、自我和疾病》，《台湾社会研究季刊》第54期，2004年，第41页。
211 周琇环编：《蒋中正总统档案：事略稿本》第9册，1931年1月12日，第363—364页。
212 高素兰编：《蒋中正总统档案：事略稿本》第11册，1931年6月25日，第325页。
213 吴淑凤编：《蒋中正总统档案：事略稿本》第14册，1932年4月19日，第122—123页。
214 高明芳编：《蒋中正总统档案：事略稿本》第18册，1933年1月8日，第66页。
215 高明芳编：《蒋中正总统档案：事略稿本》第18册，1933年1月8日，第70页。
216 王正华编：《蒋中正总统档案：事略稿本》第17册，1932年10月29日，第233页。
217 王正华编：《蒋中正总统档案：事略稿本》第17册，1932年11月12日，第329—330页。
218 参考文庠：《蒋介石与中医医政》，《淮阴师范学院学报（哲学社会科学版）》第29卷，2007年第4期，第502—506页。以及本书的相关论述。
219 高素兰编：《蒋中正总统档案：事略稿本》第10册，1931年2月3日，第15页。
220 高素兰编：《蒋中正总统档案：事略稿本》第10册，1931年3月18日，第283页。
221 方药中：《目前中医界一个最大的危机：一般人所谓的中医科学化》，收入方药中：《医学承启集》，人民卫生出版社2007年版，第648—650页。
222 高素兰编：《蒋中正总统档案：事略稿本》第10册，1931年4月2日，第382页。
223 吴淑凤编：《蒋中正总统档案：事略稿本》第6册，1929年6月27日，第80页。
224 周琇环编：《蒋中正总统档案：事略稿本》第9册，1931年1月14日，第369—370页。
225 周琇环编：《蒋中正总统档案：事略稿本》第9册，1931年1月24日，第541—542页。
226 初步研究成果汇集，已有吕芳上主编：《蒋中正日记与民国史研究》上册，研究意义可参考书前吕芳上序。

柒
结论

读者读完本书，一定有一种近代国族、身体与医疗之间休戚与共之相连感，这自是这些大时代重要人物身上所体现的时代思潮。医疗史探索的层面相当广阔，在此不一一讨论，读者大可参阅各种医史的作品，即可知其中多元与有趣之处。笔者早期对医学理论与技术的历史情有独钟，当然，至今我仍认为医学技术的历史是很重要的，特别是对中国医学而言，应该努力去探讨科学技术的传统与创新；由于大多数的传统科学真的只剩下"历史讨论"的价值了，它们在现实上已经死亡与消失，唯独中医不然，这也是本书主体仍着眼于许多中西医论争问题之原因。再加上身为一位历史学家，必须对人的痛苦、疾病，进行描写，以表达对人性、苦难的关怀，这是人文学者的特殊使命；研究不能只有现象、物质和观念，还要有人的故事在其中，这才是人文学之深义。而探索人之生、老、病、死，解析生病吃的药、怎么看待疾病与生命等这些丰富的事物，本是台湾新史学中的重要面向[1]，其中心目标还是人，扩展出去则是"物质"（药、身体）与"心态"（如择医、国族），本书多少都关切到这些议题。

对疾病历史的梳理与研究，林富士主编的《疾病的历史》是一相当具有代表性的里程碑。台湾本土生命医疗史的第一代学者，其实为疾病历史的研究开了一个很好的范式与诸多课题。[2]作为一后辈与追随者，若要说本书有什么具体贡献的话，则应可说补上了人与疾病的日常史、个人史与国民性之间的隐喻与关系吧。近代反中医的知识分子对旧有"国民性"的攻讦与要求，其实大部分是借由中医背后的传统文化来抒发不满；而中医作为一种传统文化的表征，一方面受到各方攻击，另一方面却也因固有文化的价值，而拥有被保留的必要。诸般共向与殊向，构成了观察近代中医史的另一种视野。又，近代中国进入"国族"问题的讨论，其实包含了一种科学被纳入"国家控管"的意识，中医在大的发展方向上，寻求的是逐渐进入国家法令与卫生体制之中，在最近雷祥麟的新书中已充分说明这个问题[3]，本书"国医"一章再有所补充。其另一关怀是：在个人罹病的经验上，往往国族问题会被淡化，而是寻求一种"实用"和"痊愈"的希望，这是本书几个主人翁所显示的另一种历史面貌。此外，葛兆光指出，现代中国有一种传统文化热或国学热，其实都是希望"回到原点"，找寻重建现代中国价值的基础，这是积极的意义。而民初国医的历史，约莫就是展现这样一种寻求认同的历史，是一项如何用现代（当时比较多是"科学"）价值来组装传统文化的课题。葛氏谈的现在是近百年中国传统文化之困境与想望，"国医"在此问题中当然也不能缺席。[4]

王汎森曾构思一篇关于"人的消失"的文章，他要研究人文学科里"去人化"的倾向。他指出在史学的写作里面，人的角色愈来愈淡，The Death of Man 是 21 世纪的重要现象；他认为人的性格在历史中、在一个人的生命中，是重要而值得思考的因素。[5]其实本文结论不一定合于他想写的意思，但笔者要说的是：过去大部分的医史著作都只引用民初某些学者的某些话,来论证自己的说法,却忽略了他们的身体不但可以反映国族,也是自己私领域最密切相关之事,临到病袭、求助无门,他们的经历与抉择,往往是很多人也同样会经历的,"人之所病,病疾多;而医之所病,病道少",此真千古不变之理。临到重病时,病人除了曾经展现对国族、强国、卫生之关怀与期望,也必须依据当下病况来选择医疗方式,这是非常实际的问题。

故面对疾病,走在时代之先的重要人物,未必总是选择和自己对国族发展的期许、规划走同一条路。视中医为迷信者,不少人也请教了中医,孙中山的例子,其实还显示"亲友"因素对择医的影响,这不分大小人物,每天都在我们的周遭上演;而反中医最深刻的人,例如鲁迅和余岩,对中医其实又是知之甚详的。余氏不但自己研制中药,还曾收了不少中医徒弟;[6]又,鲁迅之子周海婴(1929—2011)曾说"我父亲并不反对中医,反对的只是庸医",就像鲁迅会买中药"乌鸡白凤丸"给家人吃,也介绍给文学家萧红吃。周小时候患有哮喘,作为父亲的鲁迅也用现下台湾中医普遍使用的"三伏贴"予以治疗[7],甚至有中医严苍山(1898—1968)为鲁迅治病的文字出现[8],在网络上曾引发几波唇枪舌剑。由此可见,中医和反中医的论战,百年来仍在延烧着。其实,去争论鲁迅有没有看中医,不是本书要做的,鲁迅批判中医是事实,但是他应该熟知中医理论,把中医看成一种文化表征,把中医和中国人的劣质国民性连在一起,这才是重点。就如王汎森说研究 intellection 的历史所言:"思想像微血管般交织在生活世界、交织在社会角落的历史。所以一方面应该探索思想家深微的思想世界;另一方面要关注思想与日常世界的联系,观察思想的流动、接受、扩散。"[9]如果"信中医"与"反中医"牵扯到思想与理念的层面，那么求医就不再只是私人之事；谈孙中山看中医、鲁迅论中医等历史，又不能只看其小，要看医国之大医，谁能医国族之病、国民之病，谁就拥有话语权。所以择医之事，不单是私事，也是公领域中论争之焦点，这就是中西医论争的另一层意涵。

雷祥麟曾指出：中医就像是"一个生气蓬勃的活着的传统（living tradition），在与时俱进的发展、转变、使用与创新后，它几乎犹如现代科技一般广泛地参与我们的生活，其中若干成分甚至已经脱离孕育它的社会，反向传播至欧美与非洲，甚至被视为另类医学的代表性成员"[10]。这段发人深省的论述，其实是中医界努力了百年才达到的成果，黄进兴曾说："当今流行的社会科学之中，为中国所固有的仅止'史学'一科。"而中国传统科学还存活于现今科学领域的，"中医"则可说是唯一理论和技术都还活着的一门古代科技；直至近百年来，中医被西医打得东倒西歪、史学则被西方社会科学理论架空得一塌糊涂，后者成就的只是"泡沫史学"。令人感到讶异的是，原来"史学"和"中医"有如此同病相怜的过往。黄进兴最后说：建立别有特色的史学必须"学有所本"，此"本"乃历史自家的园地，"再多、再高明、再先进的西学，充其数只能将中国历史降为普遍的事例而已，实质上并无法彰显中国独特的历史经验；况且不意之中，也将解消了中国历史对世界史学可能的贡献"[11]。此即近代中国的各种知识系统，受西学之冲击而衍生之现象，笔者这样对比或许有不妥之处，但读者可以把"中国史学"置换为"国医"，"西学"换成"西医"，然后思考看看，或许真有异曲同工之妙。

近代以来，"赛先生"从不缺人谈论。20世纪20年代开始，中医与科学的关系，被中医和反中医两方阵营大做文章[12]，而中医则努力在西医科学和新旧文化的夹缝中挣扎、求生存。上海市国医公会曾发一文,痛陈选择西医与不明疾病、国家兴亡之关系,与本书主题颇能呼应:

> 今日之重要伟人,多不识中医原理,而炫于物质文明。一旦疾病临身,往往断送其生命于专事形质医学者之手。如孙总理、梁任公、林修梅、胡景翼诸公之病,均以不明气化,专重形质而失败。报纸纷披,事实其在。稍有中医知识者,犹能知之,近日欧美各国之留学生返国后,大都采取他国精华,而以强国为职责。而我国留学生返国后。但知袭取他国皮毛,而专以亡国为职责。[13]

若站在中医立场,众人当然据理力争。甚至力陈像孙中山等人,不但服膺科学观,而且病末也屡屡服用中药的史实,来证明其实孙并不认为要把中医排斥于"科学"之外;陈存仁甚至指出,中国式的卫生虽然简单易行:"其初以为不合科学者,其终无不可证以科学之理。"陈用以说明"国故"中医之理,背后必有一套科学理论可供验证,需要去求索,此即孙中山"知难行易"之理。陈并言孙病后屡请中医、时服中药,"废除中医"这话孙根本不可能、也从未说出。[14] 这些论证虽有"断章取义"之嫌,曲解了孙的一些意思,但背后所要争取的,中医在现代社会的"存在感"与价值,却昭然若揭。中医在民初"国医"运动的转型过程中,已证明传统文化之价值,在之后的半个世纪,则努力欲进入科学之列。但中医的"本"是什么?在本书书写时代的百年之后,它更值得人们去思索。[15] 又或者这样问:中医所欲达到的这些成果,付出的代价是什么呢?

类似像鲁迅这种家人死于疾病，眼见中医无效，转而寻求一种更先进与现代的西方医学的故事，还有很多，就像陈志潜（1903—2000）的母亲与继母相继死于巫医、中医之手那样，他自言幼年的痛苦记忆，使得他长大后转而学习西医，寻求一种更好的医疗体制，致力于中国乡村卫生的工作。[16]那时的人对西医有一种憧憬，一种可以让中国变强、又能让自己、家人疾病之痛苦记忆找到舒缓的良药。但就如孙中山和梁启超的经历一样，疾病不是靠西医就能打倒的，于是他们又转而一试中医，有效没效，文中已见端倪；但因为时代风气的关系，又以名人身份之累，故无法公开大胆的使用中医，最终也没有理想的结果。这恰如王鼎钧所说："人对于'绝症'偏偏又抓紧治疗，连'庸医'也勇于一试。[17]治疗是一种奋斗，也是一种安慰，一个个药方轮流用，日子好过一些。"[18]但这些主角的抱病演出可以有不一样的结局吗？在结论，笔者想要说的是：真正的中西医结合，往往最佳的场域就在无法被治愈的奇病、难病、绝症或慢性病的疗程中，可是这种结合，在近代或至少在台湾，并没有开展得很好，中西结合的时间点为何？中西药怎么配合投药？医疗责任如何划分、厘清？这些都是医学专家应该思考的问题；中西医结合，大概是台湾乃至中国最能国际化的项目之一，不好好思索未来之发展，更待何时？笔者终究只是历史学家，仅能展现历史人物"自己"在中西医汇通之抉择，他们病中的遭遇皆非由专家来订立"合作"之模式，故往往是没有效率、拖延和各说各话的剧情，这对病人终有害而无利。而中西医结合喊了那么多年，其实还是"冲突"大于"融合"的。未来怎么发展，鉴往知来，若能启发任何实际的思考与行动，这个医史研究就有深刻的意义，可谓笔墨之功不唐捐。

蒋介石不反中医，甚至也有若干采用中医中药的论述，1929年爆发废中医案时，蒋接见中医界的请愿代表，对他们说："中国人都靠中医中药长大的，你们的请愿书就会得到批覆。"[19]后来该次废中医案没有成立。但蒋的例子似乎不在中西医论争的张力上展现，而是他对中国民族性、国民身体素质的想法，给了我们很大的启发。可以这样看：根据游鉴明的研究显示，民国以来体育活动涉入健美、国民身体素质的论述中时，它的意义往往会透过充分讨论与施行而彰显出来；[20]在这一点上，就本书所论，中医界并没有很好地回应这个问题。如何用中医来让国民体格变强、疾病死亡率降低等，中医界可曾仔细思考？倒是在经济问题方面讨论不少，例如蒋也从民生问题考量，认为提倡中医中药，是国家自立自强之道，不需依赖外力与西药。[21]读者对应"国医"形成的历史，就可以发现中医虽然抓住了民族文化的大旗，颇与蒋之重视"传统"的一面相结合，但是中医在近代却没有能形成一套如西方医学卫生观的身体治理；也就是说，当中医涉入"何谓现代、谁之中国"的问题时，它的失语除了无法代表现代化之外，中医与整个国族发展的关系，似乎有再强化的必要。这个问题，中医在1950年代之后才有所回应。而当时这种文化，或说科学技术的新旧融合、中西汇通，乃一般知识分子的普遍认同，西医李廷安（1898—1948）就说：

> 综观前述中外医学进展之情形，吾人深知必须加速努力建设科学化之中国新医学。自从西洋科学医学输入我国，数十年来，建树有限，我国医学界宜速自反省，力谋挽救之。一国固有其特具性之固有文化，保存其固有文化，庶不失其民族之特有精神。然而仅知故步自封，毫无创造，则不堪与人竞争；在科学精神之

立场，自不应只知保守，而不接收外来文化以补本身之不足。[22]

可以说国医已站稳传统文化之立场，并在当时得到正面的助益，但科学化怎么开展、验之于临床，则还有待中医界更多的共识与实际作为，不能只有纸上谈兵。笔者关心中国医学在近代的发展，这仅是个人的小关怀，幸好它还能与中国近代历史之发展有所连结。严耕望（1916—1996）曾言他的老师钱穆对他的启发，严说："我感到最有益处的，是（钱穆）先生随时提醒诸生，要向大处看、远处看，不能执着地尽在小处琢磨，忘记大目标；尽往小处做，不能有大成就。"[23]这本书探讨的人物虽然都是"大人物"，但笔者颇能自我解嘲的是：看来在疾病的折磨之下，他们都只是平凡小人物。每个人的经历放在病人的总体历史中都只是小历史，一种可以触摸生命的医疗史；但他们的见解、经历与对国族发展的期待，以及处于民初中西医论争和国族强盛的竞争话语下之抉择与发言，却充分展现了近代中国的大历史，也预示了中国医学在后半个世纪应该努力的总体方向。

注 释

1　杜正胜：《新史学之路》，三民书局 2004 年版，第 374—375 页。
2　林富士主编：《疾病的历史》，联经出版 2011 年版，第 1—21 页。
3　Sean Hsiang-lin Lei, *Neither Donkey nor Horse: Medicine in the Struggle over China's*

  Modernity (Chicago: University of Chicago Press, 2014), pp.152-165.
4 葛兆光:《何为中国？疆域、民族、文化与历史》，牛津大学出版社（中国）有限公司2014年版，第138—144页。
5 王汎森:《思想是生活的一种方式：中国近代思想史的再思考》，联经出版2017年版，第353—391页。
6 皮国立:《民国时期的医学革命与医史研究：余岩（1879—1954）"现代医学史"的概念及其实践》，《中医药杂志》第24期，2013年，第159—185页。
7 周海婴:《引用鲁迅的话反对中医是断章取义》，《中国中医药报》，2008年3月13日。随后，反中医人士方舟子随即发表《奇哉怪也，鲁迅的儿子说鲁迅一直相信中医》，见 http://www.scipark.net/archives/21640?mobile，2008年3月17日发表，2015年5月10日检索。
8 严世芸主编:《内科名家严苍山学术经验集》，上海中医药大学出版社1998年版，第338页。
9 王汎森:《权力的毛细管作用：清代的思想、学术与心态》，联经2014年版，序论第18页。
10 雷祥麟:《"东亚传统医疗、科学与现代社会"专辑导言》，《科技、医疗与社会》第11期，2010年，第13—23页。
11 黄进兴:《后现代主义与史学研究》，三民书局2006年版，第229—260页。
12 李正风、沈小白:《从反传统到伪科学》，收入黄之栋、黄瑞祺、李正风等著：《科技与社会：社会建构论、科学社会学和知识社会学的视角》，群学出版社2012年版，第271—315页。
13 上海市国医公会:《上海市国医公会第三届会员大会会务报告：教卫两部焚坑国医国药之痛史录》，《现代国医》第2卷，1932年第6期，第97—98页。
14 陈存仁:《以孙中山先生行易知难 根据论中医是否合于科学应否加以提倡》，《医界春秋》第34期，1929年，第5—6页。
15 笔者并非反科学化，也不可能存在反科学、反西医的想法。新的中医疗效与药品的开发，仰仗西医西药科学甚多，不可否认，就像史学透过西方理论，也展现不少新的成就，不能一笔抹杀。但是笔者始终以"学术本体"明了后，才能界定自己在历史发展中的位置，也能更好的将传统与现代作结合。在这点上，笔者仍是"中西折衷"的脑筋。
16 陈志潜原著，端木彬如等译:《中国农村的医学：我的回忆》，四川人民出版社1998年版，第24—25页。
17 "庸医"此处指采取各种医疗手段，反正都是"中国医学"，好坏全部收纳，中医百年来所承担之"罪过"，关键就在此。所以现代中医努力与民俗疗法、巫医等划清界限，建构属于自己的正统医学、国家医学，此正是近代中医挣扎与奋斗之目标所在。
18 王鼎钧:《怒目少年：王鼎钧回忆录四部曲之二》，尔雅出版社2005年版，第94页。陈存仁：《抗战时代生活史》，上海人民出版社2001年版，第62页。
19 陈存仁:《抗战时代生活史》，第62页。
20 游鉴明:《运动场内外：近代华东地区的女子体育（1895—1937）》，"中研院"近代史研究所2009年版，第24—51页。
21 《蒋介石先生提倡中医之伟论》，《新会国医月刊》1932年第1期，第8—9页。
22 李廷安:《中外医学史概论》，上海书店出版社1991年版，第48页。
23 严耕望:《钱穆宾四先生与我》，台湾商务印书馆2008年版，第40页。

征引书目

一、档案、史料汇编

中国第二历史档案馆,《蒋介石年谱》,北京:中国档案出版社,1994。

中国国民党中央执行委员会,政治会议第226次会议,第8号提案,台北:中国国民党党史会原件,1930年5月7日。

中国国民党中央执行委员会,政治会议第360次会议,第3号提案,台北:中国国民党党史会原件,1933年6月7日。

王正华编,《蒋中正总统档案:事略稿本》第17册,台北:"国史馆",2005.10。

"行政院卫生署"编,《总统指示有关改善环境卫生事项汇编》,台北:"行政院卫生署",1971。

吴淑凤编,《蒋中正总统档案:事略稿本》第14册,台北:"国史馆",2006.12。

吴淑凤编,《蒋中正总统档案:事略稿本》第5册,台北:"国史馆",2011。

吴淑凤编,《蒋中正总统档案:事略稿本》第6册,台北:"国史馆",2003.12。

周美华编,《蒋中正总统档案:事略稿本》第2册,台北:"国史馆",2003.07。

周美华编,《蒋中正总统档案:事略稿本》第12册,台北:"国史馆",2004.12。

周美华编,《蒋中正总统档案:事略稿本》第13册,台北:"国史馆",2004.12。

周美华编,《蒋中正总统档案:事略稿本》第23册,台北:"国史馆",2005.12。

周美华编,《蒋中正总统档案:事略稿本》第24册,台北:"国史馆",2005.12。

周美华编,《蒋中正总统档案:事略稿本》第28册,台北:"国史馆",2007.11。

周琇环编,《蒋中正总统档案:事略稿本》第9册,台北:"国史馆",2006.12。

高素兰编,《蒋中正总统档案:事略稿本》第10册,台北:"国史馆",2004.07。

高素兰编,《蒋中正总统档案:事略稿本》第11册,台北:"国史馆",2007.04。

高明芳编,《蒋中正总统档案:事略稿本》第18册,台北:"国史馆",2005.10。

高素兰编,《蒋中正总统档案:事略稿本》第22册,台北:"国史馆",2005.12。

高素兰编,《蒋中正总统档案:事略稿本》第26册,台北:"国史馆",2006.12。

高素兰编,《蒋中正总统档案:事略稿本》第27册,台北:"国史馆",2007.11。

秦孝仪主编,《总统蒋公大事长编初稿》,台北:中正文教基金会,1978。

秦孝仪主编,《总统蒋公思想言论总集》,台北:中国国民党中央委员会党史委员会,1984。

《蒋中正总统文物》,台北:"国史馆"藏档案。

002-040100-00005-033,《蒋中正致宋美龄函》。

002-080200-00234-066、002-080200-00235-045、002-080200-00233-090,《特交档案·一般资料》。

002-010200-00116-075,《筹笔·统一时期(一一六)》,《国民政府档》,台北,"国史馆"藏。

001-016142-0023,《(蒋中正)脊椎骨伤诊治》。

二、 回忆录、访谈录

王世杰著,林美莉校订,《王世杰日记》,台北:"中研院"近代史研究所,2012。

抗战历史文献研究会,《蒋中正日记》,台北:抗战历史文献研究会,2015。

胡适,《四十自述》,海口:海南出版社,1997。

翁元口述,王丰记录,《我在蒋介石父子身边的日子》,台北:圆神出版社,2002。

陈三井访问、李郁青记录,《熊丸先生访问记录》,台北:"中研院"近代史研究所,1998。(陈三井访问、李郁青记录,《我做蒋介石"御医"四十年:熊丸先生访谈录》,北京:团结出版社,2006)。

陈少白口述,许师慎笔记,《兴中会革命史要》,台北:"中央"文物供应社,1956。

陈克文著,陈方正编校,《陈克文日记1937—1952》,台北:"中研院"近代史研究所,2012。

陈洁如,《我与蒋介石的七年之痒:陈洁如回忆录》,北京:团结出版社,2002。

黄仁霖,《我做蒋介石"特勤总管"四十年:黄仁霖回忆录》,北京:团结出版社,2006。

三、 中文专书

(日)家近亮子,《蒋介石与南京国民政府》,北京:社会科学文献出版社,2005。

〔明〕李时珍,《本草纲目》,北京:人民卫生出版社,1982。

〔明〕姚可成汇辑，达美君、楼绍来点校，《食物本草》，北京：人民卫生出版社，1994。

〔明〕张景岳，《景岳全书》，上海：上海科学技术出版社，1996。

〔清〕汪昂，《医方集解》，北京：中国中医药出版社，1997。

〔清〕阮元校勘，《十三经注疏·左传》第6册，台北：艺文印书馆，1989。

〔清〕傅兰雅辑，《格致汇编》，上海图书馆影印本，1992。

〔葡〕曾德昭著，何高济译，《大中志》，上海：上海古籍出版社，1998。

I. T. 赫德兰著，吴自选、李欣译，《一个美国人眼中的晚清宫廷》，天津：百花文艺出版社，2002。

丁文江，《梁任公年谱长编初稿》，台北：世界书局，1962。

丁文江、赵丰田编，《梁启超年谱长编》，上海：上海人民出版社，1983。

丁福保，《蒙学卫生教科书》，上海：上海文明书局，1906。

大村泉编著，解泽春译，《鲁迅与仙台：东北大学留学百年》，北京：中国大百科全书出版社，2005。

山崎光夫著，蔡焜霖译，《日本名药导游》，台北：旺文社，2005。

中国科学技术协会主编，《中国中西医结合学科史》，北京：中国科学技术出版社，2010。

中国第二历史档案馆，《黄埔军校史稿》，北京：档案出版社，1989。

文庠，《移植与超越：民国中医医政》，北京：中国中医药出版社，2007。

方舟子，《批评中医》，北京：中国协和医科大学出版社，2007。

方药中，《医学承启集》，北京：人民卫生出版社，2007。

王仰清、许映湖标注，《邵元冲日记》，上海：上海人民出版社，1990。

王汎森，《中国近代思想与学术的系谱》，台北：联经出版，2003。

王汎森，《权力的毛细管作用：清代的思想、学术与心态》，台北：联经出版，2014。

王汎森，《思想是生活的一种方式：中国近代思想史的再思考》，台北：联经出版，2017。

王治心，《中国基督教史纲》，台北：文海出版社重刊，1940。

王振瑞，《中国中西医结合史论》，石家庄：河北教育出版社，2002。

王国裕，《医疗问题面面观：风云对话》，台北：健康世界杂志社，1998。

王舜祁，《早年蒋介石》，北京：团结出版社，2008。

王云五等著，《我怎样认识国父孙先生》，台北：传记文学，1965。

王瑞，《鲁迅胡适文化心理比较：传统与现代的徘徊》，北京：社会科学文献出版社，2006。

王鼎钧，《怒目少年：王鼎钧回忆录四部曲之二》，台北：尔雅出版社，2005。

王尔敏，《晚清政治思想史论》，台北：台湾商务印书馆，1995。

世界书局编辑所编辑，《初等文范》，上海：世界书局，1942。

史扶邻（Harold Z. Schiffrin）原著，邱权政、符致兴译，《孙中山与中国革命的起源》，台北：谷风出版社，1986。

史景迁，《天安门：中国的知识分子与革命》，台北：时报出版，2007。

司徒惠康总纂，叶永文、刘士永、郭世清撰修，《国防医学院院史正编》，台北：五南图书公司，2014。

民革中央宣传部编，《回忆与怀念：纪念孙中山先生文章选辑》，北京：华夏出版社，1986。

皮国立，《"气"与"细菌"的近代中国医疗史：外感热病的知识转型与日常生活》，台北：中国医药研究所，2012。

皮国立，《全球大流感在近代中国的真相：一段抗疫历史与中西医学的奋斗》，台北：时报出版，2022。

皮国立，《近代中医的身体观与思想转型：唐宗海与中西医汇通时代》，北京：生活·读书·新知三联书店，2008。

皮国立，《唐宗海与近代中医危机》，台北：东大图书，2006。

皮国立，《虚弱史——近代华人中西医学的情欲诠释与药品文化（1912—1949）》，台北：台湾商务印书馆，2019。

皮国立，《近代中西医的博弈：中医抗菌史》，北京：中华书局，2019。

任卓宣，《国父科学思想》，台北：幼狮文化，1965。

朱正，《鲁迅》，北京：人民出版社，1985。

朱希祖，《朱希祖日记》，北京：中华书局，2012。

江勇振，《日正当中 1917—1927（舍我其谁：胡适第二部）》，台北：联经出版，2013。

江汉声，《名人名病：66 个医学上的生命课题》，台北：天下文化，2006。

米·瓦·阿列克谢耶夫（Alekseev, Vasilii Mikhailovich, 1881—1951）著，阎国栋译，《1907 年中国纪行》，昆明：云南人民出版社，2001。

西格理斯（Sigerist, Henry S.）著，顾谦吉译，胡适校，《人与医学》，台北：台湾商务印书馆，1967。

何时希，《近代医林轶事》，上海：上海中医药大学出版社，1997。

何廉臣重订、王致谱审订，《感症宝筏》，福州：福建科学技术出版社，2006。

余英时，《史学与传统》，台北：时报出版，1982。

余英时，《未尽的才情：从顾颉刚日记看顾颉刚的内心世界》，台北：联经出版，2007。

余英时,《知识人与中国文化的价值》,台北:时报出版,2007。

余英时,《重寻胡适历程:胡适生平与思想再认识》,台北:联经出版,2004。

余英时,《历史人物与文化危机》,台北:东大图书公司,1995。

余英时等著,《五四新论:既非文艺复兴,亦非启蒙运动》,台北:联经出版,1999。

余舜德主编,《身体感的转向》,台北:台大出版中心,2015。

余新忠,《清代卫生防疫机制及其近代演变》,北京:北京师范大学出版社,2016。

余新忠主编,《清以来的疾病、医疗和卫生》,北京:生活·读书·新知三联书店,2009。

吴相湘,《孙逸仙先生:中华民国国父》,台北:文星,1965。

吴相湘,《孙逸仙先生传》,台北:远东图书公司,1982。

吴国定,《内经诊断学》,台中:昭人出版社,1998。

吕芳上,《民国史论》,台北:台湾商务印书馆,2013。

吕芳上主编,《蒋中正日记与民国史研究》,台北:世界大同出版社,2011。

吕芳上主编,《蒋介石日记与民国史研究的回顾》,台北:政大人文中心,2020。

吕芳上等合著,《蒋介石的亲情、爱情与友情》,台北:时报出版,2011。

宋庆龄基金会、中国福利会编,《宋庆龄书信集》,北京:人民出版社,1999。

李廷安,《中外医学史概论》,上海:上海书店出版社,1991。

李长之,《鲁迅批判》,北京:北京出版社,2003。

李建民,《生命史学:从医疗看中国历史》,台北:三民书局,2005。

李建民主编,廖育群著,《医者意也:认识中国传统医学》,台北:东大图书公司,2003。

李恭忠,《中山陵:一个现代政治符号的诞生》,北京:社会科学文献出版社,2009。

李国祁,《民国史论集》,台北:南天书局,1990。

李盛平主编,《中国近现代人名大辞典》,北京:中国国际广播出版社,1989。

李顺保主编,《温病学大辞典》,北京:学苑出版社,2007。

李经纬、鄢良,《西学东渐与中国近代医学思潮》,武汉:湖北科学技术出版社,1992。

李泽厚,《中国现代思想史》,台北:三民书局,1996。

李鸿章编,《曾文正公全集》,长春:吉林人民出版社,1995。

杜正胜,《从眉寿到长生:医疗文化与中国古代生命观》,台北:三民书局,2005。

杜正胜,《新史学之路》,台北:三民书局,

2004。

汪荣祖，《康章合论》，台北：联经出版，1988。

沈洪瑞、梁秀清主编，《中国历代名医医话大观》，太原：山西科学技术出版社，1996。

肖林榕，《中西医结合发展史研究》，北京：北京科学技术出版社，2011。

辛晓征，《国民性的缔造者：鲁迅》，武汉：湖北教育出版社，2000。

周明之，《胡适与中国现代知识分子的选择》，桂林：广西师范大学出版社，2005。

周春燕，《女体与国族：强国强种与近代中国的妇女卫生（1895—1949）》，台北：政治大学历史系，2012。

周海婴，《鲁迅与我七十年》，台北：联经出版，2002。

周策纵著，周子平等译，《五四运动：现代中国的思想革命》，南京：江苏人民出版社，1996。

彼得·伯克著，蔡玉辉译，《什么是文化史》，北京：北京大学出版社，2009。

林杉，《林徽因传：一代才女的心路历程》，北京：九洲图书出版社，1998。

林富士主编，《疾病的历史》，台北：联经出版，2011。

林语堂，《林语堂经典名著17》，台北：德华出版，1980。

金仕起，《中国古代的医学、医史与政治》，台北：政大出版社，2010。

俞大维等，《谈陈寅恪》，台北：传记文学出版社，1970。

柯小菁，《塑造新母亲：近代中国育儿知识的建构及实践（1900—1937）》，太原：山西教育出版社，2011。

胡适，《四十自述》，海口：海南出版社，1997。

胡适，《丁文江的传记》，台北：远流出版，1986。

胡适，《治学的方法与材料》，台北：远流出版，1988。

胡适，《胡适文存》，上海亚东图书馆，1928，第4集。

胡适，《胡适文存》，合肥：黄山书社，1996，第1集。

胡适，《胡适文存》，台北：远东图书，1979，第2册。

胡适，《胡适作品精选》，桂林：广西师范大学出版社，2000。

胡适，《胡适的声音：1919—1960胡适演讲集》，桂林：广西师范大学出版社，2005。

胡适原著，曹伯言整理，《胡适日记全集》，台北：联经出版，2005。

范家伟，《中古时期的医者与病者》，上海：复旦大学出版社，2010。

范燕秋，《疫病、医学与殖民现代性》，台北：稻香，2010。

唐宗海原著，王咪咪、李林主编，《唐容川

医学全书》，北京，中国中医药出版社，1999。

唐弢，《鲁迅的故事》，北京：中国少年儿童出版社，1980。

高晞，《德贞传：一个英国传教士与晚清医学近代化》，上海：复旦大学出版社，2009。

夏晓虹编，《追忆梁启超》，北京：中国广播电视出版社，1997。

孙中山先生国葬纪念委员会编，《哀思录》，台北：文海出版社，1970。

徐有春主编，《民国人物大辞典》，石家庄：河北人民出版社，1991。

栗山茂久、陈信宏译，《身体的语言：从中西文化看身体之谜》，台北：究竟出版社，2001。

海天、易肖炜著，《中医劫：百年中医存废之争》，北京：中国友谊出版公司，2008。

祖述宪，《思想的果实：医疗文化反思录》，青岛：青岛出版社，2009。

祖述宪，《哲人评中医：中国近现代学者论中医》，台北：三民书局，2012。

秦伯未，《国医小史》，上海：上海中医书局，1931。

秦孝仪主编，《国父全集》，台北：近代中国出版社，1989。

郜元宝，《鲁迅六讲》，北京：北京大学出版社，2007。

酒井静，《战国武将死亡诊断书》，台北：远流出版，2013。

马伯英、高晞等著，《中外医学文化交流史：中外医学跨文化传通》，上海：文汇出版社，1993。

马金生，《发现医病纠纷：民国医讼凸显的社会文化史研究》，北京：社会科学文献出版社，2016。

高彦颐著，李志生译，《闺塾师：明末清初江南的才女文化》，南京：江苏人民出版社，2005。

区结成，《当中医遇上西医：历史与省思》，香港：三联书店，2004。

张力，《国际合作在中国：国际联盟角色的考察，1919—1946》，台北："中研院"近代史研究所，1990。

张大钊主编，《中医文化对谈录》，香港：三联书店，2000。

张大庆，《中国近代疾病社会史（1912—1937）》，济南：山东教育出版社，2006。

张仲民，《出版与文化政治：晚清的"卫生"书籍研究》，上海：上海书店出版社，2009。

张泰山，《民国时期的传染病与社会：以传染病防治与公共卫生建设为中心》，北京：社会科学文献出版社，2008。

张耕华，《人类的祥瑞：吕思勉传》，上海：华东师范大学出版社，1998。

张清平，《林徽因传》，天津：百花文艺出版社，2007。

张纲，《中医百病名源考》，北京：人民卫生出版社，1997。

张锡纯,《医学衷中参西录》,石家庄:河北科学技术出版社,1999。

张灏,《时代的探索》,台北:联经出版,2004。

张灏,《张灏自选集》,上海:上海教育出版社,2002。

张灏著,高力克等译,《危机中的中国知识分子》,北京:新星出版社,2006。

曹颖甫著,《经方实验录》,福州:福建科学技术出版社,2004。

梁其姿,《面对疾病:传统中国社会的医疗观念与组织》,北京:中国人民大学出版社,2012。

梁启超,《梁启超全集》,北京:北京出版社,1999,第8册。

梁启超,《清代学术概论》,台北:水牛出版社,1971。

梁实秋,《雅舍小品》,台北:正中书局,1981。

梁漱溟,《东西文化及其哲学》,北京:商务印书馆,1999。

梅家玲,《从少年中国到少年台湾:二十世纪中文小说的青春想像与国族论述》,台北:麦田出版社,2012。

毕汝刚,《公共卫生学》,台北:台湾商务印书馆,1946年初版。

庄政,《孙中山的大学生涯:拥抱祖国、爱情和书的伟人》,台北:"中央"日报社,1995。

郭廷以,《近代中国的变局》,台北:联经出版,1993。

郭颖颐著,雷颐译,《中国现代思想中的唯科学主义(1900—1950)》,南京:江苏人民出版社,1995。

陈永兴,《医疗、人权、社会》,台北:新地出版社,1985。

陈存仁,《我的医务生涯》,桂林:广西师范大学出版社,2007。

陈存仁,《抗战时代生活史》,上海:上海人民出版社,2001。

陈西滢,《西滢闲话》,石家庄:河北教育出版社,1994。

陈志潜原著,端木彬如等译,《中国农村的医学:我的回忆》,成都:四川人民出版社,1998。

陈秀芬,《养生与修身:晚明文人的身体书写与摄生技术》,台北:稻乡出版社,2009。

陈邦贤,《中国医学史》,台北:台湾商务印书馆,1992。

陈邦贤,《自勉斋随笔》,上海:上海书店出版社,1997。

陈寅恪,《陈寅恪集·寒柳堂集》,北京:生活·读书·新知三联书店,2001。

陈漱渝主编,《鲁迅论争集》,北京:中国社会科学出版社,1998。

陈乐元,《医生与社会防卫:论十九世纪法国公共卫生学与犯罪学之关系》,台北:稻乡出版社,2015。

陈锡祺主编,《孙中山年谱长编》,北京:中华书局,1991。

陈蕴茜,《崇拜与记忆:孙中山符号的建构与传播》,南京:南京大学出版社,2009。

陶涵(Jay Taylor)著,林添贵译,《蒋介石与现代中国的奋斗》,台北:时报出版,2010。

陆渊雷,《医学革命论二集》,上海:社会医报馆,1933。

傅贞亮、高光震等人主编,《黄帝内经素问析义》,银川:宁夏人民出版社,1997。

傅斯年,《傅斯年全集》,台北:联经出版,1980。

傅维康,《医药文化随笔》,上海:上海古籍出版社,2001。

程雅君,《中医哲学史(第三卷)明清时期》,成都:巴蜀书社,2015。

单书健、陈子华,《古今名医临症金鉴·肿瘤卷》,北京:中国中医药出版社,1999。

彭善民,《公共卫生与上海都市文明(1898—1949)》,上海:上海人民出版社,2007。

复旦大学、上海师大、上海师院鲁迅年谱编写组编,《鲁迅年谱》,合肥:安徽人民出版社,1979。

恽铁樵,《论医集》,台北:华鼎出版社,1988。

游鉴明,《运动场内外:近代华东地区的女子体育1895—1937》,台北:"中研院"近代史研究所,2009。

游鉴明、罗梅君、史明等主编,《共和时代的中国妇女》,台北:左岸文化,2007。

舒衡哲著,刘京建译,丘为君校订,《中国启蒙运动:知识分子与五四遗产》,北京:新星出版社,2007。

费侠莉著,丁子霖、蒋毅坚、杨昭译,《丁文江:科学与中国新文化》,北京:新星出版社,2006。

费约翰(John Fitzgerald)著,李恭忠等译,《唤醒中国:国民革命中的政治、文化与阶级》,北京:生活·读书·新知三联书店,2004。

冯自由,《革命逸史》,台北:台湾商务印书馆,1971。

黄仁宇,《从大历史的角度读蒋介石日记》,台北:时报出版,1994。

黄自立编,《中医百家医论荟萃》,重庆:重庆出版社,1995。

黄克武,《一个被放弃的选择:梁启超调适思想之研究》,台北:"中研院"近代史研究所,1994。

黄克武,《言不亵不笑:近代中国男性世界中的谐谑、情欲与身体》,台北:联经出版,2016。

黄克武、张哲嘉主编,《公与私:近代中国个体与群体之重建》,台北:"中研院"近代史研究所,2000。

黄宗汉、王灿炽,《孙中山与北京》,北京:人民出版社,1996。

黄东兰编,《身体·心性·权力:新社会史

（第 2 辑）》，杭州：浙江人民出版社，2005。

黄金麟，《身体与政体：苏维埃身体，1928—1937》，台北：联经出版，2009。

黄金麟，《战争、身体、现代性：近代台湾的军事治理与身体，1895—2005》，台北：联经出版，2009。

黄金麟，《历史、身体、国家：近代中国的身体形成，1895—1937》，台北：联经出版，2001。

黄厚璞，《按摩术与体育治疗》，北京：人民卫生出版社，1954。

黄进兴，《后现代主义与史学研究》，台北：三民书局，2006。

杨念群，《再造"病人"：中西医冲突下的空间政治（1832—1985）》，北京：中国人民大学出版社，2006。

杨善尧，《抗战时期的中国军医》，台北："国史馆"，2015。

杨瑞松，《病夫、黄祸与睡狮："西方"视野的中国形象与近代中国国族论述想像》，台北：政大出版社，2010。

杨医业主编，《中国医学史》，石家庄：河北科学技术出版社，1996。

温波，《重建合法性：南昌市新生活运动研究，1934—1935》，北京：学苑出版社，2006。

葛兆光，《何为中国？疆域、民族、文化与历史》，香港：牛津大学出版社（中国）有限公司，2014。

靳丛林、刘中树主编，《鲁迅死因之谜》，台北：人间出版社，2014。

熊秉真主编，《让证据说话》，台北：麦田出版，2001。

赵洪钧，《近代中西医论争史》，北京：学苑出版社，2012。

刘运峰编，《鲁迅佚文全集》，北京：群言出版社，2001。

刘似锦编，《刘瑞恒博士与中国医药及卫生事业》，台北：台湾商务印书馆，1989。

刘东，《国学文摘》，北京：高等教育出版社，2011。

刘嘉湘主编，《现代中医药应用与研究大系：第十四卷：肿瘤科》，上海：上海中医药大学出版社，1996。

刘荣伦、顾玉潜，《中国卫生行政史略》，广州：广东科技出版社，2007。

刘丰祥，《身体的现代转型：以近代中国城市休闲为中心（1840—1937）》，北京：光明日报出版社，2009。

德子固（德贞）著，《全体通考》，清光绪十二年（1886）刊本。

潘君祥主编，《近代中国国货运动研究》，上海：上海社会科学院出版社，1998。

蒋竹山主编，《当代历史学新趋势》，台北：联经出版，2019。

邓铁涛、程之范主编，《中国医学通史：近代卷》，北京：人民卫生出版社，2000。

邓铁涛主编，《中医近代史》，广州：广东高等教育出版社，1999。

———
郑曼青、林品石编著，《中华医药学史》，台北：台湾商务印书馆，2000。

郑学稼，《鲁迅正传》，台北：时报出版，1982。

———
鲁迅，《二心集》，《鲁迅全集》，北京：人民文学出版社，1996，第 4 卷。

———
鲁迅，《三闲集》，《鲁迅全集》，北京：人民文学出版社，1996，第 4 卷。

———
鲁迅，《且介亭杂文末编》，《鲁迅全集》，北京：人民文学出版社，1996，第 6 卷。

———
鲁迅，《呐喊》，台北：风云时代出版社，2004。

———
鲁迅，《花边文学》，《鲁迅全集》，北京：人民文学出版社，1996，第 5 卷。

———
鲁迅，《阿 Q 正传》，北京：国际少年村，2000。

———
鲁迅，《南腔北调集》，《鲁迅全集》，北京：人民文学出版社，1996，第 4 卷。

———
鲁迅，《准风月谈》，《鲁迅全集》，北京：人民文学出版社，1996，第 5 卷。

———
鲁迅，《伪自由书》，《鲁迅全集》，北京：人民文学出版社，1996，第 5 卷。

———
鲁迅，《华盖集续编》，《鲁迅全集》，北京：人民文学出版社，1996，第 3 卷。

———
鲁迅，《集外集拾遗》，《鲁迅全集》，北京：人民文学出版社，1996，第 7 卷。

———
鲁迅，《集外集拾遗补编》，《鲁迅全集》，北京：人民文学出版社，1996，第 8 卷。

———
鲁迅，《坟》，天津：天津人民出版社，1998。

鲁迅，《热风》，天津：天津人民出版社，1998。

萧公权，《中国政治思想史论》，台北：联经出版，1996。

萧邦奇，周武彪译，《血路：革命中国中的沈定一（玄庐）传奇》，南京：江苏人民出版社，1999。

———
钱穆，《国史大纲》，台北：台湾商务印书馆，1995。

———
鲍晶主编，《鲁迅"国民性思想"讨论集》，天津：天津人民出版社，1982。

———
龙伟，《民国医事纠纷研究（1927—1949）》，北京：人民出版社，2011。

———
戴献章编，《中医复兴运动血泪史：戴献章言论集》，高雄：作者自印本，1994。

———
谢利恒、尤在泾，《中国医学源流论・校正医学读书记》，台北：新文丰出版，1997。

韩石山主编，《徐志摩全集》，天津：天津人民出版社，2005。

讴歌编著，《协和医事》，北京：生活・读书・新知三联书店，2007。

———
罗久蓉等访问，《烽火岁月下的中国妇女访问纪录》，台北："中研院"近代史研究所，2004。

———
罗志田，《再造文明的尝试：胡适传（1891—1929）》，北京：中华书局，2006。

———
罗芙芸，向磊译，《卫生的现代性：中国通商口岸卫生与疾病的含义》，南京：江苏人民出版社，2007。

罗家伦，《国父年谱》，台北：中国国民党党史史料编纂委员会，1969。

罗家伦，《新人生观》，台中：曾文出版社，1981。

罗尔纲，《师门五年记·胡适琐记（增补本）》，北京：生活·读书·新知三联书店，2006。

罗维前、王淑民主编，《形象中医：中医历史图像研究》，北京：人民卫生出版社，2007。

谭光辉，《症状的症状：疾病隐喻与中国现代小说》，北京：中国社会科学出版社，2007。

谭健锹，《病榻上的龙：现代医学破解千年历史疑案》，台北：时报出版，2013。

严世芸主编，《内科名家严苍山学术经验集》，上海：上海中医药大学出版社，1998。

严耕望，《钱穆宾四先生与我》，台北：台湾商务印书馆，2008。

窦应泰，《破译蒋介石养生密码》，北京：作家出版社，2009。

四、 民国期刊、报纸篇目

《中西医就不能合作，造福病患吗?》，《中国时报》，2003年11月12日。

《〈医药评论〉社员参观中西疗养院》，《申报》（上海：上海书店出版社，1982—1987），1929年9月23日，16版"本埠新闻"。

《中山先生病状之济闻》，《民国日报》（上海），1925年2月9日，第6版。

《中山病状已渐入佳境》，《大公报》（天津）（北京：人民出版社，1983），1925年2月10日。

《中西医界联合之先声》，《申报》，1929年6月28日，16版"本埠新闻"。

《中西药杂投之孙文病势：又用精神治疗法》，《晨报》（北京：人民出版社，1981），1925年2月28日，第4版。

《中医药存废问题》，《申报》，1929年3月21日，15版"本埠新闻"。

《令河北省国医分馆筹备处据陈报董事会公推蔡承绪暂代分馆长暂准备案文》1933年3月29日，《国医公报》1933年5月，1卷5期。

《北京通信：中山经过镭锭治疗后将改就中医》，《申报》，1925年2月12日，第2版。

《全日睡眠中之孙文：中医虑立春节不能过，西医注射吗啡针维持》，《晨报》，1925年2月2日，第2版。

《全国医药团体总联合会为中国医药问题敬告国人》，《申报》，1929年4月25日，第2版"广告"。

《全国医药请愿团出发》，《申报》，1929年

12月19日，13版"本埠新闻"。

《危在旦夕之孙文：段祺瑞特赠医费两万元》，《晨报》，1925年2月27日，第2版。

宋国宾，《领事裁判权与中国新医界》，《医药评论》9卷5期，总149期（1937）。

《汪精卫先生答客问：总理服中药之原因与经过》，《民国日报》，1925年3月3日，第3版。

《见人流泪之孙文：二夜人忽烦躁，三晨神又清晰，医生禁止见客》，《晨报》，1925年2月4日，第2版。

《孙中山入医院后之经过详情》，《大公报》，1925年2月5日。

《孙中山已试用镭锭母治疗：映照后结果甚佳》，《大公报》，1925年2月12日。

《孙中山出院改服中药以后：胃口较前增健》，《大公报》，1925年2月25日。

《孙中山先生病体无恙》，《民国日报》，1925年1月28日，第2版。

《孙中山病况尚无甚变化：中药亦不过减少痛苦而已》，《大公报》，1925年2月27日。

《孙中山病状已有起色》，《大公报》，1925年2月7日。

《孙中山病势更加沉重：体气更弱，眠食亦减，胸部膨胀》，《大公报》，1925年3月4日。

《孙中山迁出协和医院之情形：孙夫人主延中医诊治》，《大公报》，1925年2月24日。

《孙文不服中药：西医用镭锭疗法止痛，要试中药即须出院》，《晨报》，1925年2月5日，第2版。

《孙文日益衰弱：体温脉搏时有增减，肝癌终属不治之症》，《晨报》，1925年2月3日，第2版。

《孙文浮肿尚未消：昨招其幼孙至病榻自慰》，《晨报》，1925年2月12日，第2版。

《孙文病中医亦束手矣：唐周合方已服，胸部肿胀益甚》，《晨报》，1925年2月26日，第2版。

《孙文病况仍无变化：中日医生各发表意见，拒绝来宾入视之原因》，《晨报》，1925年2月17日，第2版。

《孙文停服中药》，《晨报》，1925年3月1日，第3版。

《孙先生改延中医诊治》，《民国日报》，1925年2月20日，第2版。

《孙先生脉搏降至九十六：惟脚肿未消》，《民国日报》，1925年2月13日，第2版。

《孙先生参用中西医》，《民国日报》，1925年2月22日，第2版。

《孙先生割治处已平复》，《民国日报》，1925年1月31日，第3版。

《敬告全国医界暨全体民众书》，《申报》，1930年11月8日，2版"广告"。

《薛笃弼辞卫生部长》，《申报》，1929年4月11日，9版"国内要闻"。

《国医公报》1卷8期（1933.08）。

《卫生公报》（南京：卫生部秘书处）2卷2

期（1930.02），训令265号。

《卫生公报》2卷6期（1930.06），指令265号，呈第72号。

———

上海市国医公会，《上海市国医公会第三届会员大会会务报告：教卫两部焚坑国医国药之痛史录》，《现代国医》2卷6期（1932）。

———

上海民国日报馆编，《关于孙中山病状之周君常谈话》，《民国日报》（北京：人民出版社，1981），1925年2月14日，第3版。

———

中央国医馆秘书处，《中央国医馆整理国医药学术标准大纲：二十一年十月二十九日学术整理委员会会议通过》，《国医公报》1卷2期（1932.11）。

———

中央国医馆秘书处，《中央国医馆筹备大会行开会式速记录》，《国医公报》1卷2期（1932.11）。

———

中央国医馆秘书处，《中央国医馆筹备大会行开会式速记录：行政院代表李大年演说条》，《国医公报》1卷2期（1932.11）。

———

中央国医馆秘书处，《令江西国医分馆据报物色医药各项人才已悉文》，《国医公报》1卷2期（1932.11）。

———

王一仁，《三民主义与中国医药》，《医界春秋》13期（1927.07）。

———

北京通信，《梁启超不起之原因》，《医界春秋》33期（1929）。

———

甘肃省国医分馆来稿，《对于中央国医馆整理国医药学术标准大纲草案意见书》，《国医公报》1卷5期（1933.05）。

———

朱良钺，《与梁任公先生谈谈中西医学》，《医界春秋汇选第一集》上海：医界春秋社，1927。

行政院卫生署编印，《卫生署医药证照公告月刊》3期（1936）。

余不平，《梁启超不起之原因的辩论》，《医界春秋》33期（1929）。

佚名，《蒋介石先生提倡中医之伟论》，《新会国医月刊》1期（1932）。

李寿芝，《新旧调融之管见》，《医界春秋》22期（1928.04）。

汪精卫，《汪精卫为孙先生病答汤尔和》，收入上海民国日报馆编，《民国日报》，1925年2月12日，第6版。

祝味菊，《读绍君医政统医论的谈话》，《医界春秋》14期（1927.08）。

记者，《梁启超超脱人间之病症》，《卫生报》62期（1929）。

高良佐，《总理业医生活史之一页》，《民国日报》（广州）1935年10月14日。

张忍庵，《中国医学之物质的原则》，《国医公报》1卷2期（1932.11）。

张赞臣，《国医的责任》，《医界春秋》13期（1927.07）。

许半龙，《现行大学教员资格条例与医科》，《医界春秋》19期（1928.01）。

陈存仁，《以孙中山先生行易知难根据论中医是否合于科学应加以提倡》，《医界春秋》34期（1929）。

陈洛薇，《沈君山治中风，求助中医大》，《中国时报》2005年11月21日。

——
陈阶云,《对中医不得用西法西药,西医不得用中药再进一辨》,《医界春秋》22 期(1928.04)。

——
陆渊雷,《修改学术标准大纲草案意见》,《国医公报》1 卷 2 期(1932.11)。

——
汤尔和,《关于孙中山病状的疑问》,《晨报》,1925 年 2 月 7 日,第 2 版。

——
焦易堂,《为拟订国医条例敬告国人书》,《国医公报》1 卷 5 期(1933.05)。

——
杨永泰,《新生活运动与礼义廉耻》,《新生活运动周报》第 14 期(1934)。

——
叶谷红,《传染病之国医疗法》,《国医公报》1 卷 5 期(1933.05)。

——
黎伯概,《中央国医馆整理国医药学术标准大纲草案批评书》,《国医公报》1 卷 5 期(1933.05)。

——
黎伯概,《充补管见书》,《国医公报》1 卷 5 期(1933.05)。

——
聂云台,《追记梁任公小便下血》,《卫生报》21 期(1928)。

五、日文专书

——
段瑞聪,《蒋介石と新生活运动》,东京:庆应义塾大学出版会,2006。

——
町田忍,《懐かしの家庭薬大全》,东京:角川书店,2003。

——
藤井省三,《鲁迅"故乡"の读书史:近代中国の文学空间》,东京:创文社,1997。

六、期刊与专书论文篇目

——
文庠,《蒋介石与中医医政》,《淮阴师范学院学报(哲学社会科学版)》29 卷 4 期(2007.07)。

——
文庠,《试从中西医论争看近代知识界的价值取向》,《南京中医药大学学报(社科版)》6 卷 3 期(2005.9)。

——
王文基,《心理的"下层工作":〈西风〉与 1930—1940 年代大众心理卫生论述》,《科技、医疗与社会》13 期(2011)。

——
王文基,《知行未必合一:顾颉刚与神经衰弱的自我管理》,祝平一编,《第四届国际汉学会议论文集:卫生与医疗》,台北:"中研院",2013。

——
王民、邓绍根,《〈万国公报〉与 X 射线知识的传播》,《中国科技史料》22 卷 3 期(2001)。

——
王秀云,《不就男医:清末民初的传道医学中的性别身体政治》，《"中研院"近代史研究所集刊》59 期（2008）。

王奇生，《从孤儿寡母到孤家寡人：蒋介石的早年成长经历与个性特质》，《南京大学学报（哲社版）》5 期（2010）。

王尔敏，《上海仁济医院史略》，林治平主编，《基督教与中国现代化国际学术研讨会》，台北：宇宙光出版社，1994。

包世杰记载，马长林编选，《孙中山逝世前病情史料选》，《历史档案》2 期（1986）。

左玉河，《中国旧学纳入近代新知识体系之尝试》，郑大华、邹小站主编，《思想家与近代中国思想》，北京：社会科学文献出版社，2005。

皮国立，《中西医学话语与近代商业论述：以〈申报〉上的"痧药水"为例》，《学术月刊》1 期（2013）。

皮国立，《中国近代医疗史新论：中医救护队与西医知识的传输（1931—1937）》，《中国社会历史评论》第 24 卷（2020）。

皮国立，《中医文献与学术转型：以热病医籍为中心的考察（1912—1949）》，韩健平、张澔、关晓武主编，《技术遗产与科学传统》，北京：中国科学技术出版社，2013。

皮国立，《民初医疗、医生与病人之一隅：孙中山之死与中西医论争》，胡春惠、唐启华主编，《两岸三地历史学研究生研讨会论文集（2006）》，香港：珠海书院亚洲研究中心、台北：政大历史系，2007。

皮国立，《民国时期上海中医的开业与营生技术》，《科技、医疗与社会》30 期（2020）。

皮国立，《民国时期的医学革命与医史研究：余岩（1879—1954）"现代医学史"的概念及其实践》，《中医药杂志》24 期（2013）。

皮国立，《抗战前蒋介石的日常医疗经验与卫生观》，吕芳上主编，《蒋介石的日常生活》，台北：政大人文中心，2013。

皮国立，《所谓"国医"的内涵：略论中国医学之近代转型与再造》，《中山大学学报》（社会科学版）49 卷 1 期（2009）。

皮国立，《从口述历史视野看两蒋总统的医疗与健康》，《东吴历史学报》35 期（2016）。

皮国立，《新中医的实践与困境：恽铁樵（1878—1935）谈〈伤寒论〉与细菌学》，张澔等主编，《第八届科学史研讨会汇刊》，台北："中研院"科学史委员会，2008。

皮国立，《新史学之再维新——中国医疗史研究的回顾与展望（2011—2018）》。蒋竹山主编，《当代历史学新趋势》，台北：联经出版，2019。

皮国立，《图像、形质与脏腑知识：唐宗海三焦论的启示》，《古今论衡》第 15 期（2006）。

皮国立，《战争的启示：中国医学外伤学科的知识转型（1937—1949）》，《"国史馆"馆刊》63 期（2020）。

皮国立，《湿之为患：明清江南的医疗、环境与日常生活史》，《学术月刊》9 期（2017）。

皮国立，《民国时期上海中医的开业与营生技术》，《科技、医疗与社会》30 期（2020）。

朱彤、朱时中，《中医：正在失落的文明》，《中国国家地理》第 28 期（2003.9）。

余忭，《近代杰出的医学家余云岫医师

（1879—1954）》，吕嘉戈，《挽救中医：中医遭遇的制度陷阱和资本阴谋》，桂林：广西师范大学出版社，2006。

余英时，《中国知识分子的边缘化》，《二十一世纪》6 期（1991）。

吴郁琴，《南京国民政府时期江西卫生防疫体系述论》，《江西财经大学学报》6 期（2010）。

吕芳上，《二十世纪中国政治史的研究：新资料、新视野》，《近代中国》160 期（2005. 03）。

李正风、沈小白，《从反传统到反伪科学》，黄之栋、黄瑞祺、李正风等著，《科技与社会：社会建构论、科学社会学和知识社会学的视角》，台北：群学，2012。

李尚仁，《健康的道德经济：德贞论中国人的生活习惯和卫生》，《中央研究院历史语言研究所集刊》，76 本 3 分（2005）。

李尚仁，《从病人的故事到个案病历：西洋医学在十八世纪中到十九世纪末的转折》，《古今论衡》5 期（2000）。

李威熊，《胡适的经学观》，《逢甲人文社会学报》4 期（2002. 05）。

李建民，《追寻中国医学的激情》，《思想 4：台湾的七十年代》，台北：联经出版，2007。

李贞德，《性别、医疗与中国中古史》，"中研院"历史语言研究所生命医疗史研究室主编，《中国史新论·医疗史分册》，台北："中研院"、联经出版，2015。

李恭忠，《丧葬政治与民国再造：孙中山奉安大典研究》，南京：南京大学历史系博士论文，2002。

李素桢、田育诚，《论明清科技文献的输入》，《中国科技史料》14 卷 3 期（1993）。

李敖，《修改"医师法"与废止中医》（原登在《文星》（台北）第 61 号（1962 年 11 月 1 日），李敖，《传统下的独白》。）台北：李敖出版社，2001。

杜正胜，《另类医疗史研究 20 年：史家与医家对话的台湾经验》，《古今论衡》25 期（2013. 10）。

杜正胜，《无中生有的志业：傅斯年的史学革命与史语所的创立》，《古今论衡》1 期（1998. 10）。

杜正胜，《医疗社会文化史外一章：金仕起〈中国古代的医学、医史与政治〉序》，《古今论衡》21 期（2010）。

杜鹏，《最早接受 X 射线诊视的中国人》，《中国科技史料》16 卷 2 期（1995）。

周海婴，《引用鲁迅的话反对中医是断章取义》，《中国中医药报》，2008 年 3 月 13 日。

孟庆云，《〈研经图〉题文颂国医：陆仲安治愈胡适"糖尿病"公案》，《中医百话》，北京：人民卫生出版社，2008。

孟庆云，《梁启超枉失"肾命"》，《中医百话》，北京：人民卫生出版社，2008。

林文源，《病患实作经验与患病轨迹类型》，《台湾社会学》17 期（2009）。

林文源，《转变病患行动能力部署：以台湾透析病患团体为例》，《台湾社会学》20 期（2010）。

邱仲麟，《人药与血气："割股"疗亲现象中的医疗观念》,《新史学》10 卷 4 期 (1999.12)。

邱仲麟,《不孝之孝:唐以来割股疗亲现象的社会史初探》,《新史学》6 卷 1 期 (1995.03)。

邱仲麟,《医生与病人:明代的医病关系与医疗风习》,《从医疗看中国史》,台北:联经出版,2008。

邱仲麟,《医资与药钱:明代的看诊文化与民众的治病负担》,《中国史新论·医疗史分册》,台北:"中研院"、联经出版,2015。

洪均燊,《"肺病指南":民国时期肺结核疗养与病患角色》,台北:阳明大学科技与社会研究所硕士论文,2012。

纪征瀚,《清代痧症医籍系统考》《中医文献杂志》4 期(2009)。

纪征瀚,《古代"痧"及治法考》,北京:中国中医科学院中医医史文献研究所博士论文,2008。

胡成,《"不卫生"的华人印象:中外之间的不同讲述:以上海公共卫生事业为中心》,《"中研院"近代史研究所集刊》56 期(2007.6)。

范伯群,《从鲁迅的弃医从文谈到恽铁樵的弃文从医:恽铁樵论》,《复旦学报(社科版)》1 期(2005)。

姬凌辉,《医疗、法律与地方社会:民国时期"刘梁医讼案"再探》,《"中研院"近代史研究所集刊》104 期(2019)。

孙正一,《世变与梁启超医疗的社会记忆》,花莲:东华大学历史所硕士论文,2011。

柴中原等,《何廉臣生平及其对祖国医学之贡献》,《中华医史杂志》14 卷 2 期(1984)。

祖述宪,《胡适对中医究竟持什么态度》,《中国科技史料》22 卷 1 期(2001)。

祝平一,《清代的痧:一个疾病范畴的诞生》,《汉学研究》31 卷 3 期(2013)。

祝平一,《药医不死病,佛度有缘人:明、清的医疗市场、医学知识与医病关系》,《中央研究院近代史研究所集刊》68 期(2010.6)。

马金生,《自保、革新与维权:中医界对医患纠纷的认识和因应(1927—1949 年)》,《浙江学刊》3 期(2015.03)。

马金生,《从医讼案看民国时期西医在华传播的一个侧面》,《中国社会历史评论》13 卷(2012)。

马堪温,《历史上的医生》,《中华医史杂志》16 卷 1 期(1986)。

康绿岛,《矛盾的梁启超:一个心理学的解释》,《汉学研究》3 卷 1 期(1985.6)。

张仲民,《卫生、种族与晚清的消费文化:以报刊广告为中心的讨论》,《学术月刊》4 期(2008)。

张建伟,《梁启超的"病"与"死"》,《中国青年报》,2006 年 5 月 24 日。

张哲嘉,《〈妇女杂志〉的"医事卫生顾问"》,《近代中国妇女史研究》12 期(2004)。

张哲嘉,《为龙体把脉:名医力钧与光绪帝》,黄东兰主编,《身体·心性·权力:新社会史》集 2。杭州:浙江人民出版社,

2005。

张哲嘉，《妇女医案的性别论述：以慈禧太后的医案（1880—1881）为例》，《中国史研究》（釜山），第 20 辑别册（2002. 10）。

张哲嘉，《清宫医药档案的价值与限制》，《新史学》10 卷 2 期（1999. 06）。

张嘉凤，《爱身念重：〈折肱漫录〉中文人之疾与养》，《台大历史学报》，第 51 期（2013. 6）。

梁其姿，《医疗史与中国"现代性"问题》，《中国社会历史评论》第 8 卷（2007）。

梅汝璈，《西医与中药：关于中西医药之争的一点感想》，《经世》1 卷 1 期（1937）。

陈秀芬，《当病人见到鬼：试论明清医者对于"邪祟"的态度》，《政治大学历史学报》30 期（2008）。

陈秀芬，《医疗史研究在台湾（1990—2010）：兼论其与"新史学"的关系》，《汉学研究通讯》29 卷 3 期（2010）。

陈红民，《〈蒋中正总统档案·事略稿本〉中的一则错误》，《史学月刊》2 期（2007）。

陈红民、张莉，《蒋介石追忆青少年生活：〈蒋介石日记〉解读之七》，《世纪》6 期（2010）。

陈漱渝主编，《无声的中国：二月十六日在香港青年会讲》，《鲁迅论争集》，北京：中国社会科学出版社，1998。

陈锡祺，《关于孙中山的大学时代》，中山大学学报编辑部编，《孙中山研究论丛》第 1 集。广州：中山大学学报编辑部，1983。

费侠莉著、蒋竹山译，《再现与感知：身体史研究的两种取向》，《新史学》10 卷 4 期（1999）。

黄克武，《从申报医药广告看民初上海的医疗文化与社会生活》，《"中研院"近代史研究所集刊》17 期下（1988）。

黄克武，《魂归何处？梁启超与儒教中国及其现代命运的再思考》，郑大华、邹小站编，《思想家与近代中国思想》，北京：社会科学文献出版社，2005。

黄金麟，《丑怪的装扮：新生活运动的政略分析》，《台湾社会研究季刊》30 期（1998）。

黄厚璞，《我为蒋介石、汪精卫、宋美龄治病经历》，《文史精华》1 期（2003）。

黄厚璞，《我为蒋介石、汪精卫治病》，《纵横》8 期（2002）。

杨瑞松，《身体、国家与侠：浅论近代中国民族主义的身体观和英雄崇拜》，《中国文哲研究通讯》10 卷 3 期（2000）。

杨瑞松，《想像民族耻辱：近代中国思想文化史上的"东亚病夫"》，《政治大学历史学报》23 期（2005）。

雷祥麟，《"东亚传统医疗、科学与现代社会"专辑导言》，《科技、医疗与社会》11 期（2010）。

雷祥麟，《负责任的医生与有信仰的病人：中西医论争与医病关系在民国时期的转变》，《新史学》14 期（2003）。

雷祥麟，《习惯成四维：新生活运动与肺结核防治中的伦理、家庭与身体》，《"中研院"近代史研究所集刊》74 期（2011）。

雷祥麟，《卫生为何不是保卫生命？民国时

期另类的卫生、自我、与疾病》,《台湾社会研究季刊》54 期(2004.6)。

靳士英,《新撰〈中国医学通史〉四卷本的评介》,《中华医史杂志》31 卷 3 期(2001)。

刘士永,《"清洁"、"卫生"与"健康":日治时期台湾社会公共卫生观念之转变》,《台湾史研究》8 卷 1 期(2001)。

刘士永,《台湾地区医疗卫生史研究的回顾与展望》,耿立群编,《深耕茁壮——台湾汉学四十回顾与展望:庆祝汉学研究中心成立40 周年》,台北:"国家图书馆",2021。

刘士永,《公共卫生与健康:从学习、融合到自主》,收入王汎森等编,《中华民国发展史:社会发展(下)》,台北:联经,2011。

刘维开,《蒋中正记忆中的童年》,吕芳上主编,《蒋中正日记与民国史研究》,台北:世界大同出版有限公司,2011。

刘泽生,《晚清广州博济医院的杰出学生(1855—1900)》,《中华医史杂志》29 卷 3 期(1999)。

赵婧,《柳叶刀尖——西医手术技术和观念在近代中国的变迁》,《近代史研究》5 期(2020)。

傅斯年,《历史语言研究所工作之旨趣》,《"中研院"历史语言研究所集刊》1 本 1 分(1928.10)。

樊缜,《读"从中医说到梁任公的病"》,《医学周刊集》第 4 卷(1931)。

潘光哲,《近现代中国"改造国民论"的讨论》,《开放时代》6 期(2003)。

潘淑华,《民国时期广州的粪秽处理与城市生活》,《"中研院"近代史研究所集刊》59 期(2008)。

蒋梦麟,《追忆孙中山先生》,尚明轩、王学庄、陈崧编,《孙中山生平事业追忆录》,北京:人民出版社,1986。

邓文初,《"失语"的中医:民国时期中西医论争的话语分析》,《开放时代》6 期(2003)。

魏嘉弘,《国民政府与中医国医化》,中坜:"中央大学"历史所硕士论文,1998。

藤井省三,《鲁迅〈父亲的病〉再考:作为新起点的中国传统医学批判》,刘柏林、胡令远编,《中日学者中国学论文集:中岛敏夫教授汉学研究五十年志念文集》,上海:复旦大学出版社,2006。

苏雪林,《〈阿Q正传〉及鲁迅创作的艺术》,《阿Q正传》,北京:国际少年村,2000。

七、英文部分

(一) 专书

Andrews, Bridie. *The Making of Modern Chinese Medicine*, 1850–1960. Vancouver: UBC Press, 2014.

Barnes, David S.. *The Making of a Social Disease: Tuberculosis in Nineteenth-Century France*. Berkeley: University of California Press, c1995.

Churchill, Wendy D.. *Female patients in early modern Britain: gender, diagnosis, and Treatment* . Farnham, Surrey, England; Burlington, VT: Ashgate, c2012.

Croizier, Ralph C. *Traditional medicine in modern China: science, nationalism, and the tensions of cultural change* . Cambridge: Harvard University Press, 1968.

Dikötter, Frank. *The discourse of race in modern China* Stanford . Calif.: Stanford University Press, 1992.

Duden, Barbara; translated by Thomas Dunlap, *The woman beneath the skin: a doctor's patients in eighteenth-century Germany* . Cambridge, Mass.: Harvard University Press, 1991.

Fitzgerald, John. *Awakening China: politics, culture, and class in the Nationalist Revolution* . Stanford: Stanford University Press, 1996.

Foucault, Michel; translated by Alan Sheridan, *Discipline and Punish: the Birth of the Prison*. New York: Vintage Books, 1979, c1977.

Foucault, Michel; translated by A. M. Sheridan Smith, *The birth of the clinic: an archaeology of medical perception* . London: Tavistock Publications, 1976, c1973.

Gerth, Karl. *China made: consumer culture and the creation of the nation* . Cambridge; London: Harvard University Asia Center: Distributed by Harvard University Press, 2003.

Hahn, Emily. *Chiang Kai-shek, an unauthorized biography* . New York: Doubleday, 1955.

Heinrich, Larissa. *The Afterlife of Images: Translating the Pathological Body between China and the West* . Durham: Duke University Press, 2008.

Jacyna, L. Stephen and Casper, Stephen T. (ed.). *The neurological patient in history*. Rochester, NY: University of Rochester Press, 2012.

Kleinman, Arthur. *Patients and Healers in the Context of Culture: An Exploration of the Borderland between Anthropology, Medicine, and Psychiatry* . Berkeley and Los Angeles: University of California Press, 1980.

Lee, Leo Ou-fan. *Voices from the iron house: a study of Lu Xun* . Bloomington: Indiana University Press, c1987.

Lei, Sean Hsiang-lin. *Neither Donkey nor Horse: Medicine in the Struggle over China's Modernity* . Chicago: University of Chicago Press, 2014.

Leung, Angela Ki Che. *Leprosy in China: a history* . New York: Columbia University Press, c2009.

Liu, Lydia H.. *Translingual practice: literature, national culture, and translated modernity — China* , 1900 – 1937. Stanford, Calif.: Stanford University Press, 1995.

L. Stephen Jacyna and Stephen T. Casper (ed.), *The neurological patient in history* . Rochester, NY: University of Rochester Press, 2012.

Pietikäinen, Petteri. *Madness: a history* . Milton Park, Abingdon, Oxon; New York, NY: Routledge, 2015.

Porter, Dorothy & Porter, Roy. *Patient's progress: doctors and doctoring in eighteenth-century England* . Cambridge: Polity Press, 1989.

Rogaski, Ruth. *Hygienic modernity: meanings of health and disease in treaty-port China* . Berkeley: London: University of California Press, 2004.

Sun, Lung-kee. *The Chinese national character: from nationhood to individuality* . London: M. E. Sharpe, 2002.

Tomes, Nancy. *The Gospel of Germs: Men, Women, and the Microbe in American Life* . Cambridge: Harvard University Press, 1988.

Wendy, Parkins. *Fashioning the Body Politic: Dress, Gender, Citizenship* . Oxford; New York: Berg, 2002.

Yip, Ka-che, *Health and National Reconstruction in Nationalist China: The Development of Modern Health Services, 1928 – 1937*. Ann Arbor: Association for Asian Studies, University of Michigan, 1995.

（二）论文

Andrews, Bridie. "Tuberculosis and the Assimilation of Germ Theory in China, 1895 – 1937." *Journal of the History of Medicine and Allied Sciences* 52 (1997).

Andrews, Bridie. "The Making Of Modern Chinese Medicine, 1895 – 1937." PhD. Dissertation, History and philosophy of Science, University of Cambridge, London, 1996.

Burnham, John C. "The Death of the Sick Role." *Social History of Medicine* 25.4 (2012).

Chang, Che-chia. "The Therapeutic Tug of War: The Imperial Physician-patient Relationship in the Era of Empress Dowager Cixi (1874 – 1908)." Ph. D. Dissertation, University of Pennsylvania, January 1998.

Lei, Sean Hsiang-lin. "When Chinese Medicine Encountered the State: 1910 – 1949." PhD. University of Chicago, 1999.

———
Lei, Sean Hsiang-lin. "From Changshan to a New Anti-malarial Drug: Re-networking Chinese Drugs and Excluding Traditional Doctors." *Social Studies of Science* 29.3 (1999).

———
Lei, Sean Hsiang-lin. "How Did Chinese Medicine Become Experiential? The Political Epistemology of Jingyan." *Positions: East Asian Cultures Critique*, 10: 2 (2002).

———
Lei, Sean Hsiang-lin, "Habituating Individuality: Framing Tuberculosis and Its Material Solutions in Republican China." *Bulletin for the History of Medicine* 84 (2010).

———
Lei, Sean Hsiang-Lin. "Microscope and Sovereignty: Constituting Notifiable Infectious Disease and Containing the Manchurian Plague." In Angela Ki Che Leung and Charlotte Furth (Eds), *Health and Hygiene in Modern Chinese East Asia: Policies and Publics in the Long Twentieth Century*. Durham: Duke University Press, 2011.

———
Porter, Roy. "The patient's view: doing medical history from below." *Theory and Society* 14.2 (1985).

———
Wang, Liping. "Creating a National Symbol: The Sun Yatsen Memorial in Nanjing." *Republican China* 21, no. 1 (1996.04).

———
Jewson, N. D.. "The Disappearance of the Sick-man from Medical Cosmology, 1770–1870." *Sociology* 10 (1976).

———
Porter, Roy. "The patient's view: doing medical history from below." *Theory and Society* 14.2 (1985).

图书在版编目(CIP)数据

大人之疾:近代中国的医疗和身体/皮国立著.
上海:复旦大学出版社,2025.3.--(大观书系).
ISBN 978-7-309-17745-9
Ⅰ.R2-05
中国国家版本馆 CIP 数据核字第 2024YX8738 号

本书由五南图书出版股份有限公司独家授权复旦大学出版社有限公司在中国大陆(不含香港、澳门)出版发行简体中文版。非经书面同意,不得以任何形式任意重制、转载

上海市版权局著作权登记号:09-2024-0442

大人之疾:近代中国的医疗和身体
皮国立　著
责任编辑/顾　雷

复旦大学出版社有限公司出版发行
上海市国权路 579 号　邮编:200433
网址:fupnet@fudanpress.com　http://www.fudanpress.com
门市零售:86-21-65102580　团体订购:86-21-65104505
出版部电话:86-21-65642845
江阴市机关印刷服务有限公司

开本 890 毫米×1240 毫米　1/32　印张 11.625　字数 268 千字
2025 年 3 月第 1 版
2025 年 3 月第 1 版第 1 次印刷

ISBN 978-7-309-17745-9/R·2143
定价:88.00 元

如有印装质量问题,请向复旦大学出版社有限公司出版部调换。
版权所有　　侵权必究